工业工程专业新形态系列教材

生产与运作管理

（第三版）

庄　品　周根然　李　可　等　编著

科学出版社

北　京

内 容 简 介

本书系统地介绍了生产与运作管理的基本知识、应用技术和研究方法，内容全面、新颖。全书共分为12章，主要内容包括生产与运作管理导论、生产设施选址与布局、流水生产线规划、单件小批与批量生产规划、生产技术准备工作、生产计划制定、生产作业计划制定、生产控制与优化、供应链与物流管理、设备管理、劳动定额与劳动组织、先进生产模式。全书内容紧凑，每一章课后配备思考题与习题，理论联系实际，便于学员对相关理论知识理解与掌握。

本书适用于管理类专业的本科生教学，也可用于管理类学科研究生、工程硕士和MBA教学，对于生产实践中的管理人员也具有较强的参考价值。

图书在版编目（CIP）数据

生产与运作管理/庄品等编著. —3版. —北京：科学出版社，2017.6

工业工程专业新形态系列教材

ISBN 978-7-03-051989-4

Ⅰ. ①生…　Ⅱ. ①庄…　Ⅲ. ①生产管理–高等学校–教材
Ⅳ. ①F273

中国版本图书馆CIP数据核字（2017）第044098号

责任编辑：兰　鹏 / 责任校对：杜子昂
责任印制：吴兆东 / 封面设计：蓝正设计

科学出版社出版
北京东黄城根北街16号
邮政编码：100717
http: //www.sciencep.com
北京中石油彩色印刷有限责任公司 印刷
科学出版社发行　各地新华书店经销
*
2005年8月第 一 版　开本：787×1092　1/16
2010年3月第 二 版　印张：21 1/2
2017年6月第 三 版　字数：492 000
2019年6月第八次印刷
定价：49.00元
（如有印装质量问题，我社负责调换）

总 序

我国是制造业大国，但还称不上制造业强国。实现从粗放式管理向以集成化、信息化、网络化为特征的精益管理转变，是提升我国制造业核心竞争力、迈向全球制造业强国的必由之路。工业工程作为一门帮助提升产品与服务质量、提升管理水平与效能、降低运营成本、实现绿色发展的交叉学科，在我国由制造业大国向制造业强国的转变中将扮演至关重要的角色。

根据教育部高等学校工业工程类专业教学指导委员会所制定的《工业工程类专业本科教学质量国家标准》中的定义，工业工程（industrial engineering，IE）是应用自然科学与社会科学知识，特别是工程科学中系统分析、规划、设计、控制和评价等手段，解决生产与服务系统的效率、质量、成本、标准化及环境友好等管理与工程综合性问题的理论和方法体系，具有交叉性、系统性、人本性与创新性等特征，适用于国民经济多种产业，在社会与经济发展中起着重要的积极推动作用，亦可称为产业工程。

我校工业工程专业办学历史较长，是全国工业工程专业发起高校之一。1985 年，在管理工程专业下设置了工业工程专业方向招收本科生。1995 年，经国务院学位委员会办公室批准设立了工业工程硕士点，这是江苏省高校中的唯一的工业工程硕士点。1998 年教育部调整本科专业目录后，便直接以工业工程专业名称面向全国招收本科生。1999 年经国务院学位委员会办公室批准获得了工业工程领域工程硕士专业学位授予权，是国内最早获得该专业学位授予权的高校之一。2000 年，工业工程成为管理科学与工程一级学科博士点的主要研究方向，至此，工业工程在我校形成了从本科至博士后完整的人才培养体系。

围绕工业工程专业人才的培养，我校建成了两个国家级人才培养模式创新实验区。2005 年，工业工程被评为江苏省工业工程领域首批唯一的品牌专业，2012 年，该专业被评为江苏省唯一以工业工程为核心专业的重点专业类，同年，被评为工业和信息化部工业工程领域唯一的重点专业。2015 年，列入江苏省高校品牌专业建设工程进行重点建设。2011～2015 年由中国统计出版社出版的《挑大学选专业——高考志愿填报指南》将我校工业工程专业与清华大学、上海交通大学同列前三甲。我校工业工程专业自成立以来，在成长中不断进步、逐渐成熟。经过多年探索，建成了工业工程创新人才培养的“三链”（教学资源保障链、实习实践保障链、能力拓展保障链）体系，形成了“工—管—理”深度交叉的创新人才培养新模式，先后获得了两项江苏省高等学校教学成果一等奖和一项二等奖。建成了一个国家级教学团队、两个省级创新团队。我校还是江苏省机械工程学会工业工程专业委员会的主任委员单位，是全国工业工程专业教学指导委员会副主任委员单位，是华东地区工业工程教学与专业发展学会发起单位之一。

加强教学资源建设是我院工业工程专业建设的重要抓手之一。我们提出以“教材”作为教学资源建设的切入点，以教材建设牵引教学团队能力提升。为此，我们积极打造特色化精品教材，2005 年与科学出版社共同策划，在全国范围最早推出了工业工程专业系列教材，并被众多高校选用，多数教材数次印刷，受到师生好评。2014 年，我们又与电子工业出版社合作出版了 12 本工业工程领域工程硕士学位系列教材，这是我国工业工程领域工程硕士的首套系列教材。“十一五”“十二五”期间，我们组织教师编写、出版教材 40 余种，其中，9 部教材入选普通高等教育“十一五”国家级规划教材，4 部教材入选“十二五”普通高等教育本科国家级规划教材，3 部教材入选工业和信息化部“十二五”规划教材，《应用统计学》被评为国家精品教材，6 部教材被评为江苏省精品教材和重点教材。一批优秀教材的出版为工业工程人才培养质量的不断提高奠定了坚实的基础。

随着教学改革的不断推进，特别是互联网与多媒体时代背景对高校教育教学改革提出了新的要求，慕课、翻转课堂相继出现，同时对教材的内容与形式也提出了新的挑战，这次对系列教材进行第二次整体修订，充分考虑了这种需求的变化，参照《工业工程类专业本科教学质量国家标准》对工业工程基础课程与专业课程的要求，同时融入了作者近年来取得的教学改革成果，在修订过程中，一方面继续保持系列教材简明扼要、深入浅出、通俗易懂、易于自学的特点；另一方面力求通过数字化形式融入更加丰富的学习素材，并且大力邀请领域内有着丰富工作经验的相关企业人员参与教材的补充完善，以持续地提升教材质量，履行读者至上的承诺。

在教材的出版与使用过程中，同行们通过会议、邮件、电话、微信等多种方式给予我们许多支持与鼓励，也无私地给出了许多富有建设性的反馈意见，对此我们深表感谢！我们殷切希望广大读者在使用中继续帮助我们不断改进提升。

系列教材的再版得到了南京航空航天大学教材出版基金和江苏省高校品牌专业建设工程专项资金的资助，在此，特表深深的谢意！同时也特别感谢科学出版社的大力支持，他们不仅为教材出版辛勤地付出了许多，而且有着一种可贵的与时俱进精神。

周德群
教育部高等学校工业工程类专业教学指导委员会副主任委员
南京航空航天大学经济与管理学院院长、教授、博士生导师
2016 年 5 月

第三版前言

本书用于管理类专业的本科生、研究生、工程硕士 10 多年的教学，获得良好反响。由于生产与运作管理的先进理论与实践应用发展迅猛，第三版在第二版的基础上，对教材内容与体系结构进行了部分增删和修订。增删和修订的内容如下：

把原第 1 章与原第 16 章合并为“第 1 章生产与运作管理导论”；

原第 2 章修订为“第 2 章生产设施选址与布局”，增加了“2.2 生产设施选址”；原“2.3 生产过程的空间组织”修订为“2.3 生产设施布局”，增加“2.3.4 设施布局的主要形式”；

第 4 章修订“4.2 多品种批量生产规划”；原“4.3 大规模定制”修订为“12.3 大规模定制”，并增加相关内容；

第 6 章原“6.1 生产能力”和“6.2 生产能力的影响因素”合并为“6.3 生产能力”，并在“6.3.6 生产能力计算”中增加案例；原“6.3 生产计划的编制”修订为“6.2 生产计划的编制”，原“6.2.3 学习曲线的影响”修订为“6.5 学习曲线”；增加了“6.1 生产计划概述”和“6.4 生产能力计划”；

删除原第 7 章外协管理；

原第 8 章修订为“第 7 章生产作业计划制定”，原“8.1 生产作业计划工作的任务和内容”修订为“7.1 生产作业计划概述”，增加“7.1.1 生产作业计划的定义与依据”；对“7.2 期量标准”相关内容进行删减；原 8.3 节与原 8.4 节合并为“7.3 生产作业计划的编制”，并对相关内容进行删减，增加“7.4 生产作业排序”；

原第 9 章、原第 10 章、原第 11 章合并为“第 8 章生产控制与优化”，并对相关内容进行增减；

原第 14 章修订为“第 9 章供应链与物流管理”，增加“9.1 供应链管理”和“9.3 采购管理”；

原第 15 章修订为“第 10 章设备管理”；

原第 12 章、原第 13 章合并为“第 11 章劳动定额与劳动组织”；

增加“第 12 章先进生产模式”；

其他章节进行了少量文字修改和校订工作。

本书第三版由庄品负责统稿，南京航空航天大学参与教材编写工作的老师分工如下：庄品负责编写第 2 章、6.1 节、6.3 节、第 7 章、第 9 章、第 12 章；周根然负责编写第 1 章、第 5 章；张凤林负责编写第 3 章、4.1 节、第 10 章；黄镇焕负责编写 6.2 节、6.4 节、6.5 节、11.1 节；欧阳林寒负责编写第 8 章（部分），方志耕负责编写 8.5 节。南京金城三国机械有限公司李可高级工程师负责编写 4.2 节、11.2 节、11.3 节、11.4 节。

本书写作过程中，参阅了大量国内外文献，在此对所参阅资料的作者及机构深表感谢！本书所涉及的内容广泛、学科跨度大，书中难免有疏漏和不足，敬请批评指正。

编　者

2017 年 1 月

目 录

第1章

生产与运作管理导论

本章提要： 本章主要介绍生产与运作管理的基本概念、制造类企业和服务类企业典型的运作过程。便于读者理解相关的基本概念，并由此理解生产过程在企业运作过程中的地位，为生产管理内容和相关内容的学习铺垫基础。

生产与运作管理（production and operation management）是企业整合各种资源并将其转化为产品和服务的过程，同时也是使这一过程得到持续优化及理性控制的过程。

1.1 生产与运作管理的基本概念

1.1.1 生产与运作管理

1. 经济发展的阶段

经济学家将经济的发展分成三个阶段：前工业（pre-industrial）社会、工业（industrial）社会、后工业（post-industrial）社会。

（1）前工业社会。人们主要从事农业和采掘业，包括种植庄稼和树木、捕鱼、狩猎、采掘煤炭和岩盐、淘金等，实质是从自然界直接获取所需的物品，动力来自人力和兽力，主要活动是同自然界打交道。

（2）工业社会。人们主要从事制造业。制造业的实质是通过物理和（或）化学的方法，改变自然界的物质，生产自然界原来没有的物品。人们利用机器和动力，动力来自蒸汽和电力，以工厂为单位进行生产，使劳动生产率大幅度提高。分工是工业社会组织生产活动的基本原则，主要活动是与经过加工的物品打交道。

（3）后工业社会。人们主要从事服务业，其实质是提供各种各样的服务。人们利用知识、智慧和创造力，以信息为信托，通过不同的社会组织，为顾客提供服务。信息成为关键资源，生活质量由教育、保健和休闲来衡量，主要活动是人们之间的交往。

2. 社会组织的基本职能

世界上存在各种社会组织，学校、商店、医院、饭店、物流公司、银行等都是社会组织。社会组织是具有特定目标和功能的、社会化的生产要素的集合体。社会组织的三大基本职能（basic functions）：生产、理财、营销，如图 1-1 所示。

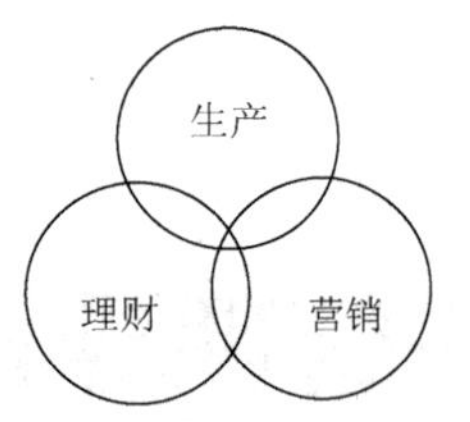

图 1-1 社会组织的基本职能

1）生产

生产（production）：是一切社会组织最基本的活动，由投入并通过一个或多个转换过程获得产品或服务的过程，包括物质产品的生产（goods-oriented，tangible products）和服务性产品的生产（service-oriented，intangible products）。为确保获得满意的产出，需在转换过程的各个阶段进行检测反馈，并与预先制定的标准进行比较，以决定是否需要采取纠正措施。

生产与运作职能由生产产品或提供服务直接相关的所有活动组成。例如，制造型企业的生产职能包括产品设计、计划、采购、加工、装配、质量管理、库存、物流配送等活动。生产与运作职能不仅存在于产品导向的制造和装配运作方面，而且也存在于服务导向的领域，如医疗、运输、食品经营和零售业。

2）理财

理财（finance）：为社会组织筹措资金并合理运用资金的过程，包括融资、投资、资金的合理运用。

财务人员与运作管理人员要密切合作，在如下活动中及时交流信息和专门知识。

（1）预算。要定期编制预算，对财务需求做出安排。有时要对预算进行调整，而且必须对预算的执行情况进行评估。

（2）投资方案经济分析。对投资于工厂和设备的备选方案的评估要由运作和财务人员共同参与。

（3）资金供应。给生产与运作部门及时提供必要的资金是重要的，而在资金紧张时，这项工作甚至会关系到组织的生存。细致的财务计划有助于避免现金流量出现问题。大多数盈利企业主要通过产品和服务的销售来获得资金。

3）营销

营销（marketing）：发现与发掘顾客需求的过程，包括发掘需求、定价、商业促销。

营销部门要进行广告宣传和定价决策以及实施随后的营销过程。该部门还要对顾客需求做出估计，也可以掌握顾客的消费偏好，并将这一信息传递给生产与运作部门和设计部门。生产与运作部门需要有关中短期顾客需求的信息，以便据此做出计划。例如，安排原料采购或者安排工作进度。设计部门需要这方面的信息，从而有利于对目前产品与服务做出改进和设计出新的产品。营销、设计和生产三部门必须密切配合才能顺利完成对设计的改进并生产出新产品。企业通过营销还可了解竞争对手正在做什么，从而对制定本企业的战略决策提供依据；运作部门可提供生产能力方面的信息，并根据设计产品的生产可行性做出判断。

当需要购买新设备或新技术用于创造新产品或服务时，生产与运作部门可提前发出通知。这时财务部门应提供短期内可筹集到的资金额这一信息，并了解在中长期引入新产品或服务所需资金的规模。营销部门可从运作部门那里得到制造或服务提前期这一重要信息，从而给顾客提供可靠的供货时间。因此，营销、生产与运作和财务三部门必须在产品及工艺设计、市场需求与市场前景预测、确定可行的工作进度以及质量和数量决策方面协调一致，加强相互间沟通与协作，形成富有生命力的运行机制。

3. 产品的概念

根据 ISO 9000：2000《质量管理体系基础和术语》的定义：产品是过程的结果；产品包括有形产品和无形产品。

有下述四种通用的产品类别：①服务（如运输）；②软件（如计算机程序、字典）；③硬件（如发动机机械零件）；④流程性材料（如润滑油）。

许多产品由不同类别的产品构成，这种产品称为服务、软件、硬件或流程性材料取决于其主导成分。例如，外供产品“汽车”是由硬件（如轮胎）、流程性材料（如燃料、冷却液）、软件（如发动机控制软件、驾驶员手册）和服务（如销售人员所做的操作说明）所组成的。

企业的生产与运作管理过程就是制造产品和（或）提供服务的过程。在所有的企业里都存在着制造产品和（或）提供服务的过程。

4. 生产的概念

（1）生产的定义（狭义）：生产产品，也就是产品的制造，使用一系列的能量，把原材料的几何、物理和化学性态进行预定变化，获取产品的过程。生产过程是将制造资源（原材料、劳动力、能源等）转变为有形财富或产品的过程。

（2）生产的定义（广义）：是社会组织将其输入转化为输出的过程，是与生产产品或提供优质服务直接关联的一组活动，产品制造和服务。

一般地讲，生产是指一个组织将对它的输入转化为输出的过程，如图 1-2 所示。这里，输入是由输出决定的，转化是在生产系统中实现的。

5. 制造管理、生产管理、生产与运作管理

制造管理、生产管理、生产与运作管理这三个名称的顺序反映了这一学科的演变过程。

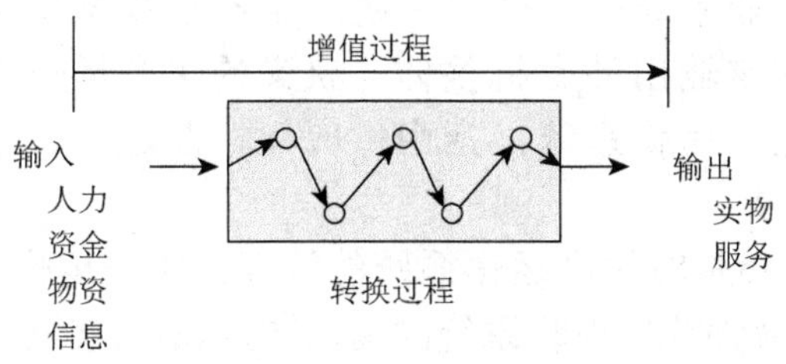

图 1-2 生产的概念

制造管理的概念由亚当·斯密首创于 18 世纪，他认为分工能提高效率。随后，人们注重生产操作方面的研究，如对动作与时间的研究，对工序划分与任务安排的研

究，从而产生许多至今十分有用的管理方法。

1930～1956 年，生产管理这一术语逐渐被人们所理解和接受，在这一时期，泰勒的科学管理方法得到普遍应用，定量决策方法日渐成熟，在制造业中形成了以提高生产效率为重点的管理方法，涉及生产过程的优化、计划、组织实施与控制、分配的激励机制等。

进入20世纪60年代以后，数字计算机在企业管理中得到了越来越广泛的应用，在企业管理中应用较多的是生产管理领域，产生了物料需求计划管理方法，以后又发展成制造资源计划管理方法、企业资源计划管理方法和供应链管理方法等；这一时期也是消费个性化发展较为迅速的时期，企业为了适应市场和使顾客满意，生产系统在其柔性、自动化、高效、节能、环保等方面也得到了迅速发展。硬件设施的现代化及与之相适应的管理思想和管理方法的应用标志着企业的生产管理逐步进入了现代化。

研究表明，制造业中的运作管理和生产管理的基本原理和方法也同样适合于服务业，如关于市场与产品的决策、企业规划、资源的配置与有效利用、质量保证体系、成本控制、工作抽样、过程的优化与规范化、流程重组等。系统论的发展使人们能够从更抽象、更高的角度来认识和把握各种现象的共性。人们开始把有形产品的生产过程和无形产品的服务提供过程都看作一种“投入—转换—产出”的过程，作为一种具有共性的问题来研究，生产管理的范围从制造业扩大到服务业。目前，发达国家已称这门学科为“运作管理”。无论是有形产品的生产过程，还是无形产品的提供过程都统称为运作过程。

企业的高层决策偏重于运作管理，而关于生产的计划、实施与控制等也可看成属于生产管理范畴。随着市场经济的不断完善与发展，生产管理与运作管理已经密不可分。

生产与运作管理是企业整合各种资源并将其转化为产品和服务的过程，同时也是使这一过程得到持续优化及理性控制的过程。

生产运作管理是对生产运作系统的设计、运行与维护过程的管理，包括对生产运作活动进行计划、组织和控制。

1.1.2 生产运作系统

1. 生产运作系统的概述

生产运作系统是企业系统的一个子系统。生产运作系统是由人和机器构成的、能将一定输入转化为特定输出的有机整体。狭义的生产运作系统，指企业内部的生产运作系统。广义的生产运作系统，指由供应商、制造商、分销商、物流服务商组成的系统。

生产运作管理的核心是对生产运作系统的管理。生产运作系统的主要功能是转换功能，任何一个生产系统都执行着将系统的输入转换成预定的输出（某种产品或服务）的功能。产品或服务还需要转化为现金，这样才能购买更多生产资源作为输入，转换过程就是这样循环往复地进行。

不同的生产运作系统具有不同的输入内容、不同的转换过程、不同的输出对象，表 1-1 列出几个典型生产系统的输入、转换、输出之间的关系类型。

从表 1-1 中可以看出，系统资源具有不同形态，但不外乎是人员、设备、物料、资金等。而转换功能则是各种各样的，工厂具有物理的、化学的以及自然的转换过程，交通业具有实现地点的转移功能，零售业是交换功能，仓储业具有存储功能，医院具有治疗功能，通信业具有信息传送功能。

表 1-1　生产系统类型举例

系统类型	输入	系统资源	转换功能	输出
医院	患者	医生、护士、药品、医疗器械	健康治疗	治愈的患者
饭店	饥饿的顾客	食物、厨师、服务员、店堂	提供饭菜服务	满意的顾客
储运中心	入库的货物	仓库、保管员	货物储存与运输	运送的货物
汽车厂	钢板、发动机、零部件	工具、设备、工人	加工与装配汽车	成品车
大学	高中毕业生	教师、教学资料、教室	传授知识和技能	大学毕业生
百货商店	购买者	售货员、货物、货柜、橱窗	引导顾客、推销商品	购物离去的顾客

2. 生产运作系统的管理职能

系统不同，管理的方法不尽相同，但管理的原理是有共性的。作为一门学科不可能为每一系统提供一套管理方法，但可以在基本原理指导下创造出特定系统的管理方法。

生产运作管理是对生产运作系统的设计、运行与维护过程的管理，生产运作系统的管理可以分成三个子职能，即计划、组织和控制。每个职能都有自己的工作内容和工作方法，三者相对独立，但又紧密相关，共存于一个系统。图 1-3 为系统过程与三个职能之间的关系图。

系统是一个整体，系统的整体观念是第一重要的。虽然我们在论述时将计划、组织、控制分门别类地进行介绍。但是必须强调，在现实的管理活动中，这三方面的工作互相影响、互相制约。在加拿大曾经对一些工厂的主管人员、工厂经理、生产经理

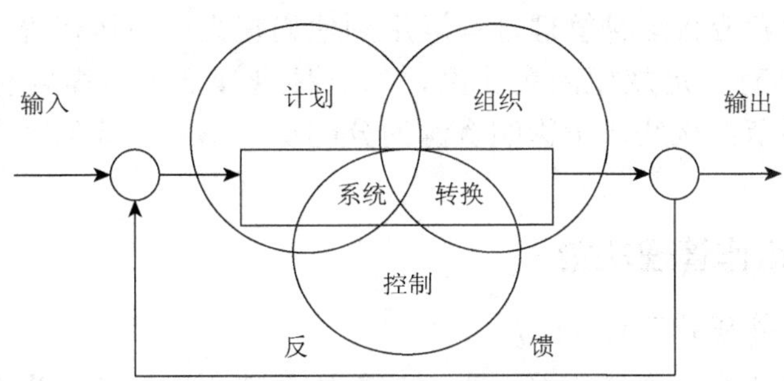

图 1-3　生产系统职能关系图

及其他类似的管理人员进行调查。结果表明，他们所遇到的绝大多数问题都与生产系统有关，也与计划、组织、控制活动有关。进一步的调查还发现他们所遇到的每个问题，很难用三个职能中的任何一个来简单地说明。企业中大量的工作集中在生产过程，而工作中大量的问题又均相互关联，没有一个是纯粹仅属于计划、组织、控制活动范围的问题。所以需要用系统的方法分析问题，解决问题。

3. 生产运作管理者的职责

生产系统的主体是人，系统运行的质量与人的素质、人的劳动热情、硬件设施、管理水平密切相关。现代管理理论认为，企业中最重要的资源是人才。管理的最重要的任务是调动和运用员工的劳动热情，激发他们的创造性。现代成功企业的实践证明，只有高层管理者的热情还不够，需要调动每一个员工的工作热情。作为一个管理者，他可以掌握管理知识，可以拥有丰富的经验，但是，他不大可能了解许多具体操作上的细节，不可能也不需要对所有的细节问题作出计划和实施控制。事实上不可能做好这些事情。而实际的操作者最了解自己的工作对象，他们知道怎样才能把事情做得更好。此外，生产过程是一个动态的过程，情况在不断地变化，在目前的管理条件下，管理者不可能及时掌握随时变化着的全部信息，如果通过正常的信息渠道传递信息，必定延误时机。基于这些理由，也需要放权给操作者，让他们独立地处理这些问题。

所有的优秀管理者都必须执行管理过程中的一些基本职能。管理过程（management process）由以下五点构成。

（1）计划管理者将企业战略目标制定成企业可具体执行的计划，同时也制定了各个部门、车间、小组和个人的具体计划，形成计划体系。并制定程序、政策和步骤，以确保企业实现自身的战略目标。

（2）组织管理者为了实现目标，设计确定相应的包括个人、小组、部门及企业高层等各个层次的组织结构体系。

（3）人力资源管理者确定人力需求，其中包括进行招聘、训练、上岗、薪酬结构设计、激励以及解雇员工的方法与措施。

（4）领导管理者指挥、协调、监督和鼓动、激励员工去实现目标。

（5）控制管理者建立起必要的标准的沟通网络，以确保企业有效实施计划从而向着目标逼近。

生产运作管理者应将这种管理过程运用到他们在生产与运作管理职能中所做出的各种决策中。在具有一定规模的企业里，每一种管理活动都需要有计划、组织、人员、领导和控制环节，这些决策影响资源的分配从而影响企业的效率和战略目标的最终实现。

1.1.3 生产运作管理决策

1. 生产与运作管理的目的

生产与运作管理的目的是建立一个高效率的生产制造系统，为企业制造有竞争力的产品，这就要求企业面向市场，提供令消费者满意的产品。这是运作管理的首要目的，而一个高效率的生产制造系统，是实现这一目的的基本保证。产品竞争力主要体现在产品的功能、质量、价格以及造型、色彩、使用性能、售后服务、品牌的知名度等多个方面。现代研究表明，产品的性能、质量、成本（价格优势的实质是成本优势）等方面的竞争力首先取决于设计阶段，然后形成于制造阶段，这些阶段的管理工作都属于生产与运作管理的范围。

2. 生产与运作决策

生产与运作决策是企业决策的一部分，它必须服从企业的整体目标。企业战略受制于市场环境，它反映了企业的用户对产品或服务的需求，由此而确定了企业的主要使命，也表明了企业将怎样使用自己的全部资源与管理力量（产品、市场、人力资源、组织、管理、财务、运作）以获取竞争优势。在企业决策的引导下，运作决策专门考虑如何组织生产能力以支持企业决策的实现。生产与运作管理的决策可以分为三个层次。

第一层次为长期战略决策，它考虑企业经营方针上的问题。将决定向社会和顾客推出何种产品，如何组合各种不同的产出品种，为此需要投入什么，优化配置所需要投入的资源要素，如何设计生产组织方式，如何确立竞争优势等与企业的生存和发展休戚相关的问题。

第二层次为中期战术决策。这是企业中层的决策。生产运作长期战略确定以后，为了实施战略，首先需要有一个得力的实施手段或工具，即生产运作系统。接下来的问题即系统设计问题。它包括生产运作技术的选择、生产能力规划、生产系统布局、生产工艺设计和工作设计等问题。

第三层次为作业计划与控制的决策。它是关于企业最低作业层的决策，即生产运作系统的日常运行决策问题。包括不同层次的生产运作计划、作业调度、质量控制、现场管理、操作过程优化、后勤管理等。此类决策属短期决策。

从管理就是决策这个概念出发，生产运作决策的内容包含了生产运作管理的全部工作。

有关中长期决策的内容如下。

（1）产品的选择与设计。产品的选择与设计与其随后规划的生产方式和生产能力密切相关，互相影响。

（2）设备与生产方式的选择。对于一种既定的需求（产品或服务需求）通常可以用不同的设备和生产方式来实现，企业主管必须做出最好的选择。

（3）职务与作业设计。职务与作业设计是整个系统设计的一个不可分割的部分，它包括系统的全部岗位职务和全部作业内容。

（4）厂址选择。如果那些与市场远近或与原料供应距离有关的成本要素的比重很大，或企业具有一定的环保重任，那么厂址选择十分重要，这将直接影响企业未来的经济效益。

（5）厂区与设备的平面布置。这项工作直接与生产费用相关，它要求总的物件运送费用能够降到最低程度，或满足某些更复杂的要求。

（6）编制定员。定编定员的前期工作是劳动定额，劳动定额是企业两大基础定额之一（另一项为材料定额）。基础工作是企业管理的重要工作，基础工作不扎实，会影响其他工作的效果。科学的定编定员工作可以避免人员冗余，提高人力资源的利用率。

（7）年度与进度计划。年度计划以利润最大化为目标，而进度计划以成本最小化为目标，在这方面有许多定量决策工作要做。

有关短期决策的内容如下。

（1）生产作业计划。它是一项日常性工作，根据短期内的实际情况，科学地组织人员、财务和设备等，以获得最佳的资源利用率和最高的效率。

（2）进度控制。根据进度计划，需要对人员和设备的负荷情况做调整，以及处理可能出现的突发事件，如设备故障、人员缺勤、停工待料、订单变动等。

（3）质量控制。这是一项事关重大的工作，是全员、全过程、综合的管理。

（4）库存控制。库存至今为止仍有其合理性，它对保证生产过程的连续性起了重要的调节作用。但是，过量的库存产生许多负面影响，有关库存的决策要恰到好处。

（5）成本控制。成本与质量一样，都是形成于整个生产过程的一项日常的全员、全过程、综合的管理。

3. 生产运作管理的内容

生产运作管理作为企业管理系统的基本组成部分，包含许多具体的管理工作，主要有以下五个方面内容。

（1）运作战略。是企业总体战略下的职能战略，按照所达到的目标市场和企业既定的竞争战略，对企业的运作系统进行全局性和长远性的谋划，构造一个能不断发展的具有高效益、高效率的先进的运作模式。

（2）运作准备与运作组织。是指运作的物质准备工作、技术准备工作和组织工作。包括工厂与车间的平面布置、产品开发与设计、工作研究、运作过程组织、物资管理、设备管理、企业文化等。

（3）运作计划。是指与产品和服务有关的生产计划工作和负荷分配工作。它包括生产计划、过程计划、生产作业计划、材料计划、人员计划和负荷分配等。

（4）运作控制。是指围绕着完成计划任务所进行的检查、调整等管理工作。它包括生产进度控制、库存控制、质量控制、成本控制及企业的标准化工作。

（5）先进的运作模式。成组技术（group technology，GT）、物料需求计划（material requirements planning，MRP），制造资源计划（manufacturing resource planning-Ⅱ，MRP-Ⅱ），准时化生产（just in time，JIT），精益生产（lean production，LP）、敏捷制造（agile manufacturing，AM）、企业流程再造（business process reengineering，BPR）、敏捷虚拟企业（agile virtual enterprise，AVE）都是先进的生产模式。

1.2 制造业生产运作管理

1.2.1 制造类企业典型的生产流程

工艺规程设计任务完成后，便进入生产管理范畴。典型的生产流程如图 1-4 所示。企业根据战略目标和订单及对潜在市场的把握，制定某时段（如一年）的生产目标，并进一步制定某时段的主生产计划，然后依据主生产计划和工艺规程而制定生产作业计划和外协、外购计划（标准零、组、部件等）。

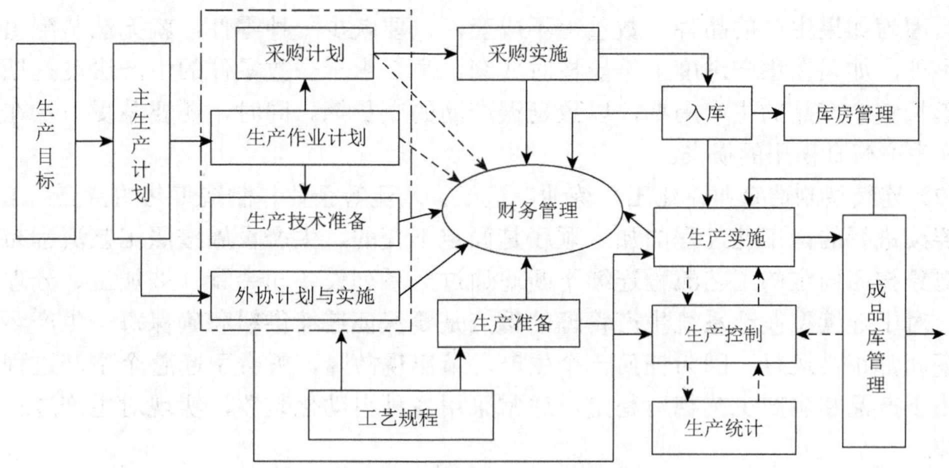

图 1-4　典型的生产流程

采购部门根据生产作业计划以及财务状况和库存状况制定采购计划，并实施采购原材料、元器件、燃料、油料、生产辅料、劳保用品等。

生产管理部门进行生产准备，将生产所需的工装、原材料、元器件等按预定的生产进度，以合适的量及时配送到生产现场。

生产技术准备工作是针对老产品制造过程中拟采用新工艺、新产品而进行的，应在生产进程中需要准备，使后续生产能连续顺利进行。

上述工作完成后，即进入生产实施阶段。其管理可参阅后面有关章节。

生产统计是对生产过程的已完成工作量的统计，机床和人员的负荷率统计，合格率与废品统计，加班加点统计，原材料、元器件消耗规律统计，动力消耗统计，辅料耗费统计等。这些统计数据在后续的管理中具有很高的参考价值：一方面，这些数据可为后续管理直接借鉴；另一方面对数据进行分析，提出改进意见。

生产实施过程中，需对生产进程进行控制，其依据是生产作业计划。此外，客户有时也可能对交货期提出变更要求，此时需重新变更生产计划和生产作业计划，并以此控制生产进程，以满足客户对交货期的要求。

1.2.2　制造类企业的分类

制造业的生产过程千差万别，采用什么标准来对制造系统进行分类，是研究制造系统的重要问题。根据划分制造系统类型的目的，分类标志应该采用能反映制造过程主要特征的那些因素，如产品的结构特征、使用功能、制造工艺和制造系统规模等。从不同角度，对制造类企业分类如下。

1. 按制造工艺类型分类

（1）离散型制造企业：机械制造、家具制造、服装、电子设备制造行业等。制造工艺的特点：它的产品是由许多零部件构成的，各零件的加工过程彼此是独立的，制成的零件通过部件装配和总装配最后成为成品。离散型制造系统生产管理的特点，除了要保证及时供料和稳定的加工质量，重要的是控制零部件的生产进度，保证生产的成套性。因为如果生产的品种、数量上不成套，只要缺少一种零件，就无法装配出成品来。另外，如果在生产进度上不能按时成套，那么由于少数零件的生产进度拖期，必然会延长整个产品的生产周期，以致延误产品的交货期。同时，还要蒙受大量在制品积压和生产资金积压的损失。

（2）连续型制造企业：化工、炼油、造纸、水泥等企业。制造工艺的特点：工艺过程是连续进行的；工艺过程的加工顺序是固定不变的，生产设施按照工艺流程布置；生产对象按照固定的工艺流程连续不断地通过一系列设备和装置，被加工、处理成为成品。对于连续型制造系统生产管理的重点是要保证连续供料和确保每一生产环节在工作期间都正常运行。因为任何一个生产环节出现故障，就会引起整个生产过程的瘫痪。由于产品和生产工艺相对稳定，通常采用各种自动化装置，实现对生产过程的实时监控。

2. 按生产批量分类

（1）单件小批量制造企业：单件小批生产类型的特点是产品对象基本上是一次性需求的专用产品，一般不重复生产。因此生产中品种繁多，生产对象不断在变化，生产设备和工艺装备必须采用通用性的，工作地的专业化程度低。生产过程属于单件小批生产类型的企业以重型机器制造、大型发电设备制造、远洋船舶制造等企业为典型代表。

（2）批量制造企业：批量制造系统生产的对象是通用产品，生产具有重复性。它的特点是生产的品种较多，每种品种的产量不大，每一种产品都不能维持常年连续生产，因此，在生产中形成多种产品轮番生产的局面。这一生产类型的典型企业是机床制造厂、机车制造厂等。

（3）大批量制造企业：大批量生产特点是生产的品种少，每一种品种的产量大（或单位产品劳动量和年产量的乘积很大），生产过程稳定地、不断重复地进行。一般大批量制造产品在一定时期内具有大且相对稳定的社会需求量。例如，电冰箱、电视机等家用电器以及灯泡、电池、轴承等标准零部件。

3. 按生产计划分类

（1）备货型（make-to-stock，MTS）制造企业：备货型生产是指在没有接到用户订单时，经过市场预测按已有的标准产品或产品系列进行的生产，生产的直接目的是补充成品库存，通过维持一定量成品库存即时满足用户的需要。如轴承、紧固件、小型电动机等产品的生产属于备货型生产，这些产品的通用性强，标准化程度高，有广泛的用户。

（2）订货型（make-to-order，MTO）制造企业：订货型生产是指按用户特定的要求进行的生产。用户可能对产品提出各种各样的要求，经过协商和谈判，以协议或合同的形式确认对产品性能、结构、质量、数量和交货期的要求，然后组织设计和制造。如锅炉、船舶等产品的生产，属于订货型生产，这些产品的专用性强，大都是非标准的，有特定的用户。

4. 按层次结构分类

（1）单元级制造企业：单元级制造是组成更高效制造系统的基础，其主要任务是实现给定生产任务的优化分批，实施制造资源的合理分配和利用，控制资源的活动，效益地完成给定的全部生产任务。产品的物理转换都是由单元级制造系统来实现的。

（2）车间级制造企业：车间级制造通过生产计划将上层输入的加工订单分解为可执行的工序计划。在生产过程中，进行生产调度和控制。它的功能主要有：完成物料处理的活动，包括运输、储存、加工以及测试检验等；进行车间生产的管理、生产作业计划、生产调度和控制。

（3）企业级制造企业：企业级制造又称为工厂级制造系统，它可以在全厂范围内进行生产管理、机械加工和物料储运过程全盘自动化，并由计算机系统进行控制。

（4）全球级制造企业：全球级制造利用全球异地的资源来制造市场所需产品，资源和信息的共享通过全球互联网进行。全球制造的特点是制造工厂和销售服务遍布全世界，全球化的产品通过网络协调运作，把分布在世界各地的工厂和销售点连接成一个整体。

1.2.3　制造类企业典型的运作模式

无论是制造类企业还是服务类企业，其运作过程均有其共性部分。例如，企业运作均起源于市场决策，然后根据市场决策策划生产过程，而后获取利润，并由利润的合理分配及相关的决策而进入下一轮的循环过程。

制造类企业典型的运作模式如图 1-5 所示。其中，与生产运作管理（设施选址与布局、生产计划、生产能力、生产准备、生产控制、现场管理、设备管理等）直接相关的内容为本书的主要内容，将在后面的章节进行详细叙述。下面主要叙述市场决策、产品设计与工艺规程设计。

1. 市场决策

1）市场决策过程概述

随着市场经济的不断完善与发展，企业的生产过程与运作过程的关系越来越密切，在市场日趋饱和以及新产品也极易达到饱和状态的今天，生产规模和过程已受制于市场需求，所以生产管理必须源于市场决策。

市场决策包括显在市场决策和潜在市场决策。

显在市场体现为客户的订单，其决策主要体现为生产该类、该批产品技术上的可行性和经济上的可行性两个方面。当然，技术与经济两方面均可行方能成为可选择方案。显在市场的决策主要体现为生产数量的决策。

企业的运营前景在一定程度上取决于企业对潜在市场的把握。所以，潜在市场的决策至关重要，它一方面体现了企业经营决策的水平，另一方面它对企业的战略有着重大的影响，在一定程度上将决定企业的前途和命运。

潜在市场决策是一个过程，它包括市场调研、预测和决策。

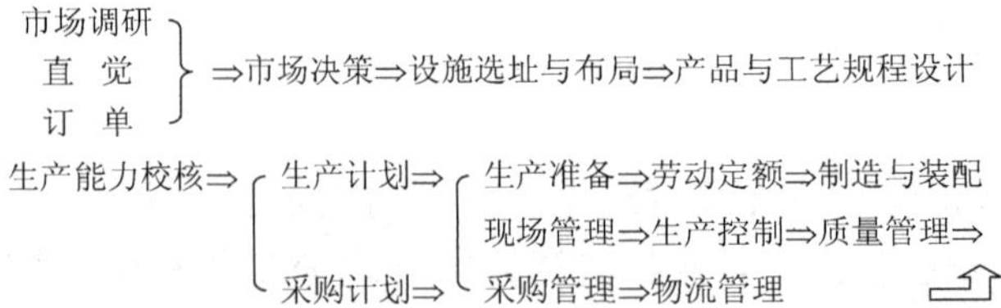

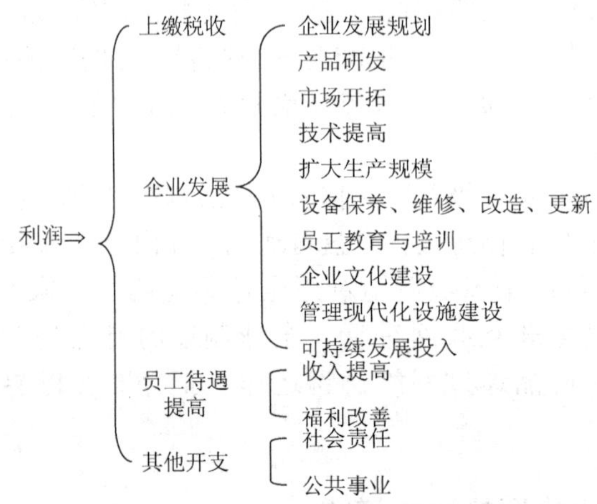

图 1-5 制造类企业典型的运作模式

2）市场调研

市场调研的内容包括外部一般环境调研、行业环境调研、行业内战略群调研、竞争对手调研、企业自身调研、顾客调研。

（1）外部一般环境调研。外部一般环境调研包括政治、社会文化、经济、技术、自然资源调研。

政治环境调研是为了发现机遇、规避风险。

社会文化环境调研可发现各国、各地区、各民族、各不同宗教信仰的消费者对产品的功能和非功能性属性的喜好或厌恶，从而可避免一些不必要的波折或麻烦。

经济环境调研是为了掌控市场总容量，结合企业自身的市场占有率和市场开拓能力，则能较准确地预计市场前景，从而及时准确地规划本企业的生产规模这也是抓住发展机遇、规避风险所必须进行的工作之一。

技术环境调研有利于比较自身产品的价值和发现可靠市场，熟知产品进军市场的“门槛”，同时企业也能发现自身技术的优势与不足，从而确定自身技术的创新方向和目标。

自然资源环境调研有利于确定某些产品的市场地位，因为某些产品对自然环境具有独特的依赖性，某些产品因具有独特的自然资源而具有独特的优势。熟知自然环境、自然资源对区域经济规划和产业结构调整具有很强的指导意义。

（2）行业环境调研。

①行业竞争结构分析。常用的行业竞争结构分析的 Porter 模型如图 1-6 所示。

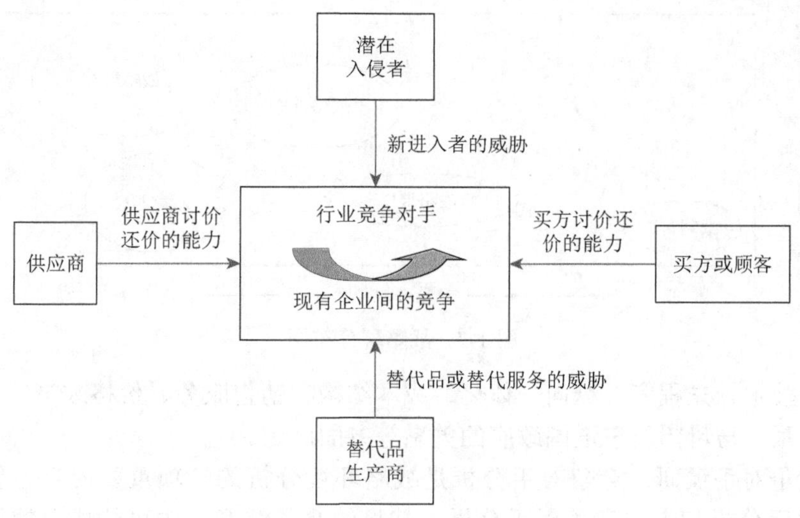

图 1-6　竞争结构分析的 Porter 模型

②行业内现有竞争对手研究。包括竞争对手的基本情况研究、主要竞争对手研究、主要竞争对手的发展动向研究。

③潜在竞争对手（入侵者）研究。潜在入侵者的威胁取决于行业进入障碍、行业价格水平、行业对入侵者的报复能力以及入侵者对报复的估计。

④替代品生产商。替代品亦可满足最佳功能产品的某些功能，因此会对本企业的自认为的最佳功能产品构成一定的威胁。

⑤买方的讨价还价能力的影响因素主要包括买方是否大批量或集中购买、买方这一业务在其购买额中的份额大小、产品或服务是否具有价格合理的替代品、买方面临的购买转移成本、这一业务对于买方的重要程度、买方后向一体化能力、买方行业获利状况、买方是否掌握了产品的充分信息等。

⑥供应商讨价还价能力研究。供应商讨价还价能力影响因素主要包括供应商行业集中化程度、生产要素替代品行业的发展状况、本企业是否某供应商的主要客户、拟购买生产要素是否本企业的主要投入资源、要素是否存在差异化或转移成本是否低、供应商前向一体化能力等。

（3）行业内战略群调研。所谓行业内战略群（strategic groups within industry）是指某一行业内某些战略特征方面相同或相似的公司集合，又称战略集团，属于亚行业范畴。

在战略群中，应将本企业（或所属战略集团）与相关企业（或相关战略集团）进行比较分析。战略群的分析方法主要应用行业内战略群分布图，其关键是选择恰当的战略变量（战略特征，包括专业化程度、品牌、促销方式、分销渠道选择、产品质量、技术领先程度等）作为两个坐标轴。图 1-7 以品牌知名度为横坐标、以产品宽度为纵坐标，并以国内家电行业某些战略群为例，说明战略群的分析方法。由图可知各个战略群所处的战略地位，明确了各战略群的优势与不足，为企业作出下一步战略规划奠定良好基础。

企业的战略选择应在分析本企业的专业化程度、品牌、促销方式、分销渠道选择、

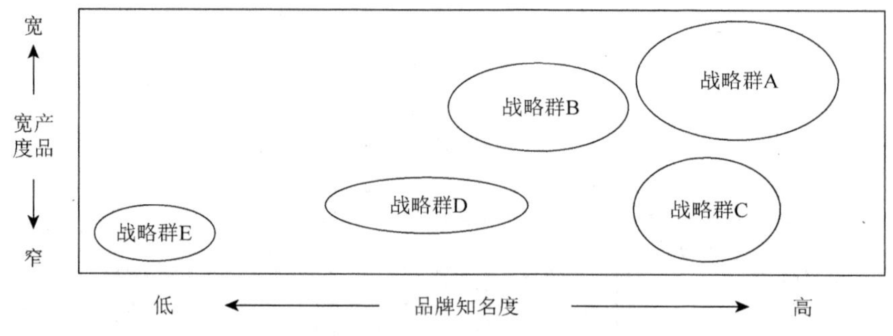

图 1-7 战略群分布图

产品质量、技术领先程度、纵向一体化、成本结构、销售服务、价格政策、财务杠杆、与母公司关系、与母国及东道国政府的关系等方面确定。

（4）竞争对手调研。竞争对手分析是战略环境分析的一项重要内容，包括行业内现有竞争对手分析和潜在竞争对手分析。其目的是了解竞争中可能成功的战略的类型和性质，竞争对手对不同战略可能作出的反应，竞争对手对行业变迁以及更广泛的环境变化可能作出的反应。图 1-8 为竞争对手的分析研究图。

①未来目标：研究主要竞争对手的远景和使命陈述，及不同层级的目标陈述等。

②假设：研究竞争对手在本行业中经营的历史、在其他行业中经营的历史、对本行业经营传统的认识、管理层结构和个人历史背景，以及企业的顾问单位或个人的背景等。

③现行战略：研究竞争对手现行的基本战略姿态、各种职能战略和发展战略。

④能力：研究竞争对手的实力与不足之处（考察竞争对手的价值活动）。

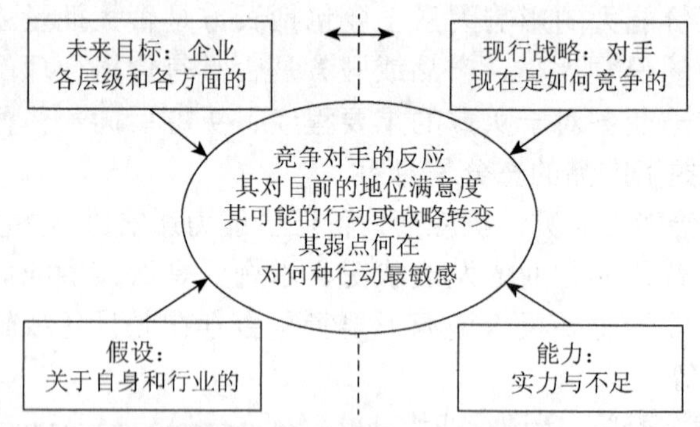

图 1-8 竞争对手的分析研究

通过对竞争对手的分析。弄清楚“在本行业中，我们与谁竞争？”这个大问题，在此基础上，制定企业自身的相应措施。即“我们应采取何种行动？”这种行动大体包括竞争措施或行业发展大势所需要的联合方案。

（5）企业自身调研。企业自身研究要与竞争对手进行比较分析，常用“价值链”（value chain）分析法。根据价值链分析法，每个企业都是设计、生产、营销、交货等过程和对产品起辅助作用的各种价值活动的集合。企业的价值活动分为基本活动和辅助活动两类（图 1-9）。图 1-9 中每项活动又划分为若干项评价指标，最终以所得总分而对自身企业作出较为客观的评价。

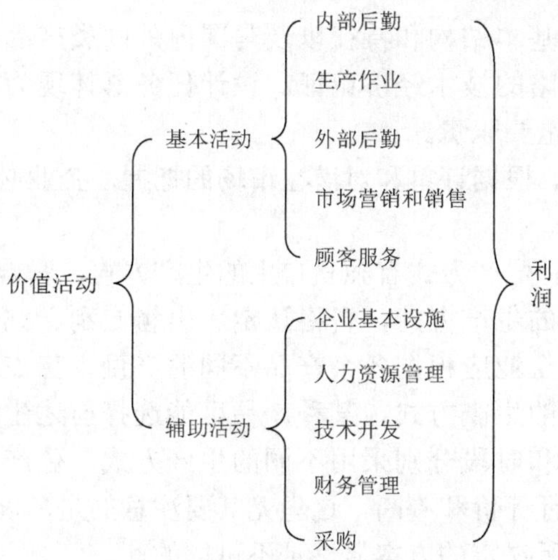

图 1-9　企业价值链分析法的指标体系

（6）顾客（目标市场）调研。

①总体市场分析：市场容量分析、市场交易便利程度分析。

②市场细分：确定细分变量并做细分市场、细分结构描述。

③目标市场确定：评价各细分市场、选择目标市场。

④产品定位：为各细分市场确定可能的定位概念、产品定位选择。

3）直觉决策

爱因斯坦说过："我相信直觉和灵感！"直觉具有一定的可靠性。研究表明，近代有一些企业家凭直觉进行决策取得了巨大的成功。在下述情况下，凭直觉决策受到了重视。

（1）在经济高速发展的时期。

（2）在行业高速发展的时期。

（3）判断具有良好发展前景的产品的市场与生产决策。

（4）必须迅速占领市场的产品的生产决策。

（5）调研时容易泄露商业机密或技术机密的产品。

（6）对常规顾客的判断。

4）订单

订单即显在市场。

（1）具有相对可靠性。

（2）商品经济社会规范的市场交换形式。

（3）制度的保障性。

（4）企业争取顾客主要是争取中间商的订单以及争取具体顾客实施购买行为。

5）决策的内容

（1）编制设计任务书。编制设计任务的目的，主要是要正确地解决产品的选型问题，科学地回答：本企业应发展什么样产品?为什么要发展这种产品?为此，设计任务书中必须确定新产品的功能、适用范围、使用条件、使用要求、基本的质量标准、主要技术参数、设计原则、基本结构和特征以及与国内外同类产品的比较分析。并且要对发展这种新产品进行概略的技术经济论证。设计任务书体现为企业高层领导集团对产品开发的重视和应负的重要职责。

（2）生产数量决策。根据订单和对潜在市场的把握，企业必须对各品种各自的产量作出决策。

（3）如何组织生产。生产方式有独立自主的生产方式，联合经营的生产方式，自产与外协委托生产相结合的生产方式，资格认定、出售专利、完全外委的生产方式，虚拟企业的生产方式等。企业应根据各个产品不同的产量、特点、发展前景、追加投资的可能性等，确定企业的生产方式。某种产品可能选择前述生产方式中的一种方式，也可能是在不同的空间和时段分别采用不同的生产方式。生产方式选择的合理性必须综合目前和长远利益进行评价和判断。这里尤其要注意的是，仅有目前利益而对长远利益、对社会、对环境有所损害的方案显然是不可取的。

（4）显在市场的交货规范。显在市场的交货规范包括交货的时间、地点、数量、质量验收规范、运输方式、双方各自应负担的费用、制造厂商对售后服务的承诺等。

（5）潜在市场的开拓规划。中国企业在开拓世界市场和国内市场的过程中应具有良好的规划。只要准备开拓世界市场和国内市场，企业都会面临下列问题：提供何种功能、质量与可靠性、价格、外观、使用性能的产品？这些产品冠以何种品牌、知名度走向世界？在世界知名企业及其品牌林立的世界市场，我们应该采取何种差异化策略以扬长避短？我们应该首先走向哪些国家和地区？我们应该怎样走向那些国家和地区？在风云变幻的世界市场上，一个企业应该怎样运行方能长盛不衰？

上述问题均值得研究，并应做好规划工作，好的规划使得企业既能走向世界，也能防止走向世界后随即走向破产。

（6）与生产有关的其他活动规划。有关企业发展、员工待遇提高、企业应尽的社会责任和义务、企业的道德规范等，亦应具有良好的规划。

2. 产品设计

将已批准的产品设计任务书具体化，并对新产品进行详细的技术经济分析。回答在技术上如何实现产品设计任务书所规定的目标，能取得哪些具体的技术经济效果。为此，在技术设计阶段需要通过科学试验、计算和分析确定重要零部件、组件的结构、尺寸和技术条件及技术经济指标，设计出产品总图、部件图、组件图、零件图、传动系统图和控制系统图、电气原理图及其设计图等。

对于某些复杂产品的重要部件或工艺。还需要进行模拟试验或中间试验，以取得必要的技术经济数据。

所设计的产品必须符合设计任务书所规定的各项要求。

3. 工艺规程设计

工艺规程设计的任务是根据产品技术设计的要求，绘制出试制和生产用的全套工艺图纸和技术文件。解决怎样可靠而又经济地实现新产品的功能问题。

工艺规程设计阶段要提供可使生产使用的产品装配图及装配工艺规程、各部件装配图及装配工艺规程、各组件、合件装配图及装配工艺规程、各零件制造的工艺规程、零件明细表、产品说明书等。

工艺规程、工艺卡等是组织产品生产的技术性文件，是组织生产的法律性文件。

1.2.4　生产过程的成本构成

生产过程的成本构成如下。

（1）由原材料、元器件的消耗及其利用率构成的成本，可分摊到每个制品（可以是零件、部件或整体产品）上，这是来自原材料、元器件的成本。

（2）由各制品完成的工时数（设为合理的工时定额）而构成制品的劳动成本，这是支付员工工资和员工应享受的劳保福利所必需的成本。

（3）由工装构成的成本，一次性使用的工装，以其全额计入成本；可多次使用的工装，以折旧方式计入成本。可分摊到每个制品（可以是零件、部件或整体产品）上，这是来自工装的成本。

（4）由物流存储、运输、在制品而产生的物流成本。

（5）来自废品的成本，由各制品的废品率而计算出由废品造成的工时浪费和原材料、元器件的浪费构成的成本。

（6）来自动力和燃料消耗的成本，由动力和燃料消耗（包括电能、压缩空气、工业用煤、燃油、人工煤气、天然气）构成的成本，可将动力消耗可分摊到每个制品（可以是零件、部件或整体产品）上。

（7）来自生产辅料消耗的成本，由生产辅料（包括清洗用品，包装用品，机油、煤油、汽油、乳化油，卫生用品，劳保用品，清洁用品等）消耗所构成的成本，可将生产辅料消耗分摊到每个制品（可以是零件、部件或整体产品）上。

（8）由固定资产构成的成本，固定资产包括厂房、设备、设施等，固定资产以折旧的方式计入成本。

（9）由停工待料、窝工构成的成本。

在生产过程外，还有营销成本、管理成本、内部福利成本、环保成本、公益事业成本等，在统计产品的成本时，也应用合理的方式予以计入。

1.3　服务业生产运作管理

服务业是国民经济的重要组成部分，在经济发展过程中发挥着重要的作用，也是我国实现现代化必不可少的一部分，然而，在传统的生产与运作管理教材体系中，对制造业生产管理的内容介绍较为系统，而对服务业管理的内容涉及甚少。

随着第三产业的蓬勃兴起及相应的服务业的迅速发展，提高服务质量、完善和规范服务过程已经迫在眉睫。为此，本节就服务业的运作管理进行讨论，介绍目前服务业运作理论发展的现状，对服务业企业的组织设计、战略制定、产品设计、作业控制等方面的内容进行讨论，并对服务业企业如何能够在竞争中取得优势地位介绍一些具体可行的方案，介绍服务业常见的三种典型的运作模式。

1.3.1 服务业企业概述

在介绍服务业的运作管理时，往往以服务型企业作为研究的对象，由于服务所具有的共同特征，其中的许多内容是可以融会贯通的。

1. 服务型企业的特征

服务是一种无形的产品，它的生产与消费同时进行，正因为服务有这样的特点，服务作业也与制造性作业有一定的区别，有自己的一些特殊性质。就目前的研究而言，一般认为服务业与制造业的区别表现为以下几个方面。

（1）服务业并不具有制造业的技术性，可以说每一个人都是服务方面的专家，每个人都有过提供服务的经历，也知道一定提供服务的方法，因此，相对于制造性产品而言，服务是发生在我们日常生活中的，对服务的生产并没有一定的技术性界限。

（2）服务与服务的提供者和接受者有密切的关系，服务具有个性化的特征，同样一项服务，对不同的人而言感受并不相同，由于受人的感受影响有时甚至会出现较大的反差，服务具有主观感受性特征决定了服务必须体现个性化要求。

（3）服务的提供往往是和有形的产品结合在一起的。例如，对家电的维修服务是以拥有家电为前提的。因此，大多数的服务都是既提供有形产品又提供无形服务的综合体，这种综合化的特征决定了服务从准备、设计到计划和实施都不同于一般的制造业生产管理。

（4）服务往往具有延续性，一种服务常常要经历比较长的时间，而制造业的生产随着产品的销售结束便使整个生产过程结束。

（5）服务业的作业控制和管理过程更多地需要考虑人力资源管理和组织管理方面的因素，技术性因素则是次要的。

（6）服务过程具有多样化的特征，并没有一定的形式和规格，同样的服务也可以采取不同的形式，如面对面的服务、电话服务、邮购服务、运输服务等。

2. 服务业的分类

服务运作管理存在两种形式：一种是以服务为获利手段的企业，在这些企业里，服务是整个生产过程的一部分，也为企业带来了利润和回报，盈利是其目标的一部分；另一种是组织内部部门与部门之间的服务，这种服务往往是为生产过程服务的，并不以盈利为目的，更重要的是，提高整个生产过程的运作效率，从而使企业的利润最大化。

1）根据服务对象进行的分类

（1）对外服务。服务业企业是指以通过为消费者提供服务，并通过服务使企业获利的组织，他们的主要业务同顾客相联系，这样的服务型企业十分多见，如银行、航空公司、超级市场等。在这样的企业中，有的服务是以产品为基础的，为产品的生产过程附带的服务，也有的是提供纯粹的服务，因此，前者被称为企业的服务部门，如电冰箱企业的售后服务部，而后者的公司就建立在服务基础上。当然，其中有一些非营利的服务型企业，如公安部门、福利医院等。服务又可以分为基于一定设施的服务和上门或随时服务，前者消费者必须到指定的设施或者场所才能够接受服务，而对于后者，服务人员可以到消费者的家中或者附近提供服务。

（2）企业内部服务，又称为对内服务，这一类服务是企业内部主要活动所需要的相关服务，它们已经成为企业活动不可分割的一部分。这部分服务并不能直接产生价值，这些服务包括零件和产品检验、数据处理、财务会计、后勤管理等，他们的服务对象是企业内部要求这些服务的有关职能部门。当然，企业的内部服务组织也经常向公司以外的部门提供服务而成为一个服务的经营个体，在这个意义上，它与对外服务是一致的。

随着服务的普及，各种类型的企业都已经不可能离开服务而存在，所以对内和对外服务的分类就体现在这一点，表明无论企业内部还是对于企业属于外部的市场都有服务的存在，对外部的顾客而言，服务使他们能够得到舒适的感受；对内部顾客而言，服务是为了完成整个企业的特定功能。

2）根据服务的具体内容进行的分类

根据服务的具体内容不同，服务业提供的服务可分为四种类型：信息服务、解决问题的服务、营销服务和售后服务。

（1）信息服务。这种服务对于外部顾客而言是有偿的，内部或者外部顾客可以根据获得的信息对自己的工作和选择进行纠正和改进，实现个人利益的优化。例如，企业的信息部门提供的有关整个行业的发展情况、企业的生产控制中心提供的有关企业运作信息的报告等。

（2）解决问题的服务。整个工厂的内部出现故障是属于正常的事情，对于外部顾客而言，有许多问题也要通过获得服务来解决，因此，解决问题的服务就成为一种服务需求了。例如，企业的检修人员对整个工厂生产系统的维护、保养、改造、更新均为解决问题的服务，咨询公司的提供解决问题的方案或解决顾客提出的具体问题等。

（3）营销服务。对于制造业企业而言，生产的产品最终要投向市场才能够获得利润，而产品能够转化为商品的最有效途径就是通过市场营销，市场营销也应该属于服务的范畴，因为营销过程中提出的服务承诺是必须要通过完善的服务得以体现的，而且营销过程本身就是营销人员和顾客接触并且说服顾客的过程，它并不属于那种规范的生产过程。

（4）售后服务。对于企业而言，出售产品并不意味着结束。实际上，任务在出售的同时就由生产部门转向了服务部门，顾客对产品使用过程中出现的问题都要找服务部门解决，对于服务性企业更是如此。

3）按服务性质进行分类

（1）业务服务。如咨询、财务金融、银行、房地产等。

（2）贸易服务。如零售、维修等。

（3）基础设施服务。如交通运输、通信等。

（4）社会服务。如餐馆、旅店、保健等。

（5）公共服务。如教育、公用事业、政府等。

3. 服务业与制造业的异同

随着经济的迅速发展，服务业在整个经济活动中所占比重日益上升，如今服务业已成为一项十分重要的产业，无论是就业人数，还是生产总值，在社会经济活动总量中都占有很大的比重。服务业与制造业相比，制造业生产推出的是有形产品，如汽车、冰箱、洗衣机、电视机等。这些都是我们能看得到或能摸到的东西。它们可能出现在工厂，也可能出现在其流通或使用的地方。而服务通常是无形产品，如旅游观光、餐饮、医生诊疗等。两者之间的区别表现在以下几个方面。

（1）推出的产品相异。制造企业与服务企业的本质区别在于各自推出的产品相异，前者是产品导向型的，而后者则是活动导向型的；制造企业推出的是以有形产品为主导的产品，服务企业推出的是以无形产品为主导的产品。

（2）与顾客联系的密切程度不同。服务企业与顾客联系要多于制造企业，服务的生产与消费通常发生在同一地点。例如，旅宿须旅客在旅馆内进行，做外科手术需要医生与患者都在场……而有形产品生产与消费可以分别进行，因此制造可在消费者不在场的情况下完成。这样就给制造商在选择工作方法、分配工作、安排工作进度和运作实施控制方面提供了相当大的主动权。服务组织由于涉及与顾客的联系而使主动权受到较大限制。再者，在企业提供服务时，顾客有时是系统的一部分。例如，顾客在超市购物就是这样一种情形。此时，对顾客严加控制是不可能的。还有，产品导向型的制造业企业可通过建立成品库存，以避免和减轻需求变化带来的一些冲击。而服务运作组织不可能建立起一定期间的库存从而对需求变化作出敏感反应。我们经常可以看到银行和超市要么是顾客排长队等待服务，要么是出纳员或收银员坐等顾客。

（3）投入的不确定性差别大。服务运作的投入比制造运作的投入具有更大的不确定性，每一个患者、每一家旅馆和每一辆待修的汽车都代表一个特定的问题，需经仔细检查后方可采取措施。制造组织经常通过严格控制投入变化以使产出变化尽可能地小。结果，通常对制造过程的要求比对服务过程的要求更高。

（4）技术含量与范畴不同。服务的就地消费和投入的变化程度高，服务业一般说来劳动含量较高，而制造业资本和技术密集程度较高。

（5）产出的一致性不同。机械化使得产品规格变动不大，所以制造企业的生产流程顺利，效率高；而服务企业产出过程与产出结果多变，效率低。

（6）生产效率的测定难度不同。制造业的大多数制品具有高度一致性，制造生产率的测量比较容易进行。在服务运作方面，需求强度和工作要求的多变性使得生产率测量相当困难。例如，比较两名医生的生产率，一名医生可能有很多常规病例，而另一名医生则面对的是一些非常规病例。要明确他们各自效率的高低是非常困难的。

（7）质量保证的时效性不同。由于服务的生产与消费同时进行，这就对质量保证工作提出了更高的要求。要保证质量管理工作得到有效开展，否则投入的多变性将导致产品质量更具不确定性。对服务组织而言，提供的产品质量更重要，因为它不像制造组织那样，出现的质量问题可在顾客收到产品前得到消除。

表 1-2 对产品生产与服务运作的差异进行了概括。

表 1-2 产品与服务的明显差异

特征	产出	与顾客的直接联系	劳动含量	投入一致性	生产率测量	交付顾客前解决质量问题的机会
产品	看得见的	少	低	高	易	多
服务	看不见的	多	高	低	难	少

将系统视为纯粹从事产品生产或提供服务的组织比较容易，然而现实中大多数系统同时提供产品和服务。例如，制造业在向社会提供有形产品的同时应向顾客提供必要的售后服务，设备的维护与修理是每个制造类企业都要从事的服务；类似地，大多数服务组织在提供服务时要出售相应的有形产品，例如，医院在提供医疗服务的同时也出售药品，旅游业在提供旅游服务的同时也会出售有形产品，如旅游纪念品、食品、糖果和饮料等小商品。服务业和制造业对国民经济都是至关重要的。现在美国服务业提供了占全国 70%以上的就业机会。从发展趋势看，从事服务业的人数在逐步增加，而从事制造业的人数却在逐步减少，服务业扩大的部分提供的大多是技术要求不高、报酬较低的工作，它们的生产率通常也较低。

制造企业和服务企业就共同点来说，两者都须满足社会需求，两者都涉及设计和运行决策：制造商必须决定其工厂规模大小，服务组织（如医院）必须决定要建造多大的办公（如诊疗）大楼。两者都必须就选址、工作进度和控制运作过程以及分配相关资源做出决策。

1.3.2 服务业运作管理理论

1. 服务三角形

统计资料表明，随着经济的发展，发展水平越高的国家，服务业所占的比重也越来越高。因此，服务业的运作管理已经成为企业运作管理的重要部分，逐渐引起了人们的重视，研究服务业运作管理的人也越来越多。企业的高层决策人员也越来越重视对服务运作的管理，在企业经理看来，服务过程的质量与产品质量是同等重要的，顾客需求的满足是服务组织所有决策和行动的依据与归宿。

随着服务业管理理念的形成，“服务三角形”已经成为一种被普遍接受的观点。这种观点认为，顾客是服务业企业决策活动的中心，顾客也是制定企业战略、设计企业系统及其运行管理的核心。图 1-10 所示为“服务三角形”的基本形状。

从图 1-10 中可以看出，企业制定服务战略、进行企业的服务系统设计以及企业的服务人员都要以顾客作为中心。从服务业的战略来看，服务企业的生存与发展是以为顾客提供优质服务为前提的，而企业作业系统和服务人员是以实现对顾客的优质服务为目标而存在的。当然，顾客能否得到优质的服务最终也取决于管理者。虽然服务是由服务人员提供的，但是，管理者如何对待工人，工人也就会同样地对待顾客。“服

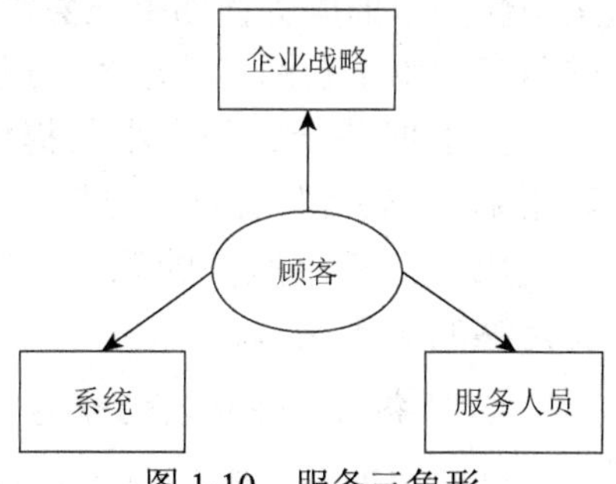

图 1-10 服务三角形

务三角形”的存在也离不开有效的运作管理，运作管理是实现为顾客服务的一个重要环节，在“服务三角形”中地位非常重要。运作管理主要涉及服务系统（设备、设施和工作程序等）的运行状态和对系统内的人力资源的调配，而服务人员的状态和人力资源的配置情况对服务的效果有非常大的影响。因此，服务业运作管理研究的核心就是研究服务型企业的高层管理层是如何对整个服务的运作系统发挥作用的。

2. 服务业生产能力的规划

服务企业所提供的服务和制造业所提供的产品一样，不可能没有限制，实际上，在设计服务业运作系统之前，就必须考虑服务业的生产能力。与制造业的生产能力相比，服务业的生产能力具有三个方面的特征。

（1）不可储存，在需要服务的同时必须立即提供，否则服务就不可能发生。

（2）服务的场所。服务的提供者与服务的接受者一般是在同一个场所进行服务过程的。

（3）规范的服务过程含有不规范的成分。一般而言，虽然要求提供规范化的服务，但服务过程不可能像产品一样保持固定的规格，对于不同的顾客，服务内容就不尽相同；对于不同的季节和不同的国家，同样的服务过程也会发生一定的变化。

根据服务的这些特点，服务生产能力的规划也要进行相应的规划，主要有以下几方面内容。

（1）对于顾客的多样化需求，有两种方法可以解决，一种是在服务企业建立的时候就考虑到顾客可能的需求，并且根据这些需求配置相应的设施、培训员工适应并且满足多样化的需求。这样的工作对于刚刚起步的服务企业而言比较困难，无论从财力或经验上都无法满足。另外一种是，让顾客成为服务的直接参与者，顾客自己为自己提供服务，例如，饭店可以提供多种饭菜，顾客随意选择满足自己要求的饭菜，这种形式就是所谓的“自助餐”形式。

（2）服务设施的设置往往要在服务高峰的地点附近，而且，在服务高峰的时间可以采用弹性工作制的方法鼓励员工在高峰时间上班。例如，快餐店、洗衣店就应该设在居民区附近，可以方便居民获得服务，也可以避免服务过程的辅助时间和服务设施的浪费。

（3）在增加服务网点和提高服务能力之间进行权衡。如果服务设施附近的集中性需求增加，需要加大这一服务点的服务提供能力，如增加员工和相应的服务设施，以满足集中性需求的服务；如果服务需求比较分散，则需要寻找新的需求高峰区，并且建立新的网点。由于新网点的成本一般比较高，所以企业更愿意较多地提高服务能力。

由于服务能力的大小与提供服务的质量有着密切的关系，一般而言，服务能力的利用率在 80%左右时，可以保持最好的服务质量，如果服务能力利用率超过 80%，会造成企业满足服务的能力下降，服务质量也会随之下降。所以应强调服务型企业具有足够的服务能力。

3. 服务业运作管理的分类

可以根据提供服务的类型来分类，航空公司和金融机构提供的服务显然属于不同的类型，得到的服务也各不相同；也可以按照前面的分类将服务分为对内的服务和对外的服务，表示服务是否具有盈利的特征。这些分类都是常见的，而且对于理解整个服务业有很大的帮助作用。但是在理论上设计服务业运作管理时，不能不提到顾客对服务业的影响，即顾客在整个服务运作系统中的核心作用，为了反映这种作用，引入了顾客接触程度的概念。

顾客接触程度被定义为接受服务的顾客是否出现在系统中以及在系统中停留的时间占服务过程总时间的比例。它表示顾客与整个服务过程联系的强度，可以了解接受服务的顾客是否出现在系统中。一般而言，如果顾客出现在服务系统中，顾客和服务运作系统的接触时间越长，两者在服务过程中的接触程度越高，两者之间的相互作用越强。基于这一理由可以推断出：与顾客接触程度高的服务系统比接触程度低的服务系统更难控制，其规范化与合理化的难度也就更大。在顾客接触程度高的服务过程中，顾客可以影响服务的需求性质，由于顾客对服务过程参与比较强，顾客也可能影响到服务的质量。

顾客接触程度高的服务系统与顾客接触程度低的服务系统的区别如表 1-3 所示。

表 1-3　不同顾客接触程度的服务系统

服务运作过程	顾客接触程度高	顾客接触程度低
设施地点和布局	接近顾客群，满足顾客需求和愿望	可以远离顾客群，接近服务供应地
产品和过程设计	顾客对产品过程设计具有直接影响	大多数的顾客没有对设计介入
工作日程安排	工作日程充分考虑到顾客的需要	顾客更关心进展情况，而不是日程
生产计划安排	生产与服务统一，订单无法存储	可以通过一定的储备保证生产顺畅
服务质量控制	质量标准取决于顾客，由顾客决定	质量标准是客观固定并且可以测量的
服务的时间标准	服务时间也依赖于顾客的要求	工作的时间标准比较固定和紧张
生产能力要求	生产能力要能够适应最高峰的需求	一定的储备可以在高峰时输出

可以看出，一些与顾客接触程度比较低的工作往往与制造系统具有一定的相似性，产品可以存储，生产可按照单位时间最大产量连续、较均匀地进行；而顾客接触程度比较高的工作与服务的不可存储性紧密联系在一起，生产必须即时消费，因此，顾客对服务系统的影响是非常显著的。

由于顾客的这种影响，整个服务运作过程也发生了相应的变化，如商场收银台的工作人员不可能要求顾客按照一定的时间安排来交款，他们的服务必须保证能够满足高峰时顾客的需要。

1.3.3　服务系统的设计

1. 服务系统设计与制造业系统设计的区别

服务系统最鲜明的特征是服务不能够存储，接受服务也是即时的。这就导致服务系统的设计和开发与制造系统的设计和开发存在以下的差别。

（1）服务过程和服务输出是同时进行的，在服务系统中，服务的过程本身是作为产品出现的；而制造系统的产品是制造过程的结晶。

（2）支持服务的设备和软件作为有形的物品，其存在的无形价值能够受到知识产权法保护，但服务却不能像产品的知识产权保护那样受到产权法保护。例如，某个超级市场的经营具有特色，服务受到了顾客的称赞，竞争对手完全可以仿效并且成为自己服务的形式和内容，这种做法是不受法律约束的。

（3）服务业中直接面向顾客的服务人员所占比例很大，由于服务质量没有事后的可弥补性，所以要求直接面向顾客的服务人员具有较强的业务能力与服务素质。岗位培训及相应的培训合格证书是获得提供某些服务的必要资格。如会计师考试、律师考试等。

（4）由于服务业组织的投入资金小，设施占用少，受顾客需求影响比较大，所以服务的组织灵活性比较强，很多服务业组织可以在一夜之间改变服务内容，如理发店可以变成零售店等。而制造业企业由于设备的巨额固定资产性和较多的库存资金占用性以及厂房等的特殊性，如果想改变经营方向，则难度很大，它的管理者要下很大的决心、投入较多的资金、花费较长的时间。

（5）许多的服务业组织提供服务的时间很长，有些甚至是全天的，如有 24 小时营业的便利店和一些社区服务组织等，当然也包括制造业中的服务系统，如海尔的“24 小时随叫随到”等。

2. 服务业运作系统设计的重点

由于服务业企业同制造业企业的这些区别，在设计服务业的系统时要充分考虑到这些区别，并且将服务业企业运作系统设计的重点放在以下几个方面。

（1）为顾客提供热情周到的服务，友好地对待顾客。

（2）提供服务的速度高和方便性。

（3）服务价格的合理性。

（4）服务内容的多样性。

（5）在服务中占重要地位的有形产品的质量。

理想的服务系统是能够给予顾客满意服务的系统，然而，实际中存在两个问题：第一，如何保证能够给予顾客满意的服务，即如何对服务过程进行有效的监控；第二，如果顾客对服务过程不满意，提出了自己的意见，服务系统如何进行改正，使整个服务系统的运行不会受到影响。为了解决这样的两个问题，必须解决对服务信息的获取和服务质量的补救措施问题，图 1-11 表示了这样一个过程。

由图 1-11 可以看出，提供服务与服务承诺必须通过服务的实际运作来实现，在服务过程中顾客会产生实际的感受，因此，作为服务企业的管理者更重要的是在提供服务的过程中进行及时和有效的监控，以保证使顾客能够享受满意的服务，只有这样，整个服务系统才能算是成功的。

对顾客满意程度的衡量可以通过调查的方式来进行，通过顾客填写调查表，对企业提供的全部服务或部分服务进行评价。评价主要从两个方面进行：提供服务的内容和提供服务的满意程度。企业最应该关注的是顾客认为比较合理的服务内容但企业并没有提

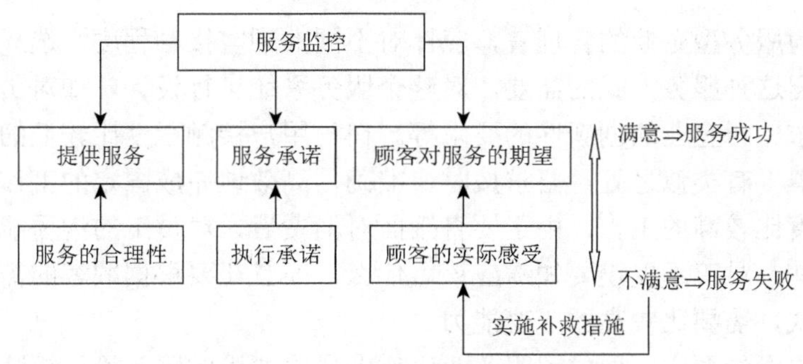

图 1-11　服务系统监控示意图

供满意服务的那部分，并立即实施必要的补救措施。

3. 服务系统设计的有效方式——服务设计矩阵

已经知道，不同的服务有着不同的特征，它们的顾客接触程度也各不相同。那么，针对顾客接触程度不同的服务，应该如何设计服务实现的方式呢?针对这样的问题，产生了服务设计矩阵的概念，所谓服务设计矩阵就是根据顾客接触程度不同而确定的不同服务方式、对服务运作的不同要求构成的矩阵。矩阵的行向量是固定的，即顾客的接触程度，而列向量根据不同的研究对象来进行。图 1-12 为用矩阵的形式表示随着顾客接触程度的变化对销售机会和生产效率造成的影响。

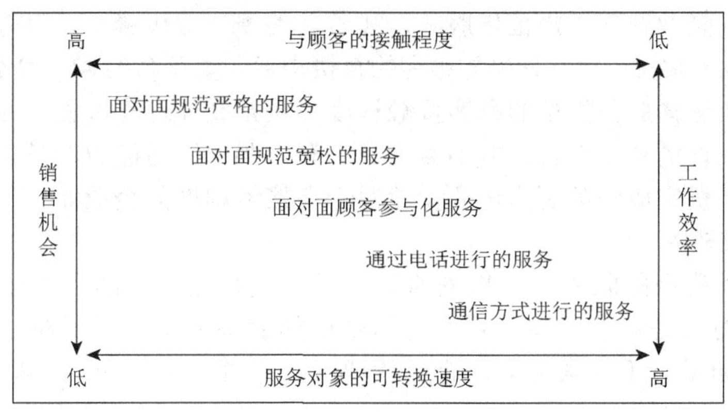

图 1-12　不同服务类型接触程度示意图

从图 1-12 可知，随着接触程度的提高，服务提供的方式由通信转化为面对面规范严格的服务，类型的变化使他们具备了各自的优缺点：通信方式与顾客接触比较少，工作效率比较高，服务对象的可转换速度高，和制造业的生产类似，然而服务的销售机会也比较低；反之，虽然面对面顾客服务的工作效率低，但是工作成果较好，销售机会较高。

每种服务都有一定的特点，如医院和快餐店提供的服务一般是比较规范的，顾客在一定的设施基础上享受服务，属于面对面严格的服务；而对于饭店的服务人员而言，不可能对顾客板着脸，在一定的情况下还要有一定的灵活性；再如，一些咨询类的机构的服务尽管面对面，但服务过程是比较宽松的；自助餐是顾客参与服务的典型代表等。

当然，作为服务型企业的管理者，应针对不同的顾客接触程度，选择一定的服务方式，同时，根据这种服务方式的需要，对整个服务系统进行设计，如对员工的要求、对工作程序的要求、对企业的创新性的要求等。在与用户接触程度比较低的服务中，员工的工作与“机器”有类似之处，要求按时、准确、高效地完成固定的工作任务；而对于与用户接触程度比较高的工作，由于要直接面对消费者，对员工的沟通能力和公关能力要求就更高一些，员工不仅仅要知道应该做什么，而且还要根据顾客的需要灵活地调整自己的服务方式，需要比较高的应变能力。

根据这些方面的要求，形成了服务业运作中最终要求的服务设计矩阵（表 1-4），根据这一矩阵，企业决策者可以确定对服务设计要素进行可选择性的合理安排。

表 1-4　服务设计矩阵表

衡量指标	接触程度低	接触程度一般	接触程度高
对员工的要求	手工艺方面的能力	文字和语言能力	好的沟通判断能力
服务运作的重点	文字处理清晰介绍	能够控制整个流程	侧重点在于顾客
服务业管理创新的重点	计算机办公自动化	计算机辅助作用	员工与顾客沟通

通过服务设计矩阵可以知道，整个服务系统的设计实际包括了如下过程。

（1）确定企业服务类型，形成企业自身的核心服务。各个企业对于服务的选择是各不相同的，有的企业选择了规范化服务，如著名的麦当劳快餐店，而有些则以个性化的服务作为企业的宗旨，尤其崇尚与顾客的直接沟通，如著名的 AVON 化妆品。

（2）根据所选择服务类型的顾客接触程度，决定企业运作过程中的要素配置与组合。对于高规范性的企业而言，并不需要员工有太强的沟通能力，员工循规蹈矩能够按时、按质、按量完成任务更为重要；而对于高接触程度的企业而言，员工良好的沟通能力是不可或缺的。

（3）根据所选择的服务，与相关的竞争对手进行比较，确定企业与竞争对手的差别，如果面对的是同一市场，则要对本企业的服务要素进行更新和改进，保持一定的竞争力；如果对手非常强大，企业就要考虑选择差异性市场，避免和对手的正面竞争。

（4）在实际运作过程中，并非像矩阵一样是确定的，现在流行的“柔性管理”告诉我们，企业的竞争策略的制定需要有一定的灵活性，企业的内部管理也要以“柔性管理”为重要特征。

（5）对服务系统的设计也呈现一种动态化的趋势，企业在设计过程中应该保证所设计的系统能够根据外界的变化而作出适应性的调整。

1.3.4　服务流程的设计

1. 服务流程的设计步骤

服务流程设计是指服务型的企业在运作管理的过程中，要根据顾客的需要来提供相应的服务的内容、企业自身的财务目标等方面确定整个服务流程，并对服务流程作出最优的设计。这种设计与制造业的产品设计有一定的相似之处。

服务的流程设计步骤如下。

（1）服务过程的细分。在进行服务流程设计之前，要首先把服务提供的整个过程划分为几个阶段，这样划分的原因在于服务尽管是无形的，但是整个服务的提供不可能仅仅靠某一个部门进行，必须要通过几个部门的协调运作来进行，因此，把服务提供的过程按照流程的顺序和工作的内容进行划分是十分必要的，这也是服务流程设计的前提。

（2）对服务流程的整个过程和各个步骤进行分析，对一些可能出现问题的环节进行预先控制。有些环节是直接与客户接触的，这些环节往往最容易发生问题，作为流程设计者而言，就是制定一定的措施，防止使顾客产生不满意的情况，起到“防患于未然”的作用。设计者可以首先绘制整个服务的流程图，将容易出现问题的环节先划出来，引起决策者和实际运作人员的足够重视，当然，制定相应的措施是最为关键的。

（3）明确了服务流程的环节和可能出现问题的环节之后，需要制定一个详尽的、可操作性强的时间安排。由于服务的特殊性质，服务的成本和时间有密切的关系，不可想象整日的服务和钟点工得到相同的报酬，因此，对整个服务流程要指定比较可行的时间计划，这样可以对员工的工作进行量化的考核，同时也方便企业进行管理。

（4）对整个服务流程进行成本收益分析。设计的流程不仅要具有可操作性，更重要的是能够符合经济性的要求。作为营利性的组织，服务企业要求整个服务的流程可以给企业带来最大的收益，只有满足这样的要求，这种服务流程才是可行的。对于服务流程的经济性分析主要从财务角度着手，进行成本收益分析，影响成本和收益的因素主要包括原材料的价格、各种管理费用和服务期间的费用支出以及员工工资支出等，企业的流程设计的目标是保证整个流程的成本最小。

2. *良好的服务流程所应当具有的特点*

对于一个设计良好的服务流程，至少应该具备下面的特点。

（1）服务系统中的每一个要素的目标和企业运作管理的目标是一致的，这样可以保证整个系统按照同一个目标前进，也可以保证整个系统运作的协调性。

（2）系统对于每一个顾客都是友好的，系统具有明确、清晰和逻辑化的特征，可以让每一个顾客都很明白地成为服务的接受者。当然，对于服务人员而言，这个也是最起码的要求。

（3）系统应该具有稳定性。系统设计完成之后，应该能够有相当的适应性，保证不因为某些偶然性而造成整个服务流程的中断。

（4）系统是一个有机的结构整体，对于各个部门而言，要有相当灵活的衔接系统，保证整个流程在运转过程中能够进行连续运作。

（5）系统和流程的时间与成本的浪费都应控制到最小，避免不必要的浪费，而且流程的设计本身应该有防止浪费的要求。

3. *典型的服务运作模式*

经过研究和许多管理实践的检验，形成一些已经被证明行之有效而且可以保证系统稳定性、灵活性的服务运作模式，当然，这些模式各有特点，适用于不同的服务类型，企业的管理者可以根据自身企业的特点进行选择。

1）生产线模式

这是美国的麦当劳首创的一种服务业流水作业运作模式。Theodore Levitt 曾经说过："应该把快餐的传送过程看成是一个制造的过程，而不是简单的服务过程。"麦当劳把提供服务的过程等同于制造业的生产线，将其经营的快餐店按照流水作业的方式组织运营，这种运营同普通的服务的区别在于：麦当劳为顾客营造一个清洁、秩序井然和令人愉快的环境，食品的提供过程按照非常规范的方式进行，用规范化的操作和设备技术代替了服务对服务人员过高的依赖性。

麦当劳之所以采用这种服务模式是由麦当劳的服务策略决定的，麦当劳在全球有上千家门店，为了在全球范围内推广麦当劳食品，必须要求实行整齐划一的服务，而整齐划一就不可避免地要求员工自主性的降低，要求员工提供的服务方式按照标准进行，于是产生这种服务的提供模式。

在长期的服务过程中，麦当劳形成了具有自己特色的经营方式，同时有自己的经营特点，主要包括几个方面。

（1）麦当劳制作薯条是按照一定的数量制作的，这个数量根据经验确定，并且是固定的，既不会多，也不会少。

（2）服务生服务时可以看到，盛装薯条都使用统一的宽口铲，而且，每个服务生提供的薯条数量是一致的。

（3）为了保证整个环境的清洁，不仅在就餐区，即使在储藏间也有废料桶，清洁人员及时把废料清扫干净。

（4）麦当劳的汉堡包、奶昔、冰激凌都有统一的印有麦当劳标志的包装袋。

（5）麦当劳门店的整个生产系统的安排都是经过精心策划的，保证制作人员、服务人员之间可以自主地工作而且能够将生产和服务环节有效地衔接在一起。就餐区的整体设计也非常严谨，服务员的所有操作也是根据已经确定的系统设计来实现的。

麦当劳将制造业的生产线方式引入服务业，使汉堡包的生产就像工厂生产的零部件一样能够不间断地从生产线上生产出来。麦当劳的这种严格规范的服务使它走进了全球各地人们的生活，"麦当劳"已经成为一种现代生活方式的代名词。

2）参与服务模式

在某些服务生产的过程中，允许有更多的顾客参与，把顾客看作服务过程中的一个组成部分，通过发挥顾客在提供服务过程中的作用来提高服务效率，从而使企业获利，使整个服务过程得到改善。具体体现在各种自助方式的流行，使顾客能够最大限度地参与服务，如超市、自助售货机、自动取款机等。在服务设计矩阵中，这种方式更类似于有一定设施的服务提供。这种依赖于技术装备的服务系统的优点在于减少员工的劳务付出，使整个服务过程更加方便、高效、省时、省力。

若要使该类企业的运作获得成功，可以归纳为以下几个方面。

（1）获得顾客的信任，取得顾客的理解，被顾客接受，愿意积极参与。

（2）降低成本、提高服务速度和便利性，在效率高、费用低、简便等方面下功夫。

如果顾客感到既不方便、费用又高，他们就不会接受这种服务方式而宁愿到柜台上接受服务。

（3）所提供的服务设施必须运行可靠、操作方便。在运行过程中，有一定的适应性，以保证整个系统的稳定；并且，即使一个对系统毫无所知的顾客，也应该能够很快地了解整个系统的操作规则并且能迅速、正确地使用这种服务。

要使这种服务形式得到顺利推行，需要企业像培训自己的员工那样培训顾客，利用各种媒体（尤其是在本企业所提供的设备的旁边或内部）介绍所提供设备的使用方法，让消费者逐渐了解这种设备的性能，这样顾客使用起来就方便多了，而且还会减少机器的损坏率。目前我国有些服务企业也采取了顾客参与的经营方式，如银行的自动取款系统、铁路运输的列车车次查询系统等。

可以认为，自助服务系统在客观上起到了替代原有员工的作用，因此，现在要把原来培训员工所需要做的事情改为培训自己的顾客。

实践证明，同时提供完全的服务和自助的服务能够获得最大的收益，采取提高完全服务的价格、改变完全服务的销售方式、降低自助服务的售价等措施，可以使服务照顾到不同需求的消费者，同时对于服务的提供者而言，能够获得最大的利润。

另有一类自助服务对特定的技术设备的依赖性不强，这种服务的方式也是常见的，如饭店和宾馆的“自助餐”“自助火锅”等，这种参与模式不需要或基本不需要昂贵的技术装备，只需要一定的场所，并且为顾客提供已经制成的产品，给顾客提供一个方便、舒适的环境。服务人员并不需要对顾客的每一项要求提供服务，但须注重的是总的供货服务。例如，当服务员看到为自助餐所供菜肴和其他食物的品种及其数量不多时，就应该及时地为顾客补充新的产品。这样的服务，可以保证每个使用自助餐的顾客都能够按照自己的意愿选取自己喜欢的菜肴。采用这种服务模式的企业，必须在花色品种和成本上狠下功夫，让顾客感到吃得舒心、花钱少，这样才能吸引大批消费者。类似的例子还有自选商场、健身房等。

3）面对面的直接接触模式

目前服务业采用最普遍的是服务员与顾客面对面的直接接触服务模式，我们作为消费者接触最多的是面对面的服务，如商店里的售货员、储蓄所的储蓄代办员、饭店的服务员等，这种服务方式存在于整个经济的方方面面，与普通老百姓的生活息息相关。

在这种服务的过程中，服务人员成为整个服务过程中最主要的要素，而不是如生产线模式和参与管理模式中的那种设备代替服务成为与顾客接触最多的部分。设备是一个固定的、规范的个体，它不受人的情绪影响，设备服务的介入导致服务人员与顾客的接触程度降低，顾客尽管能够得到一致的服务，但是所接受的服务中没有人性化的因素，因此，这些服务被称为“冰冷”的服务。

而面对面服务人员与顾客之间的服务最大的特点就在于能够有人与人之间的一种互动关系，通过服务人员的言行，顾客体会到的感受也是各不相同的，尽管消费的物品可能是一样的，但是由于服务人员态度和言谈举止的差异，给顾客留下不同的印象，因此，下一次顾客一定会到心理感受好的服务人员那里接受服务。所谓的“回头客”就恰如其分地说明了这一点。

正由于对这种互动作用的依赖，这种服务模式的最基本要求就是提高每一个服务人员的服务质量，让每个服务人员树立服务质量的意识，对待每一个顾客都要用自己真诚的微笑、热忱的服务、耐心的讲解来为顾客留下良好的印象。企业重视的是，如果服务不周，失去的可能不仅仅是一个消费者，而是使企业的形象和信誉得到了严重的损害，不仅这个消费者不来了，可能会使企业失去某个社会消费的小群体，这种无形的损失是难以估价的。

总之，通过三种基本的服务运作模式的分析，可以看出。这三种基本的模式也是根据与顾客接触程度的高低设计的，根据接触程度高低，规定了某种模式的一些特点。但是，无论使用哪种服务模式，服务设计的目的还是和我们前面所述的基本要求是一致的。

4. 注重承诺——服务设计的动力

商家往往通过服务的营销使自己的服务家喻户晓，从而促进自己服务的销售。然而，从另外一个角度讲，如果服务的承诺没有得到有效的兑现，对企业来说造成的损失可能比没有营销更为惨重，例如，南京冠生园的陈馅月饼事件导致了这一 70 多年老店的破产；有些商家在淡季进行所谓的“打折”，然而，顾客大老远跑来却发现，商家已经把货品的价格预先提高了一定的百分比，这样，顾客对商家的信誉就会产生明显的不信任感，商家的这种承诺营销活动显然会产生副作用。

因此，承诺不仅是对顾客的承诺，而且会对企业自身形成一种内在的压力，使企业更好地进行服务系统的设计，建立优秀的服务系统。企业作出承诺时也应该注意承诺的可实现性，要考虑企业自身的能力，优秀的服务承诺应该包括这些内容：无条件的服务、服务人员和顾客之间的交流、对顾客提供的服务能够与顾客的需求相一致等。

➢思考题与习题

1. 试述社会组织的基本职能及其之间的关系。
2. 简述生产与运作管理的定义与研究内容。制造业生产运作管理与服务业生产运作管理有何异同。
3. 外部特殊环境对企业的运作和生产过程有什么影响？
4. 企业的内部条件对企业的运作和生产过程有什么影响？
5. 简述制造类企业典型的生产流程。
6. 简述制造类企业的生产成本构成。
7. 试述顾客接触程度的概念及其与服务运作管理的关系。
8. 顾客参与服务的典型形式有哪些？
9. 企业的内部服务包括哪些？

➢拓展学习材料

1-1 案例分析

1-2 BMW 运营管理

第2章

生产设施选址与布局

本章提要：本章主要对生产设施选址与布局的基本概念与内涵进行阐述，并着重分析生产管理过程之中的生产管理和空间组织。本章旨在使读者了解掌握生产设施选址和生产过程空间布置的方法与原则，使读者更全面地熟悉生产与运作的理论知识。

2.1 生产管理概述

2.1.1 生产管理定义

1. 生产管理的定义

生产管理是对企业生产活动的计划、组织和控制。企业的生产系统包括输入、转换（制造）、输出和反馈四个环节，其运行程序如图 2-1 所示。

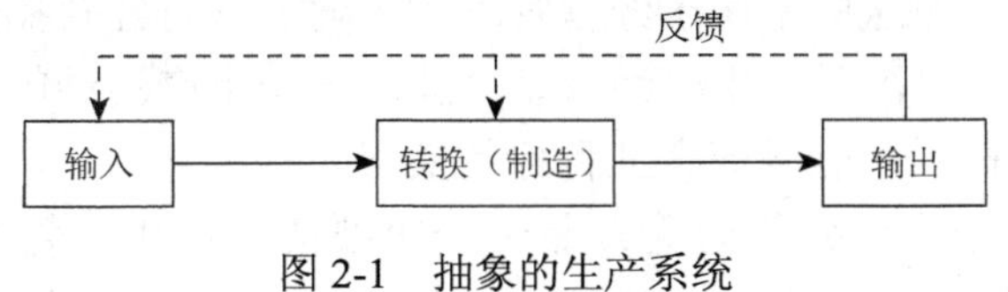

图 2-1 抽象的生产系统

生产系统的输入是指将生产诸要素以及信息投入生产的过程，这是生产系统运行的第一个环节。生产系统的转换就是生产制造过程，这是生产系统运行的重要环节。生产系统的输出是转换的必然结果，它包括产品和信息两个方面的内容。生产系统的反馈是将输出的信息回馈到输入端或生产制造过程，其目的是与输入的信息进行比较，发现差异，查明原因，采取措施，加以纠正，保证预定目标的实现。由此可见，反馈执行的是控制职能。这一环节在生产系统中起着非常重要的作用。

生产管理有广义和狭义之分。

狭义的生产管理是指以产品的生产过程为对象的管理，即对企业的生产技术准备、原材料投入、加工工艺及过程直至产品完工的具体活动过程的管理。狭义生产管理的内容主要包括生产过程组织、生产技术准备工作、生产计划编制、生产作业计划的编制和生产控制等。

广义的生产管理是指针对企业生产活动的全过程进行综合性的、系统的管理，也就是以企业整个生产系统作为对象的管理。广义的生产管理内容甚为广泛，包括生产过程规划、生产过程组织、劳动组织与劳动定额管理、生产技术准备工作、生产计划和生产作业计划的编制、生产控制、外协管理、质量管理、物资管理、设备与工具管理、能源管理、安全生产、绿色生产、环境保护等。

由于产品的生产过程是生产系统的一部分，所以狭义生产管理的内容，也只能是广义生产管理内容的一部分。本书是从广义的角度来研究生产管理的。

2. 生产管理的地位

生产管理在企业管理中的地位是非常重要的。我们知道，企业管理工作的内容甚多。按各项管理工作在企业生产经营活动中的性质，基本上可分为经营管理和生产管理两大部分。经营管理是对企业经营活动的管理，主要解决企业的生产技术经济活动如何实现同企业外部环境取得动态平衡的问题。而生产管理如上所述，是对企业生产系统的管理，主要是解决企业内部人、财、物、信息以及时空等各种资源的最佳结合问题。

经营管理和生产管理虽然涉及的领域和解决的问题有所不同，但作为整个企业管理的组成部分，两者之间却有着密切的联系，这种联系表现为经营管理是生产管理的先导，生产管理是经营管理的基础。

经营管理是生产管理的先导，指的是生产管理要依据经营管理所确定的经营意图，即经营方针、经营目标、经营决策和经营计划的要求来进行。这是由生产经营型企业的特点所决定的。生产经营型企业作为自主经营、自负盈亏的经济实体，它所追求的目标是经济效益。为此，就必须使企业的产品适销对路，满足用户在品种、质量、价格、销售渠道等方面的要求，而这些都属于经营管理的范畴。只有经营搞好了，企业才能立于不败之地，并不断成长。因此，生产经营型企业对一切生产活动的管理都必须服从经营管理的要求。只有这样，才能保证企业目标的实现。

生产经营型企业中，经营管理无疑是十分重要的，但生产管理也同样重要，因为企业的生产活动是企业一切活动的基础。如果生产活动管理不好，企业就很难按品种、质量、数量、期限、价格向社会提供产品并满足社会的要求。在这种情况下，企业当然无法实现其经营目标。因此，应注重生产管理，使经济效益的提高建立在可靠的基础之上。

3. 生产管理的任务

生产管理的任务总的来说是为了提高企业的经济效益。具体要求如下：

（1）按规定的产品品种要求的质量完成生产任务；

（2）按规定的计划成本要求完成生产任务；

（3）按规定的交货期限完成生产任务。

产品的质量（quality）、成本（cost）和交货期（delivery），是衡量企业生产管理成败的三要素，保证质量、成本和交货期三方面的要求，是生产管理的主要任务。

质量（含品种）、成本、交货期（含数量）这三项任务是相互联系、相互制约的。

提高质量，可能引起成本增加；增加数量，可能降低成本；为了保证交货期而过分赶工，可能引起成本的增加和质量的降低，等等。为了取得良好的经济效益，需要在生产管理中进行合理的组织、协调和控制。

4. 生产管理的目标

生产管理的目标可以总结为：高效、低耗、灵活、准时地生产合格产品，为客户提供满意服务。

（1）高效：迅速满足用户需要，缩短订货、提货周期，为市场营销提供争取客户的有利条件。

（2）低耗：人力、物力、财力消耗最少，实现低成本、低价格。

（3）灵活：能很快适应市场变化，生产不同品种和新品种。

（4）准时：在用户需要的时间，按用户需要的数量，提供所需的产品和服务。

（5）高品质和满意服务：是指产品和服务质量达到顾客满意水平。

2.1.2　生产过程组成

工业企业为了生产工业产品必须组织生产过程。生产过程组织是否先进合理，不仅关系到企业生产任务的完成，而且对企业经济效益能否提高，也有直接的影响。生产过程组织对企业而言是一项具有长远意义的事情，因此，需要慎重从事。

任何工业产品的生产，都需要经过一定的生产过程。所谓生产过程是指从原材料、元器件的投入开始，经过一系列的加工，直至成品生产出来的全部过程。在生产过程中，主要是劳动者运用劳动工具，直接或间接地作用于劳动对象，使之按人们的预定目标变成工业产品。在某些生产技术条件下，实现产品的生产，少量情况下还要借助于自然力的作用。这时，生产过程就是一系列相互联系的劳动过程和自然过程相结合的全部过程。

工业企业的生产一般由许多部分进行，根据各部分在生产过程中的作用不同，可划分为以下三部分。

（1）基本生产过程。基本生产过程是指对构成产品实体的劳动对象直接进行工艺加工过程。例如，机械企业中的铸造、锻造、机械加工和装配等过程；纺织企业中的纺纱、织布和印染等过程。基本生产过程是企业的主要生产活动。

（2）辅助生产过程。辅助生产过程是指为保证基本生产过程的正常进行而从事的各种辅助性生产活动的过程。如为基本生产提供动力、工装和维修工作等。

（3）生产服务过程。生产服务过程是指为保证生产活动顺利进行而提供的各种服务性工作。如供应工作、运输工作、技术检验工作、清洗、油封、包装等。

上述三部分彼此结合在一起，构成企业的整个生产过程。其中，基本生产过程是主导部分，其余各部分都是围绕着基本生产过程进行的。

基本生产过程和辅助生产过程都是由若干既相互独立，又彼此联系的工艺阶段所组成的。所谓工艺阶段，是指按照使用的生产手段的不同和加工性质的差别而划分的局部生产过程。例如，机械制造类企业的基本生产过程可以分为毛坯制造、金属切削加工和装配三个工艺阶段；纺织企业的基本生产过程可以划分为纺纱、织布和印染三个工艺阶段等。每个工艺阶段又由若干工序所组成。所谓工序是指一个人或一组人在一台机床上或在同一工作地上对同一劳动对象进行连续加工的生产环节。它是组成生产过程的基本单元，是企业生产技术工作、生产管理和组织工作的基础。按照工序的性质，可以把工序分为基本工序和辅助工序两类。凡直接使劳动对象发生形状或性能变化的工序称作基本工序，也可称作工艺工序，如有锻造、铸造、焊接、热处理、车、铣、刨、磨等基本工序；凡为基本工序的生产活动创造条件的工序都称作辅助工序，如产品检验、清洗、运输工序等。

2.1.3 组织生产过程的要求

合理组织生产过程，使生产过程始终处于最佳状态，是保证企业获得良好经济效果的重要前提之一。合理组织生产过程是指把生产过程从空间上和时间上很好地结合起来，使产品以最短的路线、最快的速度通过生产过程的各个阶段，并且使企业的人力、物力和财力得到充分的利用，达到高效、低耗、质优、安全与环保。合理组织生产过程需要做到以下几点。

1. 生产过程的连续性

生产过程的连续性是指产品和零部件在生产过程各个环节上的运动自始至终处于连续状态，不发生或少发生不必要的中断、停顿和等待等现象。这就是要求加工对象或处于加工之中，或处于检验和运输之中，而尽可能避免处于存储或等待之中。

要保持生产过程的连续性，必须做到以下几点。

（1）必须使制品的工艺流程是合理的。

（2）企业各车间之间、仓库和车间之间以及各工序之间或工序与工作地之间的布置要符合生产过程的顺序要求，使劳动对象在生产过程中的运输路线最短。

（3）生产过程是经过优化的，大批、大量生产时，各工序（含工位）或各工作地所需的劳动时间应趋于相等；成批、小批、单件生产时用优化的计划以确保生产过程各环节具有良好的衔接。

（4）尽可能采用先进的工艺技术与装备，提高专业化、自动化程度。

（5）要求做好生产前的一系列准备工作。

保持生产过程的连续性，可以充分地利用机器设备和劳动力，可以缩短生产周期，加速资金周转，减少生产过程中的浪费和损失。

2. 生产过程的平行性

生产过程的平行性是指生产过程的各个阶段、各个工序尽可能实行平行作业。要做到这一点，必须做好零、部件间的逻辑关系分析，将可平行加工的零部件尽可能安排成平行加工，同时必须具备足够的生产面积和相应的生产设施，以确保具有平行生产的能力。

保持生产过程的平行性，可较大程度地缩短产品的生产周期，加速资金的周转，从而提高企业的经济效益。

3. 生产过程的比例性

生产过程的比例性是指生产过程的各个阶段、各道工序之间，在生产能力上要保持必要的比例关系。它要求各生产环节之间，在劳动力、生产效率、设备等方面，相互协调发展，避免脱节现象。保证生产过程的比例性，既可以有效地提高劳动生产率和设备利用率，又进一步保证了生产过程的连续性。

为了保持生产过程的比例性，在设计和建设企业时，就应根据产品性能、结构以及生产规模、协作关系等统筹规划；同时，还应在日常生产组织和管理工作中，搞好综合平衡和计划控制。

生产过程的比例性也指投入与产出的比例关系以及生产过程各环节资源分配的比例关系。

4. 生产过程的节奏性

生产过程的节奏性是指产品在生产过程的各个阶段，从原材料、元器件的投入到产品完工入库，都能保持有节奏地、均衡地进行。要求在相同的时间间隔内各工序或工位生产出相同数量的制品，尽可能避免产生瓶颈工序的现象。

生产过程的节奏性应当体现在投入、生产和产出三个方面。其中产出的节奏性是投入和生产节奏性的最终结果。只有投入和生产都保证了节奏性的要求，实现产出节奏性才有可能。同时，生产的节奏性又要求投入的节奏性。因此，实现生产过程的节奏性必须把三个方面统一安排。对任何一个车间、工段和工作地也都存在着生产节奏性的要求。因此，保持各个生产环节的投入、生产和产出的节奏性，对实现整个企业的生产过程的节奏性是十分重要的。

实现生产过程的节奏性，有利于生产计划的制定与生产状况的理性控制；有利于劳动资源的合理利用，减少工时的浪费和损失；有利于设备的正常运转和维护保养，避免因超负荷使用而产生难以修复的损坏；有利于产量质量的提高和防止废品的大量产生；有利于减少在制品的大量积压；有利于安全生产，避免人身事故的发生。

5. 生产过程的适应性

生产过程的适应性是指生产过程的组织形式要灵活，能及时满足变化了的市场需要。随着科学技术的进步和人民生活水平的普遍提高以及相应的用户对产品的需要越来越多样化，这就推动了市场的发展。这一现状给企业的生产过程组织带来了新的挑战，即企业应如何朝着多品种、小批量的生产方式迈进，如何朝着灵活转向、应急应变性强的方向发展。

为了提高生产过程组织的适应性，企业可采用柔性生产等先进的生产设施与生产组织方法，现代生产系统追求具有较大程度的柔性，以满足日趋明显的、强烈的个性化消费需求。

6. 生产过程的安全性

生产过程的安全性是指生产系统中为保证人身健康和生命安全、保证财产不受损失而采取的一系列措施和行动。

安全生产管理的目标是，减少和控制危害，减少和控制事故，尽量避免生产过程中由于事故所造成的人身伤害、财产损失、环境污染以及其他损失。

（1）设备、设施或技术工艺含有内在的能够从根本上防止发生事故的功能。安全功能应该是设备、设施和技术工艺本身固有的，即在它们的规划设计阶段就被纳入其中，而不是事后补偿。包括两种安全功能：失误——安全功能，操作者即使操作失误，也不会发生事故或伤害；故障——安全功能，设备、设施或技术工艺发生故障或损坏时，能暂时维持正常工作或自动转变为安全状态。

（2）安全生产管理。针对人们生产过程的安全问题，运用有效的资源，发挥人们的智慧，通过人们的努力，进行有关决策、计划、组织和控制等活动，实现生产过程中人与机器设备、物料、环境的和谐，达到安全生产的目标。

7. 生产过程的环保性

生产过程的环保性主要是指对生产过程中三废（废气、废液、固体废料）的处理和对粉尘、噪声、辐射的控制。在生产过程中，有一部分资源和能源没有得到充分利用而以各种形式又排入环境造成污染。所以要解决工业污染，主要应该从生产过程中产生的污染源入手，这样可以从根本上解决对环境的污染问题。

生产过程中的环境管理要从多方面进行，主要有操作制度、设备管理、物资管理、工艺改革和技术装备等。

加强生产过程中的环保管理对防止污染是非常重要的，因为这是企业可持续发展的必要保证。

8. 生产过程的节能性

生产过程的节能性包括设备购置费用、使用中的维持费用（一方面要求经常保持设备良好的技术状态，另一方面又要求节约设备维修与管理的经费支出）、产出的经济性（在满足产出要求的前提下，资源投入尽可能少）等方面。

生产过程的节能性需进行综合管理方能达到。

1）技术管理与经济管理相结合

技术管理是基础，经济管理主要是优化。二者必须紧密结合，以求生产过程费用最低，综合效能最高。

2）设备管理与生产管理相结合

现代化的化工企业，设备是生产的物质技术基础，是完成生产任务的手段。设备管理水平和设备状况的好坏与生产任务的顺利完成密切相关。设备管理就是使设备经常处于最佳状态，使之在任何时候都能满足生产的需求。

生产管理是根据生产实际情况调度和使用设备，以发挥出设备系统的最佳效率，从而以尽可能少的投入而确保企业生产任务的完成。

3）设计、制造与使用相结合

设备的设计、制造过程由设计、制造部门管理；设备的使用过程由使用单位管理。两者应该密切结合，互通信息。

设计、制造部门须确保设备的可靠性、耐久性、维修性、环保性、安全性及节能性等；使用部门要熟知设备的功能和使用方法，合理熟悉使用单位的工艺要求和使用条件，要考虑到设备运行阶段的管理和维修费用，在使用中的设备应按要求维护、保养、修理设备，发现问题向设计、制造部门进行信息反馈，以便改进设备的设计。

4）设备维修与技术改造相结合

只有把设备的更新与改造工作做好，才能克服现有企业耗费高、能耗大、质量差等弊端。另外设备的更新与改造也是科学技术迅速发展的客观要求。

在设备维修中，应通过技术经济分析，正确处理设备维修与改造关系，把维修与改造结合起来。一方面利用检修的机会采用新技术、新材料、新工艺来代替技术落后、能耗大、效率低的设备和零部件。另一方面对陈旧落后，进一步维修价值不大的设备，按手续进行报废，更换先进的设备。

5）设备管理与技术开发及智力开发相结合

随着现代科学技术的进步，生产装备现代化水平不断提高，设备向着大型化、高速化、机电一体化及结构复杂化等特点发展。为了对现代化设备搞好管理，要求设备管理人员和维修人员必须掌握专门的科学技术知识和现代管理理论与方法。现代设备管理本质上是现代化设备与现代化管理理论与方法的结合。设备是科学技术发展的结晶。

6）不断提高员工的素质

在生产管理工作中，要不断提高员工的素质。设备再先进也是人制造、使用、维修和管理的。通过提高员工的素质来充分发挥全体职工的积极性，从而使生产的节能性与经济性达到预期的管理目标。

上述组织生产过程的八项要求是衡量生产过程是否合理的标准，也是取得良好经济效果的重要条件。

2.1.4　生产类型

企业在组织生产过程时，必须根据自身的特点来进行，才能做到合理性和有效性。工艺性质不同的企业，如采掘、化工、冶炼、加工装配类企业，其生产过程及生产过程组织的形式和方法是各不相同的。即使是工艺性质相同的企业，在生产技术上也有不同特点。对于加工装配类的企业来说，不同企业在生产技术的各个特点中，一个重要的特点就是生产类型。不同生产类型的企业，其生产过程的组织形式和方法是不一样的。

生产类型是工作地专业化程度的标志。工作地专业化程度是按照工作地担负工序的数目来判断的。工作地担负的工序数目越少，工作地专业化程度就越高；相反，工作地担负的工序数目越多，则工作地专业化程度就越低。据此，工作地的生产类型一般可划分为三类：大量生产、成批生产和单件生产。

大量生产是经常固定地完成一两道工序。因而专业化程度很高。

成批生产是成批轮换地完成若干道不同的工序。所以，其专业化程度比大量生产要低。成批生产按照完成工序的数目，可以分为大批生产、中批生产和小批生产。成批生产还可以区分为定期成批轮番生产和不定期成批轮番生产两种。定期成批轮番生产，就是按固定的时间重复进行生产；不定期成批轮番生产，就是每种产品只有固定的批量，没有固定的重复生产时间。在大批生产中。定期轮番的较多；在小批生产中，不定期轮番的居多。

单件生产是经常变换地完成很不固定的工序，因而工作地专业化程度很低。

按工作地所担负的工序数目来确定工作地的生产类型。具体的划分参数如表 2-1 所示。

表 2-1 生产类型的分类参数

工作地生产类型	工作地担负的工序数目	工作地生产类型	工作地担负的工序数目
大量生产	1～2	小批生产	20～40
大批生产	2～10	单件生产	40 以上
中批生产	10～20		

工作地的生产类型除用工序数目作为标志划分外，还可根据工序大量系数来划分。工序大量系数表示每个零件的每道工序所需的单件加工时间与该零件平均生产节拍之比。即

$$K=\frac{t}{R}$$

式中，K 为工序大量系数；t 为工序单件加工时间，min/件；R 为零件平均生产节拍，min/件。

零件平均生产节拍可用下式计算

$$R=\frac{F}{N}$$

式中，F 为年度有效工作时间，min；N 为年度零件生产数量，件。

R 代入 K 式中得

$$K=\frac{t\cdot N}{F}$$

从上式可知，工序大量系数 K 是为保证产品或零件在计划期内能生产出规定的数量 N，该工序需要总的加工时间 $t{\cdot}N$ 占设备有效台时 F 的比值。即各工序所需设备的数量。实际上，工序大量系数和工作地承担的工序数目（M）是倒数关系。即

$$M=\frac{I}{K}$$

或

$$M=\frac{R}{t}$$

因此，以上两种方法实质上是等价的。用工序大量系数确定生产类型的参考数据如表 2-2 所示。

表 2-2 工序大量系数确定生产类型

工作地生产类型	大量系数	工作地生产类型	大量系数
大量生产	大于 0.5	小批生产	0.025～0.05
大批生产	0.1～0.5	单件生产	小于 0.025
中批生产	0.05～0.1		

在一个工段、一个车间、一个企业中，工作地的生产类型不可能完全相同。判断它们的生产类型主要看这些单位中哪些生产类型的工作地占多数。

生产类型的划分是相对的，它们对企业管理各个方面均产生影响，如生产过程组织方式、经济效果及管理工作等的差别也是相对的。由于大量生产和大批生产之间、小批生产和单件生产之间生产组织方式具有相似性，所以在实际工作中，就经常运用“大量大批生产”和“单件小批生产”的概念。

不同的生产类型，工作地专业化程度不一样，所以，对企业的管理工作、生产过程组织工作以及生产活动的经济效果都有很大的影响。一般说来，在大量大批生产条件下，由于工作地专业化程度高，产品品种少，生产过程比较稳定，因而在工艺技术方面，可以采用专用设备和专用工具，并可使技术管理工作做得细致、精确；在生产过程组织方面，便于采用流水生产的形式组织生产；在计划方面，可以作较精确的安排；在劳动组织方面，可以进行细致的分工，有利于提高工人的技术熟练程度等。所有这些，都有利于企业的生产活动取得良好的经济效果。在单件小批生产条件下，由于工作地专业化程度低，因此情况与上述相反。

企业在组织生产的时候，应仔细地分析研究影响生产类型的因素，努力提高工作地专业化程度。影响工作地专业化程度的主要因素有：产品的品种数和每种产品的产量；产品的结构与工艺复杂程度；企业的设备数量等。这些因素是交错在一起发生作用的。上述这些因素对企业来说都是客观因素。企业不能为了追求生产的专业化而忽视社会的需要，每个企业应在满足社会需要的前提下，加强技术工作和管理工作，来提高工作地的专业化程度，改善生产类型。其主要措施如下。

（1）积极扩大同其他企业的生产协作以减少本企业制造零、部件的种类，增加每种零部件的批量。

（2）在产品结构设计方面，应根据产品的特点和市场需求情况，在分析产品结构和性能的基础上，积极开展产品和相应零部件的标准化、系列化和通用化工作。标准化是根据国家标准、部标准或企业标准对产品或零部件的常用型号进行标准化，并进一步细化为材料、工艺、工装、技术文件等的标准化，并加以实施；产品系列化是在已经得到确定的基本型号的基础上，将同类其他产品，按主参数（主要尺寸、功率或容量等）以一定规则（常选用优先数）拓展成系列，根据需要淘汰虽已存在、但已明显不合适的型号，同时补充缺少的型号；通用化是扩大专用零部件的使用范围的一项技术措施。通过零部件的标准化和通用化，可以减少产品中专用件的比重，增加同一产品或不同产品的相同零部件的种类及其数量。这“三化”既相互依存、相互制约，又能起到相互促进的作用。

（3）在工艺设计方面，开展工艺过程典型化工作，使结构相似的零件具有相同或大致相同的工艺加工过程，为减少工序数目，提高工作地专业化水平，增加工序加工批量，为采用成组技术和先进生产组织形式创造条件。

（4）在生产的组织方面，应加强订货管理，通过与用户协商，尽可能订购本企业正在生产或已生产过的变型产品。同时，在保证交货期的前提下，做到产品品种和数量之间的合理搭配，以增加同一时期的产量，减少同一品种生产的批次。

（5）根据成组技术原理，加强日常的生产调度工作，合理分配任务，改善劳动组织，实行定人、定机床、定工序等措施。

2.2 生产设施选址

2.2.1 概述

1. 生产设施选址的定义

设施是指生产运作过程得以进行的硬件手段，通常是由工厂、办公楼、车间、设备、仓库等物质实体所构成的。

设施选址是指如何运用科学的方法决定设施的地理位置，使之与企业的整体经营运作系统有机结合，以便有效、经济地达到企业的经营目的。

设施选址包括两个层次的问题。

（1）选位，即选择什么地区（区域）设置设施，沿海还是内地，南方还是北方等，还要考虑是国内还是国外。

（2）定址，地区选定以后，具体选择在该地区的什么位置设置设施。设施选址还包括这样两类问题：一是选择一个单一的设施位置；二是在现有的设施网络中布置新点。

2. 生产设施选址的重要性

（1）投资，建设新工厂或新的服务设施需要一大笔投资。在不同的地点建厂对投资有很大的影响。

（2）成本，不同的选址会影响提供产品和服务的成本，从而影响价格和竞争力。

（3）职工，不同的选址还会影响职工的生活和工作积极性。不同地方的风俗习惯、气候条件、生活标准、教育水平、精神风貌不相同，对职工生活、子女上学都会有影响。

（4）改变困难，作用深远，选址建厂是一件巨大的永久性投资，工厂一旦建成，如发现厂址选择错误，则为时已晚，难以补救。

（5）供应链的合作关系，要考虑供应链合作成员的位置关系，制造型企业应该尽量靠近其供应商。图 2-2 为供应链结构示意。

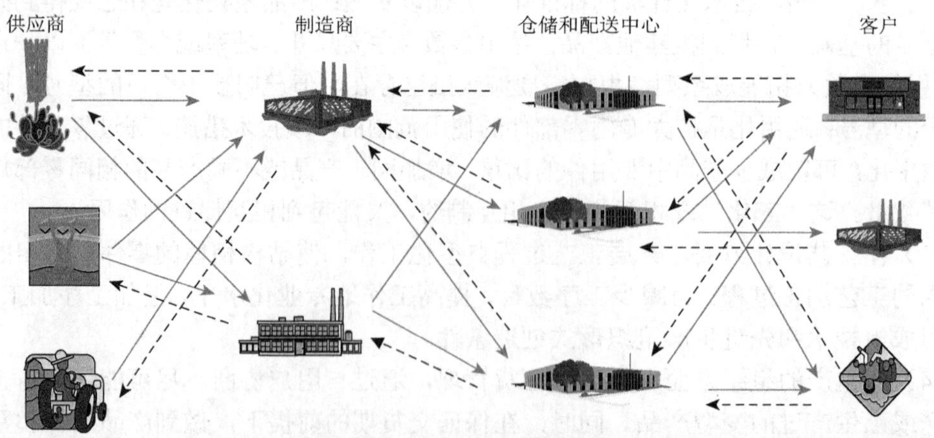

图 2-2 供应链结构示意图

——→ 物流；←---- 需求信息流

3. 设施选址的影响因素

设施选址对企业的成功起着至关重要的作用，它需要考虑众多复杂因素，涉及许多方面。影响设置选址的因素包括经济因素和非经济因素，非经济因素又包括政治因素、社会因素、自然因素等。

1）经济因素

（1）运输条件与费用。水运运载量大，运费较低；铁路运输次之；公路运输运载量较小，运费较高，但灵活性很高；空运运载量小，运费高，但运输速度快。企业可根据自身的生产情况，分析自己的输入和输出运量来选择选址是接近消费者市场还是原材料产地。

（2）劳动力可获取性与费用。由于企业青睐低价的劳动力来控制生产成本，所以劳动力的可获取性和费用也是一项值得考虑的经济因素，很多企业乐于将生产工厂选址在内地并不发达的地区，就是看重当地低廉的劳动力。

（3）能源可获性与费用。企业要生产就需要一定的能源，如钢铁厂、火力发电厂，其选址应该靠近燃料、动力供应地。对于火力发电厂、有色金属冶炼、石油化工等行业，能源消耗占总成本的比重达到 35%～60%。对重型机器、水泥、玻璃和造纸等行业，动力、能源的供应量和成本的影响也举足轻重。酿酒、矿泉水等行业必须靠近水资源丰富的地区。

（4）厂址条件和费用。企业要建厂就需要购买地皮，因此地皮的价格也是需要考虑的一项重要因素。

2）政治因素

政治因素主要指所选择的地区的政治局势是否长期稳定，法制是否健全，是否有有利于本企业的优惠政策。这对于企业的长期稳定发展有重要作用。

政治稳定是发展经济的前提条件，在一个动荡，甚至内乱的国家投资建厂，是要冒极大的风险的。有些国家的自然条件很适合建立工厂，但是其法律条件不健全将阻碍企业的发展，政治环境不适宜建厂。此外，有些国家的政策鼓励外来投资者建厂，会提供各种优惠的税收和土地使用政策，企业应该利用这些发展优势条件。

3）社会因素

社会因素主要包括当地居民的生活习惯、文化教育水平、宗教信仰和生活水平。居民的生活习惯不同，不同的国家和地区、不同的民族的生活习惯不同，企业的产品一定要适应当地的需要，注重产品的本地化。科技和教育发展情况决定了地区的人口素质，在文化素质高的地区建厂，不仅有利于招收受过良好教育和培训的员工，而且文化素质高的地区也有利于吸引人才。

4）自然因素

自然因素包括地理因素和配套设施因素。地理因素主要考虑地质条件、水文水质条件和气候因素，根据工厂对地基的一般技术要求，地质坚实、平坦、干燥的地点对工厂起着重要作用，其用地应选用承载力较高的地基。因此，工厂地点必须避免建筑在有不良地质现象或地质构造不稳定的地段。在沿江河地区选择工厂建筑地址时，要调查和掌握有关的水文资料，特别是汛期洪水最高水位等情况，防止洪水侵害。同时，在水文地质条件方面要考虑地下水位的情况。工厂规划时应该详细了解当地的自然气候环境条件，根据气候是否适合产品储存选择合适的工厂位置。配套设施主要考虑交通运输条件和水电供应条件，工厂的地点应该具有良好的交通运输条件，工厂位置应选择现有的水路交通运输线路，对于大型工厂还要考虑铺设铁路线路的可行性或建设专用码头等。对于水需求量比较大的工厂，工厂位置应该选择接近水源地和电力供应充足的地区，以保证方便和可靠的水电供应。

由此可见，制造型企业选址决策主要是为了追求成本最小化；而零售业或专业服务性组织机构一般都追求收益最大化；至于仓库选址，可能要综合考虑成本及运输速度的问题。总之，设施选址的战略目标是使厂址选择能给工厂带来最大化的收益。

4. 设施选址的原则

大量的成功案例证明，在选址问题上，定性的分析更为重要，定性分析是定量分析的前提。在进行定性分析时，为它确定几项原则是必要的。具体的选址原则如下所述。

（1）费用原则。企业首先是经济实体，经济利益对于企业无论何时何地都是重要的。建设初期的固定费用，投入运行后的变动费用，产品出售以后的年收入，都与选址有关。

（2）集聚人才原则。人才是企业最宝贵的资源，企业地址选得合适有利于吸引人才。反之，因企业搬迁造成员工生活不便，导致员工流失的事情常有发生。

（3）接近用户原则。对于服务业，几乎无一例外都需要遵循这条原则，如银行储蓄所、邮电局、电影院、医院、学校、零售业的所有商店等。许多制造企业也把工厂建到消费市场附近，以降低运费和损耗。

（4）长远发展原则。企业选址是一项带有战略性的经营管理活动，因此要有战略意识。选址工作要考虑到企业生产力的合理布局，要考虑市场的开拓，要有利于获得新技术和新思想。在当前世界经济越来越趋于一体化的时代背景下，要考虑如何有利于参与国际间的竞争。

5. 选址决策的实施步骤

（1）选择某一个地区。在选择地区时要综合考虑该地区的经济因素、政治因素、社会因家和自然因素，最后确定某一地区。

（2）在同一地区选择若干适当的地点。地区选定之后，要确定在哪片土地建厂或投资。这是要针对企业的自身特点，深入地分析研究各种有关因素。通常要考虑的是产品的可变成本，如直接人工、运输费用和管理费用等，需要对各种影响因素逐一加以分析。

（3）对候选方案进行详细的分析和评价。为了比较各候选方案的优劣，需要运用定性与定量相结合的分析方法对方案逐一评价。厂址选择的分析方法很多，如优缺点比较法、德尔菲法、因素评分法、线性规划法和重心法等。

（4）综合分析，选定最终厂址方案。在对每个候选方案进行详细评价之后，就可以得出各个方案优劣程度的结论。

2.2.2　单一设施选址

1. 单一设施选址概述

单一设施选址是指独立地选择一个新的设施地点，其运营不受企业现有设施网络的影响。在有些情况下，所要选择位置的新设施是现有设施网络中的一部分，如某餐饮公司要新开一个餐馆，但餐馆是与现有的其他餐馆独立运营的，这种情况也可看成单一设施选址。

单一设施选址问题常出现于以下几种情况。

（1）新成立企业或新增加独立经营单位。在这种情况下，设施选址基本不受企业现有经营因素的影响，在进行选址时要考虑的主要因素与一般企业设施选址考虑的因素相同。

（2）企业扩大原有设施。这种情况下可首先考虑两种选择：原地扩建及另选新址。原地扩建的益处是便于集中管理，避免生产运作的分离，充分利用规模效益，但也可能带来一些不利之处，如失去原有的生产运作方式的特色，物流变得复杂，生产控制也变得复杂。在某些情况下，还有可能失去原来的最佳经济规模。另选新址的主要益处是，企业可以不依赖于唯一的设施厂地，便于引进、实施新技术，可使生产组织方式特色鲜明，还可在更大范围内选择高质量的劳动力等。只有在后一种选择下，才会有真正选址的问题。

（3）企业迁址。这种情况不多，通常只有小企业才有可能考虑这种方式。一个从白手起家的小企业，随着事业的发展，可能会感到原有的空间太小，而考虑重新选择一处更大的设施空间，这种情况下的新选位置不会离原有位置太远，以便仍能利用现有的人力资源。但在某些特殊情况下，也会遇到一些大企业迁址的问题。

2. 单一设施选址的一般步骤

单一设施选址通常包括以下各主要步骤。

（1）明确目标。即首先要明确，在一个新地点设置一个新设施是符合企业发展目标和生产运作战略的，能为企业带来收益。只有在此前提下，才能开始进行选址工作。目标一旦明确，就应该指定相应的负责人或工作团队，并开始进行工作。

（2）收集有关数据，分析各种影响因素，对各种因素进行主次排列，权衡取舍，拟定出初步的候选方案。这一步要收集的资料数据应包括多个方面，如政府部门有关规定，地区规划信息，工商管理部门有关规定，土地、电力、水资源等有关情况，以及与企业经营相关的该地区物料资源、劳动力资源、交通运输条件等信息。在有些情况下，还需征询一些专家的意见。在收集数据的基础上，列出很多要考虑的因素，但对所有列出的影响因素，必须注意加以分析，分清主次，并进行必要的权衡取舍。在必要的情况下，对多种因素的权衡取舍也需要征询多方面的意见，如运用德尔菲法等，经过这样的分析后，将目标相对集中，拟出初步的候选方案。候选方案的个数根据问题的难易程度或可选择范围的不同而不同，例如，从 3 个到 5 个，或者更多。

（3）对初步拟定的候选方案进行详细的分析。所采用的分析方法取决于各种要考虑的因素是定性的还是定量的。如运输成本、建筑成本、劳动力成本、水等因素，可以明确用数字度量，因此可通过计算进行分析比较。也可以把这些因素都用金额来表示，综合成一个财务因素，用现金流等方法来分析。另外一类因素，如生活环境、当地的文化氛围、扩展余地等，难以用明确的数值来表示，则需要进行定性分析，或采用分级加权法，人为地加以量化，进行分析与比较。也有一些方法，可同时考虑定性与定量因素，如选址度量法。

最后，在对每一个候选方案都进行上述的详细分析之后，将会得出各个方案的优劣程度的结论，或找到一个明显优于其他方案的方案。这样就可选定最终方案，并准备详细的论证材料，以提交企业最高决策层批准。

3. 单一设施选址方法

1）盈亏分析法

盈亏分析法（量本利分析法）是厂房选址的一种基本方法，亦称生产成本比较分析法。这种方法基于以下假设：可供选择的各个方案均能满足厂址选择的基本要求，但各方案的投资额不同，投产以后原材料、燃料、动力等变动成本不同。这时，可利用损益平衡分析法的原理，以投产后生产成本的高低作为比较的标准。

【例 2-1】 某一机动汽化器制造商考虑将新建一处生产制造厂，在 A、B、C 三个城市进行选择，条件如表 2-3 所示。

表 2-3 某生产制造厂选址方案 （单位：元）

方案	固定成本	单位变动成本	预测销量	预计销售价格
A	30 万	750	2000	1200
B	60 万	450	2000	1200
C	110 万	250	2000	1200

解

方案 A 成本：TCA=300000+750×2000=1800000（元）

方案 B 成本：TCB=600000+450×2000=1500000（元）

方案 C 成本：TCC=1100000+250×2000=1600000（元）

方案 B 净收益：LB=1200×2000–1500000=900000（元）

方案 B 的成本最低，所以净收益最高，选择方案 B。

【例 2-2】 已知甲、乙两个方案均能满足厂址选择的各项要求，但两个方案的投资不同，建成投产后每年发生的固定费用总额不同，单件产品的变动费用也不同，具体资料如表 2-4 所示。

表 2-4　某厂址选择方案

项目	年固定费用总额/元	年生产能力/件	单位成品变动费用/元	单价/元	损益平衡点产量/件
甲方案	1400000	350000	8	15	200000
乙方案	1250000	350000	10	15	250000

经计算分析，甲方案投资额高，因而年固定费用发生额也较高，但是单位产品变动费用较低，当年产量大于200000件时，则甲方案明显优于乙方案，而当年产量低于200000件时，则无论甲方案还是乙方案，均发生亏损。因此，两个方案都不理想，应另找其他可行方案。

2）线性规划法

供应过程运费最少问题。

【例 2-3】　某公司有三个工厂，即 A、B、C，在三个城市；有两个仓库 P、Q，位于不同城市。每个仓库月需供应市场 2100t 产品。为更好地服务顾客，公司决定再设一新仓库。经调查确定 X 和 Y 两个点可建仓库。根据表 2-5 资料请选择优化方案。

表 2-5　仓库选址方案

工厂	生产能力/(t/月)	到各仓库单位运费/元			
		P	Q	X	Y
A	2100	15	27	48	51
B	2400	27	12	24	27
C	1800	45	24	9	15

解　首先，假定 X 选中，其解如表 2-6 所示，月总运输费用为

$$2100\times15+2100\times12+300\times24+1800\times9=80100\text{（元）}$$

表 2-6　X 方案计算表

工厂	仓库			能力
	P	Q	X	
A	2100 15	27	48	2100
B	27	2100 12	300 24	2400
C	45	24	1800 9	1800
需求	2100	2100	2100	

其次，再假定 Y 选中，其解如表 2-7 所示。同样，月总运输费用为

$$2100\times15+2100\times12+300\times27+1800\times15=91800\text{（元）}$$

表 2-7 Y 方案计算表

工厂	仓库			能力
	P	Q	Y	
A	2100 15	27	51	2100
B	27	2100 12	300 27	2400
C	45	24	1800 15	1800
需求	2100	2100	2100	

最后，两者比较，由于方案 X 的月总运输费用较低，选择 X 较好。

3）因素评分法

因素评分法在常用的选址方法中也许是使用最广泛的一种，因为它以简单易懂的模式将各种不同因素综合起来。因素评分法的具体步骤如下。

（1）决定一组相关的选址决策因素。

（2）对每一因素赋予一个权重以反映这个因素在所有权重中的重要性。每一因素的分值根据权重来确定，而权重则要根据成本的标准差来确定，而不是根据成本值来确定。

（3）对所有因素的打分设定一个共同的取值范围，一般是 1～10，或 1～100。

（4）对每一个备择地址，对所有因素按设定范围打分。

（5）用各个因素的得分与相应的权重相乘，并把所有因素的加权值相加，得到每一个备择地址的最终得分。

（6）选择具有最高总得分的地址作为最佳的选址。

运用这种因素评分法应注意，在运用因素评分法计算过程中可以感觉到，由于确定权数和等级得分完全靠人的主观判断，只要判断有误差就会影响评分数值，最后影响决策的可能性。目前关于确定权数的方法很多，比较客观准确的方法是层次分析法，该方法操作并不复杂，有较为严密的科学依据，推荐在进行多方案多因素评价时尽可能采用层次分析法。

【例 2-4】 有三个候选厂址，即 A、B、C，它们经济因素相当，现按 7 个难以量化的因素进行进一步比较。

解 由表 2-8 的分析可知，方案 B 的综合评分最高，因此选择方案 B。

表 2-8 某候选厂址因素评分表

选址因素	最高分数	候选厂址		
		A	B	C
未来燃料可获性	300	200	250	220
水源供应的充足程度	100	80	90	80
劳动力供应情况	250	220	200	200
生活条件	150	120	120	100

续表

选址因素	最高分数	候选厂址		
		A	B	C
运输的灵活性及前景	200	160	160	140
环境污染法规	50	30	40	30
税收稳定性	50	30	40	30
合计	1100	840	900	800

4）重心法

重心法是一种布置单个设施的方法，这种方法要考虑现有设施之间的距离和要运输的货物量。它经常用于中间仓库的选择。在最简单的情况下，这种方法假设运入和运出成本是相等的，它并未考虑在不满载的情况下增加的特殊运输费用。

重心法首先要在坐标系中标出各个地点的位置，目的在于确定各点的相对距离。坐标系可以随便建立。在国际选址中，经常采用经度和纬度建立坐标。

然后，根据各点在坐标系中的横纵坐标值求出成本运输最低的位置坐标 x 和 y，重心法使用的公式是

$$C_x = \frac{\sum D_{ix} V_i}{\sum V_i}$$

$$C_y = \frac{\sum D_{iy} y V_i}{\sum V_i}$$

式中，C_x 为重心的 x 坐标；C_y 为重心的 y 坐标；D_{ix} 为第 i 个地点的 x 坐标；D_{iy} 为第 i 个地点的 y 坐标；V_i 为运到第 i 个地点或从第 i 个地点运出的货物量。

最后，选择求出的重心点坐标值对应的地点作为要布置设施的地点。

【例 2-5】 一家处理危险垃圾的公司建立一个新处理中心，以降低其将垃圾从五个接收站运至处理中心的运输费用。把市中心作为原点，五个垃圾站的坐标和每日将向新处理中心运送垃圾的数量如表 2-9 所示。

表 2-9 垃圾接收站重心位置表

接收站	坐标（x，y）/km	每日送来垃圾量/t
A	（10，5）	26
B	（4，1）	9
C	（4，7）	25
D	（2，6）	30
E	（8，7）	40

解 根据计算公式，可计算五个接收站的重心坐标

x=（10×26+4×9+4×25+2×30+8×40）/（26+9+25+30+40）=5.97

y=（5×26+1×9+7×25+6×30+7×40）/（26+9+25+30+40）=5.95

因此，新的处理中心应该建在距离市中心 x 方向 6000m，距离 y 方向 6000m 的地方。

2.2.3 设施网络选址

现实中的设施网络中的选址问题是很复杂的。例如，考虑一个大型制造业企业的选址，需要考虑通过多个配送中心把其产品分别送往不同的需求地点（或需求中心），要决定这些配送中心的数量、规模，产品向各个配送中心的分配方式以及每个配送中心的位置。需求中心可能有几千个，应该考虑设置的配送中心也许是几百个或几十个，而企业所用的生产中心及生产设施可能只有几个。解决这样的问题通常需要利用计算机来建立一个数学模型求解。在有些情况下，可求出最优解，有时则难以求出最优解，需要用到一些其他类型的方法。下面是对几种不同类型的方法的简要分析。

1. *启发式方法*

启发式方法（heuristics）只寻找可行解，而不是最优解。负荷距离法中的重心法就是一种启发式方法。有许多计算机化了的启发式方法，可解决 m，n 达几百、几千的问题。早在 20 世纪 60 年代，就有人提出了用启发式方法解决大型设施选址问题。现在，启发式方法已经广泛应用在很多场合。

2. *模拟方法*

模拟方法（simulation）是试图通过模型重现某一系统的行为或活动，而不必实地去建造并运转一个系统，那样会造成巨大的浪费，或根本没有可能实地去进行运转实验。模拟方法有许多种应用，在选址问题中，模拟可以使分析者通过反复改变和组合各种参数，多次试行来评价不同的选址方案，模拟方法可描述多方面的影响因素，因此比运输表法有更大的实用意义。这种方法还可进行动态模拟，例如，假定各个地区的需求是随机变动的，通过一定时间长度的模拟运行，可以估计各个地区的平均需求，从而在此基础上确定流通中心、生产中心的分布，还可通过需求的变动模拟出库存的变动水平，用于帮助决定生产规模、生产、运输、仓储费用等。这种方法常用来求解较大型的、无法手算的问题。例如，某公司有 137 个需求中心，5 个地区性的配送中心，4 个生产工厂，通过动态模拟计算分析，得出的结论时，如果把现有的 5 个配送中心归并成 3 个，可使总成本最小，该方案得到了实施，实施后每年可节约 13 万美元。这是 20 世纪 70 年代的一个真实事例。

3. *优化方法*

运输表法实际上就是一种优化方法（optimization），虽然只是某一方位问题的最优。这种方法求出的不是可行解、满意解，而是最优解，即在所有可能的方案中，不会有比它更好的了。但是由于这种方法要从理论上证明是最优，所以它在使用上有两大局限性：①模型必须较抽象、较简单，否则得不出解，但由此而使模型的描述距实际较远；②很多定性因素被忽略了，因此不可能得出在考虑定性条件下可能得出的很多结论。

4. 德尔菲分析模型

典型的布置分析考虑的是单一设施的选址，其目标有供需之间的运输时间或距离极小化、成本的极小化、平均反应时间的极小化。但是，有些选址分析涉及多个设施和多个目标，其决策目标相对模糊，甚至带有感情色彩。解决这类选址问题的一个方法是使用德尔菲分析模型，该模型在决策过程中考虑了各种影响因素。使用德尔菲分析模型涉及三个小组，即协调小组、预测小组和战略小组。每个小组在决策中发挥不同的作用。使用该模型的步骤如下。

（1）成立两个小组。内外部的人员组成顾问团，充当协调者，负责设计问卷和指导德尔菲调查。顾问团中选出一部分人成立两个小组。一个小组负责预测社会的发展趋势和影响组织的外部环境（预测小组）；另一小组确定组织的战略目标及其优先次序（战略小组）。战略小组的成员从组织中各部门的高层经理人员中挑选。

（2）识别存在的威胁和机遇。经过几轮问卷调查后，协调小组应该向预测小组询问社会的发展趋势、市场出现的机遇以及组织面临的威胁。这一阶段，要尽可能听取多数人的意见。

（3）确定组织的战略方向与战略目标。协调小组将预测小组的调查结果反馈给战略小组。战略小组利用这些信息来确定组织的战略方向与战略目标。

（4）提出备选方案。一旦战略小组确定了长期目标，就应集中精力提出各种备选方案（备选方案是对工厂现有设施的扩充或压缩，以及对工厂的全部或局部位置进行变更）。

（5）优化备选方案。步骤 4 中提出的备选方案应提交给战略小组中的有关人员，以获得他们对各方案的主观评价。

在考虑组织优势和劣势的基础上，该模型可识别出组织的发展趋势和机遇。此外，该模型还考虑了企业的战略目标，在现代公司中作为一种典型的综合性群体决策方法广泛使用。

总之，在设施选址中，有很多方法可以应用，特别是计算机技术的发展使得设施选址的方法更加多样化，但这些方法仅只是用来支持决策，使决策更方便，也更节省时间、费用，不可能完全依赖。

2.3　生产设施布局

2.3.1　概述

1. 设施布局的定义

企业进行生产活动，实现产品的生产过程，不仅要有一定的场地、厂房设备等，而且还要把这些物质生产条件按照一定的原则进行组合，划分成若干占有一定空间位置的车间、工段和小组等。工业产品就是按照预定的工艺路线，通过一定的生产单位加工，最后变成企业的成品。

为了高效率和高效益地实现生产过程，企业各生产单位和设施，应当在空间布局上形成一个有机整体；在各生产单位内部，机器设备、运输装置等应具有合理的平面布置与立面布置，这就是生产设施布局。

设施布局，就是合理安排企业或者某组织内部各功能单位（生产或者服务单位）及其相关的辅助设施的相对位置与面积，以确保系统中工作流（客户或者物资）与信息流的畅通。设施布置是生产运作组织中的空间组织问题，目的是使企业的物质设施有效组合，取得最大经济效益。

设施布局的目的是要将企业内的各种物质设施进行合理安排，使他们组合成一定的空间形式，从而有效地为企业的生产运作服务，以获得更好的经济效果。设施布局在设施位置选定之后进行，它要确定组成企业的各个部分的平面或立体位置，并相应地确定物料流程、运输方式和运输路线等。

2. 设施布置要考虑四个问题

（1）应包括哪些经济活动单元。这个问题取决于企业的产品、工艺设计要求、企业规模、企业的生产专业化水平与协作化水平等多种因素。反过来，经济活动单元的构成又在很大程度上影响生产率。例如，有些情况下一个厂集中有一个工具库就可以，但另一些情况下，也许每个车间或每个工段都应有一个工具库。

（2）每个单元需要多大空间。空间太小，可能会影响生产率，影响工作人员的活动，有时甚至会引起人身事故；空间太大，是一种浪费，同样会影响生产率，并且使工作人员之间相互隔离，产生不必要的疏远感。

（3）每个单元空间的形状如何。每个单元的空间大小、形状如何以及应包含哪些单元，这几个问题实际上相互关联。例如，一个加工单元，应包含几台机器，这几台机器应如何排列，因而占用多大空间，需要综合考虑。如空间已限定，只能在限定的空间内考虑是一字排开，还是三角形排列等；若根据加工工艺的需要，必须是一字排开或三角形排列，则必须在此条件下考虑需多大空间以及所需空间的形状。

（4）每个单元在设施范围内的位置。这个问题应包括两个含义：单元的绝对位置与相对位置。有时，几个单元的绝对位置变了，但相对位置没变。相对位置的重要意义在于它关系到物料搬运路线是否合理，是否节省运费与时间，以及通信联络是否便利。此外，如内部相对位置影响不大，还应考虑与外部的联系。例如，将有出入口的单元设置于靠近路旁。

2.3.2 工厂总平面布置

工厂总平面布置，就是根据已选定的厂址和厂区，把工厂的各个组成部分作适当的安排，组成一个符合生产和工作需要的有机整体，以达到方便生产、保证安全、提高经济效益的目的。工厂总平面布置合理与否，不仅关系到企业的当前生产，而且会影响企业的长期经济效益，因此，必须十分谨慎从事。

1. 工厂总平面布置的原则

（1）工厂的厂房、设施和其他建筑物的布置，应满足生产过程的需求，使物件运输路线尽可能短。减少交叉和往返运输，从而缩短生产周期，节约生产费用。

（2）有密切联系的车间应靠近布置。辅助生产车间、生产服务部门应布置在其主要服务车间附近，以保证最短的运输距离和联系工作方便。

（3）合理划分厂区。按照生产性质、防火和卫生条件以及动力需要和物料周转量，分别把同类性质的车间和建筑物布置在一个区域内。

（4）布置应尽可能紧凑，以减少占地面积，节约投资和生产费用。

（5）充分利用城市现有的运输条件，包括铁路、公路、水路等条件。生产过程的流向和运输系统的配置应满足货物运输路线的要求，保证物料输入和产品输出的方便。

（6）考虑企业未来的发展。工厂总平面布置中应有预留地，并尽可能缩小第一期建厂用地范围和缩短生产路线长度，以减少场地开拓费用和生产费用。

（7）工厂总平面布置应当和周围环境协调，考虑企业环境的美化、绿化，使工厂布置得整齐、美观，为职工创造良好、舒适的工作环境。

（8）工厂的选址与布局有利于环境保护。进行工厂总平面布置时。一般先拟订几个不同的方案，然后进行方案比较，详细分析各方案的优缺点，最后采用评分的方法或其他方法，根据总体最优的原则，选择一个较合理的方案。

2. 工厂总平面布置的方法

工厂总平面布置的方法很多，下面介绍几种常用的方法。

1）物料流向图法

物料流向图法，就是按照原材料、在制品以及其他物资在生产过程中的总流向来布置工厂的各个车间、仓库和其他设施，并且绘制物料流向图，如图 2-3 所示。

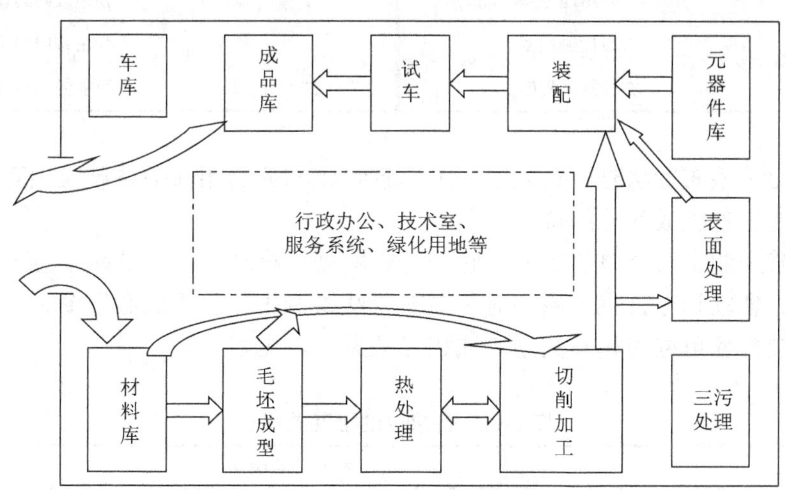

图 2-3　物料流向图法示意图

2）物料运输量比较法

物料运输量比较法，是分析比较工厂总平面布置各种方案的物料运输劳动量来确定工厂总平面布置的方法。为了使物料运输劳动量减少，相互运输量大的车间应靠近布置。反之，相互运输量小的车间可以布置得远一些。根据物料运输量进行工厂总平面布置有利于降低运输费用和提高效率。

物料运输量比较法可用物料重量乘以运输距离加以量化。并可对大型零件及装卸、运输须加特殊保护的制品加权进行计算。

3）相对关系布置法

相对关系布置法是根据工厂各组成部分之间关系的密切程度进行布置，从而得出较优的总平面布置的方法。工厂各组成部分之间关系的密切程度一般可分为六个等级。

（1）绝对必要 A（absolutely necessary）。

（2）特别重要 E（especially important）。

（3）重要 I（important）。

（4）一般程度 O（ordinary）。

（5）不重要 U（unimportant）。

（6）不宜接近 X。

形成各组成部分关系密切程度的原因，可以是单一的，也可能是综合的。一般可根据表 2-10 中所列的原因确定各组成部分的关系密切程度等级。

表 2-10 各组成部分关系密切程度的原因

序号	关系密切程度的原因	序号	关系密切程度的原因
1	使用共同的记录	6	做类似的工作
2	共用人员	7	工作流程的连续性
3	共用地方	8	使用共同的设备
4	人员接触程度	9	使用共同的工具
5	文件接触程度	10	可能的不良秩序

应用相对关系布置法时，首先根据工厂各组成部分的相互关系制成相互关系表，然后依据此表定出各组成部分的位置。

例如，某企业由八个单位组成。它们是收料处、材料库、工具库、修理车间、生产车间、浴室、食堂和办公室。用相对关系布置法绘制工厂总平面布置图。

首先，根据各单位的相互关系制成相互关系表。见表 2-11。

表 2-11 各单位的相互关系表

单位	相互关系程度					
	A	E	I	O	U	X
1. 收料处	2	—	5	3、4、8	6、7、9	—
2. 材料库	1、5	—		3、4、8	6、7、9	—
3. 工具库	4、5	—		1、2	6、7、9	—
4. 修理车间	3、5	—		1、2、8	6、7、8	—
5. 生产车间	2、3、4	6、7、8	1	9	—	—

续表

单位	相互关系程度					
	A	E	I	O	U	X
6. 浴室	—	5	7	—	1、2、3、4	8
7. 食堂	—	5	6	8	1、2、3、4	—
8. 办公室	—	5	—	1、2、4、7	3	6

然后，依据表 2-11 定出安排的位置，并可用模板试排各单位的合理布置。

2.3.3 车间的平面布置

产品的生产是在车间内进行的，所以在工厂总平面布置的基础上，正确进行车间的平面布置。即正确规定各基本工段、辅助工段和生产服务部门的相互位置，以及工作地、设备之间的相互位置，也是生产过程空间组织的重要内容。

1. 车间的组成部分

不同的生产类型，车间的组成部分是不一样的。一般来说，大型的生产车间由以下几个部分组成。

（1）基本生产部分。如机械加工车间的各种机床设备、装配车间的装配生产线等。

（2）辅助生产部分。如车间的机修组、电工组、检验室等。

（3）仓库部分。如中间零件库、半成品库、工具室等。

（4）车间管理部分。如管理办公室、技术室、资料室等。

（5）其他必需部分。如会议室、休息室、更衣室、盥洗室、茶水供应处、空调安装处、各类通道等。

（6）特殊部分。如去静电空间、消毒设施、安全与环保等。

2. 车间的总体布置

进行车间平面布置时，首先要安排车间的总体布置，即确定车间各组成部分的相互位置。应当使各基本生产工段的相互配置符合工艺流程的顺序；辅助工段、生产服务部门的布置应有利于对生产工段提供服务。

3. 车间的设备布置

车间总体布置后，应进行车间的设备布置，并通过设备布置来校验和调整车间的总体布置。

1）车间设备布置的原则

（1）按照生产过程的流向和工艺顺序布置设备，尽量使加工对象呈直线运动，路线最短，将倒流减少到最低限度。

（2）注意运输方便，充分发挥运输工具的作用。如加工大型零件和长棒料的设备应布置在车间入口处，大型加工设备应布置在有起重机的车间里等。

（3）合理布置工作地，保证生产安全，并尽可能为工人创造良好的工作条件。

（4）考虑多机床看管工人作业的方便。

（5）合理利用车间生产面积，正确规定设备、墙壁、柱子、过道之间的距离。

（6）注意维护设备精度，照顾设备工作的特点。如精加工设备应布置在光线最好、振动影响最小、温湿度合适、空气中污染成分少的地方。

2）车间设备布置的基本形式

车间设备布置的方法很多，在单一品种生产条件下，设备的布置可采取直线式、蛇形式、U 字式、环形式和 Z 字式等。

（1）直线式是常用的形式，它排列简单，组织比较容易，流程比较畅通。

（2）蛇形式适用于厂房宽度较大、长度较短的情况下，它可以缩短纵深流程，经济利用空间。

（3）U 字式适用于受场地限制，材料进口与成品出口必须置于同一侧。

（4）环形式适用于辅助工具、容器、运输工具必须周而复始地送回起点。

（5）Z 字式适用于空间狭窄、零件体积较小的情况。

在多品种生产条件下，设备的平面布置应重视运输路线和运量的问题。这对减少运输费用、缩短生产周期、降低资金占用、有利于管理等都非常重要。

3）车间设备布置的方法

（1）设备布置草图。它是一种研究工艺过程和物料流向的预备性布置。设备布置草图在计算机上绘制，它可以是平面的，也可以是立体的。在图上用一定的代号将要布置的设备表示出来。应用这种工具，有助于对车间进行更详细、更具体的布置作出决定。它主要应用于预备布置上。

（2）模板布置。这是一种较常用的设备布置工具。它是采用塑料或厚纸板制成各种设备的外形，并按一定比例做出模板，然后将各种模板在平面图上布置，并将生产过程中需用的所有设施也用同样的方法布置到平面图上，来寻求较优的布置方案。这种工具成本低，直观明了，易于采用，又可以灵活移动，还可反复使用。

（3）模型布置。这是一种最理想的设备布置工具。它是用塑料或木料等做成设备、设施的模型，按一定的比例缩小后布置在平面图上。这种布置工具既有模板布置的各种优点，又能显示出立体形状。尤其是泡沫塑料的应用，给这种方法提供了很好的制作模型的材料，成本仍然低廉，可反复用，它将被更多地采用。

4）从至表

为使车间运输路线最短和运量最少，这就需要合理地进行设备布置。在绝大多数或全部加工对象的工艺路线相同时，问题很容易处理，即按照工艺过程的总流向和加工顺序布置设备。在加工对象的工艺流向不同时，为了使总运输路线最短或总运量最少。必须做到无倒流或少倒流。为此，就需要利用一定的科学方法。下面介绍一种从至表——试验法。

从至表——试验法是一种进行设备布置的方法，其步骤如下。

首先，绘制零件综合工艺流程图。设有 17 种零件，使用 8 台设备共 10 个工作地，相邻工作地的距离大致相等，算作一个单位距离，按照每一种零件的工序组成和顺序，可画出综合工艺流程图，如图 2-4 所示。

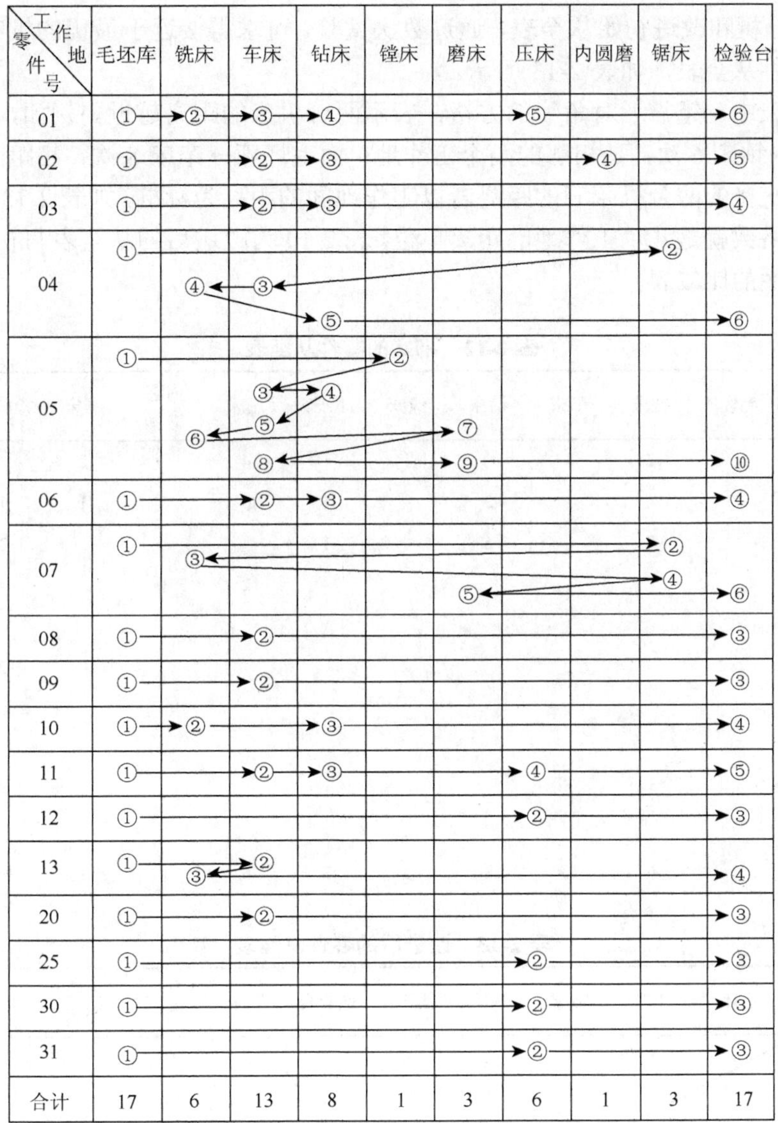

图 2-4　零件的综合工艺路线图

图中圆圈内的数字为零件加工的序号，箭线为零件在工序间的移动方向

其次，根据图 2-4 编制零件从至表，见表 2-12。

表 2-12 的对角线是流向分界线。对角线的右上方半角为顺流。左下方半角为倒流。方格中的数字为从某机床至另一机床的零件移动次数。表 2-12 是按原来机床次序排列，故称初始从至表。

最佳的机床排列应该是交接次数最多的两台机床或工作单元安排在最短的距离上。从表 2-12 看，次数最多的是毛坯库→车床 8 次，压床→检验台 6 次，都不在最佳位置上，故应重新安排，使次数多的上下道工序尽量靠近对角线，从而得出一个较优的机床安排方案。

最后，分析和改进初始从至表，通过数次试验，可求得接近于最优的机床布置方案。改进后的零件从至表，如表 2-13 所示。

在从至表中，越靠近对角线的方格，表示两台机床的距离越近。例如，铣床→车床 1 次、车床→钻床 6 次，是相邻的两个工作地；而毛坯库→车床 8 次，相距两个工作地。上下道工序交接的两台机床间的距离若以工作地间的距离为标准，则表 2-13 中所在格距离对角线的格数就是几个工作地的距离单位。表 2-14 为改进后的从至表与初始从至表在搬运距离方面的比较表。

表 2-12 初始的零件从至表

从至	毛坯库	铣床	车床	钻床	镗床	磨床	压床	内圆磨床	锯床	检验台	合计
毛坯库		2	8		1		4		2		17
铣床			1	2		1			1	1	6
车床		3		6		1				3	13
钻床			1				2	1		4	8
镗床			1								1
磨床			1							2	3
压床										6	6
内圆磨床										1	1
锯床		1	1			1					3
检验台											0
合计		6	13	8	1	3	6	1	3	17	58

表 2-13 改进后的零件从至表

从 \ 至	毛坯库	车床	钻床	铣床	压床	检验台	锯床	镗床	内圆磨床	磨床	合计
毛坯库		8		2	4		2	1			17
车床			6	3		3				1	13
钻床		1			2	4			1		8
铣床		1	2			1	1			1	6
压床						6					6
检验台											0
锯床		1		1						1	3
镗床		1									1
内圆磨床						1					1
磨床		1				2					3
合计		13	8	6	6	17	3	1	1	3	58

由表 2-14 可知，改进后的零件从至表，零件移动的总距离减少 203−161=42 个单位距离，也就是说经调整重新布置这些工作地，这 17 种零件总的运输路线可比原顺序加工

缩短 42 个单位距离，同时物料的总运量也相应地减少了，提高了经济效益。

表 2-14　改进前后的从至表在搬运距离方面的比较表

次别	前进	后退
	格数×对角线方向上各次数之和	格数×对角线方向上各次数之和
初始从至表	1×（2+1+6）=9	1×（3+1）=4
	2×（8+2+1）=22	2×（1）=2
	3×（1+2+6）=27	3×（1+1）=6
	4×（1+1+1+2）=20	4×0=0
	5×0=0	5×0=0
	6×（4+4）=48	6×1=6
	7×（1+3）=28	7×1=7
	8×（2+1）=24	8×0=0
	小计 178	小计 25
	总移动距离：178+25=203（单位距离）	
改进后从至表	1×（8+6+6）=20	1×（1+2）=3
	2×（3+2+1）=12	2×1=2
	3×（2+4+1+1）=24	3×（1+1）=6
	4×（4+3）=28	4×2=8
	5×0=0	5×1=5
	6×（2+1+1）=24	6×1=6
	7×1=7	7×0=0
	8×1=8	8×1=8
	小计 123	小计 38
	总移动距离：123+38=161（单位距离）	

2.3.4　设施布局的主要形式

设施布局的形式，决定着企业内部的生产分工和协作关系，决定着生产过程的流向以及原材料、在制品在厂内的运输路线等，对企业管理工作和经济效益也有着很大影响。

设施布局的主要形式一般有四种。

1. 工艺原则布局

工艺原则布局（process layout）又称功能布局（functional layout），将功能相同或相似的一组设施排布在一起。在工艺原则布局的生产单位里，集中着同种类型的工艺设备和同工种的工人，进行着相同工艺的加工。

如在机械加工车间中，数台车床被排列在一起组成车床组，钻床排列在一起组成钻床组，铣床组成铣床组、磨床组成磨床组……，因此，工艺原则布置在机加工车间中还被称为机群式布置。

工艺原则布局的优点如下。

（1）对产品品种的更换有较强的适应性。

（2）由于同类设备集中在一起，便于充分利用生产设备；更便于进行工艺管理；有利于工人技术水平的提高。

由于工艺原则布局的生产单位只能完成某种工艺加工，所以会产生下列情况。

（1）制品在车间之间辗转频繁、流程交叉重复，加工路线长，运输费用和时间增加。

（2）制品停放时间多，生产周期延长，流动资金占用量增大。

（3）车间之间生产联系复杂化，从而使计划管理、在制品管理、质量管理工作复杂化。

工艺原则布局主要适应范围是单件和小批生产，另外，有些工艺方法只适于按工艺原则布局组织生产，如铸造、锻造、焊接、热处理等工艺方法以及高噪声、高粉尘、高温、高污染等和某些具有特殊微环境要求的工艺方法，也只适于按这种布局形式组织生产。

2. 产品原则布局

产品原则布局（product layout）也称流水线布局（assembly line layout），是指一种根据产品制造的步骤来安排设备或工作过程的布局方式。在这种生产单位里，集中着为制造某种产品（零部件）所需要的各种机器设备和不同工种的工人，对加工对象（产品）进行不同的工艺加工。

产品原则布局的优点如下。

（1）由于在一个车间里可以完成或基本完成零件的全部加工工序，所以大大缩短了运输路线，节约了运输工具和辅助工人，降低了运输费用，减少了运输时间。

（2）由于在一个车间内把零件加工出来，可以减少在制品运送和停放时间，所以减少了在制品数量和流动资金占用量，缩短了生产周期。同时可以减少零件在运输过程中的磕碰，有利于保证零件的质量。

（3）可以减少车间之间的联系，从而有利于计划管理、质量管理和在制品管理。

产品原则布局也存在一定的缺点：当市场需求变化快，企业产品方向不稳定，品种多而产量小时，往往会导致设备、生产面积和劳动力不能充分利用，使生产经济效益降低。

产品原则布局主要适应范围是大批量或较大批量生产，另外，对于某些有特殊要求的制品，虽然可能批量不大，但为了满足这些制品的特殊要求，有时也采用这种形式组织生产。

3. 混合布局

混合形式就是把以上两种专业化形式结合起来的一种形式。例如，一些工厂总体上是按产品导向布局（包括加工、部装和总装三阶段）在加工阶段采用工艺导向布局，在部装和总装阶段采用产品导向布局。这种布局方法的主要目的：在产品产量不足以大到使用生产线的情况下，也尽量根据产品的一定批量、工艺相似性来使产品生产有一定顺序，物流流向有一定秩序，以达到减少中间在制品库存、缩短生产周期的目的。混合布局（hybrid layout）的方法又包括一人多机、成组技术等具体应用方法。

成组技术布局则是将不同的机器分成单元来生产具有相似形状和工艺要求的产品。其优点：改善人际关系，增强参与意识；减少在制品和物料搬运及生产过程中的存货；提高机器设备利用率；减少机器设备投资与缩短生产准备时间等。

4. 定位布局

定位布局（fixed-position layout）是指产品由于体积或重量庞大停留在一个地方，从而需要生产设备移到要加工的产品处，而不是将产品移到设备处的布局方式。造船厂、建筑工地和电影外景制片场往往都采用这种布局方式。

2.3.5　工厂及车间的立面布置

工厂和车间内除了要合理地进行平面布置，还要以战略眼光进行立面布置，在地下设施的规划时尤其重要，而且，应当尽可能地将可安置于地下的设施与构件规划置于地下；在进行车间立面规划时，应充分利用厂房的空间，即合理地进行设备、装置及相关设施的立体布置。工厂和车间的空间可划分为如下层次。

（1）地下层。通常开设具有战略性的暗沟、排水沟；可饮用自来水管道、非饮用自来水管道、废水管道；油管、煤气或天然气管道；电缆、光缆、电话线电缆、有线电视电缆；通风、压缩空气、供暖等装置。车间内则还应注重加强动力线、压缩空气管道的规划。

（2）地面层。工厂的地面层除了规划好厂房，同时应规划好道路、停车场、景观、绿化、预留发展空地、必要的宣传栏等。道路和停车场规划要有战略眼光，景观要留有变化空间和余地，绿化要体现以人为本。车间内的地面层主要是生产操作层，一般是安装设备与相关装置、输送和堆放物料、人员的操作空间和通行场所等；另外，须规划工具室、原材料、元器件仓库、盥洗室及可能需要的隔离装置等。

（3）产品流动层，即为产品的移动、暂存所必需的空间层以及待处理物所须占有的空间层。

（4）顶隔空间层，即天花板之下。可利用装设传送链，通风管道、制冷系统管道等；另外，天花板之下是车间内有限的宣传标语构架理想的安装处。

（5）构架层，即天花板之上与房顶之下的空间。可放置通风、通电、空调等设备或装置。也是压缩空气管道铺设、照明系统布置、通风系统安装的理想空间。配合以墙沟埋设电线、管道等，对空间布置起到锦上添花的作用。

（6）顶层，即屋顶部分。可放置水塔、水柜、通风设备、太阳能加热装置等设施，也可设成凉台。相对较高的建筑物屋顶上一定要安装避雷针。

规划好工厂的平面层和立面空间、合理地布置车间的平面层和立面空间，对于企业是具有长远意义的战略举措，既规避了不必要的资源的浪费，又可提高企业的经济效益，也有利于文明生产，值得重视。

➢思考题与习题

1. 试述生产管理的定义及其目标。

2. 简述设施选址的定义与方法。制造业与服务业的设施选址有何异同。

3. 某公司现有5个零售门店，公司决定建立一个配送中心负责向这5个零售门店送货，5个零售门店的地理位置与每月的销售量如表2-15所示，请确定配送中心的位置。

表 2-15 零售门店位置与销售量

销售门店	地理位置（x，y）	每月销售量
A	（80，100）	400
B	（150，90）	550
C	（200，250）	250
D	（350，300）	300
E	（400，180）	360

4. 试述工序大量系数的概念及其与生产类型的关系。
5. 生产过程有哪些组成部分？
6. 合理组织生产过程的基本要求有哪些？
7. 设施布局的定义及其目的。
8. 工厂总平面布置的原则与方法有哪些？
9. 车间平面布置的原则与方法有哪些？
10. 设施布局有几种形式？各有什么优缺点。
11. 工厂、车间立面布置的主要思路是怎样的？

➢拓展学习材料

2-1 案例分析

2-2 基于精益生产的车间设施规划改善

2-3 基于重心法的仓库选址问题

第3章

流水生产线规划

本章提要：本章主要对流水生产线的规划问题进行详细的分析与讨论，着重分析单一品种流水线、多品种可变流水线、多品种混合流水线以及自动化流水线的设计规划问题，最后给出一个案例，结合实际案例分析讨论流水生产线在企业中是如何应用的。

3.1　流水生产线的特征、形式和组织条件

3.1.1　流水生产线的特征

流水生产线是一种先进的生产组织形式。它是按照产品（零部件）生产的工艺顺序排列工作地，使产品（零部件）按照一定的速度，连续地和有节奏地经过各个工作地依次加工，直至生产成品。这种生产组织形式一般具有以下特征。

（1）工作地专业化程度高。在流水生产线上固定地生产一种或少数几种制品，每个工作地固定完成一道或几道工序。

（2）工艺过程是封闭的。工作地按工艺顺序排列，劳动对象在工序间作单向移动。

（3）每道工序的工作地数量同各道工序的加工时间比例相一致。

（4）每道工序都按统一的节拍进行生产。所谓节拍是指相邻两件制品产出的间隔时间。

流水生产线的上述特征，决定了它有以下的优点。

（1）整个生产过程平行连续，协调均衡。

（2）有利于机器设备和人力的充分利用。

（3）最大限度地缩短生产周期。

（4）缩短运输路线，工序间的在制品数量很少。

（5）由于工作地专业化程度高，能采用专用设备、工具，有利于提高劳动生产率。

总之，流水生产线能满足合理组织生产过程的要求，使企业许多技术经济指标得到改善。

3.1.2　流水生产线的形式

流水生产线的具体形式多种多样，可按不同标志予以分类。

（1）按生产对象是否移动，可分为固定流水生产线和移动流水生产线。前者是指生产对象固定，工人携带工具顺序地对生产对象进行加工；后者是指工人和设备的位置固定，生产对象顺序经过各道工序的工作地进行加工。

（2）按在一条流水生产线上生产品种数量的多少，可分为单一品种流水生产线和多品种流水生产线。前者只固定地生产一种制品；后者生产两种或两种以上的制品。在多品种流水生产线条件下，由于加工的制品有多种，所以就存在一个制品的轮换方式问题。从制品的轮换方式看，多品种流水生产线可分为可变流水生产线和混合流水生产线。可变流水生产线是分批轮换地制造固定在流水生产线上的几个品种，见图 3-1（a）；混合流水生产线是将生产作业方法大致相同的特定几个品种在流水生产线上混合连续地生产，见图 3-1（b）。

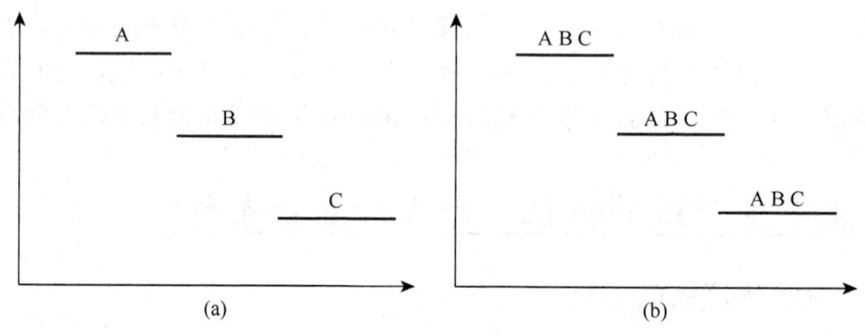

图 3-1 可变流水生产线和混合流水生产线

（3）按生产连续程度。可分为连续流水生产线和间断流水生产线。前者是制品在一道工序上加工完毕后，立即转到下一道工序继续加工，中间没有停放等待时间；后者是制品在完成一道或几道工序后，在下道工序开始前，存在停放等待时间，使生产过程有一定程度的中断。产生间断的原因，主要是由于流水生产线上各道工序的加工时间不相等或不呈倍比关系。

（4）按实现节奏的方式。可分为强制节拍流水生产线和自由节拍流水生产线。前者是准确地按节拍生产制品的流水生产线，它靠机械化运输装置来保证固定的节拍。在自由节拍流水生产线上，不要求严格按照节拍生产制品，节拍主要靠工人的熟练程度以及责任心来作保证的，因而生产过程可能产生波动。

（5）按机械化程度，可分为手工、机械化和自动化三种流水生产线。手工流水生产线一般用于装配；机械化流水生产线的工件传输采用机械自动方式，工序（含工位）也配备适量机械装置，其效率高，应用最广；自动化流水生产线是流水生产线的高级形式，其加工或装配主要采用自动形式。

（6）按运输设备种类，可分为无专用运输设备的流水生产线、具有非机动专用运输设备的流水生产线和机械化运输设备的流水生产线。

在无专用运输设备的流水生产线上，制品或由工人自己用手传送给下一个工作地，或由普通运输工具运送。在具有非机动专用运输设备的流水生产线上，制品主要靠本身的重力来运输，一般采用的运输设备有斜面滑道、滚道等。在机械化运输设备的流水生产线上，通常采用传送带、循环悬吊运送器等。

传送带按照工作方式，可分为分配式和工作式两种。采用分配式传送带时，各工作地是排列在传送带的一边或两边，传送带传送制品经过各工作地时，工人就从传送带上取下制品，在工作地上加工。加工完毕后，再送回到传送带上（图 3-2）。

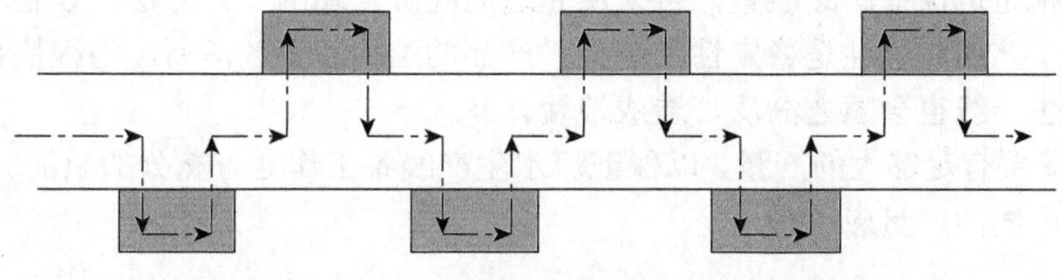

图 3-2　分配式传送带

采用工作式传送带时，不必从传送带上取下制品，工人在传送带两边或一边，对传送带上的制品进行加工（图 3-3）。

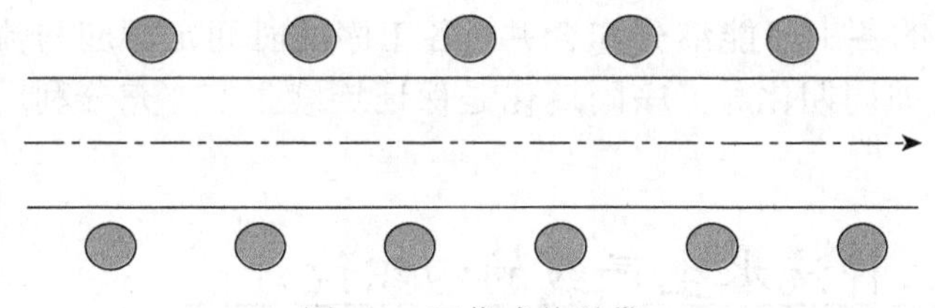

图 3-3　工作式传送带

以上流水生产线的分类可归纳为图 3-4。

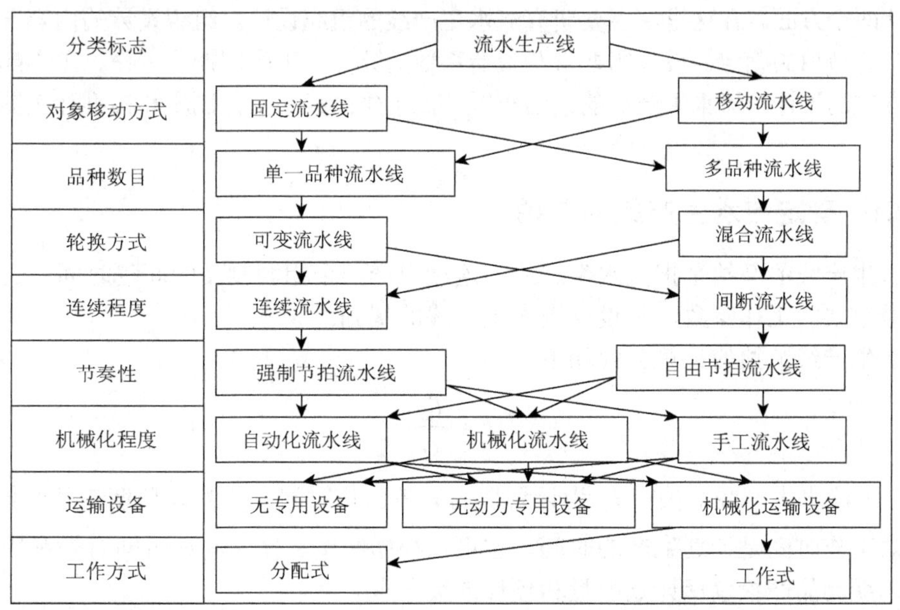

图 3-4　流水线的分类

3.1.3 组织流水生产的组织条件

（1）产品的结构和工艺应相对稳定。在产品的结构方面，要能反映现代科学技术成就并基本定型，有良好的工艺性和互换性，以保证加工时间的稳定。在工艺方面，要求工艺规程能稳定地保证产品质量，可采用先进的经济合理的工艺方法、设备和工具。产品的结构和工艺的先进性是稳定性的前提。产品的结构和工艺落后，将很快被淘汰，所组成的流水生产线也会随之淘汰，造成浪费。

（2）制品要有足够大的产量，以保证流水生产线各工作地有充分的负荷。一般来说，组织流水生产线的产量应该是

$$Q \geqslant \frac{T_{效}}{t}$$

式中，Q 为年产量（件/年）或计划期产量；$T_{效}$ 为多数工作地一年（计划期）内有效工作时间，min/年；t 为多数工序的工时定额，min/件。

（3）制品加工的各工序能细分和合并，各工序的时间定额应与流水生产线节拍相等或呈倍数关系，即同期化。工序同期化是保证连续生产、充分利用设备和人力的必要条件。

3.2 单一品种流水生产线的组织设计

建立流水生产线之前，必须做好流水生产线的设计。设计正确与否，对流水生产线投产以后能否顺利运行和取得良好经济效益的影响极大。流水生产线的设计包括技术设计和组织设计两个方面。在这里，主要研究流水生产线的组织设计。组织设计的内容一般有：流水生产线节拍的确定、设备需要量和负荷系数的计算、工序同期化工作、工人配备、制品传送方式的设计、流水生产线的平面布置、流水生产线的工作制度和标准计划图表的制定等。

3.2.1 确定流水生产线的节拍

流水生产线的节拍是指流水生产线上连续出产两个相同制品的间隔时间。它是流水生产线最重要的工作参数，是设计流水生产线的基础。

流水生产线节拍的计算公式如下：

$$R = \frac{T_{效}}{Q}$$

式中，R 为流水生产线节拍；$T_{效}$ 为计划期内有效工作时间；Q 为计划期制品产量。

有效工作时间是计划生产的时间，它可以根据制度工作时间和时间有效利用系数求得。计划期制品产量包括计划产量和预计的废品量。

【例 3-1】 上海轿车厂 2005 年计划生产轿车 40 万辆，单班制生产，每班有效工作时间为 7.2h。问：该厂轿车生产的节拍是多少？

解　　$R=T/Q=250\times7.2\times60\times60/400000=16.2$(s/辆)

如果该厂是两班制生产，由公式同样计算得到节拍是 32.4s/辆，若为三班制生产，则节拍是 44.55s/辆（每班吃饭时间 40min，时间的有效利用率为 0.9）。

3.2.2　进行工序同期化

工序同期化是使流水生产线各工序的单件时间等于节拍或节拍的整倍数。这是保证各工序按节拍进行工作的重要因素。

在手工作业中，实现工序同期化是比较容易的。一般采用的方法是，把工序分成更小的组成部分（作业单元），然后，按照同期化的要求把各个相邻的组成部分重新组成工序。这些工序的时间就可接近于节拍或节拍的倍数。也可以合理调配劳动力，例如，组织相邻工序的工人协作，把熟练工人调到高负荷工序上工作等。

在机器作业中，实现工序同期化的方法主要有采用更完善的设备和工具、改进工艺方法、提高工人熟练程度以及改进劳动组织等。

3.2.3　计算设备（工作地）数量和设备负荷系数

为了保证制品在流水生产线上连续移动，每道工序的设备（工作地）数量应等于工序时间与流水生产线节拍之比。

$$S_i=\frac{t_i}{R}$$

式中，S_i 为第 i 道工序所需设备数；t_i 为第 i 道工序的单件时间定额。

计算出的设备需要量若不是整数，则采用的设备数 S_{ei}，应取接近于（大于）计算数 S_i 的整数。

设备负荷系数是表明设备利用程度的指标，其计算公式如下：

$$K_i=\frac{S_i}{S_{ei}}$$

式中，K_i 为第 i 道工序的设备负荷系数。

工序数为 m 的流水生产线的总设备负荷系数 K_a 可由下式求得

$$K_a=\sum_{i=1}^{m}S_i\Bigg/\sum_{i=1}^{m}S_{ei}$$

设备负荷系数决定了流水生产线的连续程度。当 K_a 值在 0.75 以下时，宜组织间断流水生产线；当 K_a 值在 0.75 以上时，宜组织连续流水生产线。

3.2.4　计算工人人数

在以手工劳动为主的流水生产线上，工人人数可按下式计算：

$$P_i=S_{ei}\times g\times W_i$$

式中，P_i 为第 i 道工序的工人人数；g 为每日工作班次；W_i 为第 i 道工序同时工作人数。

整条流水生产线的工人人数是所有工序工人人数之和。

在以设备加工为主的流水生产线上，工人人数可按下式计算：

$$p=(1+b)\sum_{i=1}^{m}\frac{S_{ei}\times g}{f_i}$$

式中，p 为流水线工人总数；b 为考虑缺勤等因素的后备工人百分比；f_i 为第 i 道工序每个工人的设备看管定额。

3.2.5 确定流水生产线节拍的性质和运输工具的选择

流水生产线采用什么样的节拍，主要根据工序同期化的程度和加工对象的重量、体积、精度、工艺性等特征。当工序同期化程度很高，工艺性良好，制品的重量、精度和其他技术条件要求容许严格地按节拍出产制品时，应采用强制节拍，否则就采用自由节拍。

在强制节拍流水生产线上，为了保证严格的出产速度，一般采用机械化的传送带作为运输工具。在自由节拍流水生产线上，由于工序同期化水平和连续性较低，一般采用连续式运输带、滚道或其他运输工具。

在采用机械化传送带时，需要计算传送带的速度和长度。

在工作式传送带连续运动时，传送带速度 V，可按下式计算：

$$V=\frac{L_0}{R}$$

式中，L_0 为传送带分区单位长度，即每经一个节拍传送带应移动的距离。

工作式传送带的速度不能太快，以便工人安全顺利地完成工序作业。在工作式传送带间歇运动时，每隔一个节拍移动一次。

工作式传送带工作部分的总长度可按下式计算：

$$L=\sum_{i=1}^{m}L_i+L_g$$

式中，L 为传送带长度；L_i 为第 i 道工序工作地长度；L_g 为后备长度。

在分配式传送带流水生产线上，传送带起运输和分配制品的作用。

分配式传送带的速度应该和流水生产线的节拍相配合，其长度计算方法与工作式传送带相同。为使分配式传送带起分配制品的作用，必须在传送带上做号码标记。按号码标记将制品分配给工人加工，如表 3-1 所示。

表 3-1 按号码标记将制品分配给工人加工

工序	工作地号	工人	号码数	分配给工作地（工人）的号码
1	01	A	12	1、3、5、7、9、11、13、15、17、19、21、23
	02	B	12	2、4、6、8、10、12、14、16、18、20、22、24
2	03	C	8	1、4、7、10、13、16、19、22
	04	D	8	2、5、8、11、14、17、20、23
	05	E	8	3、6、9、12、15、18、21、24
3	06	F	24	1、2、3、4、5、6、7、8、9、10、11、12、13、14、15、16、17、18、19、20、21、22、23、24
4	07	G	8	1、4、7、10、13、16、19、22
	08	H	8	2、5、8、11、14、17、20、23
	09	I	8	3、6、9、12、15、18、21、24

3.2.6　单一品种流水生产线的平面布置

单一品种流水线应根据经工序平衡后的工序（含工位）顺序安排其在流水线上的分布，在设计具体工位时，涉及工位间距（L_i）、预流空工位、流水线实体占地面积、流水线所需操作平面面积以及人员和产品流动通道等内容的确定（图 3-5）。

工位间距（L_i）：小制品生产的流水线工位间距按 1.2～2m 计；中等体积制品生产的流水线工位间距按 2～4m 计；大制品生产的流水线工位间距应根据具体制品的外形尺寸而定；例如，轿车装配线的工位间距可达 4～6m。

流水线实体占地面积根据流水线体的具体宽度尺寸（常用流水线体的宽度已标准化）和具体工位数及适当的放长量而确定。

流水线所需操作平面面积可参见图 3-5，以流水线的半侧实体与操作空间组成的宽度尺寸 B 与经计算的流水线体长度的乘积求出（$L\times B$）。

含流水线所需操作平面面积以及人员和产品流动通道等在内的占地面积可取 3～5 倍的流水线所需操作平面面积。

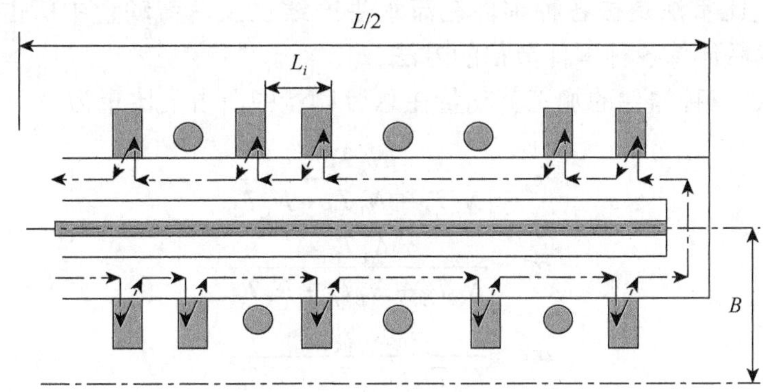

图 3-5　单一品种流水生产线的平面布置

流水生产线的平面布置应当有利于工人操作，并使制品运输路线最短，生产面积得到充分利用。同时，要考虑流水生产线之间的相互衔接，尽可能做到零件加工完毕处恰好是部件装配开始处，部件装配完毕处正好是总装开始处。从而使所有流水生产线的布置符合产品生产过程的流程。

3.3　多品种可变流水生产线的规划

3.3.1　流水生产线节拍的计算

可变流水生产线的节拍应分别按每个品种计算。其具体计算方法有如下几种。

1. 代表零件法

代表零件法是将各种零件的产量按加工劳动量折合为某一种代表零件的产量，然后据以计算节拍。

设某可变流水生产线上加工 A、B、C 三种零件，其计划产量分别为 N_A、N_B、N_C，零件工时定额分别为 T_A、T_B、T_C。首先选定代表零件，假定为 A，再将零件 B 和零件 C 的产量换算为零件 A 的产量，则总产量为

$$N = N_A + N_B\mu_B + N_C\mu_C$$

零件 B 和零件 C 的单件时间定额与零件 A 的单件时间定额的比值，即

$$\mu_B = \frac{T_B}{T_A},\ \mu_C = \frac{T_C}{T_A}$$

则各零件的节拍可按下式进行计算：

$$R_A = \frac{T_{效}}{N_A + N_B\mu_B + N_C\mu_C}$$

$$R_B = R_A \cdot \mu_B$$

$$R_C = R_A \cdot \mu_C$$

2. *加工劳动量比重法*

加工劳动量比重法是按各种零件在流水生产线加工总劳动量中所占的比重分配有效工作时间，然后计算各种零件节拍的方法。

设 A、B、C 三种零件的加工劳动量在总劳动量中所占的比重为

$$\alpha_A = \frac{N_A T_A}{N_A T_A + N_B T_B + N_C T_C}$$

$$\alpha_B = \frac{N_B T_B}{N_A T_A + N_B T_B + N_C T_C}$$

$$\alpha_C = \frac{N_C T_C}{N_A T_A + N_B T_B + N_C T_C}$$

则三种零件的节拍计算公式为

$$R_A = \frac{\alpha_A \cdot T_{效}}{N_A}, R_B = \frac{\alpha_B \cdot T_{效}}{N_B}, R_C = \frac{\alpha_C \cdot T_{效}}{N_C}$$

3.3.2 确定各工序的设备数量及计算设备负荷系数

工序设备数量可按下式计算：

$$S_i = \frac{t_i}{R}$$

上例中，

$$S_{Ai} = \frac{t_{Ai}}{R_A}, S_{Bi} = \frac{t_{Bi}}{R_B}, S_{Ci} = \frac{t_{Ci}}{R_C}$$

为了使可变流水生产线上的设备及人员充分负荷，且便于对流水生产线的组织管理。一般要求使

$$S_{Ai} = S_{Bi} = S_{Ci}, i = 1, 2, \cdots, m$$

在计算和确定设备数量的过程中，同样要进行工序同期化，尽可能提高设备的负荷系数。各工序的设备负荷系数可按下式计算：

$$K_i = \frac{N_A t_{Ai} + N_B t_{Bi} + N_C t_{Ci}}{S_{ei} T_{效}} = \frac{\sum_{j=1}^{g} N_j t_{ji}}{S_{ei} T_{效}}$$

式中，K_i 为第 i 道工序的设备负荷系数；t_{ji} 为第 j 种零件第 i 道工序的零件工作定额；N_j 为第 j 种零件的计划产量；g 为零件种数；S_{ei} 为第 i 道工序的设备总数。

流水生产线总的设备负荷系数 K 可按下式计算：

$$K = \frac{\sum_{j=1}^{g} N_j T_j}{S_e T_{效}}$$

式中，K 为设备负荷系数；T_j 为第 j 种零件在流水线上的加工劳动量；g 为零件种数；S_{ei} 为流水线上的设备总数。

为使可变流水线上每批零件在各工序的加工时间成比例，从而保证流水生产的连续性，应当尽可能使各种零件在各工序的设备负荷系数相等或相近。

当工序的设备数量确定后，就可以配备工人，确定流水生产节拍的性质，选择运输工具，进行流水生产的平面布置等工作。

3.4 多品种混合流水生产线的规划

3.4.1 混合流水线的基本数据计算

1. 确定混合流水生产线的节拍

混合流水生产线的节拍可按下式计算：

$$R = \frac{T}{\sum_{i=1}^{m} N_i}$$

式中，$\sum_{i=1}^{m} N_i$ 为计划期 m 种品种的产量。

2. 计算混合流水生产线上的最小作业工序数

混合流水生产线上的最小作业工序数可按下式计算：

$$N_{\min} = \frac{L}{T_{效}}$$

式中，L 为流水生产线上生产一定数量的 m 种产品总劳动量。

$$L = \sum_{i=1}^{m} N_i T_i$$

式中，N_i 为第 i 品种的本期计划产量；T_i 为第 i 品种的加工工时。

3. 计算混合流水生产线的效率

混合流水生产线的效率 η 可按下式计算：

$$\eta = \frac{\sum_{i=1}^{m} N_i T_i}{N \cdot R \cdot \sum_{i=1}^{m} N_i}$$

式中，N 为实际采用的作业工序数。

3.4.2 确定投产顺序

1. 各种产品的产量相同时确定投产的顺序

在混合流水生产线上，为了合理地出产不同种类的产品，必须科学地安排投产顺序。编排投产顺序的方法视各种产品的产量相同与否而有所不同。

当各种产品的产量相同时，确定投产顺序的方法较简单。例如，生产两种产品 A 和 B，产量各为 10 件，则投产顺序的安排可以有三种情况。

第一种情况，先生产 A 产品 10 件，后生产 B 产品 10 件。如下所示：

AAAAAAAAAA BBBBBBBBBB

第二种情况，A、B 两种产品有规律地穿插投产。先生产 A 产品 5 件，后生产 B 产品 5 件，如此重复进行。如下所示：

AAAAA BBBBB AAAAA BBBBB

第三种情况，A、B 两种产品相间地投产。如下所示：

A B A B A B A B……A B A B

用于各种产品的产量不同时确定投产的顺序，一般采用逻辑运算法和生产比倒数法。

2. 逻辑运算法

设混合流水生产线上生产 40 台 A 产品，10 台 B 产品，30 台 C 产品。用逻辑运算法确定投产顺序的步骤如下。

（1）进行基本逻辑分析。根据 A、B、C 的产量，A、B、C 的生产比例为

$$X_A : X_B : X_C = 4:1:3$$

则一个循环流程的总产量是 4+1+3=8，说明一个循环产量为 8 台，其中包括 4 台 A 产品，1 台 B 产品，3 台 C 产品。

（2）编制逻辑顺序安排，如表 3-2 所示。

表 3-2 逻辑运算法确定投产顺序的步骤

顺序	A 产品	B 产品	C 产品	选定者
1	4 0 0 4*	1 0 0 1	3 0 0 3	A_1
2	8 1 8 0	2 0 0 2	6 0 0 6*	C_2
3	12 1 8 4*	3 0 0 3	9 1 8 1	A_3
4	16 2 16 0	4 0 0 4*	12 1 8 4	B_4

续表

顺序	A 产品	B 产品	C 产品	选定者
5	20 2 16 4	5 1 8 −3	15 1 8 7*	C_5
6	24 2 16 8*	6 1 8 −2	18 2 16 2	A_6
7	28 3 24 4	7 1 8 −1	21 2 16 5*	C_7
8	32 3 24 8*	8 1 8 0	24 2 16 8*	A_8

* 表示选中的产品

表 3-2 第二栏、第三栏和第四栏每行各有四个数字。第一个数为原比值乘以选取次数；第二个数为该产品已被选取的次数；第三个数为循环流程总产量乘以被选取的次数；第四个数为第一个数与第三个数之差，根据第四个数的大小来决定投产对象。

本例表中数学计算如下。

第一个投产对象应选择比值大的产品 A，并写在选定者栏内。在选择第二个投产对象时，将各比值均乘以 2，则生产比为

$$N_{A1}:N_{B1}:N_{C1}=(4\times 2):(1\times 2):(3\times 2)=8:2:6$$

因为第一个投产对象已选取 A，所以在第二次选取中，产品 A 被选取的可能性要减小，减小的方法是从新比值中减去其选取的次数乘以总产量，从而确定新的比值，则

$$N_{A2}:N_{B2}:N_{C2}=(8-1\times 8):2:6=0:2:6$$

这时，C 的比值大，因此第二个投产对象选取 C，用 C_2 表示。

在选取第三个投产对象时，将各原比值乘以 3，即

$$N_{A3}:N_{B3}:N_{C3}=(4\times 3):(1\times 3):(3\times 3)=12:3:9$$

因第二个投产对象已选取 C，所以应将 A 与 C 的比值更新为

$$N_{A4}:N_{B4}:N_{C4}=(12-1\times 8):3:(9-1\times 8)=4:3:1$$

此时，应选取比值大的产品 A，用 A_3 表示。依次类推，进行第四、第五等投产对象的选取。

（3）确定逻辑顺序投产。

A—C—A—B—C—A—C—A—A—C—A—B—C—A……

该例共需生产 80 台产品，需经过十个循环流程。

3. 生产比倒数法

仍用上例数据，即混合流水生产线上生产 40 台 A 产品，10 台 B 产品，30 台 C 产品，用生产比倒数法确定产品投产顺序的步骤如下。

（1）根据 A、B、C 的产量，A、B、C 的生产比例为

$$X_A:X_B:X_C=4:1:3$$

则循环流程的总产量为

$$4+1+3=8$$

（2）计算生产比倒数，设各种产品生产比倒数为 m_i：

$$m_A = \frac{1}{X_A}, m_B = \frac{1}{X_B}, m_C = \frac{1}{X_C}$$

（3）品种的选定。按下述规则，选出循环流程的第一号投产的品种。

规则一：从全部品种中选出生产比倒数最小的品种。

规则二：在具有最小值的品种有多个的情况下，选出最小值出现较晚的一个品种。

（4）更新 m_i 的值。方法是在选出的品种 i 上，再加上被选中产品的生产比倒数 m_i。而在其他品种栏内，将上行栏内所记的照抄过来。

（5）再选定品种。按下述规则选出第二号品种。

规则一：选第二行各品种值最小者。

规则二：在最小值有多个的情况下，选出最小值出现较晚的一个，即第二次出现最小值的那个品种。

（6）其余类推，直至选出全部循环流程产量。根据生产比倒数法编排投产顺序的计算过程如表 3-3 所示。

表 3-3　生产比倒数法编排投产顺序的计算过程

顺序	A 产品	B 产品	C 产品	选定者
1	1/4*	1	1/3	A_1
2	1/4+1/4=1/2	1	1/3*	C_2
3	1/2*	1	1/3+1/3=2/3	A_3
4	1/4+1/2=3/4	1	2/3*	C_4
5	3/4*	1	1/3+2/3=1	A_5
6	1/4+3/4=1	1	1*	C_6
7	1*	1	1/3+1=4/3	A_7
8	1/4+1=5/4	1*	4/3	B_8

*为选中的数据。

3.4.3　流水生产线的平衡

为了保证流水生产线的连续性，充分利用设备和劳动力，就必须实现工序同期化。流水生产线的平衡问题实质上就是研究工序同期化的问题。本节将详细研究这个问题。

为了完成所需生产的制品，需要有规定的作业，而这种作业通常是由许多基础性的作业元素组成的。完成作业元素所需的标准时间可作为流水线平衡的最基本的作业时间。假设完成一个单位产品需要有 m 个作业元素，用 l_k（$k \approx 1, 2, 3, \cdots, m$）表示这个作业元素时间，则制品的加工时间（$T$）表示为

$$T = \sum_{k=1}^{m} l_k$$

然而，从工艺程序看，在完成一个制品的过程中，在这些作业元素之间，存在着先后关系。这种作业元素之间的先后关系可如图 3-6 所示，此图称为先后顺序图。

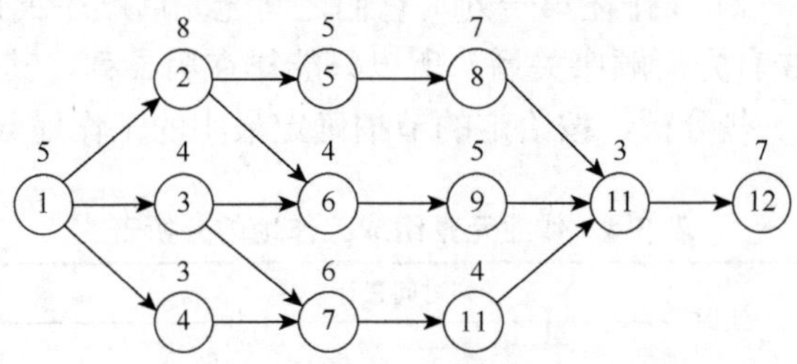

图 3-6　作业元素之间的先后关系

在图 3-6 中，○中的数字表示作业元素编号；○上的数字表示作业元素时间，作业元素之间的箭线表示作业元素之间有箭头所示方向的先后关系。

生产线平衡是在满足作业元素之间先后顺序关系的基础上，既要接近最小工序数，又要使各个工序的作业时间相等的要求，把作业元素分配到工序上。用 t_i 表示各工序分配到的作业时间，则必须满足：

$$\max(t_i) \leqslant R, \quad i = 1, 2, \cdots, N$$

式中，N 既要满足作业元素的先后关系，又要符合下列要求：

$$N \geqslant N_{\min}$$

生产线平衡的方法很多，下面介绍启发式方法和位置加权法两种方法。

1. *启发式方法*

启发式方法（heuristic method）是根据作业元素组成及先后顺序图，以节拍为基准，列表计算探索求解的方法。

【例 3-2】　某产品的装配由 21 个作业元素组成，作业元素的先后顺序和工时（min）如图 3-7 所示。

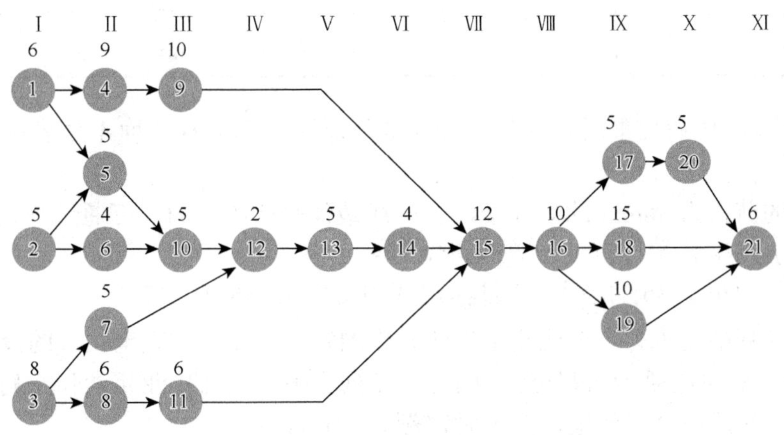

图 3-7　作业元素的先后顺序和工时

图 3-7 上方有Ⅰ，Ⅱ，Ⅲ，…，Ⅺ表示列。各列之间的箭头说明作业元素的先后顺序。对应每一列有一些作业元素，它们之间不能有箭头，说明作业元素之间无先后顺序关系。例如，作业元素 1、2、3 排在第一列，它们之间无先后顺序关系；由于作业元素 4、5、6、7、8 和 1、2、3 有先后顺序关系，所以只能排在第二列，其余类推。根据图 3-7，可制表 3-4。在表上做一些分析，按给定的节拍确定最小的工作地数（设节拍为 36min）。

表 3-4 作业元素组成工作地的分析表

序列	作业元素	作业元素后移性	工时	列时间累计				作业元素时间累计			
				e_1	e_2	e_3	e_4	f_1	f_2	f_3	f_4
Ⅰ	1		6								
	2		5								
	3		8	19				19			
Ⅱ	4	Ⅲ-Ⅴ	9								
	5		5								
	6		4								
	7	Ⅲ	5								
	8	Ⅲ-Ⅴ	6	29	13			48	13		
Ⅲ	9	Ⅳ-Ⅵ	10								
	10		5								
	11	Ⅳ-Ⅵ	6	21	21			69	34		
Ⅳ	12		2	2	2			71	36		
Ⅴ	13		5	5	5	5		76	41	5	
Ⅵ	14		4	4	4	4		80	45	9	
Ⅶ	15		12	12	12	12		92	57	21	
Ⅷ	16		10	10	10	10		102	67	31	
Ⅸ	17		5								
	18	Ⅹ	15								
	19	Ⅹ	10	30	30	30	25	132	97	61	25
Ⅹ	20		5	5	5	5	5	137	102	66	30
Ⅺ	21		6	6	6	6	6	143	108	72	36

表 3-4 中，“作业元素后移性”是指作业元素可以向后移，而不使表中的序列有所增加。

在给定的节拍为 36min 的条件下，生产线最佳平衡的目的，可通过下列步骤运行。

（1）查 f_1 栏中有无与 36 相等的定额?没有。

（2）f_1 栏中小于 36 的最大定额是第Ⅰ列中的 19，36−19=17。

（3）第Ⅱ列中是否有一个或几个作业元素的定额是 17 的?完全相等的没有，只有作业元素 5、7、8 的定额 16 最接近。因此，序列Ⅰ中的全部作业元素和序列Ⅱ中作业元素 5、7、8 可构成一个工作地，其工时定额为 35min。

（4）将列时间累计 e_1 调整为 e_2，将作业元素时间累计 f_1 调整为 f_2。

（5）查 f_2 栏中有无与 36 相等的定额?有。即序列Ⅱ中的作业元素 5、7 和序列Ⅲ、Ⅳ中全部作业元素定额之和，则编号为 5、7、10、11、12、13 的作业元素构成第二个工作地，其工时定额为 36min。

（6）将列时间累计 e_2 调整为 e_3，将作业元素时间累计 f_2 调整为 f_3。

（7）查 f_3 栏中有无与 36 相等的定额?没有。该栏中小于 36 的最大定额是序列Ⅴ、Ⅵ、Ⅶ、Ⅷ的工时定额之和为 31，36−31=5。

（8）列Ⅸ中是否有一个或几个作业元素的定额为 5 的?有。即编号为 17 的作业元素。因此，编号为 13、14、15、16、17 的作业元素可构成第三个工作地，其工时定额为 36min。

（9）将列时间累计 e_3 调整为 e_4，将作业元素时间累计 f_3 调整为 f_4。

（10）f_4 栏中的 36 是由序列Ⅸ的编号为 18、19 的作业元素和序列Ⅹ、Ⅺ的所有作业元素时间构成的。因此，这些作业元素可以组成第四个工作地，其工时定额为 36min。

根据上述步骤，表 3-4 中 21 个作业元素可划分为四个工作地，划分内容见表 3-5。

表 3-5　21 个作业元素划分的四个工作地

工作地	作业元素编号
1	1、2、3、5、7、8
2	4、6、9、10、11、12
3	13、14、15、16、17
4	18、19、20、21

2. 位置加权法

位置加权法（ranked positional weights method）是根据制品作业元素的组成及顺序，求出每个作业元素的位置加权数。然后根据位置加权数的大小进行作业元素组合。权数大者先组合，权数小者后组合，组合工序时以节拍为基础。

【例 3-3】 某产品的装配共有 11 个作业元素，其先后顺序和工时定额如图 3-8 所示。

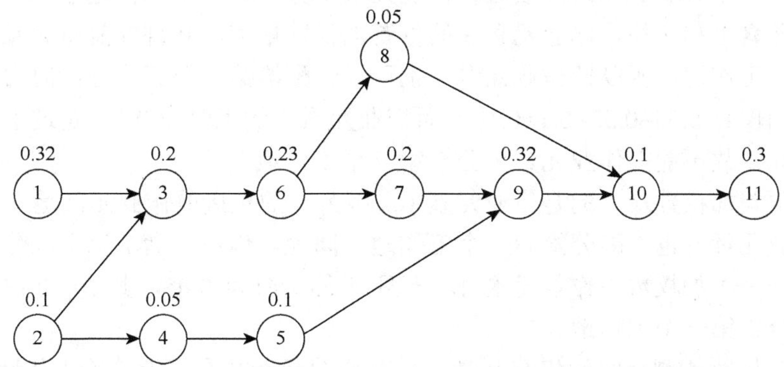

图 3-8　某产品装配的 11 个作业元素先后顺序和工时定额

图 3-8 中，箭头作业元素表示后作业元素，箭尾作业元素表示前作业元素。根据先后顺序图，可以制出作业元素先后关系表，见表 3-6。

表 3-6　作业元素先后关系表

作业元素	工时	作业元素											位置加权数 P
		0	1	2	3	4	5	6	7	8	9	10	
1	0.32			1			+	+	+	+	+	+	P_1=1.72
2	0.1			1	1	+	+	+	+	+	+	+	P_2=1.65
3	0.2	–	–				1	+	+	+	+	+	P_3=1.40
4	0.05		–			1				+	+	+	P_4=0.87
5	0.1				–					1	+	+	P_5=0.82
6	0.23			–				1	1	+	+	+	P_6=1.20
7	0.2						–			1	+	+	P_7=0.92
8	0.05						–				1	+	P_8=0.45
9	0.32					–		–			1	+	P_9=0.72
10	0.1								–	–		1	P_{10}=0.40
11	0.3										–		P_{11}=0.30

表 3-6 中，“1”表示直接后作业元素，“+”表示间接后作业元素，“–”表示直接前作业元素。作业元素的工时加上它的直接、间接后作业元素的工时，称为位置加权数。以“P_1，P_2，P_3，…，P_{10}”分别代表作业元素 1，2，…，10 的位置加权数。

例如，P_1=0.32+0.1+0.2+0.05+0.1+0.23+0.2+0.05+0.32+0.1+0.3=1.72。

其他位置加权数按同理计算。位置加权数是对作业元素的重要性及所在位置的一种度量。权数大，表示该作业元素比较重要，分配工作地时应先考虑它。

设节拍为 0.55，求最少工作地。

作业元素 1 的位置加权数最大，把它分配给第一个工作地。作业元素 1 没有前作业元素，工时为 0.32，所以第一个工作地时间还有剩余，0.55–0.32=0.23。

从表 3-6 中可知，除作业元素 1 以外，作业元素 2 的位置加权数最大，它没有前作业元素，而且其工时小于 0.23，故可将作业元素 2 分给第一个工作地。

除作业元素 1 和 2 外，作业元素 3 的位置加权数最大，其直接前作业元素 1 和 2 已分给了第一个工作地，所以把作业元素 3 也可以分配给第一个工作地，但由于第一个工作地剩余时间仅有 0.55–0.32–0.1=0.13，而作业元素 3 的工时为 0.2，超过了第一个工作地的剩余时间，故不能把作业元素 3 分给第一个工作地。

次一个位置加权数最大的是作业元素 6。因为它的直接前作业元素是 3，而 3 还未分，所以作业元素 6 也不能分给第一个工作地。同理，作业元素 7 也不能分给第一个工作地。再次一个大加权数是作业元素 4。而且 4 的工时为 0.05，其值＜0.13，所以可把作业元素 4 分给第一个工作地。

至此，工作地 1 剩余时间仅有 0.08，只有作业元素 8 有可能分给工作地 1。但作业元素 8 的直接前作业元素 6 尚未分配，所以不能把它分给工作地 1。这样，就可知第一个工作地是由作业元素 1、2、4 所组成，其工时为 0.47。

按照同样的方法可计算出其他三个工作地的作业元素组成见表 3-7。

表 3-7　位置加权法的作业元素组合

工作地	作业元素	位置加权数	直接前作业元素	工时定额	工时定额累计
Ⅰ	1	1.72		0.32	0.32
	2	1.65		0.10	0.42
	4	0.87	1	0.05	0.47
Ⅱ	3	1.40	1、2	0.20	0.20
	6	1.20	3	0.23	0.43
	5	0.82	4	0.10	0.53
Ⅲ	7	0.92	6	0.20	0.20
	9	0.72	5、7	0.32	0.52
Ⅳ	8	0.45	6	0.05	0.05
	10	0.40	8、9	0.10	0.15
	11	0.30	10	0.30	0.45

在组织混合流水生产线时为了使类似的品种在同一条流水生产线上生产，因此，必须将不同品种的先后顺序图汇总，制成一个综合的先后顺序图，才能按上法进行生产线的平衡。由于在混合流水生产线上加工的不同品种产品的先后顺序图中包括相当多的各品种共同的作业元素，所以绘制综合先后顺序图是可能的。

3.5　自动生产线的规划

自动线是流水生产线的高级形式。它是按工艺顺序排列若干自动设备，并且用一套自动装夹、传送装置和自动控制装置联系起来的自动作业线。自动线的主要特点如下。

（1）自动线的生产过程具有高度的连续性和节奏性。

（2）自动线的生产过程是完全自动进行的。所有基本工序以及上料、检验、卸下、运输、控制等工作是完全自动化的。工人的工作由直接操作的职能转变为监视和调整的职能。

（3）自动生产线具有很高的生产率。

自动线的上述特点决定了自动线比一般流水生产线具有更高的技术经济效果。生产过程高度的连续性和节奏性，消灭了停歇，缩短了生产周期，减少了在制品，加快了资金周转，节省了生产面积。生产过程的自动进行，减少了工人的数量，消除了笨重的体力劳动和单调重复的操作，大大提高了劳动生产率。

自动生产线的生产过程依赖于高技术及相应的高投入，实现生产过程的自动化。同时，生产过程的生产进度信息、质量信息、生产现场信息等的采集、传输、加工处理、反馈控制等也高度自动化，由机械、液压、电气装置或电子计算机控制，使生产过程更加高效、稳定，有利于产品质量的提高。高度自动化也带来了高效益的回报。

自动线的应用是有条件的。除了组织一般流水生产线的条件，还有其特殊要求。例如，在加工对象方面，要求具有很高的标准化、通用化水平，零件的结构便于自动装夹、定位、运输和加工；在工艺方面，必须采用先进的工艺方法和设备，采用的工艺规程应尽量减少装夹次数；在劳动组织方面，要求工人具有相当的技术水平，以及诊断、排除设备故障及调整机器、工装的技能；在生产管理、原材料供应、工装更换、设备维修、环境卫生等方面提出了更严格的要求。

➢思考题与习题

1. 试述流水生产线的定义及其特征。
2. 流水生产线的分类有哪些？
3. 流水生产线的组织设计包括哪些内容？
4. 流水生产线平衡的方法有哪些？其核心思想是什么？
5. 单一品种流水生产线规划的基本思路。
6. 多品种流水生产线规划的基本思路。
7. 多品种混合流水生产线规划的基本思路。
8. 代表产品法和假定产品法各有什么特点？
9. 如何合理利用生产比倒数法的投产顺序？
10. 自动化生产线与一般流水生产线相比有何特长？
11. 某轿车制造厂拟于明年生产轿车 60 万辆，设分别为单班制和两班制生产每班工作 8h，设时间的利用效率为 0.9，则其生产节拍分别是多少？
12. 某可变流水线生产 A、B、C 三种制品其计划期产量分别为 N_A=5000 件、N_B=2000 件、N_C=3000 件，其工时定额分别为 T_A=50 台时、T_B=60 台时、T_C=40 台时。试求出 A、B、C 三种制品各自的节拍。三种制品的节拍可以相同吗？
13. 某流水生产线采用一班 8h 工作制，班内有两次停歇时间，每次 15min，每班生产零件 100 件，试计算流水线的节拍。A 工序的单件时间定额为 8min，A 工序所需设备数量和 A 工序的设备负荷系数。
14. 某企业采用流水生产线生产，计划日产量 600 件，每天三班生产，每班工作 8h，每班休息 30min，计划废品率为 3%，试计算流水生产线的节拍。
15. 某企业组织一可变流水生产线生产 A、B、C 三种零件，三种零件的年产量及单件加工工时如表 3-8。

表 3-8 三种零件的年产量及单件加工工时

零件	年产量	单件总工时	各工序工时定额				
			1	2	3	4	5
A	52500	16.33	4.20	2.05	4.10	3.96	2.02
B	16500	23.85	6.00	3.02	6.05	5.90	2.85
C	26000	17.91	4.63	2.15	4.48	4.64	2.01

设定流水线每年工作 251 天，每天工作 2 班，每班工作 8 小时，工作时间有效系数为 0.95。试计算：

（1）流水线全年有效工作时间；

（2）加工劳动量比重法计算 A、B、C 三种零件的生产节拍；

（3）计算每道工序需要的设备数量；

（4）计算每道工序的设备负荷系数；

（5）计算整个流水线的设备负荷系数。

16. 混合流水生产线上生产 A、B、C 三种产品，每个工作日出产都是 A 产品 40 件、B 产品 30 件、C 产品 20 件；每日各工序的工作劳动量都小于或等于 480min，试用生产比倒数法和逻辑顺序法编排产品的投产顺序。

➢拓展学习材料

3-1　案例分析

3-2　成组技术

第4章

单件小批与批量生产规划

本章提要：本章主要介绍单件生产与成批生产规划的问题，重点介绍单件小批生产和多品种生产两种类型的生产规划问题。本章旨在使读者了解掌握单件生产与成批生产的特点以及组织形式，从而对该部分内容有更深入的了解。

4.1 单件、小批生产规划

4.1.1 单件、小批订货生产类型的特征

订货生产与备货生产是两种不同的生产类型。前者是根据用户的订单去组织生产。后者是在预测市场需求的基础上，按企业自己制定的生产计划去组织生产，生产的是通用产品。在实际生产中同属订货生产还有不同的情况。例如，在汽车行业中为主机厂协作加工某些零部件的零配件制造厂，它们也是按主机厂的订单组织生产，但是这些厂的生产特点是大批量重复性生产，与单件小批的订货生产是不同的。本节讨论的订货生产是指单件小批生产的订货生产。企业生产的是专用产品，其主要特点为生产是不重复的、一次性的。这类企业的典型代表是造船厂、重型机器制造厂、大型水轮机制造厂等。

现将单件、小批订货生产类型的主要特征及其对生产组织和计划管理的影响分述如下。

1. 订单的随机性

企业在计划期内可以接到多少份订单、订单会提出哪些需求，事前均无法确切知道。由于订单的内容和订单到达的时间具有随机性，企业无法在计划期开始之前，对计划年度内的任务全面规划，合理安排，通过计划进行优化。企业只能每接到一张订单做一次安排。在安排时既要考虑与前面已接的任务很好协调，又要为未来的订单留出空间。这给企业的计划工作带来一定的困难，并赋予它不少独有的特色。

2. 产品的专用性

单件小批订货生产类型生产的是专用产品。产品的性能要求和结构特点是由用户根据其特殊需要提出的。企业所接到的每一项任务都是过去没有做过的，都是一项新产品，需要按用户提出的要求单独进行设计。企业从接到订单、签订合同到向用户交货，要完成产品设计、制造的全过程。因此它的交货期与备货生产期相比要长得多。备货生产的

生产类型是定型的通用产品，不需要单独进行产品设计。

随着科学技术发展速度的加快和市场需求的迅速变化，用户对交货期的要求越来越短，缩短合同交货期已成为企业间竞争的热点。而在生产专用产品的合同交货期中，产品设计和工艺准备工作的时间往往要占到一半左右。所以改进产品设计和工艺准备的组织管理工作，以缩短合同交货期，是组织单件小批订货生产的重要课题。

3. 生产的一次性

满足用户特殊需求的专用产品，其需求一般是不重复的。所以这些专用产品的生产是一次性的。单件小批一次性生产和成批大量的重复性生产在生产技术准备工作和计划管理方面有很大的不同。

首先，在产品设计方面对于一次性生产的产品是不进行样品试制的。设计方案没有经过试制考验，有些问题会在生产时暴露出来，需要在生产过程中予以解决。在工艺准备工作方面，只制定工艺路线，不编制详细的工艺规程，许多生产工艺问题有待基层生产单位和生产工人解决。基于以上情况，对于单件小批订货生产类型不宜采用集中式的工艺技术管理体制，需要在基层（如车间、工段）安排必要的技术力量，以便使基层在生产工艺上有一定灵活处置的权利和技术力量。同时还要求生产工人具有较高的技术水平，掌握较宽广的操作技能，能适应生产对象经常变化的生产环境。

其次，由于生产是不重复的，所以生产的对象不断变换，品种十分繁多。为了使企业能适应频繁变换的多品种生产，通常都采用万能设备和工艺专业化的组织形式。但是传统的通用设备机械化、自动化程度低，手工操作的比重大，劳动生产率很低。另外工艺专业化的组织形式和设备的机群式布置，使生产过程的连续性差，生产周期长，而且管理上复杂。所以为了提高生产率和缩短生产周期，需要采用先进的工艺和设备，以及先进的生产组织形式，如柔性生产系统等。

最后，在生产作业计划工作方面，它的特点是：生产的品种多，变动性大，所以不仅计划编制的工作量大，而且相当复杂；对于一次性生产的产品，其工时定额的制定主要是采用经验统计定额，由于定额的准确性低，所以编制的计划的精确性也较低；由于生产的品种繁多，生产中的变动因素多，而计划本身的精确性又较差，所以计划的实现率相对较低，一般需要靠调度人员根据实际情况随时调整资源的配置，以控制生产的运行。一般传统的计划工作方法在这里难以满足要求，因此需要针对单件小批订货生产的特点，建立一套独特的生产计划体系和计划编制方法。

4.1.2　单件、小批订货生产的生产组织形式

根据单件、小批订货生产类型的特点，由于其生产的产品品种不断变化，一般不重复，所以生产单位无法按对象专业化原则去组织。按传统方式，一般都采取工艺专业化的生产组织形式，即按不同的生产工艺建立车、铣、钻、磨等工段或班组，通常采用通用设备和通用工艺装备，设备按机群式布置。这种组织形式对产品变化的适应能力强，因此在产品对象频繁更换时它能保持稳定，而且可以达到较高的设备负荷率。但是工艺专业化的组织形式有其固有的缺点，如生产率低下、生产过程的连续性差、造成产品的

运输路线长、管理工作复杂、产品生产周期长、在制品多等，使生产的经济性很差。

为了提高单件、小批订货生产类型的经济效益，在生产组织方面需要打破传统方式，采取更为有效的组织形式。下面从产品分析入手来研究适合单件小批订货生产类型的生产组织形式。属于单件、小批订货生产类型中典型的行业是重型机器制造业、船舶制造业、大型电站设备制造业等。这些制造行业的产品都是结构复杂的大型产品，需求量一般是一台、两台，是根据用户的特殊要求单独进行设计和制造的。构成这类产品的零件种类很多，往往成千甚至上万。它们的形状、体积、材质、工艺复杂程度差异很大。但从生产组织的角度，可以把这类产品的零件分为四类，以便按它们各自的特点，建立与之相适应的生产单位。

适用于单件、小批订货生产类型的四种生产组织形式如下。

1. 大件生产单元

大件生产单元适合于加工产品中的大型零部件。这类零部件重量重、体积大、数量不多，大多是产品中的基础件，如机身、机座、立柱等。这类零部件都是专用件，形状各异，很难考虑成组生产。虽然零件数量很少，每台产品中只有一、二件，但是零件大，需用大型设备加工，其加工劳动量很大。根据以上情况，可以把企业中的大型设备，如大车床、落地镗床、龙门铣床、大立车、摇臂钻等集中起来，配以大吨位的起重运输设备，组建大件生产单元，专门加工各项产品中的基础件、大件。大型零部件的工艺复杂，工艺过程的相似性差，难以建立成组生产单元，但是企业的大型设备数量有限，将有关设备集中布置在一起，可以在大件单元内实现大型零部件的封闭生产，从而可减少大件的运输工作量，并大大简化生产管理工作。

2. 柔性制造系统或柔性生产单元

在一项产品中有一些零部件是机器主要功能的承担者。它们对产品的性能、质量有决定性的影响。这些零部件一般结构特殊、工艺复杂、工序多、精度高、加工的技术难度大，成为生产中的主要件、关键件（以下简称主关件）。在通用设备上加工这些主关件，为了保证加工质量，往往需要复杂的工艺装备，而且生产率很低。工序多而分散，使制造周期变长，并使管理工作变得复杂。如果采用加工中心、数控机床等先进生产手段取代通用设备和万能工装，就可大为改善主关件的生产工艺水平，既可免去许多复杂的工艺装备，节省工艺装备设计、制造的时间和费用，又能保证稳定的产品质量和取得较高的生产率。

在加工中心和数控机床上加工，由于实现了工序集中，还能缩短制造周期和简化生产管理工作，所以如果企业资金允许，建立柔性制造系统（或柔性生产单元）是解决产品中的主关件的有效办法。因为在实际生产中制约企业生产水平的往往就是这些主关件，把主关件的生产解决好了，企业的生产发展就有了坚实的基础。我国某纺织机械厂由于墙板生产工艺落后，经常不能按时加工出来，直接影响产品装配，成为阻碍该厂生产发展的关键。后来该厂采用两台镗铣加工中心，建立了墙板柔性生产单元以后，墙板的生产顺利解决了。装配车间的忙闲不均，突击生产现象也马上得到解决，全厂的生产上了一个台阶。虽然在建立墙板柔性生产单元上增加了很多投资，但是从全厂范围看，则取得了良好的经济效益。

3. 成组生产单元

除了上述两类零件，产品中大多数零件是一般件，属中小型零件，它们常占产品零件总数的 80%以上。这些零件虽然种类繁多、形状各异，但对于机械产品而言，则不外乎是轴类、盘类、套类、齿轮类、杠杆类等，都属相似零件。所以建立成组生产单元，组织成组生产是有可能的。因为虽然是专用产品，每一项产品都是单独设计的，但是只要是同类产品，设计上总有继承性。所以同一类产品（如轧钢机、高炉设备、重型机床等），它们的零件构成大体相近，即各类相似零件在产品零件总数中所占的比例大体是接近的。这就是能够建立成组生产单元的重要依据。

由于是专用产品，如果产品的“三化”程度低，则通用件的数量少，所以分类后每一零件族中相似零件的数量比成批生产类型的产品要少。因此在组织成组单元时，单元的规模宜适当大一些，要使一个单元能加工若干个零件族，最好要包含一些在生产能力需求上互补的零件族。否则单元规模很小，不易保证单元内各类设备有合理的负荷率。今后随着技术进步和经济发展，数控机床的应用范围将逐步扩大。当成组生产单元内的设备到了以数控机床为主时，单元的柔性更强了，成组生产单元的组织形式就更能适应单件小批订货生产类型的要求了。

4. 标准件生产单元

产品中的标准件大部分都可以通过外购得到。但也有一部分属于本厂的标准件（厂标件），则需自制。当这部分厂标件的生产达到一定的规模时，可以考虑建立专门的标准件生产单元。

标准件对各产品都通用，不同于按订单组织生产的专用零件。它的需求量如果较大，不属于单件小批，则每一类标准件都需配备自己的专用设备或专门生产线，它可以采用准时生产的管理模式，需要单独进行管理。因此有必要建立标准件生产单元，专门组织标准件的生产。如果厂标件的生产规模很小，则应组织外包生产，不一定要建立标准件生产单元。

4.1.3　单件、小批生产的平面规划

1. 单件、小批生产平面规划的基本原则

（1）单件、小批生产的平面规划必须满足生产的需求，并且应留有一定的发展空间。

（2）单件、小批生产的平面规划主要遵循物料运输量比较法布置原则，适当参考物料流向图法。

（3）适当多留一些放置在制品的空间。

（4）预留运输工具通道。

（5）其余要求可参阅流水线的平面布置原则。

2. 单件、小批生产规划的步骤

（1）在已完成工艺规程和工时定额制定的基础上，根据各工种应完成的总工时定额和该工种设备所开班次，计算出该工种所需设备数量。

（2）根据物料运输量比较法并参考物料流向图法等布置原则，在各车间的所需面积确定后，布置各车间的排列顺序与位置。

（3）根据制品的加工特点，以相应的容积率征用土地。

（4）厂址选择、与外部环境的协调、内部协调、工厂的立面布置等与流水线规划同。

4.1.4 单件、小批生产的时间组织

所谓生产工序在时间上的组织方式，就是筹划零件在各道工序间的移动方式。合理的组织生产过程，不仅要对企业内部各生产单位和部门在空间上进行科学的组织，而且要使劳动对象在车间之间、工段（小组）之间、工作地之间的运动在时间上相互配合和衔接，最大限度地提高生产过程的连续性和节奏性，以便提高劳动生产率和设备利用率，缩短生产周期，增加产量，加速资金周转，降低成本，更好地实现企业的经营目标。

工序在时间上的组织方式，不同行业、不同企业的表现形式是不同的。在采掘、造船等企业中，劳动对象大都是固定不动的，这里的工序在时间上的结合方式，主要表现在工人顺序移动。而在冶金、化工等部门的企业里，通常都是把整批的原材料投入加工后，整批地按加工顺序进行工序间的移动，同一批产品不可能同时在两道工序上加工。现代建筑业采用预制构件，改变过去在地基上一块砖一块砖往上砌的传统工艺，提高了生产过程的平行性，使一幢大楼可以在很短时间内就建立起来。现代造船业把船体分成若干段，分别在船体车间内平行制造，最后把几段制成的船体吊到船台上拼装对焊，这样可以大大缩短每条船的船台生产周期，从而提高了造船厂的生产能力。上述例子说明，把连续生产过程改变为离散性生产过程，以便组织平行交叉作业，提高生产过程的平行性，可以缩短产品生产周期，带来显著的经济效益和社会效益。生产过程的平行性是指加工对象在生产过程中实现平行交叉作业。提高生产过程的平行性可以缩短整个产品或整批产品的生产周期。

在加工装配性企业里，由于零件多种多样，工艺方法、工艺路线和技术装备千差万别，所以零件在各道工序间的移动方式是比较复杂的。在这类企业中，当一批工件投产时，工件在工序间采用不同的移动方式，生产的平行程度越高，成批等待时间就越少，生产周期也越短。一批工件在工序间移动有三种典型的移动方式，即顺序移动、平行移动和平行顺序移动。

【例 4-1】 某零件的加工批量为 4 件，需要经过 4 道工序的加工，各工序的加工时间为 t_1=10min，t_2=5min，t_3=15min，t_4=10min。此处为了突出三种移动方式的差异，在计算加工周期时均未计入工序间的运输、检验等时间。

现以该例数据说明三种移动方式。

1. 顺序移动方式

顺序移动方式指一批工件在投入每一道工序加工时，都要等全部工件在上道工序加工完毕后，才整批地转移到下道工序继续加工的移动方式。

顺序移动方式是整批工件按工艺过程的顺序，一道道工序顺次进行加工，由于工件在工序间是整批转移的，所以每一工件各道工序的加工是不连续的。工件在每道工序上会出现成批等待现象（图 4-1）。

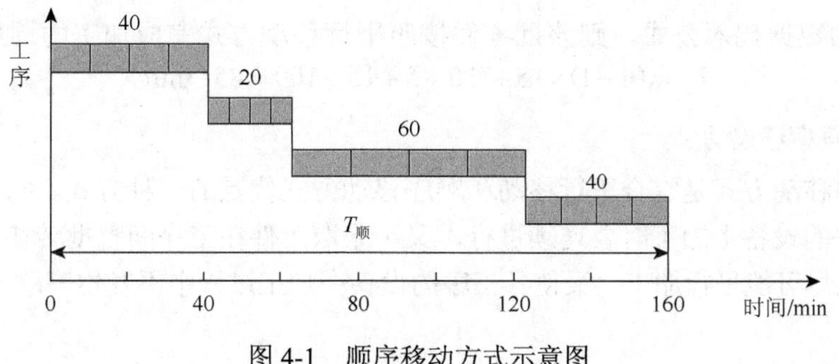

图 4-1　顺序移动方式示意图

采用顺序移动方式一批工件的加工周期为

$$T_{顺}=Q\times\sum_{i=1}^{m}t_i$$

式中，Q 为工件的加工批量；t_i 为第 i 工序的单件工时，i=1，2，…，m；m 为加工的工序数。

将例中的数据代入公式，则该批零件按照顺序移动方式完成加工的周期为

$$T_{顺}=Q\times\sum_{i=1}^{m}t_i=4\times(10+5+15+10)=160(\text{min})$$

2. 平行移动方式

一批工件投入生产后，工件在各工序间单件转移，接到工件后立即进行加工。整批工件在各工序上进行平行作业。

工件在工序间单件转移，同一工件的各工序连续进行加工，不发生成批等待现象。它的加工周期在这三种移动方式中最短。但是当各工序的生产率不等时，设备在加工一批工件时中间可能有短暂的停歇，降低了设备的利用率（图 4-2）。

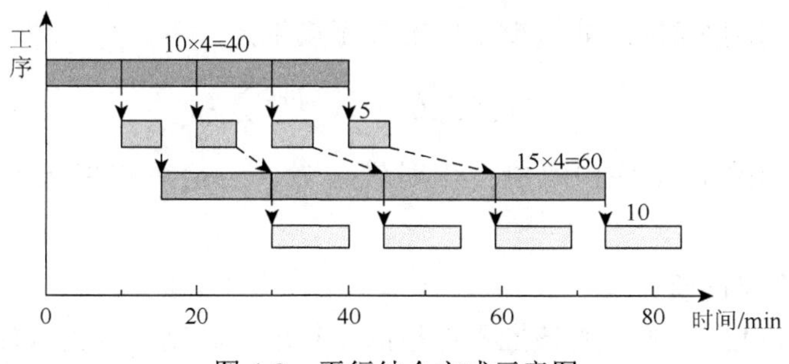

图 4-2　平行结合方式示意图

采用平行移动方式一批工件的加工周期为

$$T_{平}=(Q-1)\times t_L+\sum_{i=1}^{m}t_i$$

式中，t_L 为各工序中最长工序的单件工时。

其他符号的含义同前。

将例中的数据代入公式，则该批零件按照平行移动方式完成加工的周期为

$$T_{平}=(4-1)\times 15+(10+5+15+10)=85(\text{min})$$

3. 平行顺序移动方式

平行顺序移动方式是综合平行移动和顺序移动方式优点的一种方式。它要求一批工件在每一道工序的设备上加工时要连续进行，又不采取工件在工序间整批转移，使一批工件在各道工序上尽可能平行加工，又使各工序的设备在加工过程中不发生停歇（图 4-3）。

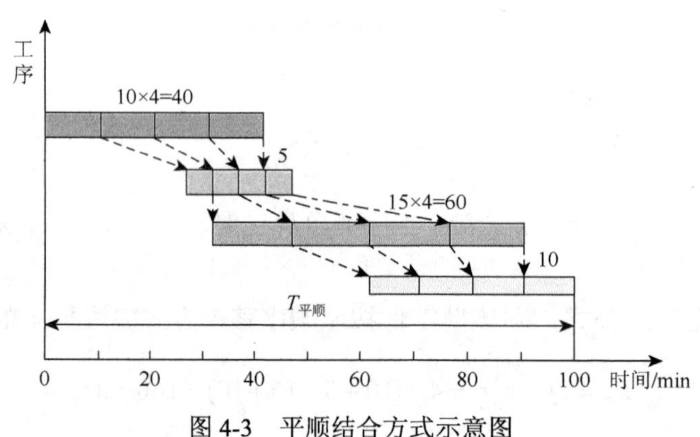

图 4-3 平顺结合方式示意图

平行顺序移动方式的具体做法如下。

（1）当 $t_i<t_{i+1}$ 时，令该批零件的第一个工件在第 i 工序加工完成之后，立即向下一个工序（第 i+1 工序）传送，以便使工序及早开工，提高前后工序的平行性。

（2）当 $t_i\geqslant t_{i+1}$ 时，为了保证第 i+1 工序生产的连续性，以该批工件的最后一件由第 i 工序转到第 i+1 工序加工的时间为基准，向前推 $(Q-1)\times t_{i+1}$ 时间作为该批工件在第 i+1 工序的开工时间。

（3）采用平行顺序移动方式一批工件的加工周期为

$$T_{平顺}=Q\times\sum_{i=1}^{m}t_i-(Q-1)\times\sum_{i=1}^{m-1}t_{js}$$

式中，t_{js} 为前后相邻两工序中取单件工时较小者。若前后相邻两工序单件工时相等 $(t_i=t_{i+1})$，则取 $t_{js}=t_i$。

其他符号的含义同前。

将例中的数据代入上式，则该批零件按照平行顺序移动方式完成加工的周期为

$$T_{平顺}=4\times(10+5+15+10)-(4-1)\times(5+5+10)=100(\text{min})$$

由上可知，顺序移动方式的成批等待时间最多，生产周期也最长。平行移动方式的生产周期最短，平行顺序移动方式的生产周期居两者之间。当批量增大时，生产周期之间的差异也增大。

在实际生产中这三种移动方式都在应用，它们各有自己的适用条件，选用时一般要考虑以下因素。

（1）工件的大小。大工件在工序间不可能成批运送，如机床的机身、机座、立柱等

总是单件运送的。而细小的工件不值得单件运送。一般放在容器中按容器容量大小成批传送。

（2）相邻工序工作地之间的空间距离及其间的运输装置。相邻工作地在空间位置上紧密衔接或有机械化传送装置，则有利于在工序间按单件传送，实现平行移动。

（3）尽可能使生产过程各工序的生产率相等，如能实现工序同期化。此时平行移动方式，不仅生产周期最短，而且整批工件在各工序上连续加工，设备在一批工件的加工过程中没有停歇等待现象。

4.2　多品种批量生产规划

成批生产类型包含大批、中批和小批三部分。多品种中小批量生产是成批生产类型中最典型和最主要的部分。本节着重讨论多品种中小批量生产的组织问题。

4.2.1　多品种批量生产的特征

20 世纪六七十年代以来科学技术的发展突飞猛进，产品更新换代的速度大大加快；随着经济发展，社会消费水平不断提高，消费观念发生了很大的变化，追求多样化、个性化成为社会风尚。这些都使产品的生命周期日趋缩短。以机电产品为例，产品生命周期超过 10 年者在 60 年代约占 32%，到 80 年代降为 15%，市场寿命在 5 年以下者由 38%增长到 65%～70%。到 90 年代产品寿命又进一步缩短。企业不能再长期生产一二种固定的产品，必须跟随技术进步的步伐，及时进行产品的更新换代，并不断开发新产品以适应市场的多样化需求。大多数企业都转为多品种生产，连典型的大量生产的汽车制造企业日本丰田汽车公司也不例外。多品种中小批量生产在社会生产总量中所占比重日益增大，并已成为当今社会生产的主流方式。

多品种批量生产的主要特点是生产的产品种类多、变换快，生产现场同时加工的零件种类繁多，生产线和生产设备因换产需要不断进行调整，生产过程的稳定性差。传统的中小批量生产由于品种多、批量小，一般采用万能设备、万能工艺装备和通用量具、刃具等，比之大量生产采用专用高效设备、专用工艺装备和专用量具刃具，生产率要低得多。在品种繁多、生产对象经常变换的情况下，一般只能按工艺专业化原则组建生产单位，设备按机群式布置。这与大量生产的流水线、自动线相比，制品的物流路线复杂工序间工件周转等待的时间长，因此生产周期大为延长、生产中的在制品大大增加，从而使产品成本也大幅提高。据美国的统计资料，批量小于 50 件的机械产品，其成本比大批量生产的同种产品要高出 10～30 倍。随着多品种中小批量生产在社会生产量中的比重日益提高，适应多样化需求的多品种生产，与落后的传统生产方式的矛盾日益突出。因此在多品种中小批量生产中如何改变落后的传统生产方式，就成为摆在现代生产管理面前的一项迫切任务。

4.2.2　多品种批量生产的生产组织形式

成组生产单元是一种应用成组技术原理组建的生产单位。在讨论成组生产单元之前，先介绍一下什么是成组技术。

1. 成组技术基本概念

成组技术（group technology，GT）是将许多各不相同、但又具有相似信息的事物，按一定准则分类成组，使若干种事物能采用同一或相似解决办法，以达到节省精力、时间和费用的目的。

简单地说，成组技术的基本原理就是识别和利用事物的相似性。世上不同事物之间，客观上在某些方面存在着相似性，根据一定的目的，按它们的相似特征，对它们进行归类分组，就可以使原来多样化无序的事物有序化。特别是掌握了某一类事物存在的共性特征及其活动的规律性，以后再遇到该类事物时，就很容易识别并知道如何去正确处理它。

把相似性应用到生产上，是根据工件形状和加工工艺的相似性，把不同产品中的同类零件集中起来，形成一定的批量。在自动、半自动机床上加工，设备只需作简单的调整，就可以加工这一批的所有零件，称为“成组加工”。这使原来属于单件小批生产的工件用上了先进的高效设备，生产率得到很大提高。

随着工件分类方法和分类手段的发展，出现了应用“工件分类编码系统”和“工艺流程分析法”等分类方法和手段，能够把工艺过程相似的零件方便地进行分类编组，并在此基础上研究制定适用于一个零件族的典型工艺，就是所谓的“成组工艺”。利用这种成组工艺就不需为每一种零件单独编制工艺，避免了大量不必要的重复性工作。成组工艺首先在机械加工领域得到应用，后来进一步在铸造、焊接、锻造、冲压、装配以及数控加工程序的编制等方面都得到很好的应用。在成组设计等方面也获得了成功的应用。成组工艺的推广应用，大大简化了多品种中小批量生产的工艺准备工作，还有助于提高工艺编制工作的水平。

随着科技理论和计算机技术的发展，在现代化工具和方法的支持下，成组技术的应用获得了巨大的发展。成组技术是成组原理与现代科学方法和计算机技术相结合的一种现代管理技术。它已成为改造多品种中小批量生产落后的传统生产方式和提高其经济效益的有力武器。

成组技术之所以能应用于多品种中小批量生产，并能有效地提高其经济效益，是因为机械产品虽然千差万别，但是就其功能结构来看，不外乎有工作机构、传动机构、床身机架等基础部件，还有一些通用性零部件如连接件、支撑件、紧固件等。功能相似的机构，其组成的零件也相似，如齿轮传动机构，其组成零件就离不开齿轮、轴、齿轮箱、轴承等。而液压传动机构，则需有活塞、连杆、缸体、阀门等。总之，不同的机械产品中存在着大量的相似件。

相似性是客观事物的特征之一，相似性原理是成组技术原理的依据。

所谓零件的相似性，是指零件所具有各种特征的相似。每种零件又有多种特征，主要包括结构形状、工艺和材料三个方面。此三种特征决定了零件在结构形状、工艺和材料上的相似性。图 4-4 所示为零件结构、材料和工艺三个方面各自的主要特征所构成的相似性。

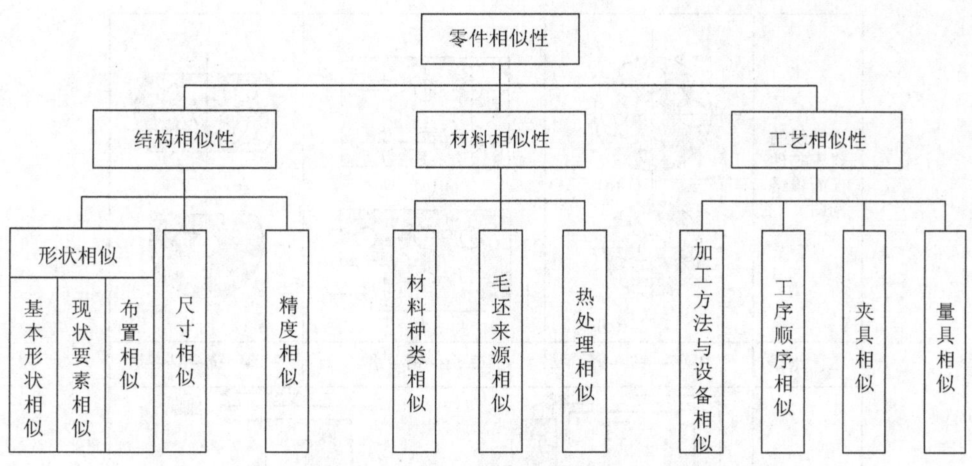

图 4-4　零件结构、材料和工艺的主要特征所构成的相似性

相似零件由于在功能、形状、材质、尺寸等固有特征上存在相似性，就会导致在设计、制造这些零件时，也呈现相似性。例如，零件在制造工艺上具有相似性，则制造这些零件所用的设备、工具、工装、装卡方法、刀具布置等方面也呈现相似性，以致零件的工时定额、材料消耗定额、定额成本和生产计划的期量标准等许多方面也都具有相似性。由零件固有特征上的相似性，可以导出一系列的相似性。

成组技术就是基于这些普遍存在的相似性，在多品种中小批量生产中得到广泛应用的。例如，利用成组分类编码系统对零件进行分类编组以后，在设计新的同族零件时，可以利用相似件图库和相似件设计标准手册进行设计，这不但大大节省了设计计算的工作量，而且可以提高设计的继承性，提高产品的“三化”程度。应用成组分类编码系统、零件族成组工艺和工艺专家系统进行新零件的工艺设计，可以套用同族零件的典型工艺，或由计算机自动生成所需的工艺，这样不仅可以节约大量不必要的重复性工作，而且能提高零件的制造工艺水平。

利用相似性原理去制定零件的工时定额、材料消耗定额和定额成本，不仅可以事半功倍，而且可以保持定额水平的一致性，克服过去对很相似的零件，因不同的人，在不同时间、不同场合制定出的定额，相差悬殊的矛盾。

把成组技术原理应用于生产组织和计划管理，例如，建立成组生产单元、柔性制造系统，编制成组生产作业计划组织成组生产，可以提高企业生产系统的柔性，使企业能够适应市场的需要，更好地进行多品种中小批量生产。

成组技术是综合性的现代组织管理技术。它是提高计算机辅助设计、计算机辅助工艺规划、柔性制造系统、管理信息系统有效性和经济性的重要基础。计算机集成制造系统是制造企业发展的方向，而成组技术则是通向计算机集成制造系统的必由之路（美国工业研究组织提出的观点）。

2. 成组生产单元

成组生产单元是为一个或几个工艺过程相似的零件族组织成组生产而建立的生产单位（图 4-5）。在成组生产单元里配备了成套的生产设备和工艺装备以及相关工种的工人，以便能在单元里封闭地完成这些零件族的全部工艺过程。

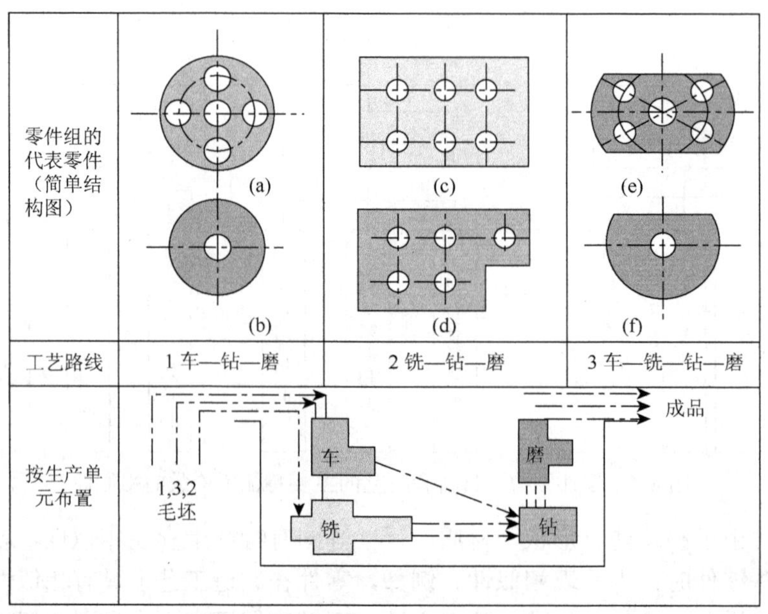

图 4-5 成组生产单元

成组生产单元兼有工艺专业化和对象专业化两者的优点，它有一定的柔性，能适应多品种生产，又是按一定的零件族组织的具有对象专业化的特征，能取得对象专业化组织所能获得的经济效益。这是因为成组生产单元是按不同的零件族分工的，如盘单元、轴单元、套单元、齿轮单元、箱体单元等。每一单元生产的品种虽然很多，例如，各种各样的轴或各种各样的套，分属于不同的产品，但它们都属于同一个零件族，具有相似的工艺过程，所以可以按照对象专业化原则组织生产，即采用专业程度较高的机床设备和工艺装备，从而可获得较高的生产率；机床设备按零件族典型工艺的顺序排列布置，工件在工序间的移动采用平行移动方式或平行顺序移动方式，从而运输路线短，物流顺畅，可以缩短生产周期和减少生产中的在制品量；对成组生产单元实行经济责任制，有助于使单元的全体员工为完成共同的任务，发扬团结合作精神。这些都是只有对象专业化组织才能获得的效益，经济效益十分明显。

济南某机床制造厂 1983 年建立了一个成组生产车间。该车间有 105 台机床，210 多名职工。共设盘类、套类、螺纹件类、齿轮类等 8 个成组生产单元。全车间加工的零件种数有 13000 多种。如果每个零件平均有 6 道工序，则在车间内加工的总工序数达 78000 道，平均每台机床承担 740 道，是典型的多品种小批量生产。由于实施了成组生产，自 1983～1988 年劳动生产率提高了近 1 倍。随着生产率的提高，工人的工资奖金收入也相应提高，形成良性循环。5 年中工人的操作技术、熟练程度提高了，废品率降低了，单元的管理水平也提高了，月月完成生产计划。车间提供的零件没有一次影响过全厂的产品装配，成为该厂的先进车间。

但成组生产单元的柔性是有限的，在应用上有它的局限性。成组生产单元运行的条件是企业生产的零件种类和数量要相对稳定。当企业生产的产品种类有变化时，产品中相似件的构成仍保持稳定，这是成组生产单元能够存在和发展的必要条件。这种条件在现实生产中是否存在呢?

（1）各种机械类产品，尽管其用途和功能各不相同，然而每种产品中零件类型的构成，却具有一定的规律性。

西德阿享工业大学奥匹兹领导的研究小组于 1960～1961 年在机床、发动机、矿山机械、轧钢设备、仪器仪表、纺织机械、水力机械和军工机械等 26 个不同性质的企业中选取了 45000 种零件，进行了统计分析。研究结果表明，任何一类机械产品其组成零件，均可分为以下三类。

A 类：复杂件或特殊件。这类零件结构复杂、数量少，占零件总数的 5%～10%。在不同产品中，这类零件之间差别很大，因而再用性很低。如机床床身、主轴箱、飞机、机车中的大件等。

B 类：相似件。这类零件在产品中的种数多、数量大，约占零件总数的 70%。其特点是相似程度高，多数为中等复杂程度，如各种轴、套、法兰、齿轮、支座等。

C 类：标准件和简单件。这类零件结构简单、再用性高，占零件总数的 20%～25%。此类零件多为低值件，如螺钉、螺帽、垫圈等。

上述资料说明，在各类机械产品中相似件占有 70%左右的比例，而且具有相对稳定的出现率。

（2）在每一类机械产品中，各种零件的出现率具有明显的规律性和稳定性。

捷克机械制造技术与组织研究所对若干机床制造企业的产品零件进行了统计分析，这些机床企业的产品包括车床、钻床、磨床、卧式镗床、齿轮机床等。得到了表 4-1 的数据资料。

表 4-1　若干机床制造企业的产品零件的统计分析结果

零件种类	平均出现率/%	出现率的分布范围/%
轴	22.9	21.4～24.5
法兰	9.1	8.4～10.5
轴套	25.2	22.6～29.6
齿轮	11.8	4.3～17.0
其他回转体零件	2.5	1.1～4.9
平板类零件	9.5	7.9～12.5
杠杆类零件	3.5	2.3～5.3
不规则形状零件	2.5	0.9～3.4
箱体类零件	2.2	1.3～2.9
其他（大多数为不加工件）	10.8	6.0～15.6

从表 4-1 可以得出，虽然各机床厂的产品有较大差异，但是各类零件在产品中的出现率是比较接近的。英国生产工程协会和机床工业研究协会也进行过许多零件的统计分析工作，所得结果与上述情况基本一致。

以上资料说明，在各种产品中相似件大量存在，同一类零件（指相似件）在不同产品中有比较接近的出现率，这就是建立的成组生产单元能够适应多品种生产的客观依据。但是当企业生产的产品变化非常大，产品中原来的各类零件的出现率也发生很大的变化时，例如，原来产品的传动机构是齿轮传动，而现在的产品是采用液压传动。这时原来的齿轮生产单元就会出现任务不足，而原来生产缸体、连杆、活塞等类零件的生产单元可能会感到能力不足，需要扩建，甚至需要为这些零件单独建立有关的成组生产单元。这就说明成组生产单元适应产品变化的能力是有限的。成组生产单元适合于相对稳定地生产系列化产品的企业。当产品大的类型不变（如汽车、飞机、电视机、手表等），只是在同一类系列产品中，生产的型号、规格有变化，或者产品结构有小的变化，成组生产单元是能够适应的。

3. 柔性制造系统和柔性制造单元

1）柔性制造系统

柔性制造系统是由数控加工设备、物料运储装置和计算机控制系统组成的自动化制造系统，它包括多个柔性制造单元，能够根据制造任务或生产环境的变化迅速进行调整，适用于多品种、中小批量生产。

柔性制造系统是20世纪60年代后期诞生和发展起来的。它是综合应用现代数控技术、计算机技术、自动化物料输送技术，由计算机控制和管理的一种制造系统。它使多品种中小批量生产实现了自动化生产。柔性制造系统一般由多台数控机床组成。它可以同时加工多种不同的工件，一台机床在加工完一种工件后，可以在不停机调整的条件下，按计算机的指令自动转换加工另一种工件。工件在各机床之间的运输是灵活的，没有固定的流向和节拍。80 年代以后柔性制造系统技术已进入实用阶段，许多工业发达的国家已能成套提供商品化的柔性制造系统。目前多数柔性制造系统用于机械加工，焊接、钣金、成形加工和装配等领域也都已应用柔性制造系统。

典型的柔性制造系统由数字控制加工设备、物料储运系统和信息控制系统组成。图 4-6 为一个典型的柔性制造系统平面布置示意图，加工设备主要采用加工中心和数控车床，前者用于加工箱体类和板类零件，后者则用于加工轴类和盘类零件。中、大批量少品种生产中所用的柔性制造系统，常采用可更换主轴箱的加工中心，以获得更高的生产效率。

柔性制造系统按其规模的大小区别分成五类。

（1）第一级：柔性制造模块——单台数控机床+工件自动装卸装置。柔性制造模块由单台数控机床配以工件自动装卸装置组成，并能进一步组成柔性制造单元和柔性制造系统。它可以有各种不同的组合，例如，加工箱体零件的加工中心配以托板交换器或配以多托板库运载交换器；也有的加工中心配以工件托板存放站，中间通过机器人传递、装卸工件。柔性制造模块本身可以独立运行，但不具备工件、刀具的供应管理功能，没有生产调度功能。柔性制造模块是最简单的制造系统，柔性制造模块是一台扩充了许多可任选的自动化功能（如刀具库、随行托架交换装置等）的数控机床。

（2）第二级：柔性制造单元——包括 2～3 个柔性制造模块，它们之间由工件自动输送设备进行连接。其外部系统，如工件与刀具运输、测量、过程监控等均自动完成。柔性制造单元由计算机控制，能完成整套工艺操作，并能在毛坯和工具储量保证的情况

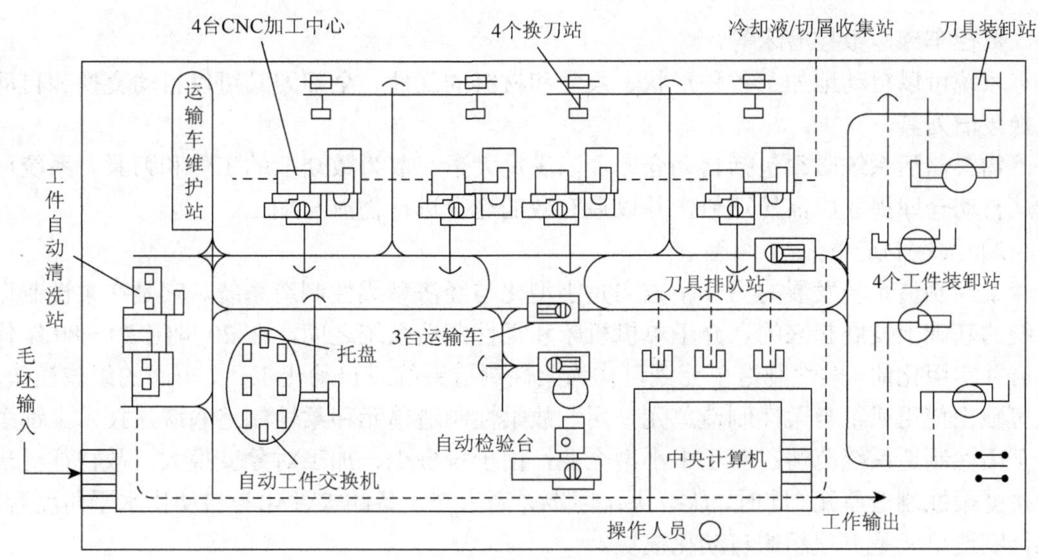

图 4-6　柔性制造系统平面布置示意图

下独立工作，具有一定的生产调度能力。

（3）第三级：柔性制造线。它是处于单一或少品种大批量非柔性自动线与中小批量多品种柔性制造系统之间的生产线。其加工设备可以是通用的加工中心、数控机床，也可采用专用机床或数控专用机床，对物料搬运系统柔性的要求低于柔性制造系统，但生产率更高。它是以离散型生产中的柔性制造系统和连续生产过程中的分散型控制系统为代表，其特点是实现生产线柔性化及自动化，其技术已日臻成熟，迄今已进入实用化阶段。

（4）第四级：柔性制造系统——包括 4 台或更多的全自动数控机床，备有自动搬运小车、自动输送物料和成套计算机控制系统。用以管理全部生产计划进度、物料搬运和对机床群加工过程实现综合控制。将柔性制造单元进行扩展，增加必要的加工中心台数，配备完善的物料和刀具运送管理系统，通过一整套计算机控制系统管理全部生产计划进度，并对物料搬运和机床群的加工过程实现综合控制，这样就可以形成一个标准的柔性制造系统，且具有良好的生产调度、实时控制能力。

（5）第五级：柔性制造工厂（又称自动化工厂）——由柔性制造系统扩大到全厂范围。它可达到在全厂范围内生产管理过程、机械加工过程和物料储运过程全盘自动化，并由计算机系统进行有机的联系。

分布式多级计算机系统必须包括制定生产计划和日生产进度计划的生产管理级主计算机，以它作为最高一级计算机，它往往与计算机辅助设计/制造系统相连，以取得自动编程零件加工用的数控程序数据。

柔性制造工厂全部的日程计划进度和作业可以由主计算机和各级计算机通过在线控制系统进行调整。并可以在中、夜班进行无人化加工，只要一个人在中央控制室监视全厂各制造单元的运转状况即可。

数控机床数量一般在十几台以上乃至几十台，可以是各种形式的加工中心、车削中心、数控车床、数控磨床等。

系统可以自动地加工各种形状、尺寸和材料的工件。全部刀具可以自动交换和自动更换废旧刀具。

物料储运系统必须包括自动仓库，以满足大量存取为数众多的工件和刀具。系统可以从自动仓库提取所需的坯料，并以最有效的途径进行物流与加工。

2）柔性制造单元

柔性制造系统发展的另一个方向是小型化与经济型柔性制造系统。它是在柔性制造系统的基础上发展起来的，介于单机机床和柔性制造系统之间，在20世纪70～80年代发展并实用化的。柔性制造单元既可作为柔性制造系统或自动化工厂、车间的组成模块，又可独立使用或组合柔性制造单元使用，故柔性制造单元和柔性制造系统在技术上都隶属于柔性制造系统范畴。对于中小型企业，由于投资少、加工对象变换大，故往往更乐于接受柔性制造单元。同时，从模块化逐步提高生产设备的柔性化与自动化水平角度看，柔性制造单元是更理想的自动化模块。

柔性制造单元的构成可分为两大类。

（1）加工中心与托盘交换系统（automatic pallet changer，APC）组合式。这类柔性制造单元区别于单台数控机床或加工中心、车削中心的特征是配置了托盘交换系统。一般托盘交换系统有5个或5个以上的托盘。图4-7（a）所示为有10个工位托盘的环形回转式托盘交换系统与加工中心组成的柔性制造单元平面布置图。一般认为没有5个以上托盘的交换系统不能算柔性制造单元。该柔性制造单元的托盘系统有传输功能、在制件存储功能，还有自动检测、切削状态监视和工件与刀具自动更换功能。这种柔性制造单元在24h连续加工中使用效率很高。其托盘交换系统由液压或电动传送机构实现环形回转交换。

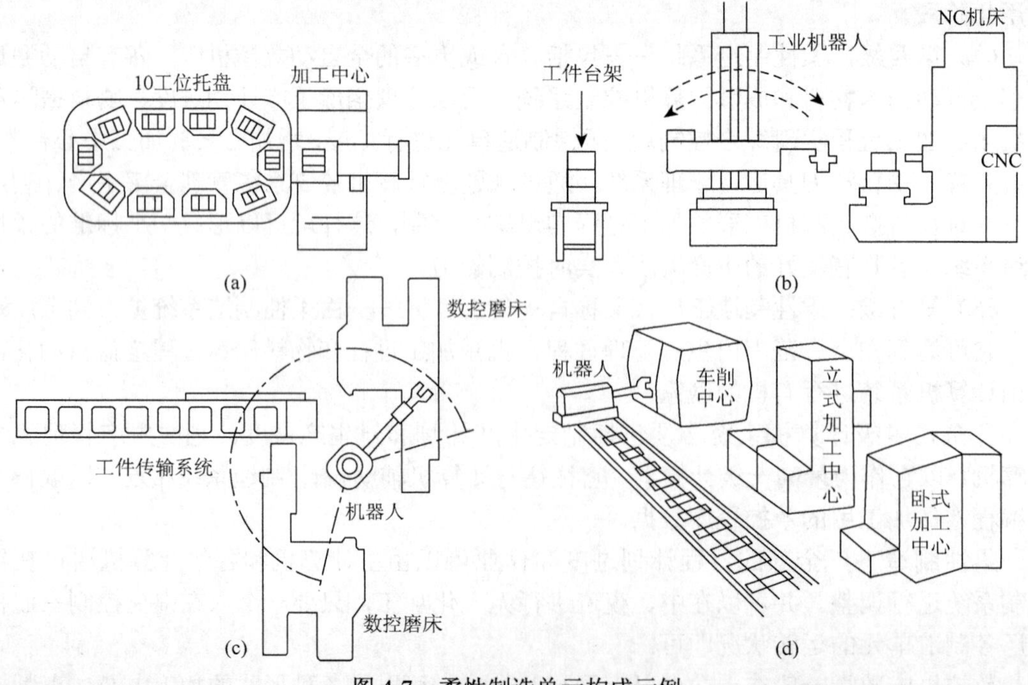

图4-7　柔性制造单元构成示例

（2）数控机床与工业机器人组合式。它的主要特征是用工业机器人作为工件装卸系统。图 4-7（b）、（c）、（d）所示为由一台、两台或三台数控机床与工业机器人组成的柔性制造单元示意图。为了实现工件传输与存储，它们常配有传输系统或工件台架。

➢思考题与习题

1. 试述单件、小批生产类型的特征？
2. 试述单件、小批生产的生产组织形式。
3. 成批生产规划与流水线生产规划相比，工作地的工序或工位布置有何异同？
4. 单件、小批生产时，机床布局的依据有哪些？
5. 分别构思单件与小批生产、中批生产的生产管理子模块的软件结构。
6. 试述零件的三种移动方式，以及各自的优缺点。
7. 有一批制品，数量 n=6 件，各工序时间 t_i 分别为 8min、6min、10min、5min、7min，试分别按工序间的顺序移动、平行移动和平顺移动方式计算其生产周期，并画出横道图（甘特图）。
8. 某零件批量为 3 件，有 4 道工序，各工序的单件作业时间为：t_1=10min，t_2=15min，t_3=20min，t_4=5min，试计算零件在三种移动方式下的加工周期。

➢拓展学习材料

4-1　案例分析

4-2　柔性制造系统 FMS

第5章

生产技术准备工作

本章摘要：本章主要研究生产技术准备工作的内容、设计和工艺准备工作、新产品的试制和鉴定工作等，生产技术准备计划工作也涉及价值工程与计划方法等内容。

5.1 生产技术准备工作的任务和内容

企业生产的产品是否先进，从宏观上反映了一个国家经济和科技发展水平的高低，从微观上显示了一个企业实力的核心竞争力。积极发展新产品，不断改进老产品，迅速增加产品品种，努力提高产品质量，为社会提供品质优良的产品，是企业生产管理的一项重要内容。为此，企业必须做好生产技术准备工作。

5.1.1 生产技术准备工作的任务

工业企业从开发新产品、改造老产品、采用新技术或改变生产组织方法，到正式投产之前都需要进行一系列生产技术方面的准备工作。生产技术准备做得是否完善，对生产能否正常进行、产品质量能否保证、均衡生产能否实现、企业能否获得良好的经济效益，有着决定性的影响。

工业企业生产技术准备工作的任务主要是：

（1）以最快的速度、最少的费用开发出令顾客满意的产品；

（2）做好企业产品、技术和生产方式新旧交替的准备工作，实现有条不紊的转变；

（3）提高企业的生产技术水平和经济效益。

5.1.2 生产技术准备工作的内容

为了完成上述任务，需要进行大量复杂细致的工作。具体的工作内容取决于生产技术准备的对象。开发新产品与改造老产品，改造老产品与采用新技术，采用新技术与改变生产组织方法，它们所需要进行的生产技术准备工作的具体内容有很大差别。以开发新产品为例，从企业作出开发新产品的决策开始，到正式投产之前，所需进行的生产技术准备工作，大致可以划分为以下三个阶段。

1. 开发研究阶段

企业在开发新产品时，可以根据产品特点、企业技术力量和市场情况等因素，采用各种不同的策略，通常不外乎以下四种策略。

（1）技术引进。按照专利法或许可证贸易的惯例，生产企业付出一定的代价，从技术拥有企业获得某种产品全套或部分的生产技术。

（2）仿制。不经技术拥有企业的许可，生产企业取得样品或某种技术情报后，即自行仿制。如果该技术仍在专利法保护期内，仿制时需作必要的、合理的改变，并申报自己的专利，以不触犯专利法条例为限。

（3）部分改进。在本企业或其他企业已有产品的基础上，进行局部的重大改进，部分地采用某些新原理、新结构、新材料。

（4）创新。进行全新的研究和探索。

技术引进和仿制，基本不进行费钱费时的开发研究，便可很快地生产出产品来，且失败的风险较小。但缺点是与先进企业相比总是滞后一段距离。有时当本企业试制的产品正式生产时，市场已被其他企业完全占领或该种产品的市场已经趋于衰退。

部分改进，可以使产品具有新的特色和性能，增加产品的时代感，大大增强产品的竞争能力，既可摆脱专利法的限制，又可较有把握地用较少的投资和时间取得较大的经济效益。所以成为一般企业最常用的策略之一。

创新，风险很大。但成功后在市场上处于领先地位，因此获利甚丰。作为开拓经营型的企业，为了在竞争中取胜，应当敢冒风险，勇于创新。只要平时重视开发研究工作，拥有一定的技术准备，根据市场需求的趋势，适时地采取创新策略，可以把风险降到最小限度。

2. 设计试制阶段

设计试制阶段的任务，主要是在开发研究基础上设计、试制出样机（或样品）。样机要经过各种实验，包括实验室的各种物理、化学实验、生产现场的模拟实验、使用现场的实际实验以及耐久性和破坏性实验。必须用最先进的现代化方法对样机进行严格的科学实验，要力求在产品投产前发现产品设计中的全部缺陷，并及时地加以改进和再实验，直到完全符合原定的技术经济目标，以保证本企业产品的声誉和竞争能力。

3. 生产准备阶段

（1）完成生产设计。生产设计要充分考虑到生产厂现有的生产技术水平、厂房、设备条件、工程技术人员和工人的经验以及材料配件的供应等因素。在保证产品质量的前提下，可根据生产的具体情况对样机（样品）的试制图纸和技术文件进行必要的修改。

（2）做好批量生产的工艺准备。批量生产的工艺既要保证达到产品质量要求，又要保证达到生产率的要求。因此，要根据产品设计图纸和生产纲领，来设计产品的工艺路线、工艺规程，并设计制造必要的专用工艺装备和专用设备。由于现代工业产品结构复杂、技术要求精良，所以工艺准备的工作量很大。

（3）做好物资准备。现代工业产品需要应用的材料品种规格繁多，需要外购的配套和外协件也很多。生产一种汽车往往需要从几百个工厂（例如，丰田汽车公司的协作单位有 450 多家）取得各种材料、配套件和协作件。保证企业能按品种规格、按质、按量、按时地取得所需的物资，这是生产准备中极其繁重的一项工作。

（4）完成生产组织准备。为了有效地生产新产品，往往要根据新产品的生产技术特点改变工厂车间的生产方式、调整设备的空间布置、改革劳动组织以及重新制定生产期量标准和生产作业计划体系等。

（5）进行必要的技术改造。有时在准备生产新产品的过程中，还要根据新产品的要求对企业进行必要的技术改造。

只有完成了上述各项准备工作，企业才能完成从生产老产品到生产新产品的过渡，样品才能成为真正的产品。

5.2 产品设计准备的程序和内容

产品设计准备的任务是把科研成果发展为新产品。产品设计准备是企业生产技术准备工作中最重要的阶段。产品设计准备工作质量的优劣，直接影响到未来产品的功能、质量、外观、使用性能、市场、成本和利润。国际上有许多企业甚至巨型企业，往往因一种产品开发决策的失误、设计准备工作欠周密，造成无法挽回的损失，导致企业的破产。有更多的企业则因产品开发成功、设计准备周密，及时地向市场推出了性能优良、价格低廉、令顾客满意的产品，从而使企业兴旺发达、突飞猛进。因此，有远见的企业家都十分重视产品设计准备，无论是新产品开发，还是老产品改造都是涉及企业前途和命运的大事。

产品设计准备的内容取决于产品本身的生产技术特点、产品开发的策略和未来的生产规模等许多因素，但对任何企业而言，产品设计准备的基本程序和主要内容大体上都是共同的或类似的，产品设计准备的基本程序和主要内容如下。

1. 编制设计任务书

编制设计任务书的目的，一方面为了强调企业主要决策层必须对新产品的开发负有不可推卸的责任，另一方面也为了要正确地解决产品的选型问题，科学地回答：本企业应发展什么样的产品?为什么要发展这种产品?为此，设计任务书中必须确定新产品的用途、适用范围、使用条件、使用要求、基本的质量标准、主要技术参数、设计原则、基本结构和特征以及与国内外同类产品的比较分析。并且要对发展这种新产品进行概略的技术与经济的可行性论证。

这一阶段工作的关键在于做好市场调查研究及技术情报的收集和分析。通过对该产品当前市场需求量的调查研究和长期需求量的预测，确认该种产品有无发展的前景。并具体掌握市场对该产品的功能、质量和可靠性、结构、使用性能、外观、耐用性及可维修性的意见和要求。通过技术情报的收集和分析，了解国内外同类产品已达到的水平及今后的发展趋势，确认本企业产品目前存在的差距、应吸取的科技成果和需要突破的技术难关等。

2. 产品设计

技术设计的任务是将已批准的产品设计任务书具体化，并对新产品进行详细的技术可行性分析和经济可行性分析，回答在技术上如何实现产品设计任务书所规定的各项技术指标，同时能预期达到具体的技术经济指标。为此，一方面在技术设计阶段需要通过科学实验、计算和分析确定各零部件、组件的结构、尺寸和技术条件及技术经济指标，设计出产品的总装图、部件、组件装配图、零件图、传动原理图、控制原理图、电气原理图以及撰写产品使用说明书等。另一方面对于某些复杂产品的重要零部件或工艺过程，还需要进行模拟实验或中间实验，以取得必要的技术经济数据。

这一阶段工作的关键在于控制所设计产品的功能、质量和成本以及使用性能、外观等。因此，在这一阶段开始之前，根据产品设计任务书的要求和市场调查结果，确定产品的相关技术指标和目标成本，并将产品的目标成本按产品各组成部分功能的重要性分解下达各设计组。采用价值工程的方法和系列化、通用化、标准化的方法，实行严格的技术指标控制和成本控制，以保证未来的新产品不仅具有优良的性能和质量，而且具有尽可能低廉的成本，从而获得较强的竞争力和较长的产品寿命，并通过这样一系列新产品的不断问世而铸就强劲的、最具典型的企业核心竞争力。

在市场经济条件下，一切产品都要作为商品参加到流通过程中去。因此，必须精确计算生产产品所需的成本和企业可能获得的利润。在我国企业中，目前虽然对产品成本和企业利润已比较重视，但多半仍属“粗放式管理”。产品的成本应当在产品的设计准备阶段就加以控制。由于我国人工费用较低，在产品成本构成中，原材料、外购件、外协件、能源等的费用占产品全部成本费用的 60%以上。而这些费用大都是在产品设计工作中确定的。因此，降低产品成本，增加企业利润的最大潜力就在产品设计的工作中。

关于经济效果的评价与分析方法，读者可根据需要参阅有关的教材和资料。

5.3　工艺准备

5.3.1　工艺准备的内容

工艺准备的基本任务是设计出能保证优质、高效、低耗地生产出所设计的产品的工艺规程，制定出试制和随后投产所需的全部技术文件，根据正式投产要求，设计、制造出所需的全部工艺装备，解决生产所必须解决的技术难题等。

工艺准备的工作量主要取决于产品的结构、技术含量以及生产类型。对于中等复杂程度的机械产品，工艺准备的工作量占全部生产技术准备工作量的比重可参阅表 5-1。

表 5-1　工艺准备的工作量占全部生产技术准备工作量的比重

单件小批生产	成批生产	大量生产
20%～25%	50%～55%	60%～70%

工艺准备的基本内容如下。

1. 产品图纸的工艺审查和分析

由工艺部门资深工艺人员进行的工艺审查和分析的目的是提高产品的设计工艺性。就机械产品而言主要解决以下几个问题：

（1）产品结构是否符合产品生产工艺的特点与要求；

（2）产品结构的标准化、系列化、通用化程度；

（3）零件的几何形状、公差与配合、表面粗糙度及技术要求是否合适；

（4）选用的材料及其热处理要求是否合适；

（5）产品是否便于制造和装配；

（6）产品是否适合用本企业现有的生产设备和相应生产条件加工。

通过工艺审查和分析，符合上述要求的装配图和零件图由工艺审查人员签字确认；对于工艺的可行性有欠缺的图纸，审查人员须与有关设计人员进行良好的沟通，阐明工艺要求，使设计人员能完全了解工艺要求从而进行必要的图纸修改工作；对于可能出现的较大的修改意见，可通过相关部门和相关人员共同探讨并取得一致的意见后执行。工艺审查合格的认定仍以审查人员的签字为依据。

2. 制定工艺方案

制定工艺方案的目的是给工艺准备提供一个总纲。大体内容包括以下几个方面。

（1）确定产品的工艺原则和工装系数。产品的工艺原则和工装系数是根据产品复杂程度、专用件的数量和产品的生产类型确定的。例如，对于大量大批生产，若市场需求和技术进步较为稳定的产品应采用自动生产线生产，或采用由高效专机组成的流水线生产，若其前景尚不明朗，则暂时采用以手工为主的流水生产线生产；对于一般成批生产的产品可采用普通专机组成的生产线生产；对于小批生产的产品尽可能利用现有通用设备进行生产，或仅投加少量工艺装备以支持生产；对于单件生产的产品，应尽可能不做工艺装备，仅利用通用设备和通用工艺装备进行加工，必要时或可在数控机床上加工某些重要零件。工艺原则往往决定了产品工艺水平的现代化程度。工装系数是指专用工装种数与专用零件种数之比。即

工装系数=专用工装种数/专用零件种数

在机械行业中，工装系数的参数可参见表 5-2。

（2）列出各种关键件及应采取的工艺措施。如制造专机、专用的工艺装备、购置专门的设备、必要时研究开发新工艺和新技术以进行产品生产先行的技术探索、培训专门人员，或改造、新建专门的厂房等。

表 5-2 工装系数参数

单件生产	小批生产	成批生产	大量生产
0.2～0.5	0.6～1.0	1.2～1.9	2～6

（3）确定产品工艺路线、产品零件加工的车间划分原则和零件分布情况。

（4）进行工艺方案的经济效果分析。

3. 编制工艺规程

工艺规程是直接指导工人技术操作的基本文件。同时也是企业组织生产、安排生产、作业计划、生产调度、技术检查、劳动组织和材料供应等工作的重要技术依据。

工艺规程形式和内容与生产类型和产品研发所处的阶段有关。单件小批生产的一般零件可仅编制工艺卡，关键零件则应编制工艺规程；成批生产的一般零件在试制时允许仅编制工艺卡，正式投产时应编制成工艺规程；关键零件则无论是处在试制阶段还是正式投产阶段，都应该编制工艺规程；大量生产条件下，原则上所有零

件都要编制工艺规程。

工艺规程编制工作内容有：

（1）编制外购、外协件明细表，制定车间零、部件明细表；

（2）熟悉并确定零件毛坯或确定原材料；

（3）制定工艺路线；

（4）进行详细的工序设计，并编制成工艺规程；

（5）制定装配工艺规程；

（6）编制主要工艺装备设计任务书；

（7）编制自制专用工装明细表及专用工具明细表；

（8）制定材料消耗定额及汇总表；

（9）制定工时定额及汇总表；

（10）编制关键设备的负荷平衡表。

其中制定工艺路线是编制工艺规程的核心内容。其主要内容有选择定位基准、确定加工方法、安排加工顺序、安排热处理工序、检验及其他辅助工序等；工序设计则是将工艺路线进一步细化，进行详细的工序设计，内容包括确定毛坯的技术要求、确定工序加工设备、确定定位与装夹方法、确定工装、确定工序余量及工序尺寸、确定公差及表面粗糙度要求、确定工位、确定工步、确定走刀及工艺参数、测量或其他检验方法及某些特殊要求等。

制定工艺规程时，应尽可能让有实践经验的工人参加，充分听取一线工人的意见，使所制定的工艺规程具有很强的可操作性，并真正成为生产过程所依据的“法”。工艺规程一经批准，就要坚决贯彻执行。严格工艺纪律是建立正常生产秩序、加速掌握新技术、克服落后的生产习惯、充分利用设备能力、节约时间、节约材料和动力、合理组织劳动、保证产品质量的重要条件。

4．技术攻关

新产品在研发过程中，为使顾客满意、增加产品的技术含量、提高产品的质量和使用性能，也为了防伪，有时需采用新工艺、新材料、新技术等，而这些新工艺、新材料、新技术等有时并不能直接成功应用于新产品，于是就要进行技术攻关，使新工艺、新材料、新技术等完全适用于新产品，使新产品与时俱进，具有更强的市场冲击力和竞争力。

技术攻关的成果应立即申请专利，使本企业的知识产权得到有效保护。这也是企业在走向世界过程中避免不必要的纠纷所必需的。

5. 工艺装备的设计与制造

工艺装备是制造过程中不可缺少的物质条件，对保证产品质量、提高生产效率有重要作用。工装设计和制造是新产品生产技术准备工作中工作量最大、周期最长的工作。在机械行业中工装费用平均占生产成本的 10%～15%以上。

在工艺装备设计制造中应注意以下几点。

（1）提高工装的通用化、标准化、系列化程度，从而尽可能减少专用工装的种数。

（2）提高工装的继承性、发展组合式工艺装备，从而可减少专用工装的设计制造周期、提高工装的利用率、降低工装的费用。

（3）提高工装的商品化程度，尽可能采用外购、租用等方式由专业服务公司解决，从而减少本企业工艺准备工作量，并可降低工装的制造和使用成本。

（4）加强工装的使用验证、修改和保管工作。工装在正式投产前应在生产现场进行验证，通过工人的实际操作，考验工艺规程和工装的适用性，并帮助工人掌握技术，达到规定的质量和生产率。如果发现需要修改，应经过一定的程序及时予以修改。已制造好通过验证的工装或已用过的工装均应清洗油封并编号上架，妥善保管，使之在产品生产过程中需用时可立即投入使用。

5.3.2 工艺方案的经济效果分析

同一种产品或零件可以采用多种加工方法，形成不同的工艺方案。工艺方案不同，其经济效果也不可能相同，为此就要分析比较，择优采用。

工艺方案的经济效果，主要表现在生产一定产量的产品或零件所需工艺成本的高低上。因此，工艺方案经济效果分析的方法主要是工艺成本分析法。

产品或零件的工艺成本可用以下公式计算：

$$S=V\times N+C$$

式中，S 为产品或零件的年工艺成本；V 为单件产品或零件工艺成本中的可变费用；N 为产品或零件的年产量；C 为产品或零件工艺成本中的固定费用。

由上式可知，当 N 一定时，影响 S 的变量主要是 V 和 C。有三种不同的组合，可用图 5-1 表示。

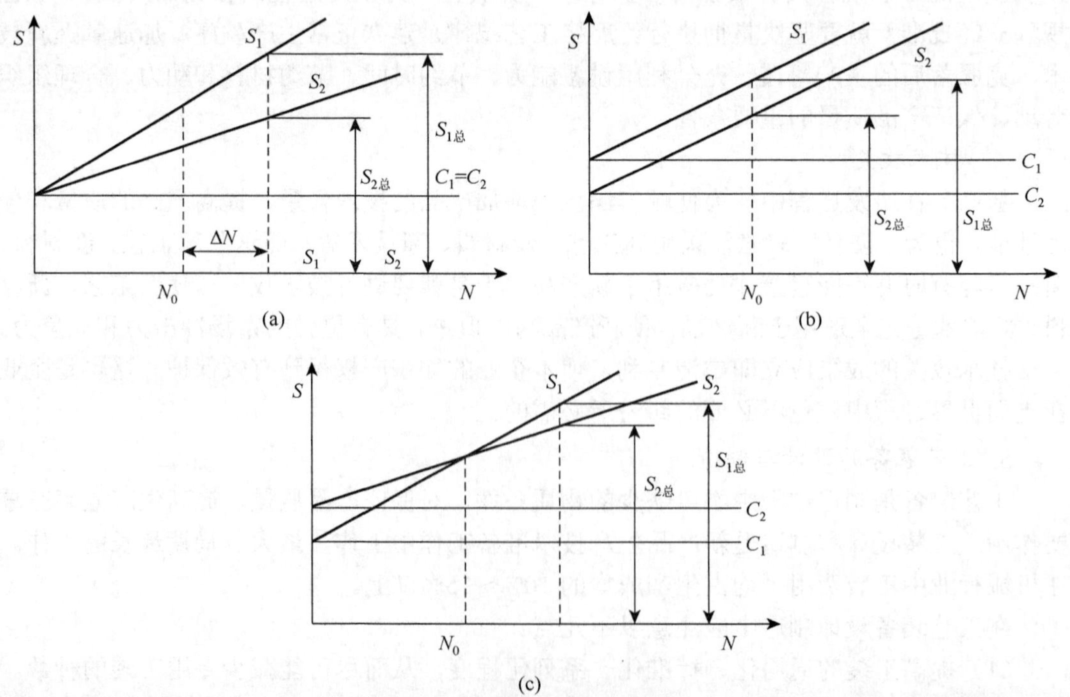

图 5-1 不同工艺方案比较图

在图 5-1（a）中，$C_1=C_2$，由于最终成本 $S_{1总}$总是大于 $S_{2总}$，所以取方案 2。取任一 N 均取方案 2。

在图 5-1（b）中，$C_1>C_2$，导致最终成本 $S_{1总}$总是大于 $S_{2总}$，所以取方案 2。取任一 N 均取方案 2。

在图 5-1（c）中，$C_1<C_2$，当 $N=N_0$ 时，取任一方案；当 $N>N_0$ 时，取方案 2；当 $N<N_0$ 时，取方案 1。

5.4　新产品试制与鉴定

5.4.1　新产品试制和鉴定的意义

任何新产品在设计准备和工艺准备完成后，都必须进行试制和鉴定。因为只有通过试制和鉴定才能用事实证明：原来在设计准备和工艺准备阶段的设想、计算和设计是否完善，产品的性质、质量、成本和技术经济指标是否达到了预定的目标，也只有通过试制和鉴定才能发现产品结构和工艺上存在的缺点和错误，才能明确进一步改进设计和满足用户需要的方向。因此，新产品试制和鉴定是整个生产技术准备工作中一项十分重要的内容。

对于成批或大量生产的产品，试制和鉴定则具有更为深远的意义。如果新产品未经试制和鉴定或者草率从事、未能通过试制和鉴定把产品设计和工艺上的缺陷都暴露出来，使产品带缺陷投产，就会后患无穷。产品成批生产后才发现问题，再来修改图纸、技术文件，修改工装、专机，不仅会造成大量的经济损失，并且会推迟合格产品出厂的期限，甚至不得不降低产品质量，造成新产品开发的失败。所以对于结构复杂、大量生产的产品，如汽车、机床、电机、电视机、微型计算机等，不仅要进行样品试制和鉴定，还要进行小批试制和鉴定。而对于引进或仿制的产品，或者老产品改造，由于技术比较成熟，失败的风险较小，一般可将样品试制和小批试制合并在一个阶段中进行。

5.4.2　样品试制和鉴定

样品试制的目的是通过试制一件或少数几件样品，来考核产品设计质量，审查产品结构、性能及主要工艺上存在的问题，验证和修正图纸。因此样品必须严格按图纸和技术条件试制。当发现问题时，必须及时修改并予以详细记录。

由于样品试制中问题很多，难度较大，为了保证样品试制的力量、进度和质量，也为了避免样品试制冲击正常生产，一般应组织专门的试制车间担负此项任务。在样品试制开始前，要由新产品的主任设计师、主任工艺师、试制车间主任向试制车间的工程技术人员和技术工人进行技术交底，说明：试制该产品的意义；新产品的结构、性能、工艺特征及关键零部件的技术要求；新产品的工艺方案和关键零部件的加工方法；新产品试制的进度要求、存在的主要问题及拟采取的措施。在技术交底基础上发动群众进行讨论，提出合理化建议。在样品试制任务开始前就要编制好必要的工艺文件、设计和试制必不可少的工艺装备。样品试制一开始，就要派有关设计和工艺人员进行技术跟踪。及时解决试制中遇到的有关设计、工艺、工装、材料、检查等方面的问题。并认真、全面、正确地做好技术记录，以便在正式投产前对设计图纸和技术文件进行系统的总结、整理和修改。

样品试制出来后，要进行产品的各种性能试验，只有当产品性能完全达到设计的技术要求时，才能交付鉴定。否则必须重新设计和试制，直至完全达到规定的技术要求。

样品的鉴定一般由厂长任命的鉴定委员会负责。有时为了国内外竞争的需要，样品试制和鉴定工作应在绝对秘密的情况下进行。在没有成功之前，甚至在没有形成批量生产能力之前不宜泄露机密，以便使企业领导者在经营决策时有更多的回旋余地，使本企业在竞争中能处于更加有利的地位。

5.4.3 小批试制和鉴定

小批试制的目的是在样品试制的基础上，通过小批产品的试制，全面考验和调整所设计的工艺和工艺装备，并对产品设计进行进一步的校正和工艺性审查。

小批试制过程也就是试生产的过程。因此，必须在该产品的生产车间按正常生产条件进行。小批试制开始前要根据样品试制的经验，系统地总结、整理、修改和完善产品图纸、工艺文件和检验规程，提供全部必要的工艺装备、检验工具和专用设备。并帮助生产车间操作工人熟悉图纸、工艺、工装和专用设备，掌握成批生产的能力。

对于小批试制的产品，除进行必要的性能试验，还要着重进行产品质量的可靠性、稳定性和零部件的互换性检查。根据发现的问题对设计和工艺作进一步的修改、试制和鉴定。

小批试制的鉴定可以根据产品的生产技术特征和市场供需情况，决定采取内部鉴定或公开鉴定的办法。当采取公开鉴定时，除企业上级主管部门派代表参加外，还要邀请本行业的研究单位、高等院校、其他企业的技术权威以及用户单位、经销单位的代表参加。因此，这种鉴定会都比较正式和隆重，具有较高的权威性，规模也比较大。企业必须做好充分准备。在保护本企业的专有技术诀窍的前提下，要提供有关产品性能、质量的试验数据，证明本企业制造该产品的精良技艺，树立起用户对该新产品的信任感。对于鉴定中提出的任何意见和问题都要十分重视，进行认真的试验、改进和调整。

在小批试制鉴定通过后，经过生产前的调整工作，即可组织成批生产。有些特殊重要的产品须经有关部门批准后，才能开始成批或大量生产。

5.5 生产技术准备计划

5.5.1 生产技术准备计划的种类

生产技术准备计划一般包括以下三种。

1. 企业年度生产技术准备综合计划

这是企业在计划年度内有关开发新产品和改进老产品的全部生产技术准备工作的概略安排。主要目的是解决以下三个问题。

（1）在产品试制计划或订货合同规定的产品出产日期前能否完成生产技术准备工作？

（2）产品生产技术准备工作各阶段的进度如何衔接？

（3）生产技术准备工作任务和能力如何平衡？

企业年度生产技术准备综合计划的形式，如表 5-3 所示。

2. 分产品的生产技术准备进度计划

它是以每种新产品或改进的老产品为对象编制的，其目的是使每种产品的生产技术准备工作能严格地按规定的次序有计划地进行，在进度上保证互相衔接。这一计划在准备工作项目、准备工作量、执行部门、时间进度等方面比前一种计划更为详细和具体（表 5-4）。

3. 生产技术准备科室的准备计划

这是按相关生产技术准备科室编制的工作计划，其目的是将前两个计划按相关生产技术准备科室的具体工作内容进一步细分和落实。计划表的形式如表 5-5 所示。

表 5-3　年生产技术准备计划（按产品）

产品名称	工作项目	执行单位	工作进度/月														
			1	2	3	4	5	6	7	8	9	10	11	12	1	2	3
A产品	制造工艺装备	工具车间															
	小批试制	加工装配车间															
	小批试制鉴定	鉴定委员会															
	成批生产准备	生产部															
B产品	产品设计	设计部															
	样品试制工艺准备	工艺部等															
	样品试制与鉴定	试制车间等															
	小批试制工艺准备	工艺部															
	制造工装	工具车间															
	小批试制	加工装配车间															
	小批试制鉴定	鉴定委员会															
	成批生产准备	生产部															
C产品	产品设计	设计部															
	样品试制工艺准备	工艺部等															
	样品试制	试制车间															

表 5-4 产品生产技术准备计划（B 产品）

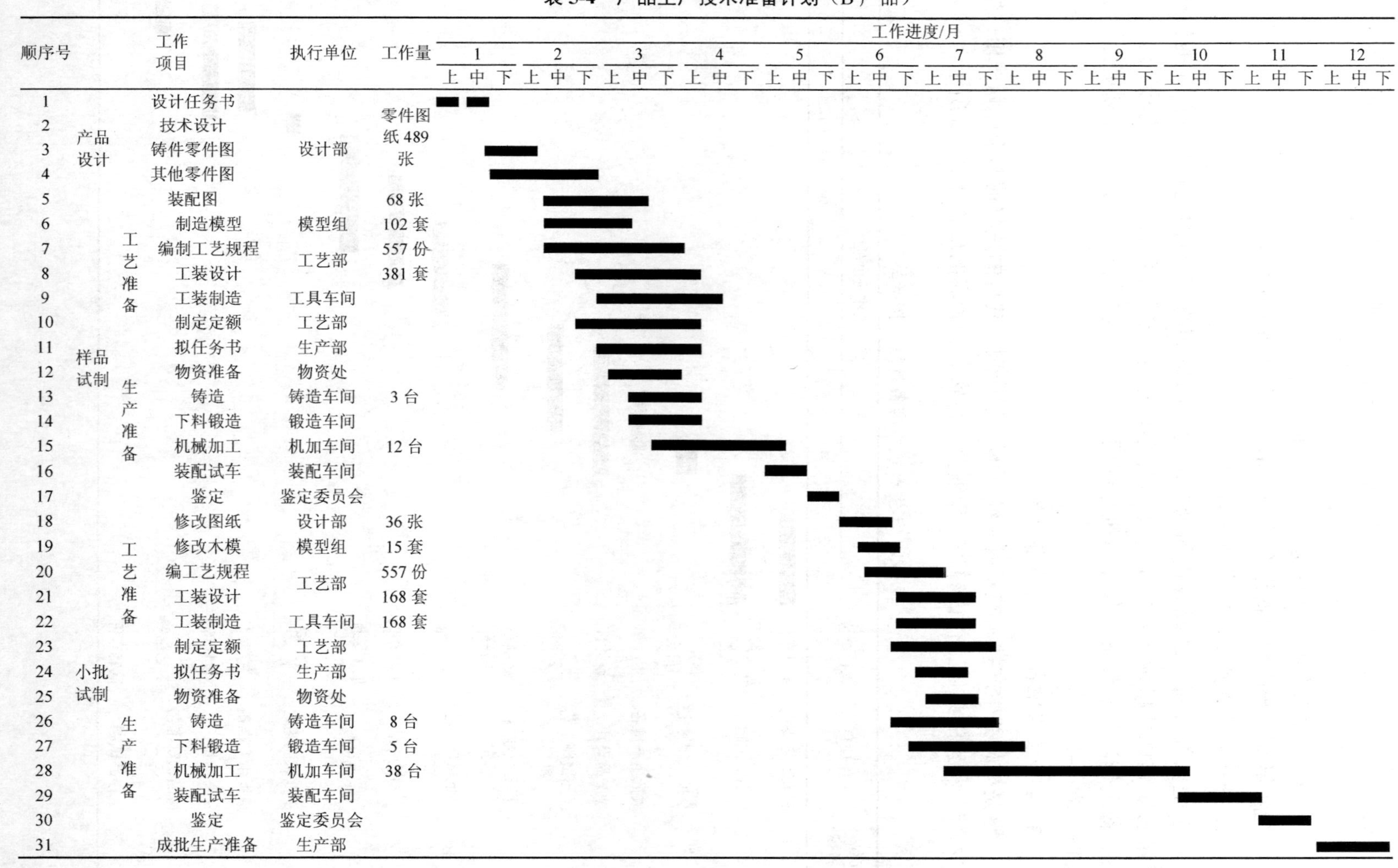

顺序号	阶段		工作项目	执行单位	工作量
1	产品设计		设计任务书	设计部	
2			技术设计		零件图纸 489 张
3			铸件零件图		
4			其他零件图		
5			装配图		68 张
6	样品试制	工艺准备	制造模型	模型组	102 套
7			编制工艺规程	工艺部	557 份
8			工装设计		381 套
9			工装制造	工具车间	
10			制定定额	工艺部	
11		生产准备	拟任务书	生产部	
12			物资准备	物资处	
13			铸造	铸造车间	3 台
14			下料锻造	锻造车间	
15			机械加工	机加车间	12 台
16			装配试车	装配车间	
17			鉴定	鉴定委员会	
18	小批试制	工艺准备	修改图纸	设计部	36 张
19			修改木模	模型组	15 套
20			编工艺规程	工艺部	557 份
21			工装设计		168 套
22			工装制造	工具车间	168 套
23			制定定额	工艺部	
24		生产准备	拟任务书	生产部	
25			物资准备	物资处	
26			铸造	铸造车间	8 台
27			下料锻造	锻造车间	5 台
28			机械加工	机加车间	38 台
29			装配试车	装配车间	
30			鉴定	鉴定委员会	
31			成批生产准备	生产部	

表 5-5 工艺科年生产技术准备计划（按产品）

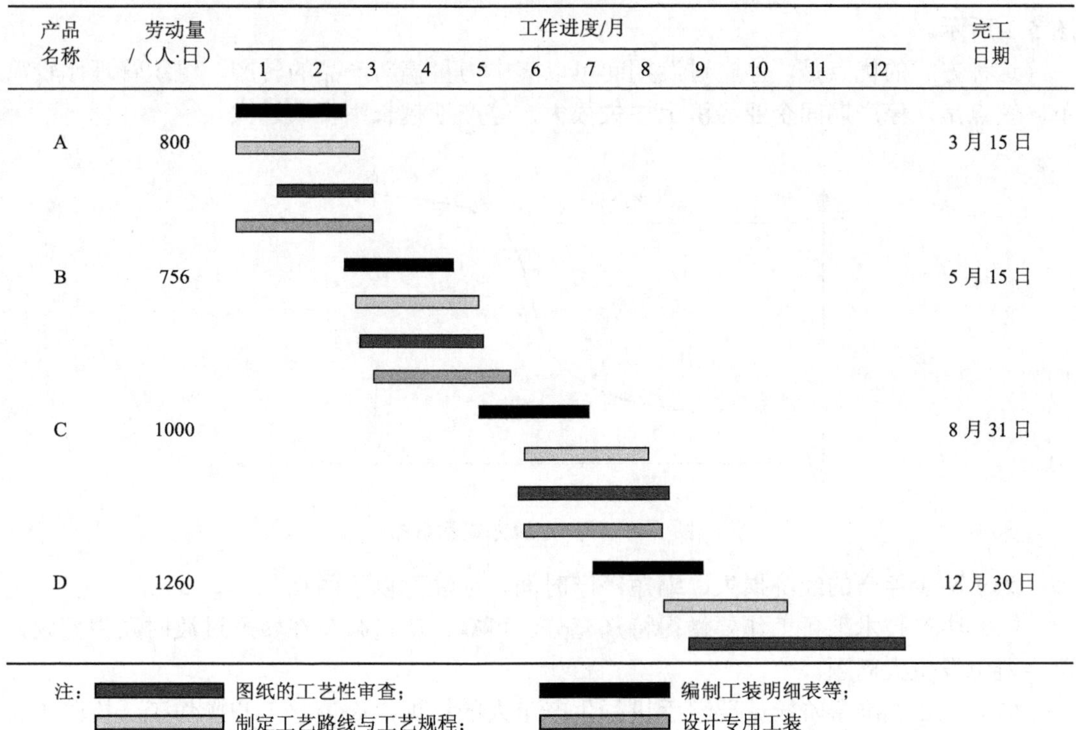

5.5.2 生产技术准备计划的编制方法

最常用的传统方法是用线条图（甘特图）来编制生产技术准备计划。主要方法分为三个步骤：第一，将全部准备工作分解为各个阶段和各项活动；第二，计算出各阶段、各项活动的工作周期；第三，从预定的产品鉴定和投产日期开始，反顺序地向前推算安排，画出工作日历图表，表 5-4、表 5-5 都是用这种方法编制生产技术准备计划的实例。

线条图法可以简明地表示出各项工作之间顺序上的相互关系。但不能指明影响生产技术准备周期的关键所在，不能回答缩短生产技术准备周期的潜力有多大，也难以得出最优的计划方案。

比较先进的方法是应用网络计划技术。美国在重大科研项目研究的计划制定时通常采用网络计划技术，在缩短研制周期、节约资金、协作的有效性等方面均取得显著成效；我国长春第一汽车制造厂在汽车换型改造工程项目中，成功地把时间网络模型应用于编制生产技术准备计划，取得了良好的效果。网络计划的编制可参阅有关教材和资料。

5.5.3 新老产品转产过渡的方式

新老产品转产过渡，在生产经营型企业中将是一种经常遇到的正常现象。企业如何从生产老产品过渡到生产新产品？通常有以下几种方式可供选择。

1. 停产过渡

新产品生产技术准备工作全部完成后。即停止老产品的生产，立即组建和调整新产品的生产线，进行新产品的生产组织准备，并在停产期间完成转产的任务，如图 5-2 所示。

这种方式的优点是，停产过渡期间可以集中力量搞新产品的转产，组织管理比较简单。缺点是，停产期间企业经济上损失很大，停产期越长则损失越大。

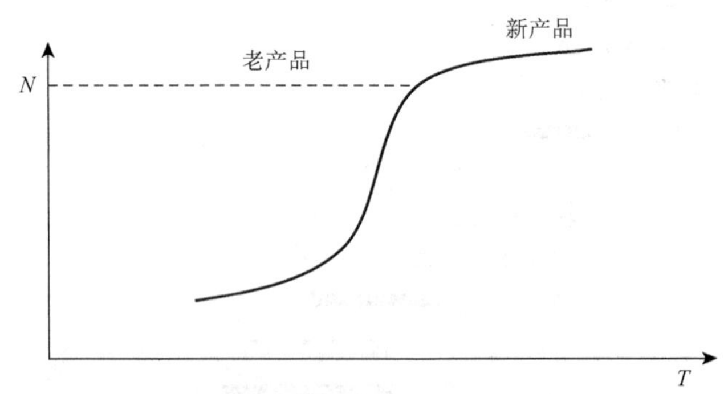

图 5-2 停产过渡方式示意图

为了减少停产的经济损失、缩短停产时间，应注意以下两点。

（1）生产技术准备工作要做得特别充分、可靠，尽量减少在转产过渡时发生问题，至少避免发生大问题。

（2）在工艺准备阶段就要着手进行生产工人的培训，如调整工和操作工、检验工、维修工等，工程技术人员、管理人员也要做好培训工作，使之熟悉新产品生产中的工艺和管理工作。

这种方式适用于需要利用原有厂房和大部分设备、生产工艺继承性较大的产品。

2. 平行过渡

在老产品继续生产的同时，抽调部分技术人员和工人，在新组建的车间或分厂中平行进行新产品的试制、调试。待新产品试生产完成后，即停止老产品生产，集中力量生产新产品。如图 5-3 所示。

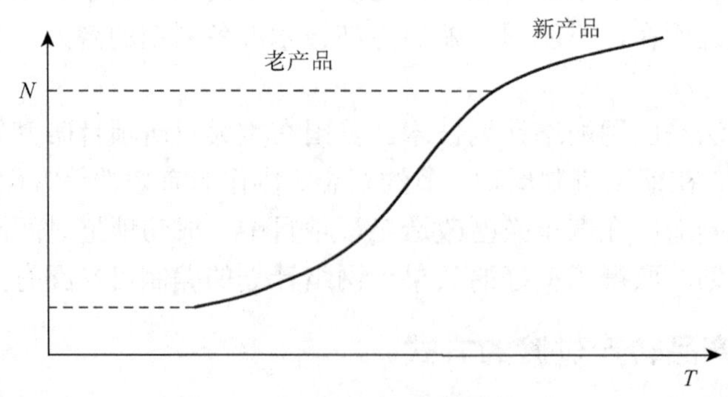

图 5-3 平行过渡方式示意图

这种方式的优点是没有停产损失，企业有充分的时间进行新产品生产的调试和过渡。缺点是原有车间的厂房设备不能使用，需要增加购置新设备和建设新车间或改造老车间的大量投资。并且新产品生产能力的增长速度比较缓慢。

这种方式适用于转产产品结构和工艺方法与老产品差别较大、生产规模有较大扩大、原有厂房设备利用价值不大、又有充足投资等情况。

3. 不停产过渡

基本上在原有车间和生产线的基础上，把新产品投产前的准备工作和老产品的生产交叉进行。在老产品不停产的情况下，逐步完成新产品的转产过渡工作，如图 5-4 所示。

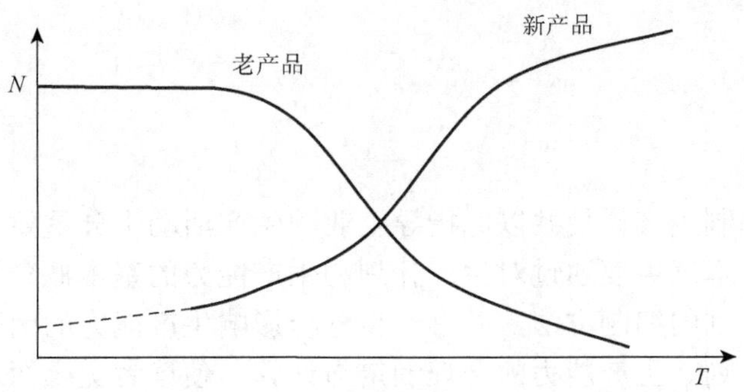

图 5-4　不停产过渡方式示意图

这种方式的优点是可以避免停产的经济损失；可以充分利用原有的厂房和设备，节省投资；可以使工程技术人员、管理人员和生产工人在新老产品交叉过渡的过程中熟悉掌握新产品的生产。缺点是组织管理工作极其复杂，要求企业有雄厚的技术力量和较高的管理水平；要求车间有一定的回旋余地；要求增多老产品的周转在制品，占用较多的流动资金。这是一种比较先进的方式。

➢思考题与习题

1. 新产品从研发到正式投入生产包括哪些阶段？
2. 新产品为什么要进行内部鉴定和公开鉴定？
3. 什么情况下要进行生产技术攻关？
4. 生产技术准备计划分为哪三种？各计划的内容与作用分别是什么？
5. 新老产品转产的过渡方式有哪几种？各有何优缺点？
6. 工艺人员制定工艺路线和工艺规程对生产计划制定有什么影响？

➢拓展学习材料

5-1　案例分析

5-2　先进制造工艺技术

5-3　新产品研发流程管理

第 6 章

生产计划制定

本章提要：编制生产计划并以此指导企业的生产活动十分重要，生产能力是编制生产计划的基础。本章主要通过对生产计划和生产能力的基本概念与内涵的阐述，着重介绍几种生产计划的编制方法，并进一步分析影响生产能力的因素。本章旨在使读者了解掌握生产计划、生产能力的合理制定与计算，使读者更全面地熟悉生产与运作的理论知识。

6.1 生产计划概述

6.1.1 生产计划的定义与任务

1. 生产计划的定义

生产计划是关于企业生产运作系统总体方面的计划，是企业在计划期应达到的产品品种、质量、产量和产值等生产任务的计划和对产品生产进度的安排。它反映的并非某几个生产岗位或某一条生产线的生产活动，也并非产品生产的细节问题以及一些具体的机器设备、人力和其他生产资源的使用安排问题，而是指导企业计划期生产活动的纲领性方案。

生产计划是指一方面为满足客户要求的三要素“交期、品质、成本”而计划；另一方面又使企业获得适当利益，而对生产的三要素“材料、人员、机器设备”的确切准备、分配及使用的计划。

2. 生产计划的任务

（1）要保证交货日期与生产量。

（2）使企业维持同其生产能力相称的工作量（负荷）及适当开工率。

（3）作为物料采购的基准依据。

（4）将重要的产品或物料的库存量维持在适当水平。

（5）对长期的增产计划，作人员与机械设备补充的安排。

6.1.2 生产计划的层次

生产计划一般可以分成三个层次（表 6-1）：战略层计划、战术层计划与作业层计划。

战略层计划涉及产品发展方向、生产发展规模、技术发展水平、新生产设备的建造等。战术层计划是确定在现有资源条件下所从事的生产经营活动应该达到的目标，如产量、品种、产值和利润。作业层计划是确定日常的生产经营活动的安排。

三个层次的生产计划有不同的特点。从战略层到作业层，生产计划期越来越短，生产计划的时间单位越来越细，覆盖的空间范围越来越小，生产计划内容越来越详细，生产计划中的不确定性越来越小。

表 6-1　生产计划的层次

特点＼分类	长期（战略层）	中期（管理层）	短期（作业层）
1. 计划层任务	制定总目标及获取所需的资源	有效利用现有资源，满足市场需求	最适当地配置生产能力，执行中期计划
2. 管理层次	高层	中层	基层
3. 时间期	3～5 年或更长	1～1.5 年	≤6 个月
4. 详细程度	非常概略	概略	具体、详细
5. 不确定性程度	高	中	低
6. 决策变量	产品线 工厂规模与厂址配置 设备选择（通用、专用） 供应渠道 劳工的培训 生产与库存管理系统类型选择	工厂工作时间 劳动力数量 库存水平 外包量 生产速率	生产什么 生产多少 生产顺序 何处生产 何时生产 物料库存控制方式

6.1.3　生产计划体系

企业生产计划体系包括长期计划、中期计划和短期计划（图 6-1）。

长期计划包括企业资源计划、企业经营预测、产品和市场计划等，属于企业战略层计划，关系到企业的兴衰。

中期计划包括生产计划大纲（综合大纲，aggregate planning）、主生产计划（产品出产计划，MPS，master production schedule）、产品交付计划（master schedule，MS），生产计划大纲不涉及具体产品型号、规格，它以假定产品为计划对象，这样便于对中期生产能力进行全面决策，而不涉及细节。主生产计划和产品交付计划以具体产品和零配件为计划对象。在企业计划体系中，生产计划是一种战术性计划。

短期计划包括生产作业计划（production planning and scheduling）、物料采购计划（material procurement plan，MPP）、能力需求计划（capacity requirements planning，CRP）。主生产计划根据客户合同和市场预测，把经营计划或生产大纲中的产品系列具体化，详细规定生产什么、什么时段应该产出；物料采购计划是根据主生产计划制定的包括采购物料、采购数量、需求日期等内容的采购计划；能力需求计划就是对各生产阶段和各工作中心所需的各种资源进行精确计算，得出人力负荷、设备负荷等资源负荷情况，并做好生产能力负荷的平衡工作。

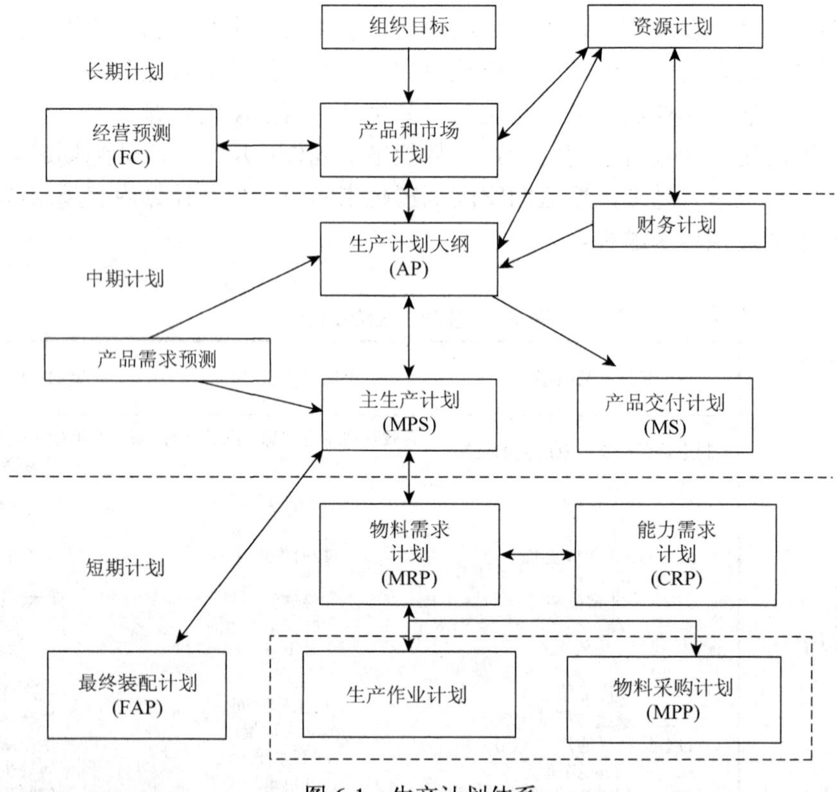

图 6-1 生产计划体系

6.1.4 生产计划指标

生产计划的主要指标有下列四种。

1. 产品品种指标

品种指标规定了企业在计划期内应生产的产品品名和品种数。品种指标须按具体产品的用途、型号、规格加以细分。

品种指标能够在一定程度上反映企业适应市场的能力，一般来说，品种越多，越能满足不同的需求，但是过多的品种会分散企业的生产能力，难以形成规模优势。因此，企业应综合考虑，合理确定产品品种，加快产品的更新换代，努力开发新产品。

2. 产品产量指标

产量指标规定了企业在计划期内生产的合格产品数量。

产量指标一般以实物单位计量。产品的产量指标常用实物指标或假定实物指标表示。例如，钢铁用“吨”表示，发电量用“千瓦时”表示等。

当品种数较多时，可以用产品的主要技术参数为基数换算的折合单位作为计量单位。

3. 产品质量指标

质量指标规定了企业在计划期内产品质量应达到的水平。质量指标一般用综合性的质量指标反映，如合格品率、一等品率、优质品率、废品率等。

这包括内在质量与外在质量两个方面。内在质量，是指产品的性能、使用寿命、工作精度、安全性、可靠性和可维修性等因素；外在质量，是指产品的颜色、式样、包装等因素。在中国，产品的质量标准分为国家标准、部颁标准和企业标准三个层次。

4. 产值指标

产值是用货币形式表示的产量指标，综合反映了企业生产的总成果。产值指标又分成商品产值、总产值、净产值三种。

（1）商品产值，是指企业在计划期内生产的可供销售的产品或工业劳务的价值。其内容包括用自备原材料生产的可供销售的成品和半成品的价值，用订货者来料生产的产品的加工价值，对外完成的工业性劳务价值。商品产值包括净产值、企业产品中原材料的价值。

（2）总产值，是指用货币表现的企业在计划期内应该完成的产品和劳务总量。它反映企业在计划期内生产的总规模和总水平，其内容包括商品产值、订货者来料的价值、在制品、半成品、自制工具的期末期初差额价值，它是计算企业生产发展速度和劳动生产率的依据。

（3）净产值，是指表明企业在计划期内新创造的价值。净产值的计算方法有两种，一是生产法，即从工业总产值中扣除物质消耗价值的办法；二是分配法，这种方法从国民收入初次分配的角度出发，将构成净产值的各要素直接相加求得净产值，这些要素主要包括工资、职工福利基金、税金、利润、利息、差旅费、罚金等。

产值指标通常以不变价格和现行价格进行计算。总产值一般按不变价格进行计算，其他产值按现行价格进行计算。

6.2 生产计划的编制

6.2.1 生产计划的编制步骤

年度计划的编制，大致需要经过三个步骤。

1. 调查研究、收集资料

年度生产计划的计划任务来自三个方面：一是社会或市场对企业产品的需要；二是长期计划对计划年度提出的目标要求；三是上年度计划完成情况所反映的生产能力实际。为此，在制定生产计划前，首先要收集和掌握这三方面的信息，具体如下。

（1）反映国家和社会需求的资料。企业的生产目的，是满足国家和社会对企业产品的需要。同时只有符合国家和社会需要的产品，才能有销路，企业才会有发展。企业可从三个方面获取这些资料：一是市场调研部门提供的计划期需求预测数据及分析报告；二是销售部门提供的已签订的供货协议与合同；三是上级部门下达的计划指标。

（2）本企业生产经营目标。主要有两个方面：一是计划期应该达到的生产发展水平；二是计划期应实现的利润指标和成本指标。

（3）反映外部生产资源方面的信息。主要考虑三个方面的情况：一是供应部门提供的各种生产物资、动力的可靠供应量和可获得的其他补充供应量；二是外协部门提供的从外单位获得的生产能力和物资供应等方面的信息；三是仓库运输部门能从外单位获得的运输、仓储等生产服务方面的信息。

（4）企业内部生产资源。主要考虑四个方面的情况：一是各生产部门的生产能力情况；二是库存资料；三是新产品开发进度和生产技术准备能力状况；四是人员状况。

2. 确定生产指标，进行综合平衡

掌握制定生产计划的必要资料后，就可制定生产计划。但生产计划的制定是一项十分复杂的工作，它既要适应社会的需要，又要有设备、原材料、劳动力、能源、资金等方面的保证，还要使企业取得良好的经济效益。因此，生产计划编制工作需要非常细致，往往需要反复进行多次平衡才能最终确定。

编制生产计划，一般分成三个工作层次进行：第一个层次是测算总产量指标，第二个层次是测算分品种产量指标，第三个层次是安排产品出产进度，编制产品出产进度计划。其中第一和第二个层次属于编制生产计划大纲的工作。

总产量指标的测算，主要是通过量（产量）、本（成本）、利（利润）三者之间的相互关系进行分析计算，确定能保证实现计划利润指标的总产量控制数。

测算分品种产量指标首先应该考虑增加的品种和新品种产量，在总产量控制数的约束下，分析各品种与产量之间的不同搭配，找出品种与产量的合理搭配，保证最有利于实现企业的总体经营目标。

生产指标初步确定后，要进行生产任务与生产能力及其他生产条件之间的平衡，从多个环节上测算对生产任务的保证程度。例如，应根据生产任务的具体情况，核算和检查在设备、劳动力、物资供应、生产技术准备工作、资金等方面是否能满足计划要求，若发现某些方面存在薄弱环节，就应及早采取措施，解决问题，以保证生产任务的落实。

3. 确定生产计划草案

在提高经济效益、增产增收以及实现利润目标的前提下，在综合平衡的基础上，对初步确定的生产指标，根据实际情况再进行相应的调整，确定最佳的生产指标方案。

生产计划草案经企业领导部门批准后，即为正式方案。企业其他部门据此编制产前准备计划，落实生产计划。

6.2.2 产品出产进度计划编制

产品出产进度计划，是描述企业生产什么、生产多少以及什么时段完成的生产计划。主生产计划是一种先期生产计划，它给出了特定的项目或产品在每个计划周期的生产数量，是把企业战略、企业生产计划大纲等宏观计划转化为生产作业和采购作业等微观作业计划的工具。

一个有效的主生产计划是生产对客户需求的一种承诺，它充分利用企业资源，协调生产与市场，实现生产计划大纲中所表达的企业经营目标。主生产计划在计划管理中起“龙头”模块作用，它决定了后续的所有计划及制造行为的目标。在短期内作为物料需求计划、零件生产计划、订货优先级和短期能力需求计划的依据。在长期内作为估计本厂生产能力、仓储能力、技术人员、资金等资源需求的依据。

1. 编制产品出产进度计划的要求

产品出产进度计划，就是要将计划年度已确定的生产任务，按品种、规格、数量具体地分配到各季、各月，并规定车间的生产任务。

在编制计划时，应考虑以下要求。

（1）保证国家计划和订货合同规定的交货期限。

（2）尽可能保证全年、各季、各月均衡地出产产品，使设备和劳动力负荷均衡、使资金占用和资金回收相协调、使产值和利润逐步有所增长。

（3）产品出产进度一定要和生产技术准备工作进度协调衔接。

（4）市场需求有季节性的产品或原材料供应有季节性的产品，一定要符合季节性的要求，并和产品出产进度协调一致，做到不误季节，避免供应和生产脱节，保证及时生产。

（5）新产品要分摊到各季、各月生产，以避免生产技术准备工作忙闲不均。若新产品是插入到正常生产车间生产的，更要注意这两类任务的合理搭配，避免相互影响，引起生产秩序的混乱。

（6）要尽可能往前赶，各计划期末都要留出一定的生产能力为下一计划期作准备，以保证各计划期的产品出产进度互相衔接。

2. 产品出产进度的安排方法

产品出产进度的安排方法，取决于企业的生产类型和产品的生产技术特点。

1）大批大量生产

大批大量生产的企业，产品品种数少，生产长期重复，生产条件稳定，一般按连续流水方式组织生产。从单一品种流水线向多品种流水线过渡。其生产计划安排可参见表 6-2。

在安排产品出产进度时，在品种规格和交货期上要满足用户的订货要求，必要时可以建立适当的成品或半成品储备来协调各生产环节之间及出产与交货期之间的矛盾。在产品产量的分配上，根据企业的实际生产条件，有三种方式供选择。

表 6-2　大批大量生产计划表

序号	产品品种	年产量	月份											
			1 月	2 月	3 月	4 月	5 月	6 月	7 月	8 月	9 月	10 月	11 月	12 月
1	KFR32GW	12000	1000	1000	1000	1000	1000	1000	1000	1000	1000	1000	1000	1000
2	KFR35GW	7320	500	520	540	560	580	600	620	640	660	680	700	720
…	…	…	…	…	…	…	…	…	…	…	…	…	…	…

（1）均匀分配法。将全年的生产任务平均分配到各季、各月生产。这种方法适用于社会对该种产品需求比较稳定而企业生产条件也很稳定的情况（图 6-2）。

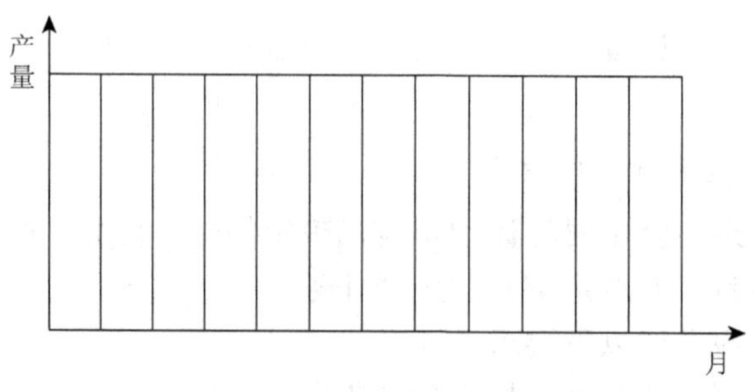

图 6-2 均匀分配法示意图

（2）均匀递增法。将全年的生产任务均匀递增地安排到各季、各月生产。这种方法适用于社会对该种产品需求量不断增加而企业的解决生产率不断提高的情况（图 6-3）。

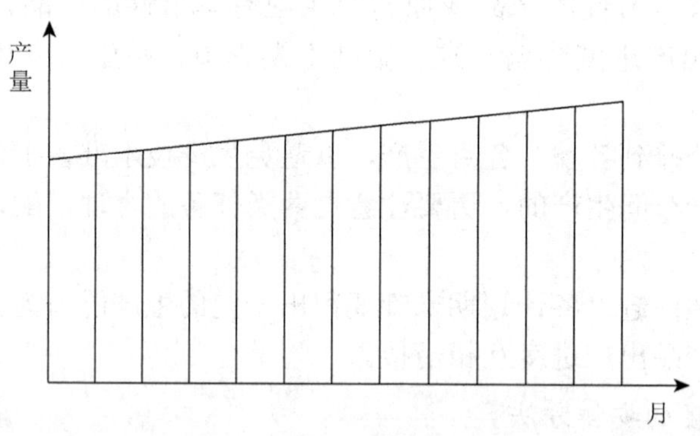

图 6-3 均匀递增法示意图

（3）抛物线递增法。将全年的生产任务按开始递增快，以后增长逐渐缓慢的抛物线形式安排各季、各月的生产任务。这种方法适用于新产品的生产（图 6-4）。

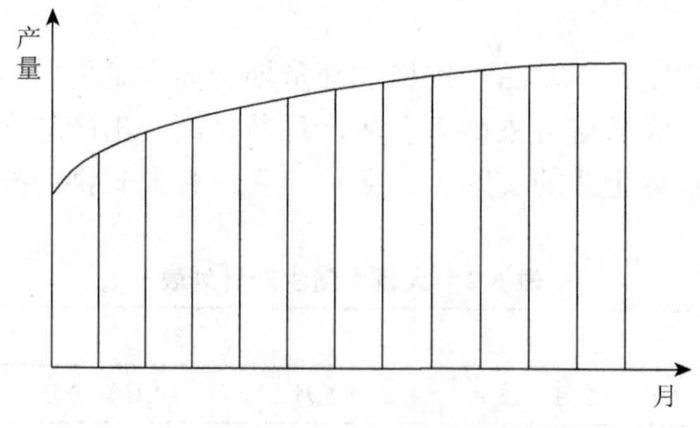

图 6-4 抛物线递增法示意图

2）成批生产

成批生产的企业，生产产品数较多，产品生产具有轮番性，相比大量生产方式，生产条件不稳定，因此安排生产进度不仅要按时间分配产品产量，还要决定产品品种之间的合理搭配，以便充分利用企业资源、提高生产的经济性，并满足交货期的要求。具体安排考虑以下几种因素。

（1）产量较大的产品，均匀或递增分配到各季各月，使其成为企业组织生产的主流，以保证计划生产的稳定性，且有助于组织均衡生产。

（2）产量较小的产品，参照用户要求的交货期和产品结构工艺的相似性及设备的负荷情况，集中进行生产。集中生产可以减少生产技术准备和生产作业准备的工作量，扩大生产批量，有利于稳定生产秩序和组织均衡生产。

（3）安排新老产品，要考虑新老产品的逐步交替，避免骤上骤下，造成生产计划准备工作时松时紧，陷于被动。

（4）精密产品和一般产品、高档产品和低档产品也要很好搭配，以充分利用企业的生产能力，为均衡生产创造条件。

（5）要使各期产品产量同产品的生产批量保持一定的比例（相等或成倍数），以利于生产管理。

表 6-3 为成批生产类型机床厂产品生产进度计划的例子。

表 6-3　×××企业 2016 年分月产品出产进度计划表　　（单位：台）

顺序号	产品名称	全年生产任务/台	出产进度											
			第一季			第二季			第三季			第四季		
			1 月	2 月	3 月	4 月	5 月	6 月	7 月	8 月	9 月	10 月	11 月	12 月
1	万能工具磨床 MQ6025	645	40	40	45	45	50	55	60	60	65	65	65	65
2	万能工具磨床 MQ6025A	415	30	30	30	30	35	35	35	35	35	40	40	40
3	拉刀磨床 M6100C	100	20	20	20	20	10	10						
4	拉刀磨床 M6100D	60					10	10	20	20				
5	锯片磨床 M6610	75	10	10	10	10	10	10	10	5				
6	锯片磨床 M6615	75									15	20	20	20
7	锯片磨床 M6620	140	35	35	35	35								
8	滚刀磨床 M6405	30										10	10	10
9	滚刀磨床 M6406	40						10		10		10		10
10	滚刀磨床 M6420B	80							20		20		20	

3）单件小批生产

单件生产的企业，生产的产品品种繁多，每种产品的产量极小，生产任务时紧时松，设备负荷忙闲不均不可避免，生产条件极不稳定。在编制计划时，全年生产任务不明确，企业只承接到下一个计划期的一小部分合同，因此不可能编制全年的产品出产进度计划，所以只能根据已有的订货合同和车间的负荷情况，根据用户要求按交货期组织生产，同时尽量提高企业生产活动的经济性。

如果在短期内安排产品生产时出现冲突，或同期出现多种产品的生产，则在安排产品生产的先后次序时，优先考虑以下订货情况：①优先安排国家重点项目的订货；②优先安排交货延期罚款多的订货；③优先安排生产周期长、工序多的订货；④优先安排原材料价值和产值高的订货；⑤优先安排交货期紧的订货。

6.3 生产能力

6.3.1 生产能力的概念和种类

企业的一切生产活动都是根据生产计划进行的。而生产计划又是根据市场需求预测以及政府有关部门的指令计划与企业生产能力之间平衡的产物。显然，企业的生产能力是企业生产计划的基础。

生产能力（production capacity）是指在计划期内，企业参与生产的全部固定资产，在既定的组织技术条件下，所能生产的产品数量，或者能够处理的原材料数量。

生产能力是反映企业所拥有的加工能力的一个技术参数，它也可以反映企业的生产规模。每位企业主管之所以十分关心生产能力，是因为他随时需要知道企业的生产能力能否与市场需求相适应。当需求旺盛时，他需要考虑如何增加生产能力，以满足需求的增长；当需求不足时，他需要考虑如何缩小规模，避免能力过剩，尽可能减少损失。

生产能力一般分成三种。

1. 设计生产能力

设计生产能力是企业基本建设时设计任务书和技术文件中所规定的生产能力。设计生产能力是按照工厂设计文件规定的产品方案、技术工艺和设备，通过计算得到的最大年产量。

企业投产后往往要经过一段熟悉和掌握生产技术的过程，甚至改进某些设计不合理的地方，才能达到设计生产能力。设计生产能力也不是不可突破的，当操作人员熟悉了生产工艺，掌握了内在规律以后，通过适当的改造是可以使实际生产能力大大超过设计生产能力的。

2. 核定生产能力

核定生产能力是指企业没有设计生产能力资料或设计生产能力资料可靠性低的情况下，根据企业现有的生产组织条件和技术水平等因素，而重新审查核定的生产能力。它为研究企业当前生产运作问题和今后的发展战略提供了依据。

对于某些老企业可能因为产品方向有所改变，或者是产品结构重新设计，也可能因为工艺方法有所改进等，当初的设计能力已完全不能反映实际情况，这时需要对企业的产能作重新核准，称为核定生产能力。核定生产能力是企业的实际能力，对于企业各类计划有指导作用，是企业计划工作的基本参数。

3. 计划生产能力

计划生产能力也称为现实能力，是企业计划期内根据现有的生产组织条件和技术水平等因素所能够实现的生产能力。

一般地，企业在年度计划中规定本年度要达到的实际生产能力称为计划能力。

计划能力包括两大部分。首先是企业已有的生产能力，是近期内的核定生产能力；

其次是企业在本年度内新形成的生产能力。后者可以是以前的基建或技改项目在本年度形成的能力，也可以是企业通过管理手段而增加的能力。

计划能力的大小基本上决定了企业的当期生产规模，生产计划量应该与计划能力相匹配。企业在编制计划时要考虑市场需求量，能力与需求不太可能完全一致，利用生产能力的不确定性，在一定范围内可以对生产能力作短期调整，以满足市场需求。

6.3.2　影响生产能力的因素

企业的生产能力不是固定不变的。企业的生产能力随生产过程中诸多因素的变化而变化。影响企业生产能力的因素如下。

（1）产品特征。产品品种、产品结构、技术复杂程度，零部件的标准化、系列化和通用性水平，质量要求、产品工艺。

（2）生产组织方式。生产组织方式不同，生产能力也不同，协作化、专业化、联合化生产有利于提高生产能力。

（3）生产设备与场地。生产设备的数量和性能、生产面积的数量、生产率和有效利用率、工艺方法和工艺装备系数。

（4）人的因素。劳动者掌握科学技术水平和劳动技能的熟练程度、劳动组织的完善程度、劳动者的数量、劳动积极性的发挥程度。

（5）生产资源。企业所能运用的物资数量，包括原材料、能源等，往往直接限制着企业生产能力的发展。

（6）企业管理因素。企业的生产能力是与相关诸因素综合作用的结果。管理的作用，就在于合理地组织这些因素的相互关系，使其发挥出最大的综合作用；利用现有的条件形成最大的生产能力；产品和生产组织方式的选择，现代设备的运行和维修，优秀人才的使用和培养，职工劳动的积极性的发挥，资源的取得和合理运用。

在以上因素中，劳动者和管理这两个因素对生产能力的影响很大，可以通过定额水平和有效工作时间得到综合反映。

6.3.3　生产能力的核定

1. 核定生产能力的意义

（1）核定生产能力是企业经营决策的前提。能否满足市场对产品的需要，如何合理组织企业的生产经营活动，必须对生产能力做到心中有数，否则无法做出正确的决策。

（2）核定生产能力是实现企业经营目标的基础。发现生产中有哪些落实环节，从而为改、扩建、技术改造提供方向。

（3）为提高企业的经济效益，也必须核定企业的生产能力。可以了解生产中各项要素之间的关系是否协调、各种资源是否合理利用、生产能力有多大、采用什么措施、可以得到什么结果，从而为企业提高经济效益制定具体的措施。

2. 核定生产能力的步骤

（1）确定企业的经营方向。需要考虑市场的需求和本企业的内部条件，并且先进水平可通过专业化、协作、改组、联合等方法得到提高，也可借助企业的外部力量来扩大企业的生产能力。

（2）做好核定生产能力的思想动员、组织准备、资料准备。由管理人员、技术人员、工人组成的三结合小组来完成生产能力的核定工作。

（3）从基层开始，自下而上地核定各生产单位的生产能力。通过这种方式可以发现企业内部的落实环节和富余环节，拟定措施消除落实环节、调节富余环节的组织技术措施，使企业的生产能力核定建立在可靠先进的基础之上。

企业常常还要考虑一个生产能力余量作为平衡设计生产能力与实际生产能力的缓冲。生产能力余量是指超过预期需求的生产富余能力。例如，某产品的预计需求为 1000 万，而设计生产能力为 1200 万。这样，生产能力余量为 20%，即企业是以 83%的生产能力利用率生产该产品。相反，如果一家企业的设计生产能力低于为满足产品需求应达到的生产能力，则说明该企业的生产能力余量为负值。例如，一家企业的产品年需求量为 1200 万，而其生产能力仅为 1000 万，则该企业的生产能力余量–20%。

6.3.4 生产能力的计量单位

企业的生产能力以企业生产的产品的数量来表示。由于企业的生产类型不同，不同企业的产品和生产过程差别很大，生产能力采用的计量单位也不同。对于大批大量生产类型的企业，由于生产的品种比较单纯而且稳定，一般用具体产品或代表产品来表示一个企业的生产能力，例如，某汽车制造厂的年生产能力是 20 万辆红旗小轿车，某化肥厂的年生产能力是 30 万吨合成氨等。对于多品种、中小批量生产企业，由于生产的品种多，只能用代表产品或假设产品来表示企业的生产能力。

1. 代表产品法

在多品种生产的企业中，所生产的产品结构、工艺、劳动量构成相似时，则可采用代表产品作为计量单位，其他产品以劳动定额为基础将其产品产量换算到代表产品产量。在一般情况下，选择劳动量最大的产品作为代表产品，其他产品的换算系数按下式计算：

$$K_i = T_i / T_{\mathrm{d}}$$

式中，K_i 为 i 产品的换算系数；T_i 为 i 产品的时间定额；T_{d} 为代表产品的时间定额。

2. 假定产品法

在多品种生产的企业中，所生产的产品结构、工艺、劳动量构成相差较大时，则可采用假定产品作为计量单位，其他产品以劳动定额为基础将其产品产量换算到假定产品产量。假定产品是以各种产品的劳动量在全部产品劳动量中的比重为基础计算出来的一种假想产品。

$$T_j = t_1 \cdot a_1 + t_2 \cdot a_2 + \cdots + t_n \cdot a_n$$

式中，T_j 为单位假定产品的劳动量；t_i 为第 i 产品的劳动量定额；a_{i} 为第 i 产品的产量占企业计划总产量中的比重。

在有些企业中，也可以按某种技术参数作为核定生产能力的计量单位，如重型机器厂年产机器设备的吨数、拖拉机厂年产马力数、变压器厂年产千伏安数。

6.3.5 生产能力的计算方法

生产能力的核定，应在技术组织条件比较合理、定额水平比较先进的条件下进行。根据生产能力的基本概念，企业的生产能力主要由生产中的设备数量、设备的有效工作时间和设备的生产率定额所决定。

1. 生产设备数量（或生产面积数）

生产设备数量（或生产面积数量）是指企业在计划期内所拥有的全部能够用于生产的机器设备数。其中包括：

（1）正在运转的设备。

（2）正在安装、修理或准备修理、等待安装的设备。

（3）因生产任务不足或其他原因而暂时停用的设备。

对于已经判定不能修复的设备、已决定报废的设备、封存待调的设备、企业备用的设备，都不能列入企业现有生产能力范围之内。辅助车间（如机修车间、工具车间）所拥有的设备，不能参与企业基本产品能力的计算，而只能用以计算辅助车间的生产能力；只有当辅助车间的设备数量超过规定并用于生产基本产品时，才可以把多余的设备用于计算基本产品的生产能力。

有些企业用生产面积表示生产能力，如装配企业、铸造企业、铆焊企业等。这些企业的生产能力取决于基本生产单位的生产面积，同时物料仓库的容量、作业单位之间的运输线路也影响这类企业的生产能力。

2. 设备的有效工作时间

设备的有效工作时间是按企业现行工作制度计算出来的设备全年工作时间总数。分为制度工作时间和有效工作时间。制度工作时间是指在规定的工作制度下，设备可工作（或利用）的时间数；有效工作时间是指在制度工作时间中，扣除设备修理停歇时间后的时间总数。计算公式如下：

$$F_e = F_y \cdot H \cdot \eta = F_y \cdot H \cdot (1-\theta)$$

式中，F_e 为设备全年有效工作时间；F_y 为设备全年制度工作天数；H 为每日制度工作小时数；η 为设备制度工作时间的计划利用率；θ 为设备计划修理停工率。

制度工作天数是从日历中扣除法定节假日获得的。每日制度工作小时数按企业制度工作班次和设备性质决定。对机械制造企业，设备一般采用两班制生产，计 15.5h，关键设备三班制生产，计 22h。设备修理停工率由修理计划确定，一般可考虑为 10%以内。

3. 设备（生产面积）生产率定额

设备（生产面积）生产率定额就是单台设备（单位生产面积）在单位时间内的产量定额，或者单台设备（单位生产面积）制造单位产品的时间消耗定额。这两者呈倒数关系，即

$$t = 1/p$$

式中，t 为单位产品的时间定额；p 为单位时间的产量定额。

单一品种大批大量生产类型一般用产量定额，多品种小批量生产或单件生产类型一

般用设备台时定额。在计算生产能力时一般使用现行定额资料。但由于定额的制定和修订是定期进行的，为了准确反映实际的生产率水平，要统计出实际的台时产量或实际单位产品耗费的台时数，将它们和定额比较后对定额作出修正。

生产率定额受产品的品种与结构、质量、要求、加工工艺、工人技术水平等一系列因素的影响。生产效率高，生产能力就大。影响生产效率的因素很多，企业必须采取各种措施提高生产效率，从而提高生产能力。除了分析机器设备生产能力影响因素，还应考虑生产面积生产能力的影响因素。

6.3.6 生产能力计算

企业及其各个生产环节的生产技术条件差异很大，有的主要利用机器设备进行生产，其产量基本上取决于各种机器设备、流水线、自动线的生产率；有的以手工操作为主，或很少使用甚至根本不使用机器设备进行生产，如单件小批或大型重型设备的装配、铸件造型、维修、金属物件手工焊接、切割等工作，其产量基本取决于劳动力和作业面积的数量和利用率。因此核定生产能力时，就有设备的生产能力、作业场地的生产能力和劳动能力之分。

1. 设备组生产能力计算

$$M=F\cdot S/t=F\cdot S\cdot P$$

式中，M 为设备组生产能力；F 为计划期单台设备有效工作时间；S 为设备组的设备数量；t 为制造单位产品所需设备的台时数；P 为单台设备每小时加工某种产品的产量定额。

【例 6-1】 某厂生产 A、B、C、D 四种产品，其计划产量分别为 250、100、230、50 台；各产品在机加车间车床组的计划台时分别为 50、70、100、150 台时。车床组共有车床 12（15）台，两班制工作，每班工作 8h，设备的停修率为 10%。试校核车床组的生产能力。

解 代表产品法。

第一步：确定代表产品，C 产品产量大，台时多，则 C 为代表产品。

第二步：计算代表产品的生产能力

$$M_C=250\times 8\times 2\times 0.9\times 12(15)/100=432(540)(\text{台})$$

第三步：计算产品转换系数

$$K_A = t_A / t_C = 50/100 = 0.5$$

$$K_B = t_B / t_C = 70/100 = 0.7$$

$$K_C = t_C / t_C = 100/100 = 1$$

$$K_D = t_D / t_C = 150/100 = 1.5$$

第四步：折合成代表 C 产品的产量

$$250\times 0.5+100\times 0.7+230\times 1+50\times 1.5=500(\text{台})$$

第五步：计算各具体产品的生产能力

$$M_A=250\times 0.5\times 432(540)/500=108(135)$$

可完成的 A 产品的实际数量为

$$108/0.5=216 \quad (135/0.5=270)$$

$$M_B=100\times 0.7\times 432(540)/500=60.48(75.6)$$

可完成的 B 产品的实际数量为

$$60.48/0.7=86.4 \quad (75.6/0.7=108)$$

$$M_C=230\times 1\times 432(540)/500=198.72 \quad (248.4)$$

可完成的 C 产品的实际数量为

$$198.72/1=198.72 \quad (248.4/1=248.4)$$

$$M_D=50\times 1.5\times 432(540)/500=64.8(81)$$

可完成的 D 产品的实际数量为

$$64.8/1.5=43.2 \quad (81/1.5=54)$$

第六步：计算车床组的负荷率。

具有的车床数为 12 台时，车床的负荷率为

$$K_i=500/432=1.1574=115.74\%$$

具有的车床数为 15 台时，车床的负荷率为

$$K_i=500/540=0.9259=92.59\%$$

具有的车床数为 14 台时，车床的负荷率为

$$K_i=500/504=99.21=99.21\%$$

因此，至少需要 14 台车床才能完成生产计划。

【例 6-2】　某厂生产 A、B、C、D 四种产品，其计划产量分别为 100、80、150、170 台；各产品在机加车间车床组的计划台时分别为 200、250、150、50 台时。车床组共有车床 20 台，两班制工作，每班工作 8h，设备的停修率为 10%。试校核车床组的生产能力。

解 1　假定产品法。

第一步：计算假定 J 产品的台时（劳动量）

$$\begin{aligned} t_J &= t_A\cdot a_A+t_B\cdot a_B+t_C\cdot a_C+t_D\cdot a_D \\ &=200\times 100/(100+80+150+170)+250\times 80/500+150\times 150/500+50\times 170/500 \\ &=40+40+45+17=142\text{（台时）} \end{aligned}$$

第二步：各产品折合成假定产品 J 的数量

$$M_A=100\times 200/142=140.845$$

$$M_B=80\times 250/142=140.845$$

$$M_C=150\times 150/142=158.45$$

$$M_D=170\times 50/142=59.86$$

$$M_J=M_A+M_B+M_C+M_D=500.000$$

原产品总数

$$100+80+150+170=500$$

第三步：实际能生产的假定产品的数量：每台车床每年可提供 $250\times 8\times 2\times 0.9=3600$ 台时，可完成假定产品 $3600/142=25.37$ 台。

$$M_J^S=250\times8\times2\times0.9\times20/142=72000/142=507.04$$

结论：（1）生产能力略有剩余；机床的负荷率

$$K_i=500/507.04=0.9861=98.61\%$$

解 2　可提供工时与所需工时比较法。

车床组可提供的工时：（每台机床每年可提供 3600 台时）

$$M_{供}=250\times8\times2\times0.9\times20=72000(台时)$$

生产全部产品所需的工时：

$$M_{需}=100\times200+80\times250+150\times150+170\times50$$
$$=20000+20000+22500+8500=71000(台时)$$

机床的负荷率 K_i=71000/72000=98.61%

【例 6-3】　设临时增加 E 产品 120 台，其台时定额为 110h。问：还需增加几台车床？

解 1　换算成假定产品 M_E=120×110/142=92.96（台）

$$92.96-7.04=85.92(台)$$
$$85.92\times142/3600=3.39(台)$$

解 2

$$120\times110/3600=3.67(台)$$
$$7.04/25.37=0.277(台)$$
$$3.67-0.277=3.39(台)$$

解 3

$$85.92/25.37=3.39(台)$$

机床的负荷率 K_i=23.39/24=97.46%

必须指出，生产单位的设备组生产能力是在理想状态下获得的。它代表在一定时期内预期的能力或潜在能力，一般而言，它不是现实能力。在确定企业生产规模、编制企业长期计划、安排企业基本建设和技术改造时，可用设备组生产能力计算公式计算设计能力或核定能力。但在年度生产计划工作中需要在计划年度可能实现的，或者已经实现可投入使用的生产能力，为此要在计算得到的生产能力基础上结合企业现有的生产水平进行修正，求出现时的有效能力，一般可按下式进行修正。

$$M_e=M\cdot K_1\cdot K_2\cdot K_3$$

式中，K_1 为定额完成率，K_1=实际的单位台时产量/产量定额或 K_1=产品台时定额/实际单位产品工时，K_2 为工时利用率，K_2=实际利用的生产工时/制度工作时间，K_3 为合格品率，K_3=1−废品率。

2. 作业场地生产能力计算

$$M=F\cdot A/(a\cdot t)$$

式中，M 为某作业组的生产能力；F 为作业面积的有效利用时间数；A 为可用于生产作业的总面积；a 为制造单位产品所需的生产面积；t 为制造单位产品所需的时间。

【例 6-4】　某水泥预制品厂有工作场地 1000m²。已知生产水泥楼板时，每块楼板的平均占地面积为 5m²（含必要的操作空间）。每批楼板由浇注、反应固化、起预制件、清理预制件、清理场地的时间约为 48h。按无霜期 260 天计，无霜期内每天上班（三班制），则该厂年产水泥楼板多少块？

解 1　水泥楼板的年产量为

$$M_{年} = FA / at$$
$$= 260 \times 24 \times 1000 / (5 \times 48) = 26000(块)$$

解 2　平均每两天生产的水泥楼板的数量

$$M_{两天}=1000\times 48/(5\times 48)=200(块)$$

则

$$M_{年}=200\times (260/2)=26000(块)$$

3. 劳动能力计算

$$M=F\cdot D/t$$

式中，M 为作业组的生产能力（台或件等）；F 为计划期每个工人的有效工作时间（小时）；D 为作业组的工人数；t 为单位产品的工时定额。

【例 6-5】　某玩具厂制作玩具熊，平均每人每天可制作玩具熊 10 只（允许员工在家中制作）。今接到 2000 只的玩具熊订单，要求 5 天内交货。问：该批任务要求 5 天内每天至少要有多少名员工？

解　每天至少必须完成的产量

$$M_{天}=2000/5=400(只)$$

5 天内每天至少要有的员工数量：

$$P=400/10=40(人)$$

答：要求 5 天内每天至少要有 40 名员工。

4. 流水线生产能力计算

$$M=F/R$$

式中，F 为流水线有效工作时间；R 为流水线节拍。

【例 6-6】　某电子产品流水线，生产节拍为 12s/套（已含疲劳宽放系数 0.12），两班制生产，每班劳动时间 8h，设时间的利用率为 0.9（含机床意外停机维修等）。问：①班产量为多少？②年产量为多少？

解 1　班产量 $M_{班}$ 为

$$M_{班}=F/R=8\times 60\times 60\times 0.9/12$$
$$=2160(套/班)$$

解 2　年产量 $M_{年}$ 为

$$M_{年}=250\times 8\times 2\times 60\times 60\times 0.9/12$$
$$=1080000(套/年)$$

6.4　生产能力计划

6.4.1　生产能力计划的分类

1. 生产能力计划的概念

生产能力是实现企业经营目标的物质保证，企业停留在现有的生产能力利用上是不够的，应当制定一套积极发展生产能力的计划。

生产能力计划是指生产能力的实现及发展计划，目的是保证生产计划的实现。生产能力计划按计划期长短可分为：长期生产能力计划、中期生产能力计划、短期生产能力计划。

2. 生产能力计划的类型

1）长期生产能力计划

长期生产能力计划是指时间在一年以上的生产能力计划，是考虑长期需求预测、长期发展战略和产品开发计划的基础上，对企业生产能力作出的规划。长期计划中涉及的生产性资源需要一段较长的时间才能获得，也将在一段较长的时间内消耗完毕，如建筑物、设备、物料设施等。长期生产能力计划可分为扩张型生产能力计划和收缩型生产能力计划两类。

长期生产能力计划是为了确保长期生产计划的实现，考虑到产品的自制和外协情况，规定企业扩大生产能力所需的投资。它必然受到企业资金的限制，所以生产能力计划不仅要与生产计划相平衡，还要与资金相平衡。必要时需对外协计划、生产计划、资金计划加以修改，但利润计划必须充分保证。长期生产能力计划具有风险性，需要周密研究，充分论证，谨慎决策。

2）中期生产能力计划

中期生产能力计划是指在一年的时间内制定的月计划或季度计划，是在长期生产能力计划和年度生产计划的基础上制定的，它同样受到资金来源、物资供应、人员素质等因素的影响，应当通过修改基建计划、技术改造计划、职工招聘和培训计划、订货计划、资金计划、协作计划等，保证年度生产计划的实现。

3）短期生产能力计划

短期生产能力计划是指小于一个月的生产能力计划，主要根据中期生产能力计划和月度生产计划，采取必要的技术组织措施，充分挖掘和利用现有生产能力，保证生产计划的实现。

这种类型的生产能力计划关系到每天或每周的生产调度情况，而且为了消除计划产量与实际产量的矛盾，短期计划需作相应调整，这包括超时工作、人员调动或替代性生产程序计划等。

6.4.2 生产能力的平衡

工业企业的生产能力是企业内部各环节生产能力综合平衡的结果。各环节生产能力不平衡是绝对的，在计算各环节生产能力后，要由下而上逐级平衡，最后进行全厂生产能力的综合平衡，包括基本生产车间之间生产能力的平衡、基本生产能力和辅助生产能力的平衡、生产能力和生产准备能力的平衡、生产能力和储运能力的平衡等。通过平衡就可发现生产过程中的薄弱环节和富裕环节，再根据企业计划期可以动用的资源条件，采用组织技术措施，克服落实环节，核定企业的生产能力。

从计划的观点看，用于生产能力平衡的调节方法按能力取得的时间长短，可分为长期因素、中期因素、短期因素三类。

（1）长期因素。长期因素指取得生产能力的时间在一年以上。它们包括建设新厂、扩建旧厂、购买和安装大型成套设备、进行技术改造等，采用这些措施都能从根本上改变生产系统的现状，从而大幅提高企业的生产能力，但同时也需要大量的投资。必须依靠可靠的预测，并对投资效益进行充分论证之后才能做出是否使用增加生产能力措施的决策。应用这些因素属于战略性决策。

（2）中期因素。中期因素指取得生产能力的时间在半年至一年之内。如采用新的工艺装备、添加市场上可购买到的通用设备、对设备进行小规模的改造、增加工人人数、将某些零件委托给其他企业加工、利用库存调节生产等。在年度生产计划中，主要利用中期因素来调节企业的生产能力平衡，以适应市场的需求变动。

（3）短期因素。短期因素指取得生产能力的时间在当月至半年之间。这些因素很多，如加班加点、临时增加工人，增开班次、降低废品率与返修率、改善原材料供应质量、改善设备维修制度、完善工资奖励制度、合理选择批量等。生产能力的短期调节因素是对现有生产设施利用的改善，属于作业层的决策。

6.5　学习曲线

6.5.1　学习曲线的概念

工厂的生产能力是不断变动的。不但在增加设备和人员后会提高生产能力，即使不增加设备和人员，当人们提高了熟练程度后，也会提高生产能力。实践证明，这种生产能力的提高，存在着某种规律性。在积累了一定的资料后，可以相当准确地对以后的生产改进程度做出估计。

第二次世界大战中，美军在军用飞机生产中发现了一种很有意义的规律：每当一种型号飞机的累积产量翻一番时，它的生产成本就下降 20%。这就是说，生产第二架飞机的成本只有第一架的 80%，生产第四架的成本为第二架的 80%，生产第一百架的成本为第五十架的 80%，……。后来在其他工业领域中（如汽车、石油化工、半导体、合成橡胶等）也发现了类似的现象。虽然不同的产品成本下降的速率不同，但每当产品产量翻一番时，产品成本按同样的百分比有规律递减的现象都是相似的。

在成倍地制造一种产品的过程中，连续生产一个单位产量所要求的资源（投入要素）数量是随着累积产量的增加而递减的。投入要素以及相关成本的这种递减称为学习效应，这种学习现象在劳动投入要素和成本中最为常见。随着生产产品单位数量的增加，得到一个单位产出量所必要的劳动小时数会因一系列原因而下降，这些因素包括工人和工长对工作任务的熟悉程度提高、工作方法和工作流程的改进、废品和重复工作数量的减少，以及随着工作重复次数的增多对技术工人需要的减少等。如果随着工人对生产过程越来越熟悉，废品和浪费越来越少，那么单位原材料成本也会形成学习曲线效应。但并非所有的投入要素及相关成本都存在学习过程。例如，单位运输成本一般不会随产量的持续增加而下降。给予这种关系的其他名称包括干中学、进步曲线、经验曲线和改进曲线等。

6.5.2 学习曲线的应用

学习曲线这种现象给生产计划工作提供了一个重要的分析工具。它说明随着产量的增加，在不需要人员和设备的情况下就能使生产能力按一定的速率增加。这种规律可使生产计划人员预先测算出未来若干时间的工时和成本量，从而能较可靠地制定出生产计划和成本计划。现在它已是许多企业估算成本和交货期，以及为订货产品报价的常用方法。

将累积产量与单位成本的关系作成点图，可以得到图 6-5 所示曲线。

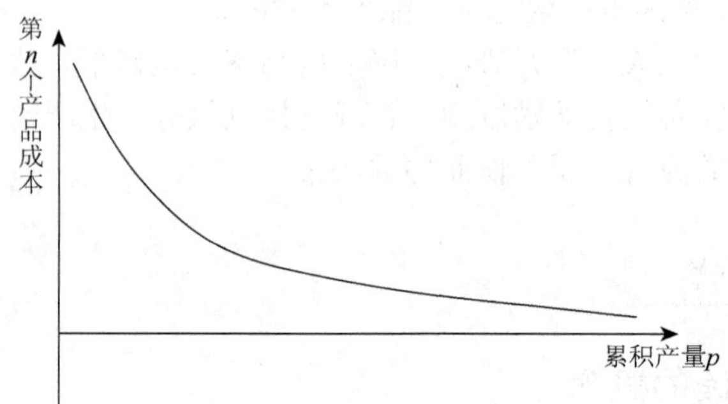

图 6-5 直角坐标系中的学习曲线

将坐标改成对数坐标，这条曲线就变成了一条直线，它的斜率为学习率，这种曲线就是学习曲线。在上面飞机的例子中，在累积产量翻番后单架成本以 20%的速度下降。在对数坐标图（图 6-6）中，斜率为 0.8（即 80%），也即学习率为 0.8。

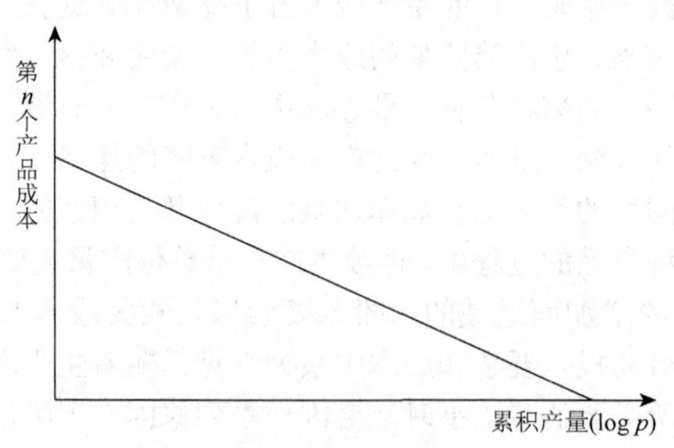

图 6-6 对数坐标系中的学习率

企业生产通常是批量生产，批量的大小有规模经济的作用，批次之间有学习效应作用。要处理好批量与批次之间的关系。

学习曲线在生产过程中已得到广泛应用，工人和管理人员都会随着经验的增多而提高效率。随着过去累积生产量的不断上升，生产成本会逐步下降。飞机制造、船舶制造和电器等产品的生产都表现出学习效应。

学习效应不会自发产生，应当有意识地加以引导。它通常是累计时间或产量的函数，并且一般不会遗忘，通常竞争对手也不能从你的学习效应（主要指劳动技能的提高）中获益。

6.5.3 学习曲线的数学模型建立

要利用学习曲线进行定量分析，最有效的方法是将它表示成数学解析式。可以用指数来表示学习曲线中各变量之间的关系：

$$Y_x=K\cdot xb$$

式中，Y_x 表示生产第 x 台产品的直接人工工时；X 为生产的台数；K 为生产第一台产品的直接人工工时；b 为幂指数=log P/log 2；P 为学习率。

例如，对于学习率为 80%的学习曲线：b=log 0.8/log 2=–0.322。

常见的学习率和指数的关系见表 6-4。

表 6-4 常见的学习率和指数的关系

学习率（P）	50	60	70	80	90
指数（$-b$）	1	0.737	0.515	0.322	0.152

【例 6-7】 已知生产第一台产品的工时为 10000h，学习率为 80%，求第八台产品的工时。

解 按学习率 80%，查表得 b=–0.322。

由此得曲线：

$$Y_x=10000x-0.322$$

第八台产品的工时为

$$Y_8=10000\times8-0.322=5120\text{h}$$

即第八台产品的工时为 5120h。

6.5.4 学习率的估计

在生产某种产品的开始阶段，由于有许多因素干扰，大多数企业得不到反映学习曲线效应的数据。经过一段时间的生产，生产状况渐趋稳定，开始收集资料，并通过这些资料估计学习率。

在学习曲线的应用中，确定学习率是至关重要的。在估算学习率之前，需要分析影响学习率的因素。学习率大（接近于 1）表示学习进步缓慢；相反，学习率小，表示学习进步快，即单台产品的加工工时随累计产量的增加很快地降低。影响学习率的因素主要来自两个方面。

（1）产品的结构及制造工艺。加工时间中手工作业的比重直接影响学习率的大小。手工作业比重大，随着生产重复程度的增加，工人技术熟练程度容易提高，学习率就小。机器加工时间比重大，工人技术熟练程度提高所占成分小，学习率就大。

（2）学习率的大小受企业组织管理条件的影响。产品工时虽然表示直接生产工人的学习率，但它肯定也会间接受到生产工人和组织管理因素的影响。随着组织管理的改善，对新产品的生产很快熟悉起来，必将使产品工时消耗降低，因此，组织管理也是影响学习率的一个重要方面。

设收集到 x_1 和 x_2 两种产量的人工工时，则可得

$$Y_{x1}=K(x_1)b$$
$$Y_{x2}=K(x_2)b$$

将上述二式相除

$$Y_{x2}/Y_{x1}=K(x_2)b/K(x_1)b$$
$$Y_{x2}/Y_{x1}=(x_2/x_1)b$$

两边取对数，得

$$b=\log(Y_{x2}/Y_{x1})/\log(x_2/x_1)$$

由于 $b=\log(P)/\log(2)$，得 $P=2b$。

【例 6-8】 已知生产第 10 台产品的成本为 3000 元，生产第 30 台产品的成本为 2000 元，求（1）该产品的学习率。（2）第 100 台产品的成本是多少？

解 $b=\log(2000/3000)/\log(30/10)=\log(0.67)/\log(3)=-0.365$

$P=2b=2-0.365=0.78$

该产品的学习率为 78%。

第 100 台产品的成本：根据公式 $Y_x=K\cdot xb$ 并利用第 10 台产品的成本，计算第 1 台产品的成本，即系数 K。

$K\cdot 10-0.365=3000$，得 $K=6952$ 元

$$Y_{100}=6952\times(100)-0.365=1294.5(\text{元})$$

即第 100 台产品的成本为 1294.5 元。

6.5.5 应用学习曲线估计生产周期

一批产品的生产周期是由这批产品的总工时推算出来的。在学习曲线下的产品生产总工时是每台产品生产工时的总和。即

$$Hm=K(1+2b+3b+\cdots+mb)$$

当 m 足够大时，可假设 m 是连续函数，即

$$Hm=\int lmKxb\mathrm{d}x=K(ml+b-1)/(1+b)$$

【例 6-9】 已知生产第 1 台产品所花费的工时为 1000h，学习率为 80%，每周工作的工作量为 480h。问生产第 20 台时需用多少周？

解 根据学习率为 80%，查表得：$b=-0.322$。

生产 20 台的总工时为

$$H_{20}=1000\times(201-0.322-1)/(1-0.322)=9764.5(\text{h})$$

生产 20 台需用的天数为

$$T_{20}=H_{20}/480=9764.5/480=20.34(\text{周})$$

6.5.6　学习曲线的讨论

学习曲线存在的条件是生产的产品保持不变。当产品发生变动后，制造成本和工时降低的趋势中断，要从新的起点开始新的学习过程。

研究结果也表明，这种学习过程是企业自觉努力的结果，而不是自发的偶然现象。

原来认为，学习曲线现象是工人在重复操作过程中提高了熟练程度所致，后来发现，工人的因素在降低工时与成本的过程中只起一小部分作用，主要的原因在于改进了生产方法和生产工具；提高了物料的利用率；改进了产品设计和实施标准化；提高了机械化和自动化程度；改善了车间平面布置和物料流程；改善了管理工作等的综合效果。

学习曲线告诉我们，生产中永远有潜力可挖，但同时也应看到，取得这种效果的代价是使生产系统刚性化，它会使生产系统越来越缺乏适应变化和更新产品的能力。因此，只有当产品定型，需求增长时，才有必要利用学习曲线预估产品工时和成本，即估计生产能力的增长趋势，并以此促进各部门提高生产效率。同时也要注意，不能过分地追求效率的提高，否则会丧失适应市场变化的能力，反而会给企业进一步的发展带来困难。

➢思考题与习题

1. 生产计划的主要指标有哪些？
2. 生产计划为什么要进行综合平衡，综合平衡的依据是什么？
3. 生产作业计划包括哪些内容？
4. 滚动计划制定的基本原理是什么？
5. 生产能力有哪几种？哪种生产能力作为制定生产计划的依据？
6. 影响生产能力的依据有哪些？
7. 核定生产能力是一个过程，其基本思路是什么？
8. 大批、大量生产选用哪种生产能力校核方式？
9. 成批生产选用哪种生产能力校核方式？
10. 单件、小批生产选用哪种生产能力校核方式？
11. 某厂生产 A、B、C 三种产品，其计划年产量分别为 280、500、600 台；各产品在机加车间车床组的计划台时分别为 15、10、18 台时。车床组共有车床 12 台，两班制工作，每班工作 8h，设备的停修率为 10%。(年工作时间为 250 天。)

(1) 试校核车床组的生产能力。(2) 如果增加 D 产品 800 台，其台时定额为 12h。问：生产能力能否满足要求？如果能力不足，还需增加几台车床？

➢拓展学习材料

6-1　案例分析

6-2　MRP

第7章

生产作业计划制定

本章提要：本章主要对生产作业计划、期量标准以及生产作业计划的基本概念与内涵进行阐述，并着重分析各级生产作业计划的编制。本章旨在使读者了解掌握厂级与车间级别下的生产作业计划编制；解决在制定生产作业计划过程中可能出现的问题；使读者打开思路、收获生产与运作的理论知识和数学方法。

7.1 生产作业计划概述

7.1.1 生产作业计划的定义与依据

1. 生产作业计划的定义

生产作业计划（production planning and scheduling）是生产计划工作的继续，是企业年度生产计划的具体执行计划。它是协调企业日常生产活动的中心环节。它根据年度生产计划规定的产品品种、数量及大致的交货期的要求对每个生产单位，在每个具体时期内的生产任务做出详细规定，使年度生产计划得到落实。

根据企业的具体情况，生产作业计划有厂部、车间和工段（班、组）三级作业计划形式。厂部生产作业计划由企业生产科负责编制，确定各车间的月度生产任务和进度计划；车间级生产作业计划由车间计划调度室负责编制；工段级生产作业计划由工段计划调度员负责编制，分别确定工段（班、组）或工作地月度、旬（或周）以及昼夜轮班的生产作业计划。

2. 生产作业计划的依据

为编制生产作业计划，主要应有以下的各类资料。

（1）生产任务方面的资料，包括企业的年度、季度生产计划、各项订货合同、新产品试制计划等。

（2）技术资料，包括产品图纸、工艺文件、产品技术检验规范、外协零件清单、按车间编制的零件明细表等。

（3）生产能力方面的资料，包括各工种生产工人情况、生产设备负荷情况、生产面积利用情况、工作定额和生产能力查定情况。

（4）生产准备工作方面的资料，包括工艺装备准备情况和原材料、外协件、配套库存及供应情况等。

（5）各种期量标准和生产资金定额。

（6）前期预计生产完成情况和在制品结存及分布情况等。

3. 生产作业计划的特点

（1）计划期短，生产计划的计划期常常表现为季、月，而生产作业计划详细规定月、旬、日、小时的工作任务。

（2）计划内容具体，生产计划是全厂的计划，而生产作业计划则把生产任务落实到车间、工段、班组、工人。

（3）计划单位小，生产计划一般只规定完整产品的生产进度，而生产作业计划则详细规定各零部件，甚至工序的进度安排。

7.1.2　生产作业计划的任务

（1）落实生产计划。生产计划一般只规定企业及车间较长计划期（年、季、月）生产产品的品种、质量、数量和期限。生产作业计划在空间上，要把生产计划中规定的生产任务，细分到车间、工段、班组、设备和个人；在时间上，要把年、季生产计划细分到月、旬、周、日、轮班、小时；在计划单位上，要把成台（套）产品细分为零件、组件和工序。生产作业计划是把企业的生产计划变成工人具体的日常生产活动。

（2）合理组织生产过程。企业生产计划是通过合理地组织产品的生产过程来实现的。任何产品的生产过程都由物质流、信息流、资金流所组成。物质流是指劳动对象按照产品设计、工艺、检验等技术文件和生产组织、劳动组织方法所规定的要求，在各工序间流动的过程。这个过程是劳动者利用劳动手段对劳动对象依次加工的过程。伴随着物质流动过程同时发生的是信息流和资金流，信息流指导和反映着物质流的流向、流量和流速。在劳动对象的流动过程中，所投入和占用的资金，以及劳动对象本身的价值都在不断转移和变化，因而也就形成了生产过程中的资金流。

生产作业计划的任务之一，就是要把生产过程中的物质流、信息流、资金流合理地组织协调起来，争取以最少的投入获得最大的产出。

（3）实现均衡生产。均衡生产包括两方面的含义：一方面指企业必须按照计划规定的品种、质量、数量和交货期，均衡地出产产品；另一方面，要求企业内部各生产环节做到有节奏地工作，消除前松后紧及有时闲散、有时突击赶工的现象。均衡生产有利于充分利用企业的生产能力，有利于提高产品质量，有利于改进企业的经营管理，有利于全面提高企业生产经营活动的经济效益。要实现均衡生产，必须依靠生产作业计划合理地安排组织企业各生产环节的生产活动，协调好生产与生产技术准备、基本生产与辅助生产之间的关系。通过信息反馈系统，准确掌握全厂各部门的生产和工作进度，及时处置生产过程中出现的各种矛盾和问题，排除各种干扰和破坏均衡生产的因素，保证全厂各生产环节各职能部门各个人都能按照计划规定的数量和质量要求，准时地完成自己应该完成的工作。

（4）提高经济效益。企业生产经营活动经济效益的高低。从企业内部看：一方面，取决于企业经营决策是否正确，产品开发是否适时，营销和售后服务是否得当；另一方面，还取决于产品质量是否过硬，产品生产成本是否合理。前者主要决定企业生产的产品是否适销对路，后者主要决定企业能否用较低的成本制造出用户满意的高质量的产品。产品的质量和成本，一方面取决于产品设计，另一方面取决于生产过程，而生产过程又在很大程度上取决于产品生产过程的组织水平。产品质量和产品成本都是在产品的生产技术准备和生产过程中形成的。生产作业计划的任务之一，就是要在产品的生产过程中，严格保证产品质量达到规定的标准，努力减少产品生产过程中的各种消耗，最大限度地降低产品的成本，争取获得最高的经济效益。必须树立数量与质量、进度与成本、产值与效益相统一的观点。

7.1.3 生产作业计划的内容

为了完成上述任务，企业生产作业计划工作，一般包括以下内容。

1. 制定生产作业计划期量标准

期量标准是为了合理组织企业生产活动，在生产产品或零部件数量和生产期限方面规定的标准。有了标准的期和量，编制生产作业计划，组织生产过程中的物流就有了科学的依据。这对于提高生产过程的组织水平，实现均衡生产，改善生产的经济效益都有积极的作用。

2. 编制生产作业计划

将生产计划在时间、空间和计划单位上进一步细分。根据生产计划的要求，具体地规定做什么、何处做、谁去做、怎样做、什么时间做、中间环节和结果怎样控制。通过生产作业计划的编制，把生产计划变成全厂职工为了实施计划目标而互相协调配合、紧密衔接的行动。

3. 生产现场管理

生产现场是劳动者利用劳动手段对劳动对象进行加工的场所。生产现场的有效管理，是实施生产作业计划，实现均衡生产的重要保证，同时也是生产流程优化与再造的依据。生产现场管理的主要内容包括如下几个方面。

（1）生产作业准备和服务。即按照生产作业计划要求的时间和数量，将生产所需的原材料、半成品、设备、工艺装备、能源、辅助材料等准备好，准时地配送到生产现场，及时排除临时发生的故障。生产的成品、废品和废料要及时运送和清除。

（2）生产现场的布置。设备、工具箱、在制品、使用工具的布置要符合工艺流程和便于操作、节省体力和时间；原材料、半成品的堆放运送和拿取要符合文明生产和人机工程的要求；通风、照明、温湿度、噪声、粉尘、色调以及某些特殊要求等要符合劳动保护和人机工程的要求。

（3）生产任务的临时调配。生产中发生各种干扰因素后（如设备事故、工人缺勤、质量事故、停电、待料等），要采取果断措施，临时调配生产任务，以保证生产计划的完成。

（4）鼓励职工的劳动热情。从现场生产工人干活的速度、干劲、表情、态度等，可以最直接地观察到工人劳动情绪的高低。基层的生产管理者要理解工人、体贴工人所遇到的种种欢乐和幸福、苦恼和困难、忧愁和不幸，并用自己的实际行动鼓舞职工的劳动热情。

（5）生产控制。产品的生产过程，由于受到内部和外部、主观和客观、技术和管理等各种因素的影响，实际的进程与预定的计划无论在时间、数量、质量等方面都可能发生偏差。生产控制就是要通过各种生产信息的反馈，检查和发现实际与计划的偏差，并及时采取措施使生产过程恢复正常状态。生产控制的主要内容包括生产进度控制、生产能力控制、在制品的控制等。

（6）生产现场管理为生产流程的优化与再造奠定了基础。通过生产现场管理，积累了丰富的经验和数据，对生产过程的优势与不足有了深刻的认识，对生产流程的优化或再造会有独到的见解。在实施生产流程的优化或再造时，一线生产管理的经验是重要的依据之一。因此，生产现场管理应注意收集现场生产管理的经验和数据，为生产流程的优化与再造奠定良好的基础。

7.2　期量标准

生产类型不同，制定期量标准的内容和方法也不相同。大量大批生产类型的期量标准有节拍、在制品定额等；成批生产类型的期量标准有批量、生产间隔期、生产周期、生产提前期、在制品定额等；单件小批生产类型的期量标准有产品生产周期等。

7.2.1　生产周期

生产周期是指从原材料投入到成品产出所经过的全部日历时间。缩短生产周期可以加速资金周转，对于改善企业的经营状态和经济效益具有重大意义。

在连续生产的企业中，如化工厂、制糖厂、冶炼厂、轧钢厂等，其产品的生产周期是根据从原材料投入开始到成品产出所经过的全部时间直接计算的。

在间断生产的企业中，如机械厂、电子产品生产厂等，其生产周期按零件工序、零件加工过程和产品分别进行计算。

1. 零件工序生产周期

（1）一件制品的工序生产周期。一件制品的工序生产周期即该制品该工序的实际加工时间与工序准备、结束时间之和，通常可用该工序的工时定额来表示。

（2）一批零件的工序生产周期。一批零件的工序生产周期是指该批零件在一道工序上的实际加工时间与工序准备、结束时间之和。可用下式表示：

$$\mathrm{Top}=\frac{Q\cdot t}{S\cdot F_e\cdot K_t}+\mathrm{Tse}$$

式中，Top 为工序生产周期，h、min；t 为单件工序时间，h、min；Q 为批零件的数量，件；S为同时完成该工序的设备数或工作地数；F_e为有效工作时间总额，h、min；K_t为工时定额完成系数；Tse 为准备结束时间，h、min。

（3）大批、大量生产的工序生产周期。大批、大量生产时，通常按流水生产线的方式组织生产。当按流水生产线的方式组织生产时，由于流水生产线的特定要求，零件的工序生产周期即为流水生产线的节拍；当按成批生产的组织方式时，其工序生产周期可按一批零件的工序生产周期计算公式进行计算。

2. 零件加工过程的生产周期

零件加工过程的生产周期，除取决于各道工序的生产周期，在很大程度上还取决于零件在工序间的移动方式和工序转换、等待时间。

一个零件加工过程的生产周期即该零件的各工序的生产周期与各工序的转换时间和等待时间之和。

一批零件加工过程生产周期的计算公式：

$$\text{To} = \sum_{i=1}^{m} \text{Top} \cdot \lambda + (m-1) \cdot t_d$$

式中，To 为一批零件加工过程的生产周期，h、min；m为工序数目；t_d为零件在工序之间移动的平均间断时间，h、min；λ为平行系数，主要用来表示为了考虑平行移动或平行顺序移动方式，工序之间可能平行进行的程度。可根据车间历史资料按零件的价值和工序数分类选取。

大批、大量生产的零件生产周期即该零件的工序数与节拍的乘积。工序的转换时间和等待时间可忽略不计。

3. 产品的生产周期

产品的生产周期包括从毛坯准备、零件加工、部件组装、成品装配，到油漆入库为止的全部日历时间。产品生产周期的具体长度可通过网络图确定。图 7-1 为用网络图确定产品的生产周期的示意图。

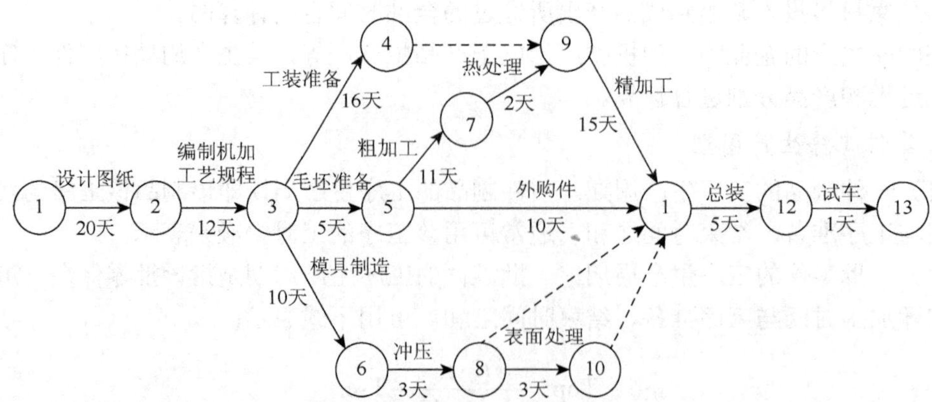

图 7-1 某批产品用网络图确定的生产周期的示意图

根据关键路线可以计算出产品的生产周期，图中粗箭线构成的路线为关键路线。计算可知：该批产品从毛坯开始至试车结束的生产周期为 39 天（毛坯准备 5 天+粗加工 11 天+热处理 2 天+精加工 15 天+总装 5 天+试车 1 天=39 天）。

若始于设计图纸，则其周期为 71 天（设计图纸 20 天+编制机加工艺规程 12 天+生产周期 39 天=71 天）。

图 7-2 是运用生产进度表（甘特图）形式制定的产品生产周期图表。

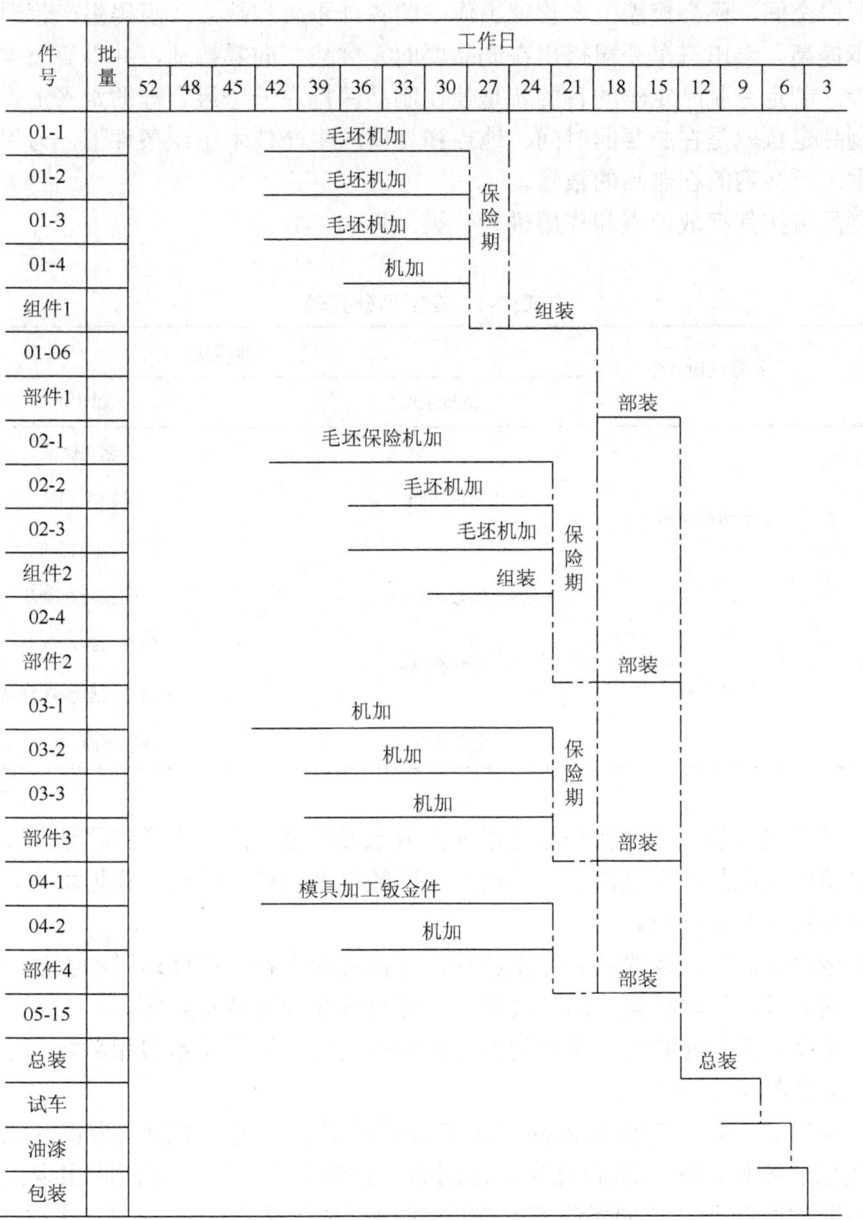

图 7-2 生产进度表表示生产周期

7.2.2 在制品定额

在制品是指从原材料投入到成品入库为止，处于生产过程中所有尚未完工的毛坯、零件、部件和产品的总称。

在生产过程中保持在制品的一定数量，是保证正常生产的客观需要。在制品不能没有，但也不能过多。过多的在制品不仅占用大量的生产资金，影响企业的经济效果，并且占用厂房空间，还会掩盖生产管理工作中的各种矛盾和缺点，阻碍生产管理工作水平的进一步提高。丰田汽车公司提出在制品要向零挑战。向零挑战，并不等于零，而是应尽可能少。制定在制品定额的目的就是使在制品保持在一个最合理的水平上。

在制品定额就是在必要的时间、地点和具体的生产技术组织条件下，为保证有节奏的均衡生产所必需的在制品的数量。

在制品可按其存放地点和作用进行分类。见表 7-1。

表 7-1 在制品分类表

<table>
<tr><th colspan="2" rowspan="2">按存放地点分</th><th colspan="2">按作用分</th></tr>
<tr><th>成批生产</th><th>大量生产</th></tr>
<tr><td rowspan="7">在制品</td><td rowspan="4">车间在制品</td><td rowspan="3">周转在制品</td><td>工艺在制品</td></tr>
<tr><td>运输在制品</td></tr>
<tr><td>工序间流动在制品</td></tr>
<tr><td>保险在制品</td><td>车间保险在制品</td></tr>
<tr><td rowspan="3">库存在制品</td><td rowspan="2">周转在制品</td><td>库存周转在制品</td></tr>
<tr><td>车间之间运输在制品</td></tr>
<tr><td>保险在制品</td><td>库存保险在制品</td></tr>
</table>

（1）工艺在制品。工艺在制品是指处在流水线各道工序、各个工作地，正在加工、装配和检验的在制品。它取决于流水线的工序数目和每道工序的工作地数目，以及每个工作地同时加工的零件数。

（2）运输在制品。运输在制品指放置在运输装置上在工序间运送的在制品数量。它取决于运输方式、运输批量、运输间隔期、零件体积及存放地点等。

（3）工序间流动在制品。工序间流动在制品是由于间断流水线相邻两工序生产率不同而形成的在制品。

（4）保险在制品。保险在制品是为了防止前工序（或前车间前道流水线）出现生产故障造成的零件供应中断而设置的在制品。数量的多少应根据故障出现的概率和排除故障需要的时间及要求的保险程度而定。例如，成批生产为 3～5 天，大量生产为 2～4h。保险在制品有的设在工序之间，有的设在流水线之间，有的设在车间之间（在制品仓库内）。

（5）车间内部在制品。车间内部在制品是由于成批投入但未完工出产而形成的，它们是整批地停留在车间内，因此要通过批数和总量来确定。具体讲，车间内部在制品定额的大小是由批量、生产周期、生产间隔期三个因素确定的，与生产周期和生产间隔期的比值有关。

（6）库存周转在制品。库存周转在制品是为了使车间（或流水线）之间协调工作而设置的在制品。由于前后两相邻车间（或流水线）生产率不同或工作班次不同或批量、间隔期不同或投入生产的时间不衔接而形成的在制品。

7.2.3　批量和生产间隔期

批量是一次投入（或产出）同种制品（产品或零部件）的数量。生产间隔期（或生产重复期），是前后两批同种制品投入（或产出的间隔时间）。生产间隔期是批量的时间表现，而批量则是生产间隔期的产量表现。其关系可用下式表示：

批量=生产间隔期×平均日产量

当生产任务一定，平均日产量不变时，出产间隔期与批量成正比。

批量和生产间隔期的大小对劳动生产率、设备利用、产品质量、生产周期及资金周转等都有很大影响。

确定批量和生产间隔期的方法有两类，以量定期法与以期定量法。

以量定期法的基本原理是，根据技术经济效果的综合要求，先计算出一个批量，然后根据工时定额、批量和所开班次来确定生产间隔期。

对于某些生产条件不太稳定的成批生产企业，要精确地计算批量和按标准批量组织生产是困难的，因此可采用以期定量法。

以期定量法的基本原理是，先将零件按复杂程度、工艺特点、价值大小等因素分类；然后主要是凭经验确定各类零件的生产间隔期，价值大的零件按短间隔期投产，价值小的间隔期长，如小件可一个季度投一次，并根据生产技术组织条件的实际情况予以修正；最后根据间隔期和生产零件的工时定额、批量和所开班次确定各类零件的批量。当生产任务变动时，生产间隔期不变，只调整批量。

以期定量法的优点是简便易行，灵活性大，容易保证零件的成套性和生产的均衡性。缺点是经济效果较差。

7.2.4　生产提前期

生产提前期是指制品（毛坯、零、部件产品）在各工艺阶段产出或投入的日期比成品产出的日期应提前的时间。

提前期是从产品装配产出日期开始，按各车间的生产周期和出产间隔期反工艺顺序推算出来的。

某车间的投入提前期=该车间的产出提前期+该车间的生产周期

该车间的产出提前期=后车间的投入提前期+保险期

提前期与批量、间隔期、生产周期的关系如图 7-3 和图 7-4 所示。

流水生产线的提前期须根据是单独的流水线还是前后具有串行关系的流水线群进行计算。单独流水线的投入提前期即该流水线的节拍与该流水线的所有工位数的乘积；前后具有串行关系的流水线群的总投入提前期即为该流水线群各条流水线的工作时间之和；某条流水线群的总投入提前期即为该条流水线及其后各条流水线的工作时间之和（图 7-5）。连续流水生产线工件在工序（位）间转换时间可以不计，间断流水生产线的生产提前期则应充分考虑工序在某些工序（如铸造、热处理等）间转换所需要的时间。

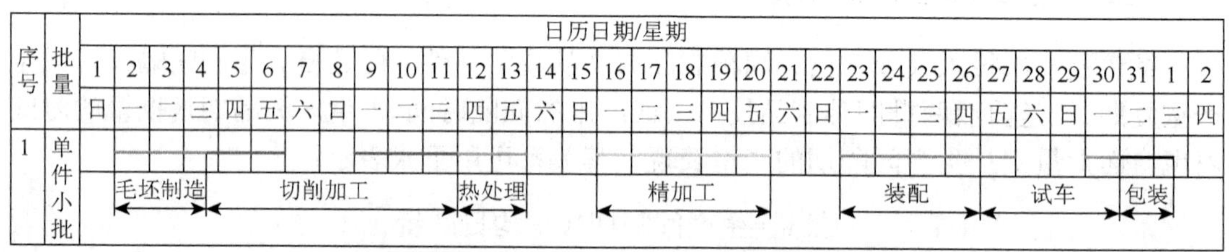

图 7-3 单件、小批生产的提前期

日历	1	2	3	4	5	6	7	8	9	10	11	12	13	14	15	16	17	18	19	20	21	22	23	24	25	26	27	28	29	30	31	1	2	3	4
星期	日	一	二	三	四	五	六	日	一	二	三	四	五	六	日	一	二	三	四	五	六	日	一	二	三	四	五	六	日	一	二	三	四	五	六
		毛坯制造		切削加工							热处理		精加工										装配			试车				包装					

图 7-4 成批生产的提前期

流水线序号	流水线1	流水线2	流水线3	流水线4	流水线5
流水线工作时间	8min	8min	6min	8min	6min
生产提前期	36min（流水线1—流水线5）	28min（流水线2—流水线5）	20min（流水线3—流水线5）	14min（流水线4—流水线5）	6min（流水线5）

图 7-5 流水生产线的提前期

7.3　生产作业计划的编制

7.3.1　生产作业计划的方法

生产作业计划的方法取决于车间的生产组织形式和生产类型。企业中有的车间可能以产品为对象组织生产，例如，某机床厂是以钻床车间、镗床车间等来划分车间的，这时可将企业的生产任务按车间的产品分工直接分配给车间。但一般一种产品不可能完全封闭在一个车间内进行生产，而必须经过几个车间，这时就要根据企业的生产计划，为每个车间规定每一种产品零部件的出产量和出产期，以保证各车间互相衔接，进行有节奏的均衡生产。规定车间生产任务常用的方法有以下几种。

1. 在制品定额法

在制品定额法适用于流水生产或大批大量生产企业的生产作业计划编制方法。在大量大批生产条件下，产品品种和工艺比较稳定。车间之间的协调衔接是靠在制品进行周转的，因此，生产中只要能按在制品定额保持在制品的一定数量，就能保证车间的衔接平衡。

在这类企业中，产品品种比较单一、产量较大、工艺和各车间的分工协作关系比较稳定，因而各个生产环节所占用的在制品，经常应保持一个稳定的数量。

按照在制品数量经常保持在定额水平上的要求，来计算各生产环节的投入和生产任务，以保证生产过程连续协调进行。

用在制品定额法规定车间的生产任务，须从装配车间开始按反工艺顺序计算：

$$\begin{matrix}\text{某车间}\\\text{产出量}\end{matrix}=\begin{matrix}\text{后车间}\\\text{投入量}\end{matrix}+\begin{matrix}\text{该车间}\\\text{外售量}\end{matrix}+\left(\begin{matrix}\text{库存半成}\\\text{品定额}\end{matrix}-\begin{matrix}\text{期初库存半成}\\\text{品预计结存量}\end{matrix}\right)$$

$$\begin{matrix}\text{某车间}\\\text{投入量}\end{matrix}=\begin{matrix}\text{该车间}\\\text{产出量}\end{matrix}+\begin{matrix}\text{该车间可能产}\\\text{生的废品数量}\end{matrix}+\left(\begin{matrix}\text{车间在制}\\\text{品定额}\end{matrix}-\begin{matrix}\text{期初车间在制}\\\text{品预计结存量}\end{matrix}\right)$$

2. 提前期法

提前期法，又称为累计编号法。这种方法适用于成批轮番生产的企业，特别是生产大型高价产品的企业。为了便于控制车间之间的衔接，各车间投入生产的数量常用累计数表示。累计数是从计划年度开始生产某种产品的第一台算起，并顺序地给每台产品都编上一个号。利用这种累计编号和提前期可以方便地确定车间的生产任务。

采用提前期法规定车间任务的具体方法和步骤如下。

（1）计算产品在各车间计划期末应达到的累计生产和投入的号数。计算公式：

$$\begin{matrix}\text{某车间产出}\\\text{累计号数}\end{matrix}=\begin{matrix}\text{装配车间成品}\\\text{产出累计号数}\end{matrix}+\begin{matrix}\text{该车间产出}\\\text{提前期日数}\end{matrix}\times\begin{matrix}\text{装配车间}\\\text{平均日产量}\end{matrix}$$

$$\begin{matrix}\text{某车间投入}\\\text{累计号数}\end{matrix}=\begin{matrix}\text{装配车间成品}\\\text{产出累计号数}\end{matrix}+\begin{matrix}\text{该车间投入}\\\text{提前期日数}\end{matrix}\times\begin{matrix}\text{装配车间}\\\text{平均日产量}\end{matrix}$$

（2）进一步计算各车间在计划期内应完成的出产量和投入量。计算公式：

计划出产（投入）量=计划期末出产（投入）累计号数–计划期初已出产（投入）的

累计号数

（3）如果严格按照批量进行生产，则计算出的车间出产量和投入量，还应按各种零件的批量进行修正。

采用提前期法安排车间生产任务有以下优点。

（1）可以同时计算各车间任务，加快了计划编制速度。

（2）由于生产任务用累计号数来表示，所以不必预计初期在制品的结存量。这样就可以简化计划的编制工作。

（3）由于同一产品所有零件都属于同一累计编号，所以只要每个生产环节都能生产（或投入）到计划规定的累计号数，就能有效保证零件的成套性，防止出现零件不成套或投料过多等不良现象。

3. *生产周期法*

此种方法适用于根据订货组织生产的单件小批生产企业。这类企业在编制作业计划时，关键问题是使这一种（或一批）产品在各车间的出产和投入时间能够相互衔接起来，保证成品的交货期限。

生产周期法就是根据产品的装配系统和工艺过程、工时定额、车间生产能力等资料用网络计划技术绘制出产品的生产周期网络图（图 7-1）或进度表（图 7-2），然后按照确定的生产周期和各项活动的开始和结束时间，并适当考虑保险期后，规定的有关车间生产任务的投入、产出期。步骤如下。

（1）首先，为每一批订货编制一份产品生产周期进度表。

（2）在此基础上，根据合同规定的交货期限，为每一项订货编制一份订货生产说明书，其中规定该产品以及产品的各成套部件在各车间投入与出产的时间。

（3）根据订货生产说明书，编制月度作业计划，将计划月份应该投入和产出的部分摘出来按车间归类，并将各批订货的任务汇总起来，这就是计划月份各车间的投入、产出任务。

7.3.2 多品种混流生产作业的编制

组织多品种混流生产，就是在同一条生产线上生产多种产品，并在每一生产时期和生产阶段，将各种产品按照一定的逻辑规律编排投产顺序，使生产过程中各道工序、各条加工生产线、装配线的产品产量、品种、工时、设备负荷等达到全面均衡。不仅要求加工工序、检验工序、运送工序平稳准时地生产，而且也要求产品包装、发运、执行交货合同、外协厂供应材料毛坯、外购件的品种数量、交货期平稳而准时，完全消除忙闲不均、突击赶工、生产和供应的波动现象，从而大幅度地节省人力、物力、财力，提高生产品种、数量、工时和设备负荷的均衡性。从根本上防止生产失调，大大提高生产率。多品种混流生产方式机动灵活，适应性强，在生产、订货发生变动的情况下，也能及时地选定新的最优生产方案。混流生产的计划方法，是以逻辑数学为理论基础，以电子计算机为主要工具的一种现代化科学管理方法。在实际生产中，对一些简单的多品种混流生产问题，也可采用人工计算的办法。下面引用某风动工具厂提供的资料，来说明多品种混流生产的计划方法。

该厂某班组混流生产 14 种零件，具体零件名称和月产量如表 7-2 所示。

表 7-2　多品种混流生产的计划方法

序号	产品号	件号	零件名称	月产量	生产比产量	代号和分组
1	7655	211	纤卡螺栓	8000	8000	A
2		318	调压阀	5500	6000	B
3		322	长螺杆	6250	6000	
4		315	水管接头体	5000	5000	C
5		2501	蝶形螺母	3800	4000	D
6		2504	锥形胶管接头	4000	4000	
7		207	钎卡	4000	4000	
8	FY-200A	309	气管接头	3000	3000	E
9		1	油管头	2500	3000	
10		3	壳体	3000	3000	
11	D-4	9	活塞	1000	1000	F
12		12	导套	1000	1000	
13		14	压套	1000	1000	
14	D-9	2	柄体	1000	1000	

1. 编排投产顺序

运用第 3 章所述的生产比例法编排投产顺序。把“生产比产量”相同的产品归为一类，因此表 7-2 中 14 种零件总共为 6 类产品：A、B、C、D、E、F。

（1）计算生产比和生产比倒数。编定各个品种折算产量中的最大公约数，就可算出各个品种的生产比。表中的最大公约数为 1000，则各个品种的生产比分别为

$$X_A=8000/1000=8$$

$$X_B=6000/1000=6$$

$$X_C=5000/1000=5$$

$$X_D=4000/1000=4$$

$$X_E=3000/1000=3$$

$$X_F=1000/1000=1$$

循环流量的总产量为 8+6+5+4+3+1=27。

各品种生产比倒数分别为

$$m_A=1/X_A=1/8$$

$$m_B=1/X_B=1/6$$

$$m_C=1/X_C=1/5$$

$$m_D=1/X_D=1/4$$

$$m_E=1/X_E=1/3$$

$$m_F=1/X_F=1$$

（2）运用生产比和生产比倒数来编排投产顺序。本例采用生产比倒数来编排投产顺序，计算过程如下。

①先从全部品种中选出比倒数最小（$m_A=1/X_A=1/8$）的品种 A，作为循环流程第一个投产的品种写入表 7-3 第一行最后一栏内。

②将已经选入的品种 A 的生产比倒数 m_A 变为 m_A+m_A，即 1/8+1/8=2/8，写入第二行，接着从第二行中选出生产比倒数最小的品种 B（$m_B=1/X_B=1/6$）作为循环流程中第 2 个投产的品种。

③将刚选入的品种 B 的生产比倒数 m_B 改变为 m_B+m_B=1/6+1/6=2/6，写入第二行，再从中选出生产比倒数最小的品种 C 作为第三个投产产品。

④同样将，m_C 改变为 2/5 写入第四行，从中选出生产比倒数最小的品种，A 和 D 的生产比倒数相同。这时选原先已被选入的 A 作为第四个投产品种。

⑤将已更新过的 A 的生产比倒数 2/8 再加 1/8 等于 3/8 写入第五行，再从中选出生产比倒数最小的产品，即选出 m_D=1/4 的 D 产品作为第五个投产品种……以后各品种的投产顺序均照此计算，直至一个循环流程的产量达到 27 个。此时各品种的生产比倒数 m_i 均已变为 1。最后得到的 6 组 14 个零件的投产顺序如表 7-3 第 27 行所示。

表 7-3 生产比倒数安排投产顺序演算过程

计算过程	品种						投产顺序
	A	B	C	D	E	F	
1	1/8*	1/6	1/5	1/4	1/3	1	A
2	2/8	1/6*	1/5	1/4	1/3	1	AB
3	2/8	2/6	1/5*	1/4	1/3	1	ABC
4	2/8*	2/6	2/5	1/4	1/3	1	ABCA
5	3/8	2/6	2/5	1/4*	1/3	1	ABCAD
6	3/8	2/6*	2/5	2/4	1/3	1	ABCADB
7	3/8	3/6	2/5	2/4	1/3*	1	ABCADBE
8	3/8*	3/6	2/5	2/4	2/3	1	ABCADBEA
9	4/8	3/6	2/5*	2/4	2/3	1	ABCADBEAC
10	4/8*	3/6	3/5	2/4	2/3	1	ABCADBEACA
11	5/8	3/6*	3/5	2/4	2/3	1	ABCADBEACAA
12	5/8	4/6	3/5	2/4*	2/3	1	ABCADBEACAAD
13	5/8	4/6	3/5*	3/4	2/3	1	ABCADBEACAADC
14	5/8*	4/6	4/5	3/4	2/3	1	ABCADBEACAADCA
15	6/8	4/6*	4/5	3/4	2/3	1	ABCADBEACAADCAB
16	6/8	5/6	4/5	3/4	2/3*	1	ABCADBEACAADCABE
17	6/8*	5/6	4/5	3/4	3/3	1	ABCADBEACAADCABEA
18	7/8	5/6	4/5*	3/4*	1	1	ABCADBEACAADCABEAD
19	7/8	5/6	5/5	4/4	1	1	ABCADBEACAADCABEADC
20	7/8	5/6*	1	1	1	1	ABCADBEACAADCABEADCB
21	7/8*	6/6	1	1	1	1	ABCADBEACAADCABEADCBA
22	8/8	1*	1	1	1	1	ABCADBEACAADCABEADCBAB
23	1*		1	1	1	1	ABCADBEACAADCABEADCBABA
24			1*	1	1	1	ABCADBEACAADCABEADCBABAC
25				1*	1	1	ABCADBEACAADCABEADCBABACD
26					1*	1	ABCADBEACAADCABEADCBABACDE
27						1*	ABCADBEACAADCABEADCBABACDEF

（3）平衡生产能力，核算关键设备的负荷。某班组关键设备平衡结果见表 7-4。

表 7-4　生产能力平衡表

设备名称	设备可供台时/班	工序	月产量/件	班定额/件	折合班次	班次合计	压缩后班次		平衡结果
							压	合计	
X52 铣床	48	211-1 工序	8000	800	10	42.5		42.5	+5.5
		211-5 工序	8000	800	10				
		332-2 工序	6000	800	7.5				
		322-3 工序	6000	800	7.5				
		FY-200A-5 工序	3000	400	7.5				
C616车床	48	318-1 工序	6000	200	30	54	12%	48	平
		309-2 工序	3000	240	12.5				
		2504-1 工序	4000	350	11.5				
Z3040×16 钻床	48	318-2 工序	6000	800	7.5	54.5	10%	49.05	−1.05
		318-5 工序	6000	500	12				
		318-6 工序	6000	300	20				
		318-7 工序	6000	400	15				
合计	144					151		139.55	

（4）编制混流生产线的生产作业进度表。根据投产顺序编制生产作业计划，每个循环流程批量可以根据循环次数来确定。本例中若循环一次，则各组批量为 1000。生产作业进度表见表 7-5，生产能力需求表见表 7-6。

表 7-5　生产作业进度表

代号	零件号	月产量	工作日																
			1	2	3	4	5	6	7	8	…	…	25	26	27	28	29	30	31
A	7655 211	8000	1000			1000				1000									
B	318	6000		1000				1000											
	322	6000		1000				1000											
C	315	5000			1000														
D	2501	4000					1000												
	2504	4000					1000												
	207	4000					1000												
E	509	3000							1000					1000					
	FY-200A																		
	1	3000							1000					1000					
	3	3000							1000					1000					
F	D-4 9	1000													1000				
	12	1000													1000				
	14	1000													1000				
	D-9 2	1000													1000				

表 7-6 生产能力需求表

序号	代号	零件名称	台分量	年产量	40T 冲床			100T 冲床			250T 冲床		
					工序号	台时定额	台时	工序号	台时定额	台时	工序号	台时定额	台时
1	A	离合器弹簧片	6	90000	30	0.2341′	351	40	0.117′	176			
2	B	离合器固定片	1	15000				20	0.13′	33			
3	C	离合器分离叉	1	12000	40 50	0.4′	80				20 30	0.801′	160
4	D	钩板	1	12000	20 30	0.22′	44						
5	E	左、右角板	2	30000							20 50	1.70′	426
6	F	车厢前支架	2	30000							20 30	0.85′	415
7	G	加固板	1	15000				20	0.2′	50			
8	H	挡泥板支架	2	30000									
9	I	转向节肖盖	4	60000	20	0.08′	80						
10	J	防尘垫护盖	2	24000	30	0.1′	40						
11	K	58 加固板	1	15000	70	0.24′	60				20 30 40	1.1′	275
		合计					656			259			1276

7.3.3 成批定期轮番生产作业计划的编制

有些企业产品方向相对稳定，产品品种多，在一定时间内不断重复和交替生产若干种零件。过去采用“在制品定额法”编制这种类型的生产作业计划，具有一定的可行性。当月度生产计划改为滚动计划后，编制生产作业计划的时间紧迫，工作量大，各月生产量不平衡，往往会打破正常的生产秩序。为了适应这种情况，提高计划编制效率，创造有节奏的生产条件，需要探索新的计划编制方法。下面结合某冲压件厂的实际情况，介绍一种成批定期轮番生产作业计划的编制方法。

1. 生产能力平衡

核算与平衡生产能力，是编制生产作业计划必不可少的一项工作。具体步骤如下：首先根据工艺文件规定，将全部零件与所用设备进行归类分组，分别计算出各设备组可提供的台时定额；按照年度生产纲领和最高储备定额，计算出各零件的年产量，按各零件、工序和工时定额计算并汇总出所需的各设备组的台时定额；将设备组可提供的有效台时与生产所需的各设备组的台时定额进行平衡；最后，确定设备组的负荷（表 7-7）。

表 7-7　设备组的台时定额平衡表

序号	零件名称	台分量成本/元	轮番方式	月最大批量/件	投入期（月）与负荷（工时）					
					第一月	第二月	第三月	第四月	第五月	第六月
1	右角板	2.78	双月	2500	16		16		16	
2	左角板	2.78	双月	2500	16		16		16	
3	驾驶室前支架	2.91	双月	5000		50		50		50
4	后挡泥板	5.80	月		8	8	8	8	8	8
5	副钢板支架	6.02	月		33	33	33	33	33	33
6	调整偏心	2.34	双月		29		29		29	
7	齿板	2.18	双月			13		13		13
8	喷管后部	0.35	季		17			17		
9	副拉手	0.53	季			9			9	
10	托架夹板	0.56	季				14			14
11	左加强板	0.19	季		7			7		
12	右加强板	0.18	季		7			7		
13	支架左侧板	2.17	双月		7		7		7	
14	支架右侧板	2.17	双月		7		7		7	
	合计				147	113	130	135	125	118

2. 确定生产零件的轮番方式

确定轮番方式，就是确定零件的生产间隔期。为了便于生产组织与管理。轮番方式一般分为三种：季度轮番、双月轮番和月轮番。根据 ABC 分类法的原理，以零件价值量为标准，并考虑生产条件的可能性，确定每个设备组各种零件生产的轮番方式。A 类定为月轮番生产；B 类定为双月轮番生产；C 类定为季度轮番生产。A 类零件价值约占全部零件价值的 80%。

先安排 A 类件，定为月轮番生产，然后，对季度和双月轮番生产的零件，按月进行分配，即初步确定投入期（月）。分配后按月度最大生产批量进行月度设备负荷的平衡，必要时进行调整。以保证各月负荷的均匀性。例如，160t 冲床生产的零件划类和分配情况见表 7-9。

3. 确定生产零件的投入量

成批定期轮番计划的特点，就是零件生产的投入期（月）固定不变，只要批量不超过经过负荷平衡的最大批量，设备能力就是足够的。这样，各月零件生产的品种就可相对稳定。

在年度生产纲领没有大变动的情况下，各月生产零件的投入量（Q）是根据库存最高储备定额水平来确定的，其基本原理如图 7-6 所示。这样，月度滚动生产计划虽然有一定幅度的波动，但可以通过库存储备量的吸收和缓冲来适应。月度生产作业计划的编制，不直接受月度滚动生产计划的约束，就可以提前编制计划，提高工作效率。但是月度生产作业计划的变动会影响到各月作业量大小的变化，需要采取其他措施来解决。

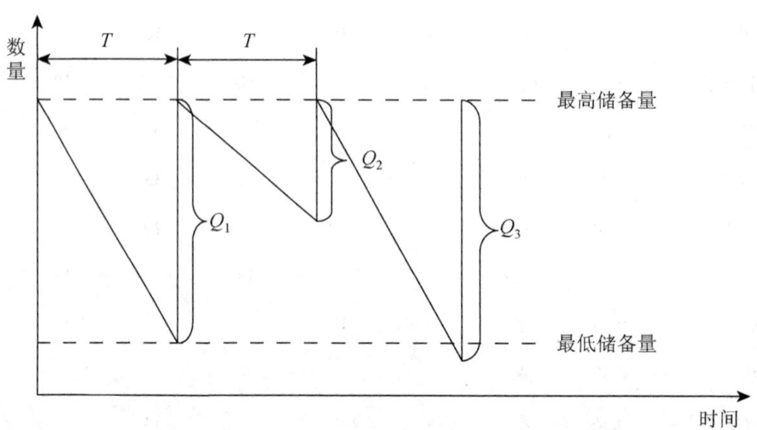

图 7-6 零件生产的投入量与库存最高储备定额水平的关系

4. 合理安排作业顺序

在成批轮番生产中，一种设备往往承担多种零件或不同工序的任务，在设备能力和零件工时定额已经确定的情况下，作业分配要考虑经济合理的问题。也就是说。要合理安排加工顺序，找出一个最优的方案。例如，250t 冲床和 160t 冲床生产一批零件的有关数据见表 7-8。

表 7-8 一批零件的有关加工数据表

代号	零件名称	160t 冲床加工时间	250t 冲床加工时间
A	副钢架支板	①37h	②27h
B	后挡泥板	①12h	②7h
C	驾驶室前支板	①22h	②28h

如果按表 7-8 的顺序，所需生产周期为 99h，如图 7-7（a）所示。若按“求最短加工时间顺序法”排列生产顺序，则生产周期仅需 87h，节约 12h，如图 7-7（b）所示。

5. 编制生产作业日历进度表

在年度生产大纲基本不变、月度滚动计划变动幅度不超过库存储备量缓冲允许范围时，可以编制标准的生产作业日历进度表。由于采用季、双月、月三种轮番方式，所以需要编制六种标准作业计划。所谓标准计划，是指零件投入期和出产期是标准的。

表 7-9 列举了三种零件工作进度表的例子。它们按不同的生产间隔期在同一生产线上成批、定期轮番生产。表的下部还绘制了机床设备负荷平衡表。从表中可以看到设备负荷基本是饱满和均衡的。

表 7-9　三种零件的工作进度安排表

零件编号	装配每日需用量	批量	工序编号	机床编号或工作地名称	每班产量	每批需用班数	工作日 1	2	3	4	5	6	7	8	9	10	11	12	13	14	15	16	17	18	19	20
0001	70 生产间隔期 10 天 生产周期 10 天	700	1	06 号铣床	175	4																				
			2	01 号车床	70	10																				
			3	热处理车间	—	3 日																				
			4	15 号磨床	70	10																				
			5	钳工组	115	6																				
0005	100 生产间隔期 10 天 生产周期 18 天	1000	1	01 号车床	500	2																				
			2	钳工组	165	6																				
			3	15 号磨床	125	8																				
			4	06 号铣床	125	8																				
			5	07 号刨床	100	10																				
			6	电镀车间	—	3 日																				
			7	X 光探伤室	—	3 日																				
0203	50 生产间隔期 10 天 生产周期 20 天	600	1	06 号铣床	75	8																				
			2	01 号车床	75	8																				
			3	钳工组	75	8																				
			4	07 号刨床	100	6																				
			5	热处理车间	—	3 日																				
			6	X 光探伤室	—	3 日																				
—	综合平衡			06 号铣床																						
				01 号车床																						
				15 号磨床																						
				07 号刨床																						
				钳工组																						

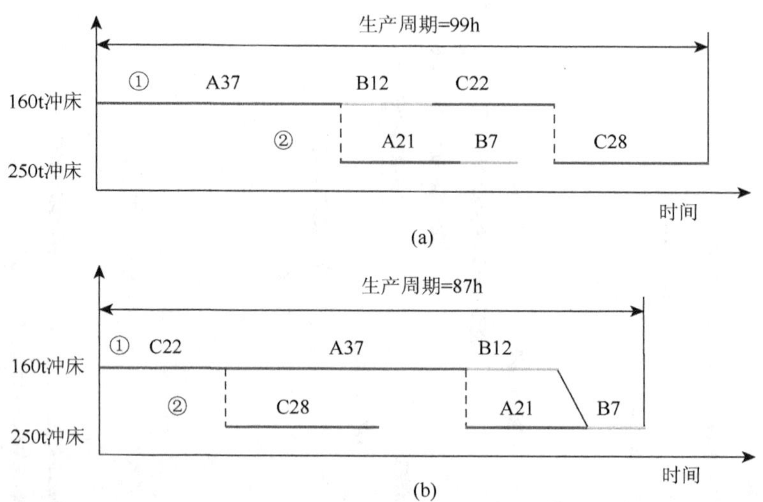

图 7-7 不同顺序安排的生产周期比较

7.4 生产作业排序

7.4.1 概述

1. 生产作业排序的概念

在车间生产第一线工作的计划人员经常遇到的问题：有几项任务依次经过工作地，每项任务在每个工作地加工所需的时间不等，如何安排这些任务加工的先后次序，才能使完成这些任务的总时间最短?这就是作业排序问题。无论是混流生产、轮番生产或者单件生产，都会遇到这种问题。合理的作业顺序，对保证生产任务完成，控制在制品流转，缩短生产周期，实现均衡生产，减少设备和人员的空闲时间等都有重要的作用。

作业排序是指合理安排生产运作的各项活动作业、生产运作资源使用、生产运作设施配置的时间表等。在生产车间就是具体地确定每台设备、每个人员每天的工作任务和工件在每台设备上的加工顺序。作业排序要解决加工顺序问题，还要解决同一设备上不同工件的加工顺序问题。在生产运作中，作业排序的周期由作业时间、作业等待时间、设备调整时间、运输时间、检验测试时间、库存时间等构成，而只有作业时间才是真正形成企业利润的时间。调查研究表明，作业时间往往只占生产运作周期的 5%左右，而生产运作周期的 95%却被准备工作时间所占用，尤其是作业等待时间、设备调整时间、库存时间等，因此企业的效率主要取决于企业的作业排序的合理性。

一般来说，编制生产作业计划与生产作业排序不是同义语。生产作业排序只是确定工件在机器上的加工顺序，可以通过一组工件代号的一种排列来表示该组工件的加工顺序。而编制生产作业计划，则不仅包括确定工件的加工顺序，而且还包括确定机器加工每个工件的开始时间和完成时间。

2. 生产作业排序的分类

（1）按行业可分为制造业的作业排序和服务业的作业排序。

（2）按排序的对象可分为服务者的作业排序和生产加工作业排序。服务者作业排序主要是确定人员何时工作，而生产加工作业排序则将不同工件安排到不同设备上，或安排不同的人做不同的工作。

（3）按工件到达车间的情况，可以分成静态排序和动态排序。静态排序是指进行排序时，所有工件都已到达，可以一次性对它们进行排序；若工件陆续到达，要随时安排它们的加工顺序，这就是动态排序。

（4）按机器的种类和数量不同，可以分为单台机器排序和多台机器排序。多台机器的排序，按工件加工路线的特征，可以分成单件作业（job shop）排序和流水作业（flow shop）排序。单件作业排序是工件的加工路线不同的多设备排序问题；流水作业排序是指所有工件的加工路线完全相同的多设备排序问题。

3. 生产作业排序方案的评价标准

一般来讲，对于 n 种工作，每一种需要在 m 台机器上加工，则可能的排序方案共有（n!）m 种。例如，三种零件在两台机器上，共有 36 种可能的排序方案。由于工艺上的限制以及零件间的相互关系有些排序方案是不可行的。但即使如此，也仍然有相当数量的可行方案。而如前所述，不同方案可导致完全不同的结果，为此，必须慎重选择。但在选择之前，首先需要确定选择、评价的标准。有许多标准可以用来评价作业排序方案，下面是一些最常用的标准。

（1）工作流程时间。从工作可以开始加工（不一定是实际开始时间）至完工的时间。它包括在各个机器之间的移动时间、等待时间、加工时间以及由于机器故障、部件无法得到等问题引起的延迟时间。

（2）全部完工时间。完成一组工作所需的全部时间。它是从第一个工件在第一台机器开始加工时算起，到最后一个工件在最后一台机器上完成加工时为止所经过的时间。

（3）延迟。可以用比预定完工时间延迟了的时间部分表示，也可以用未按预定时间完工的工件数占总工件数的百分比来表示。

（4）在制品库存。一个工件正从一个工作地移向另一个，由于一些原因被拖延加工，正在被加工或放置于零件库中，都可被看成是在制品库存。它是在途库存的一个例子，但其物料项目是制造出来的，而不是购买来的。这种度量标准可以用工件个数、其货币价值或可供应的周数来表示。

（5）总库存。计划入库量和现有库存量的总和为总库存量。

（6）利用率。用一台机器和一个工人的有效生产时间占总工作时间的百分比来表示。

上述这些标准都能用具有平均值和偏差的统计分布来表示。但这些标准彼此之间并不完全独立。例如，使工件流程时间的平均值较小，也就是要减少在制品库存和提高利用率。在流水车间（所有工件的加工路线都一致中），使一组工作的全部完工时间最小也意味着要提高设备利用率。

7.4.2 生产作业排序方法

1. 一台设备，*n*种作业的排序方法

由于单台设备不能同时加工两种以上的产品，所以这类作业的合理排序，实质上是解决如何安排能使耽误交货期的时间最少的问题。在组织装配用的零件按期配套生产等情况下，这种合理排序方法是有实际意义的。

在进行作业排序时，需用到优先调度规则。这些规则可能很简单，仅需根据一种数据信息对作业进行排序。这些数据可以是加工时间、交货日期或到达的顺序。其他的规则，尽管也同样简单但可能需要更多的信息，通常是需要一个指标，如最小松弛时间规则和关键比率规则。下面列出了六个常用的优先调度规则。

（1）FCFS（first come first served）规则，即“先到先服务”规则。它是指根据任务到达的先后次序安排加工顺序，先到先加工。

（2）SPT（shortest processing time）规则，即“最短加工时间”规则。它是把加工时间由短到长进行排序，优先选择加工时间最短的任务。

（3）SCR（smallest critical ratio）规则，即“最小关键比例”规则。优先选择关键比例最小的工件（关键比例=（交货期–当前期）/余下的加工时间）。

（4）EDD（earliest due date）规则，即“最早交货期”规则。它是指按照交货期从早到晚进行排序，优先安排完工期限最紧的任务。

（5）LWKR（least work remaining）规则，即“最少剩余工作量”规则。优先选择余下加工时间最短的工件。

（6）MWKP（most work remaining）规则，即“最多剩余工作量”规则。优先选择余下加工时间最长的工件。

按照这样的优先调度方法，可赋予不同工件不同的优先权，可以使生成的排序方案按预定目标优化。当然，以上这些优先调度规则的简单性掩饰了排序工作的复杂性。实际上，要将数以百计的工件在数以百计的工作地（机器）上的加工顺序决定下来是一件非常复杂的工作，需要有大量的信息和熟练的排序技巧。对于每一个准备排序的工件计划人员都需要两大类信息：相关的加工要求和现在的状况。加工要求信息包括预定的完工期、工艺路线、标准的作业交换时间、加工时间、各工序的预计等。现状信息包括工件的现在位置（在某台设备前排序等待或正在被加工），现在完成了多少工序（如果已开始加工），在每一工序的实际到达时间和离去时间，实际加工时间和作业交换时间，各工序所产生的废品（它可以用来估计重新加工量）以及其他的相关信息。

优先顺序规则就是利用这些信息的一部分来为每个工作地决定工件的加工顺序，其余的信息可以用来估计工件按照其加工路线到达下一个工作地的时间、当最初计划使用的机器正在工作时是否可使用替代机器以及是否需要物料搬运设备等。这些信息的大部分在一天中是随时改变的，所以用手工获取这些信息几乎是不可能的或效率低的。从这个意义上来说，计算机是用来进行有效的、优化的作业排序的必要工具。

（1）不考虑工装转换和设备调整时间。

【例 7-1】 设有 6 种产品（零件），每种件数 1000 件，要在一台设备上加工，每种产品都有预定的交货期和工时定额，见表 7-10，求出最优生产作业排序。

表 7-10　6 种产品预定的交货期和给定的工时定额

零件编号	A	B	C	D	E	F
工时定额/天	10	7	8	6	4	5
交货日期	22	15	17	20	25	18

解　①按先到先服务规则进行生产排序，结果如表 7-11 所示。

表 7-11　按先到先服务规则排序

零件加工顺序	1	2	3	4	5	6
零件编号	A	B	C	D	E	F
该零件所需加工时间/天	10	7	8	6	4	5
计划交货日期	22	15	17	20	25	18
完工日期（流程时间，天）	10	17	25	31	35	40
延误时间/天	0	2	8	11	10	22

先到先服务排序结果：总流程时间=（10+17+25+31+35+40）=158 天，时间跨度=40 天，总延期交货时间=（2+8+11+10+22）=53 天，平均在制品库存数=158/40×1000=3950 件。

②按最短加工时间规则进行生产排序，结果如表 7-12 所示。

表 7-12　按最短加工时间规则排序

零件加工顺序	1	2	3	4	5	6
零件编号	E	F	D	B	C	A
该零件所需加工时间/天	4	5	6	7	8	10
计划交货日期	25	18	20	15	17	22
完工日期（流程时间，天）	4	9	15	22	30	40
延误日期/天	0	0	0	7	13	18

最短加工时间排序结果：总流程时间=（4+9+15+22+30+40）=120 天，时间跨度=40 天，总延期交货时间=（7+13+18）=38 天，平均在制品库存数=120/40×1000=3000 件。

③按最早交货期规则进行生产排序，结果如表 7-13 所示。

表 7-13　按最早交货期规则排序

零件加工顺序	1	2	3	4	5	6
零件编号	B	C	F	D	A	E
该零件所需加工时间/天	7	8	5	6	10	4
计划交货日期	15	17	18	20	22	25
完工日期（流程时间，天）	7	15	20	26	36	40
延误日期/天	0	0	2	6	14	15

最早交货期排序结果：总流程时间=（7+15+20+26+36+40）=144 天，时间跨度=40 天，总延期交货时间=（2+6+14+15）=37 天，平均在制品库存数=144/40×1000=3600 件。

④按关键比例最小规则进行生产排序，结果如表 7-14 所示。

表 7-14 按关键比例最小规则排序

零件加工顺序	1	2	3	4	5	6
零件编号	C	B	A	D	F	E
关键比例	2.13	2.14	2.2	3.33	3.6	6.25
该零件所需加工时间/天	8	7	10	6	5	4
计划交货日期	17	15	22	20	18	25
完工日期（流程时间，天）	8	15	25	31	36	40
延误日期/天	0	0	3	11	18	15

关键比例最小排序结果：总流程时间=（8+15+25+31+36+40）=155 天，时间跨度=40 天，总延期交货时间=（3+11+18+15）=47 天，平均在制品库存数=155/40×1000=3875 件。

⑤四种规则的排序结果比较，如表 7-15 所示。

表 7-15 四种规则的排序结果比较

规则	先到先服务	最短加工时间	最早交货期	关键比例最小
总流程时间/天	158	120	144	155
总延期交货时间/天	53	38	37	47
平均在制品库存数/件	3950	3000	3600	3875

结论：先到先服务规则和关键比例最小规则的效率较低，导致较高的流程时间和在制品库存；最短加工时间规则和最早交货期规则较优，流程较短，延期交货时间较小，在制品库存较低，降低成本，提高顾客满意度。

（2）考虑工装转换和设备调整时间。考虑多种产品（零件）依次在一台设备上加工，该种设备（如冲床）在加工一种零件后，若要加工另一种零件就要更换工艺装备（如冲模）和重新调整设备。因此，就要有一个工艺性的中断转换时间。不同的前后产品零件所需中断转换时间常常是不同的。

【例 7-2】 假设有四种产品（零件）在一台设备上加工，在加工一种零件后，加工另一种零件时需要更换工艺装备和重新调整设备。工艺性中断时间见表 7-16。从表 7-16 可知，不同的加工顺序，中断时间的总和也不同。应该找到一个合理的加工顺序，使中断时间的总和最小。由于每种零件所需的加工时间是额定的，与加工顺序无关。因此，找到中断时间最短，也就是总的加工时间最短。

表 7-16　不同的前后产品零件具有不同的中断转换时间

后加工 / 转换时间 / 先加工	A	B	C	D	后加工 / 转换时间 / 先加工	A	B	C	D
A	0	1	3	2	C	1	2	0	4
B	3	0	2	3	D	5	3	2	0

按表 7-16 所提供的数据，安排几种不同的加工顺序所需的工艺性中断时间总和，见表 7-17。

表 7-17　不同加工顺序组合所需的工艺性中断时间总和比较

零件加工顺序	所需工艺性中断时间总和
A–B–C–D-A	1+2+4+5=12
A–B-D-C-A	1+3+2+1=7
A–C–B–D-A	3+2+3+5=13
A–C-D-B-A	3+4+3+3=13
A–D–C–B-A	2+2+2+3=9
A–D-B-C-A	2+3+2+1=8

通过以上六种加工顺序的安排，对其工艺性中断时间总和的比较。可得出最优的加工顺序安排是 A—B—D—C。

这四种零件在该设备上的加工顺序的排列方案，根据排列公式，共有 4！=4×3×2×1=24 个。这一类问题。从数学模型的形式上看，与运筹学中的“货郎问题”近似，因此也可以利用“货郎问题”的解法，求出最优的加工顺序。

2. 两台设备，*n* 种作业的排序方法

在两台设备上生产 n 种产品时。可按最小值规则进行合理的作业排序。例如，有 ABCDE 五种零件均需在车床上加工，再在铣床上加工。各种零件在两种设备上加工所需的工时见表 7-18。

表 7-18　各种零件在两种设备上加工所需的工时　（单位：h）

设备	A	B	C	D	E
M_1 车床（t_{ai}）	6	8	12	3	7
M_2 铣床（t_{bi}）	11	8	5	3	4

按最小值排序的规则如下。

（1）从 M_1、M_2 各工序的 t_{ai}、t_{bi} 中，找出最小值。如果最小值属于 M_1 行的一个，则该零件最先加工；如属 M_2 行的，则该零件最后加工。若零件在 M_1、M_2 上的加工时间相等时，两者任取其一排列。

（2）将已排列的零件剔除，其余零件重复上述步骤，直至排序结束。

按上述规则，四个零件的作业排序如表 7-19 所示。

表 7-19 最小值排序的规则过程

序号	机床	工时	A	B	C	D	E	排序
1	M_1	t_{ai}	6	8	12	3*	7	D
	M_2	t_{bi}	11	8	5	3	4	
2	M_1	t_{ai}	6	8	12	(3*)	7	D E
	M_2	t_{bi}	11	8	5	(3)	4*	
3	M_1	t_{ai}	6	8	12	(3*)	(7)	D C E
	M_2	t_{bi}	11	8	5*	(3)	(4*)	
4	M_1	t_{ai}	6*	8	(12)	(3*)	(7)	D A C E
	M_2	t_{bi}	11	8	(5*)	(3)	(4*)	
5	M_1	t_{ai}	(6*)	8	(12)	(3*)	(7)	D A B C E
	M_2	t_{bi}	(11)	8	(5*)	(3)	(4*)	

注：表中*数字是重复出现的数字，可省略

可见，四个零件最优排序的总加工时间为 3+6+8+12+7+4=40h。顺便指出，若第一步取 t_{bi}=3h，那么 D 产品应安排最后加工，则排列加工顺序改为 ABCED，总加工时间仍为 40h。

3. *m* 种设备，*n* 种作业的排序方法

假设某厂有四批零件依次在四种设备上加工，产品结构不同，各种设备加工工时不等，有关数据如表 7-20 所示。

表 7-20 四批零件依次在四种设备上加工工时 （单位：h）

产品	设备			
	M_1	M_2	M_3	M_4
A	8	12	8	6
B	6	8	4	14
C	10	7	5	7
D	14	3	10	10

进行作业排序的具体方法如下。

（1）按照加工顺序，把设备分成前半部和后半部。若设备为奇数，则中间设备的工时平分到前、后两部分的数值上，也可不平分即分别加到前、后两部分的数值上。有关数据列成表 7-21 的形式。

表 7-21 四批零件依次在四种设备上加工的排序规则

产品	前半部 M_1'	设备				后半部 M_2'
		M_1	M_2	M_3	M_4	
A	20	8	12	8	6	14*③
B	15*②	6	9	4	14	18
C	17	10	7	5	7	12*④
D	7*①	4	3	10	10	20

（2）进行作业排序。排序的规则是：在前半部和后半部的列内选择最小数或接近最小数（如有两个以上时，则选头或尾两个机床加工工时之和最小者，尤其要优先选头或尾一个机床加工工时最小者）。如果这个数在前半部的列内，就在该数右边做“*”的标记，表示这个数所在行的产品应排在第一；如果这个数在后半部的列内，就在该数的右边做“*”的标记，表示这个数所在行内产品应排在最后。继续在余下的前半部或后半部的数值中选出最小值或接近最小值，分别做出“*”的标记，同时也可直接在所确定的数字和“*”旁加注序号，直至排序结束。

根据上述排序规则，最后得到的作业排序为 D-B-A-C。

（3）总加工时间的计算为 54h，如图 7-8 所示。

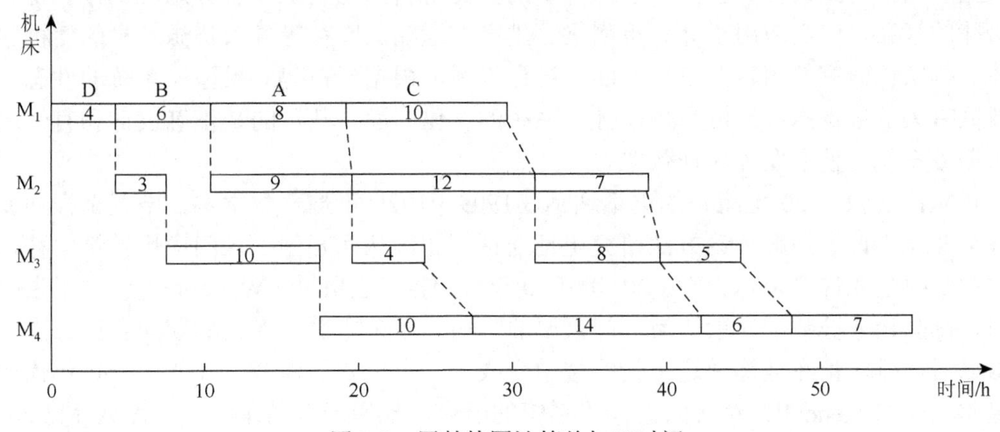

图 7-8　用甘特图计算总加工时间

在一般情况下，采用上述方法得到的排序方案，大多数情况下并不是最优的，而是可行的较为满意的方案。

7.4.3　服务业作业排序

1. 服务业作业排序概述

所谓服务业的作业排序是指对顾客、劳动力与设备等进行时间进度安排，使顾客流与服务能力相吻合和适应。服务业与制造业的差异，也使得服务业作业排序与制造业作业排序有很大的不同。首先，制造业作业排序的侧重点是物料，并且产品可以存储，服务业作业排序的侧重点是人员配备；其次，服务系统没有服务存储，不能预先生产，需求的随机性大；最后，服务劳动含量高，劳动力需求波动大。

服务作业排序的目的——顾客需求与服务能力相匹配，有两种排序方式。

（1）顾客需求排序：将顾客需求分配到各时间段，以不变的服务能力去满足顾客需求。随机排队：排队规则——服务结构；调整顾客到达率：预约系统，预订系统，差异定价。

（2）服务人员排序：将服务人员分配到顾客需求的不同时段，通过适当安排服务人员来调整服务能力，以可变的服务能力去适应顾客需求。如医院、银行、购物中心、超市、警局、酒店等都存在服务人员排序问题。调整服务能力：人员班次排序；对组织结构、服务流程进行重组；雇用、培养多技能员工；利用临时工或兼职人员。

2. 排队论模型

1）排队论的定义

排队论（queuing theory），是研究系统随机聚散现象和随机服务系统工作过程的数学理论和方法，又称随机服务系统理论，为运筹学的一个分支。

排队论是通过对服务对象到来及服务时间的统计研究，得出这些数量指标（等待时间、排队长度、忙期长短等）的统计规律，然后根据这些规律来改进服务系统的结构或重新组织被服务对象，使得服务系统既能满足服务对象的需要，又能使机构的费用最经济或某些指标达到最优。它是数学运筹学的分支学科，也是研究服务系统中排队现象随机规律的学科，广泛应用于计算机网络、生产、运输、库存等各项资源共享的随机服务系统。排队论研究的内容有三个方面：统计推断，根据资料建立模型；系统的性态，即和排队有关的数量指标的概率规律性；系统的优化问题。其目的是正确设计和有效运行各个服务系统，使之发挥最佳效益。

排队论起源于20世纪初的电话通话。1909～1920年丹麦数学家、电气工程师爱尔兰（A. K. Erlang）用概率论方法研究电话通话问题，从而开创了这门应用数学学科，并为这门学科建立许多基本原则。20世纪30年代中期，当费勒（W. Feller）引进了生灭过程时，排队论才被数学界承认为一门重要的学科。在第二次世界大战期间和第二次世界大战以后，排队论在运筹学这个新领域中变成了一个重要的内容。20世纪50年代初，堪道尔（D. G. Kendall）对排队论作了系统的研究，他用嵌入马尔可夫（A. A. Markov）链方法研究排队论，使排队论得到了进一步的发展。

服务业中的排队现象很常见。在超市选购完商品后，顾客推购物车到收款处，自己判断哪个收款员前的队伍较短，然后排队交款。在银行办理金融业务，首先要在排队机上取出一张小纸片，上面印有一个序号，顾客按照电子屏幕的显示号数及广播，依次到相应窗口办理业务。到大医院看病，挂号后到相应的科室，护士在计算机上刷就诊卡，安排就诊医生，患者按照电子屏幕的显示号数及广播，到相应医生诊室看病。

排队系统又称服务系统。服务系统由服务机构和服务对象（顾客）构成。服务对象到来的时刻和对他服务的时间（即占用服务系统的时间）都是随机的。

2）排队系统的组成

排队系统包括三个组成部分：输入过程、排队规则和服务机构。

（1）输入过程。指各种类型的“顾客”（车辆或行人），按怎样的规律到来。输入过程考察的是顾客到达服务系统的规律。它可以用一定时间内顾客到达数或前后两个顾客相继到达的间隔时间来描述，一般分为确定型和随机型两种。例如，在生产线上加工的零件按规定的间隔时间依次到达加工地点，定期运行的班车、班机等都属于确定型输入。随机型的输入是指在时间 t 内顾客到达数 n（t）服从一定的随机分布。

（2）排队规则。指到来的顾客按怎样的规定次序接受服务。主要有三种制式：等待制、损失制和混合制。当顾客到达时，所有服务机构都被占用，则顾客排队等候，即等待制。在等待制中，为顾客进行服务的次序可以是先到先服务，或后到先服务，或是随机服务和有优先权服务（如医院接待急救患者）。如果顾客来到后看到服务机构没有空闲立即离去，则为损失制。有些系统因留给顾客排队等待的空间有限，因此超过所能容纳人数的顾客必须离开系统，这种排队规则就是混合制。

（3）服务机构。可以是一个或多个服务台。多个服务台可以是平行排列的，也可以是串联排列的。服务时间一般也分成确定型和随机型两种。例如，自动冲洗汽车的装置对每辆汽车冲洗（服务）时间是相同的，因而是确定型的。而随机型服务时间则服从一定的随机分布。

3）排队系统的数量指标

研究排队问题的目的，是研究排队系统的运行效率，估计服务质量，确定系统参数的最优值，以决定系统的结构是否合理，设计改进措施等。因此，必须确定用来判断系统运行优劣的基本数量指标，这些数量指标通常如下。

（1）队长，一般设定为无限队列（即等待时间很长的队列，买月票的队列就属于这一种）。有限队列的讨论反而更为复杂。

（2）队列数，分为单列队和多列队，多列队会涉及顾客自动移动队列的问题，超级市场的收银台就属于多列队。

（3）排队规则，是事先设定的决定队列中顾客接受服务次序先后的一种规则，例如，医院的顾客诊断并不根据你在诊室门口排队的顺序，而要根据挂号的顺序。排队的规则包括先到先服务、后到先服务、预定优先、紧急优先、最短时间优先等。

（4）服务时间的分布。一些服务企业顾客接受服务是有一定的时间分布的，有的企业顾客接受服务时间呈现均等化，例如，柜台销售的服务时间大多数是一致的，而有些就存在明显的差异，在医院，不同的病症接受服务的时间明显不同。一般地，如果是随机分布，往往采用指数分布来表示。

（5）队列结构，包括单通道单阶段、多通道单阶段、单通道多阶段、多通道多阶段以及交叉通道混合型等。单通道单阶段如一个服务员的小商店，多通道单阶段如银行的出纳窗口、铁路的售票窗口等，单通道多阶段如洗车的整个过程，从洗尘、打湿到晾干的全过程。多通道多阶段如医院的体检，被体检人员可以按照不同的顺序进行体检。

（6）顾客离开的类型，包括退出服务和重新开始接受服务两种，如果一个队列在当时无法全部满足顾客的要求，顾客可能还需要在另外一个时间再次接受服务。

这样不同的阶段结构可以用表7-22说明几种特殊队列的特征。

表7-22 几种特殊队列的特征

通道数	阶段数	队列长度	服务时间分布	排队规则	人数到达分布	队列模型举例
单通道	单阶段	无限	指数分布	先到先服务	泊松分布	单通道收费站
单通道	多阶段	无限	常数分布	先到先服务	泊松分布	洗车
多通道	单阶段	无限	指数分布	先到先服务	泊松分布	大型超市收银台
多通道	多阶段	有限	指数分布	先到先服务	泊松分布	医院的诊疗

4）排队模型的计算

研究排队系统问题的主要目的是研究其运行效率，考核服务质量，以便据此提出改进措施。排队模型的解决现在一般通过计算机技术进行，不可能指望通过人工的计算得出排队的结果，即便再简单的排队问题的计算也十分复杂，通过计算机进行模拟得出的计算结果进行运用，对于服务系统的设计有非常重要的作用，通过这样的计算，要解决的问题如下。

（1）确定一个顾客可以接受的等待时间。

（2）对整个系统的通道、阶段进行合理的设计。

（3）尽量使顾客感受不到排队的沉重负担感。

（4）对顾客进行有效分类，根据顾客的不同类型，安排不同的队列和排队规则。

（5）对服务人员进行培训，服务人员良好的服务态度可以减轻顾客对排队的烦躁心理。

3. 单队单阶段排队模型

最简单的排队模型是单队单阶段，顾客源为无限，顾客单个到来，相互独立，一定时间的到达数服从泊松分布，到达过程是平稳的，排队为单队，队长没有限制，先到先服务，各顾客的服务时间服从负指数分布，且相互独立。

假设顾客到达规律服从参数为 λ 的泊松分布，服务时间服从参数为 μ 的负指数分布，其期望值就分别为 λ，$1/\mu$。所以 λ 表示单位时间内平均到达的顾客数，μ 表示单位时间内能服务完的顾客数。首先求出排队系统在任意时刻 t 的、状态为 n 的概率 $P_n(t)$，

$$P_n=(\lambda/\mu)^n P_0$$

由概率的性质知 $\sum\limits_{n=0}^{\infty} P_n = 1$，将上式代入 $\lambda/\mu<1$ 时可得到

$$P_0=1-\lambda/\mu$$
$$P_n=(1-\lambda/\mu)(\lambda/\mu)^n$$

如果令 $\rho=\lambda/\mu$，这时 ρ 就表示相同区间内顾客到达的平均数与能被服务的平均数之比，它是刻画服务效率和服务机构利用程度的重要标志，称 ρ 为服务强度。上面在 $\rho<1$ 的条件下得到了稳定状态下的概率 P_n：

$$P_n=(1-\rho)\rho^n,\ n=0,1,2,\cdots$$

下面计算出系统的运行指标。

系统中顾客的平均数：

$$L_{系} = \sum_{n=0}^{\infty} np_n = \sum_{n=1}^{\infty} n(1-\rho)\rho^n = \rho/(1-\rho) = \lambda/(\mu-\lambda)$$

队列中顾客的平均数：

$$L_{队} = \sum_{n=1}^{\infty}(n-1)p_n = \sum_{n=1}^{\infty}(n-1)\rho^n(1-\rho) = \rho\lambda/(\mu-\lambda)$$

可以证明，顾客在系统中逗留时间服从参数为的负指数分布。

系统中顾客的逗留时间：

$$W_{系}=1/(\mu-\lambda)$$

队列中顾客的逗留时间：

$$W_{队}=W_{系}-\frac{1}{\mu}=\rho/(\mu-\lambda)$$

由以上结论可以看出，各指标之间有如下关系：

$$L_{系}=\lambda W_{系};\ L_{队}=\lambda W_{队};\ W_{系}=W_{队}+1/\mu,\ L_{系}=L_{队}+\lambda/\mu$$

【例 7-3】　患者候诊问题。某医院的一个科室有一位医生值班，经长期观察，每小时平均有 4 名患者，医生每小时平均可诊 5 名患者，患者的到来服从泊松分布，医生的诊病时间服从负指数分布。试分析该科室的工作状况。

解　由题意知 $\lambda=4$，$\mu=5$，$\rho=4/5$，$\rho=4/5=0.8$，从而排队系统的概率为

$$P_n=0.2\times0.8^n,\ n=0,1,2,\cdots$$

该科室平均有患者数为

$$L_{系}=\rho/(1-\rho)=0.8/(1-0.8)=4(人)$$

该科室内排队候诊患者的平均数为

$$L_{队}=L_{系}-\lambda/\mu=4-0.8=3.2(人)$$

看一次病平均所需的时间为

$$W_{系}=L_{系}/\lambda=4/4=1(\text{h})$$

排队等候看病的平均时间为

$$W_{队}=W_{系}-1/\mu=1-1/5=0.8(\text{h})$$

➢思考题与习题

1. 生产作业计划与生产计划有何不同？
2. 如何理解生产作业计划的时空观？
3. 生产作业计划包括哪些内容？
4. 什么是期量标准？不同的生产批量各有哪些期量标准？
5. 产品的生产周期是怎样确定的？
6. 厂级生产作业计划的计划单位有哪几种？
7. 假如某制品经过串行的三条流水线制成，三条流水线各有 30 个工位（含空工位），设第一条流水线前的运输在制品有 20 套；第一、二条流水线间的运输在制品有 20 套；第二、三条流水线间的运输在制品有 20 套。车间库房有保险在制品 100 套，每工位无保险在制品，但允许有一个在制品处于等待状态。问该制品生产过程的在制品总数是多少？
8. 设某制品经过三个车间制成，单个制品的生产周期（在三个车间内的加工时间之和：第一个车间加工 3 天，第二个车间加工 3 天，第三个车间加工 4 天）为 10 天；正常情况下，三个车间协作生产时每天可完成 50 套。有客户订货 300 套，若不考虑保险期，问投产之日起，在多少天后该客户可取到这一批货？
9. 设某制品经过四个车间制成，单个制品的生产周期。（在四个车间内的加工时间之和：第一个车间加工 2 天，第二个车间加工 3 天，第三个车间加工 2 天，第四个车间加工 2 天。）为 9 天；正常情况下，四个车间协作生产时每天可完成 50 套。根据累计编号法确定，第 8 天上班开始时，第一个车间的投入号和产出号分别为多少？

10. 设某一混合流水线生产 A、B、C、D 四种产品，其产量分别为 4000、2000、3000、1000 单位，试用生产比倒数法确定投产顺序。

11. 设有五种零件依次经过四台设备加工，有关数据见表 7-23。

表 7-23 五种零件依次经过四台设备加工

定额/设备 产品	M_1	M_2	M_3	M_4
A	6	8	9	7
B	5	7	8	10
C	8	6	10	8
D	11	6	7	6

定额的时间单位为“min”。请进行作业优化排序，并作横道图（甘特图）。

12. 设有五种产品（零件），每种件数 1000 件，要在一台设备上加工，每种产品都有加工时间和预定交货期。如表 7-24 所示。

表 7-24 五种产品加工时间和预定交货期

产品	加工时间/天	预定交货期
A	8	10 日
B	10	25 日
C	9	18 日
D	6	15 日
E	5	16 日

要求：①根据先到先服务规则、最短加工时间规则、最小关键比例规则、最早交货期规则进行作业排序；②计算排序后的总流程时间、总延期交货期、平均在制品库存数；③比较排序结果。

➢拓展学习材料

7-1 案例分析

7-2 甘特图

第 8 章

生产控制与优化

本章提要：通过生产控制对生产系统各环节的活动进行监督、制约和调整，使生产系统按生产计划运行，并能不断适应环境的变化，从而达到系统预定的优化目标。本章介绍生产控制的作用和内容，并着重介绍几种生产控制的方法：5S 管理、流程再造、生产流程优化和复杂生产过程优化等理论与方法。本章旨在使读者了解和掌握生产控制的相关理论与方法，生产计划能够顺利实施，从而达到对整个生产系统运行的协调控制。

8.1 生产控制概述

8.1.1 生产控制的作用和内容

在生产计划的实际执行过程中，由于受到各种因素影响，计划与实施之间必然会产生差异。这种差异主要表现在生产进度的快慢、生产数量的多少、人员与设备的忙闲不一等，以致不能完成计划和按期交货。

为保证完成企业的生产计划，实现企业的经营目标，取得良好的经济效益，必须对企业的生产活动进行有效的控制。

所谓生产控制，就是按生产计划的要求，组织生产作业计划的实施，全面地掌握企业的生产情况，了解计划与实际之间发生的差异及其原因，及时调整生产进度，调配劳动力，合理利用生产设备，控制物料供应和储存，以及厂内外的运输工作，并统一组织力量，做好生产服务工作。换句话说，生产控制是指为使生产达到预定的目标，而依据有关的计划和标准，对生产活动进行监督、检查、发现偏差、进行调节和校正等一系列活动的总称。生产控制主要内容包括生产调度、产前准备、生产作业现场控制等。

生产控制的任务不仅要保证生产过程中物质流畅通，同时还要保证信息流畅通。只有保证信息流畅通，才能及时发现问题，分析原因，采取措施，有效地解决问题，保证生产活动正常进行。

1. 生产控制的主要作用

（1）生产控制是保证企业生产经营活动得以持续进行的重要环节。通过对生产过程有效控制，组织企业均衡、连续生产，有效利用人、财、物等各类资源，逐步减少原材料、在制品、产成品的库存量，建立合理的库存储备，以提高企业适应市场需求变化的能力。

（2）生产控制是解决生产问题的重要手段。按照生产作业计划的要求，组织企业的生产活动，经常检查计划的执行，掌握在制品在各个工艺阶段的投入和生产的动态，解决生产中出现的问题，保证如期完成各项生产任务。

（3）生产控制是调节生产的有效工具。在生产过程中，协调生产与各项生产准备工作的关系，进行各环节的平衡衔接，防止在生产过程中出现阻塞或脱节的现象，保障生产正常进行。

（4）生产控制是实现生产作业计划的有效手段。通过计量、统计、比较，组织生产信息的传递和反馈，掌握计划与实际的偏差，并使偏差及时得到校正。

（5）生产控制可以推动管理工作的改善和计划水平的提高。生产控制通过收集和处理生产过程中的信息而展开工作。这些信息从不同侧面反映了生产运行及其组织管理状况。当这些信息反映出某些决策失误或计划不当时，就能及时反馈到计划部门，为计划的修正和下期计划的制定提供依据，从而推动管理工作的改善和计划水平的提高。

2. 生产控制的基本内容

（1）确定工艺流程。这是生产控制的起点和基础，根据产品的技术要求，结合企业实际的生产技术条件，选择能够保证产品质量、取得最大经济效益的工艺方法和流程。

（2）安排生产进度计划。这是生产控制的前提。按照既定的生产周期、批量和交货期限的要求，在生产能力平衡和资源落实的基础上，确定每种产品的收入与生产日期和每道工序完成的目标日程，把作业计划落实到每一机台、工作地和每个操作者。

（3）下达生产指令。这是生产控制的重要手段。根据产品进度计划规定的投入日程，提前下达生产准备指令，及时把设备调整好，把工艺资料、工装、材料、毛坯成套地送到工作地，然后下达生产指令和检验指令。

（4）生产进度控制。这是生产控制成败的关键。从生产准备到每一道工序的完成以及产品入库的全过程，对产品实行追踪检查，及时掌握产品的周转和储存的动态和静态方面的信息，发现问题，采取措施消除计划与实际的偏差，保证计划按进度完成。

8.1.2 生产控制的功能

生产控制的主要功能可分为进度管理、实物管理、余力管理、信息管理。

1. 进度管理

生产控制的核心是进度管理。

所谓进度管理，就是严格地按照生产进度计划要求，掌握作业标准与工序能力的平衡，从作业准备开始到作业结束为止产品生产全过程。作业标准指劳动定额、质量标准、材料消耗定额等。工序能力指一台设备或一个工作地的生产能力。

根据生产进度计划规定，掌握作业速度、调整速度、调整进度上的延迟和冒进，以保证交货期和生产进度计划的实现。进度管理的业务主要有以下三个方面。

（1）作业分配。根据生产能力负荷平衡进行作业分配，按照生产进度计划的日程要求，发布生产指令。这也就是按照产品工艺流程来确定各车间的作业任务，安排产品的投入产出日程，并把各项任务落实到每台机床、班组和个人。在大批量生产条件下，作业指令主要规定不同品种的产量；在单件或成批生产的条件下，采用工票、加工路线单、派工单等形式，除规定品种数量，还要发布各项作业完工期限的作业指令。

（2）进度控制。根据各项原始记录及生产作业统计报表，进行作业分析，确定每天生产进度，并查明计划与实际进度出现偏离的原因。在大量生产条件下，主要控制生产节拍、平均日产量和在制品、库存半成品的变化趋势；在成批生产条件下，控制的主要对象是投入、产出的提前期与库存零件的成套水平，以及生产的均衡程度；在单件、小批生产条件下，控制的主要目标是产品的标准生产周期与实际进度的差异，主要零件的工序进度。无论哪种类型的生产企业，都要严格控制设备负荷率和工序能力的变化。

（3）偏离校正。进度管理的目的，不仅要及时发现计划与实际的偏离情况，采取有效的措施，予以消除，还要提高预防性，预防偏离情况的发展。在进度控制中，发现有延迟的情况，应立即采取调整交货期转交晚的任务和次序，或利用调整班次、增加人员、外部协作等临时性措施，加以校正。但是防止偏离的根本方法，是查明和消除发生偏离的原因。为了能够应付突然到来的任务或特急的任务，应经常保持一定的生产余力予以缓冲。

2. 余力管理

所谓余力，是指计划期内一定生产工序的生产能力同该期已经承担的负荷的差值。余力有正负之分，能力大于负荷为正余力，表示能力有余；能力小于负荷为负余力，表示能力不足。余力管理的目的，一是要保证实现计划规定的进度，二是经常掌握车间、机械设备和作业人员的实际生产能力与实际生产数量，通过作业的分配和调整，谋求生产能力和负荷之间的平衡，做到既不出现工作量过多，也不发生窝工的现象。

在生产计划编制阶段，虽然进行过生产能力与生产任务之间的平衡，但这种平衡毕竟是在一定时期内的相对平衡。在组织生产的过程中，由于各方面因素的影响，生产会出现新的不平衡，需要重新组织和再平衡。因此余力管理是生产控制过程中的一项重要内容。特别是在单件生产方式中，常常由于突然的任务，需要对原来的进度计划进行变动和补充。在这种情况下，掌握不同车间、不同设备的余力，是十分必要的。在单件小批生产情况下，可以采用零件工序生产进度表的形式来掌握余力。

生产有余力，即出现空闲情况（正余力），就要采取提前计划进度和支援其他生产单位等调整措施，减少窝工。在出现超负荷的情况下（负余力），可以延迟生产计划进度，采取调整班次、重新分配任务、利用外协等措施，加以平衡。

3. 实物管理

实物管理，就是对物质材料、在制品和成品，明确其任意时间点的位置和数量的管理。在实物管理中，搞好在制品管理和搬运管理，又是实现生产有效控制的首要环节。

在制品管理的主要任务：在整个生产过程中，保持实现均衡和配套生产所需的在制品数量，严格控制在制品的储备量和在各个生产环节的流转动态，以缩短生产周期，加速流动资金的周转。为了有效地进行在制品管理，应结合企业的管理状况，认真做好以下工作。

1）管理车间在制品、库存在制品的流转和统计

车间在制品，是指在车间内部正在加工、检验、运输和停放尚未完工入库的在制品。库存在制品是指车间之间待配套装配和加工的在制品，通常存放在毛坯库和零件库中。

这一种类型的在制品，也是一种生产能力，是储存起来的生产能力，具有调节和缓冲生产的作用。它们通常是通过作业统计进行管理的。

要管好在制品的流转和统计，必须及时处理在制品的增减，建立严格的交接手续，严格控制投料，及时处理废次品，定期清点盘存，保证账物相符。在大批量生产条件下，在制品的数量比较稳定，并有标准在制品定额，在生产过程的移动是沿一定的路线有节奏地进行的。因此通常采用轮班任务表，结合统计台账来控制在制品的数量和流转。在单件小批生产条件和成批生产条件下，由于产品品种及投入和生产的批量比较复杂，所以通常采用加工路线单和工作票等凭证以及统计台账来控制在制品的数量和流转。

在制品在流转过程中，不可避免地会发生次品和废品，一旦发现，要及时做好隔离工作，防止不合格品混入合格品中。

2）确定半成品、在制品的合理储备和进行成套性检查

各种半成品、在制品的合理储备，是组织均衡生产的重要条件。合理储备量的确定，取决于企业的生产类型和生产组织形式以及原材料、外购件、生产批量等因素。在制品过多，会影响资金周转；过少会影响产品配套。要根据各道工序需要的情况加以确定。车间和仓库都要建立毛坯、零件成套率的检查制度和对储备量的检查制度，要注意掌握在制品的变化情况，及时进行调节，使在制品数量保持在定额水平。

3）加强存储管理，发挥中间仓库的控制作用

加强存储管理，要规定在制品的保管场所和方法，明确保管责任，严格准确地执行车间（工序）之间的收付制度。重点是要求严格掌握库存在制品数量动态变化，做到账物相符，账账相符。中间仓库做好在制品的保存、配套发放等工作，生产控制通过这些工作来检查生产车间是否严格按照作业计划的规定发放和接收在制品，并要定期组织在制品盘点，查清数量，调整台账数字。

4）重视搬动管理，提高物料流转过程中物料的实物运转效率

所谓物料搬动管理，是指为提高物料流动、仓库储存、工业包装的作业效率所进行的管理工作。

工业企业的生产过程，从某种意义上说，也就是物料的流动过程。它由加工和装配、检验、装卸、运输和储存四类作业以及各种停顿时间组成。物料搬动的职能是组织企业内部整个物料的实物运动，它的范围是从物料供应单位的包装、装配、检验和入库，到发运出厂运到订货单位为止。因此，物料搬动管理工作不仅遍及企业内部，也涉及企业外部。

物料搬运工作的主要任务：缩短物料搬运距离，减少或取消搬运；物料及时流转，减少在制品数量；逆向搬运极小化，保证合理利用通道和过道；缩短运输时间，使停工待料时间极小化；保证产品质量，减少搬运过程中的磕碰、损失和变质情况的发生。

搬运对生产经营成果具有明显的影响，据我国某轴承厂的统计，每生产一吨轴承，厂内外（包括车间和仓库内部）的总搬运量约为190t。这不仅对生产成本，而且对生产周期均具有重大影响。因此，物料搬运是生产管理的重要环节，也是实物管理中必须控

制的一项内容。

为了做好物料搬运工作，要特别重视工作器具的作用，推行工作器具的合理化、标准化、定量化、省力化。

4. 信息管理

生产控制过程，同时也是信息与反馈的过程。所有企业都是由管理部门利用“人流”“物流”“资金流”“信息流”来组织生产的。为了生产某项产品，供应部门按计划购买原材料，先入仓库，然后发到每一个生产单位进行加工处理，制成合格产品，经包装入库，发往用户，这就是一个“人流”“物流”“资金流”的过程。在这个过程中，伴随着大量的信息，如计划任务、人员调配、质量检查、专业核算等。这些信息都在不断的流转，形成信息流。信息流控制着“人流”“物流”的流向和流量。例如，原材料投入生产时，同时就跟有按工序排列的加工路线单（或工票）和工艺卡片，上面说明该零件的加工件数、工时（台时）定额、工艺要求、检查结果等信息，当零件完工以后与跟随的加工路线单一起入库，这一系列的流动顺序，都是受信息控制的。又如，超额完成生产任务的信息，如果不能及时到达材料供应部门，材料供应部门就无法做出反应，生产就要中断。随着企业生产规模的扩大，生产专业化程度的提高，企业与外界环境的联系越广泛，信息流的作用就越大，对信息流的传输速度和准确度要求就越高。如果所得到的反馈信息太迟，则做出的决策离实际情况也就越远。

生产过程的信息反馈基本上有以下三种。

（1）以生产工人为对象的信息反馈。把生产工人在一个作业班内的情况，如完成的产品品种、产量、工时和设备利用以及执行计划的结果等信息，采用一定的报表格式，如实记录下来。

（2）以机械设备为对象的信息反馈。把机械设备加工处理的材料数量和完成的产量、质量、品种、台时利用以及执行计划的结果等信息，采用一定的仪器设备或报表格式，如实记录。

（3）以产品（加工对象）为对象的信息反馈。把其一产品从原材料投入到制成产品的全部过程的情况，包括投入数量、生产数量、质量、消耗工（台）时等信息，采用一定的报表格式，如实记录。

信息传递要靠媒介。可以采用的媒介有纸张和电子计算机。不管哪种方式，都要制定科学合理的流转程序和传输路线，明确规定信息传输的责任制度（包括时间、地点、责任者），使各种信息按一定的流转程序和传输路线，准确地、及时地反馈上来。

信息传递有横向传递也有纵向传递。横向传递主要是指前后工序之间、各工种、各工作地、工段、车间之间、各职能部门之间的传输。纵向传输主要是指企业的各生产单位对主管职能部门、职能部门对厂部和主管领导的传输。无论是横向传输还是纵向传输，企业都要根据实际需要，按照一定的逻辑进行信息分类、收集和处理。要制定传输的路线和有关责任制度，以保证信息畅通、反馈准确、处理及时、控制有效。

图 8-1 为某企业工票传递路线。

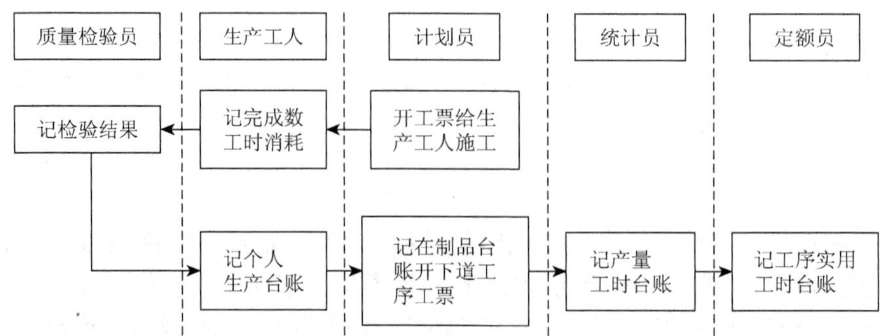

图 8-1　某企业工票传递路线示意图

8.1.3　生产控制的方法

为了准确了解生产情况，及时发现计划与实际的差异，有预见性地掌握生产发展趋势，就要应用一些科学管理方法。常见的生产控制方法有以下几种。

1. 进度分析

为了直观地了解生产进度及其与计划的对比情况，更好地控制生产进度，经常采用以下几种图表进行进度分析。

（1）坐标图。在生产量随时间变化的情况下，可以用一个简单的坐标图来描述数据及数据的变化趋势。例如，某厂一旬的计划装配产量及逐日完成的实际产量，如表 8-1 所示。

表 8-1　某厂一旬的计划装配产量及逐日完成的实际产量

日期	计划		实际		差异	
	当日	累计	当日	累计	当日	累计
1	50	50	25	25	−25	−25
2	60	110	75	100	15	−10
3	70	180	50	15	−20	−30
4	90	270	75	225	−15	−45
5	125	395	100	325	−25	−70
6	170	565	150	475	−20	−90
7	210	775	225	700	15	−75
8	250	1025	300	1000	−50	−25
9	200	1225	200	1200		−25
10	150	1375	200	1400	50	25

（2）条形图。又称横道图。它是一种安排计划和检查计划完成情况的常用图表。图 8-2 是一种控制配套生产的条形图。在图中，中间折线（CD 线）表示本月内装配所需的零件数量；右边折线（AB 线）表示按生产计划应完成的零件数（包括装配前

需要存储的零件数量)；左边折线（EF 线）表示上旬实际完成的零件数量。从图中可以看出，溜板、中心架完成数量较多，能完成本月装配的需要；尾架完成的数量虽多，但和本月装配需要还有相当的距离；床位头箱、进给箱、刀架座完成的数量较少，距离本月装配需要线很远，有可能影响本月产品生产，又可能影响下月的配套，应采取有力的措施予以解决。

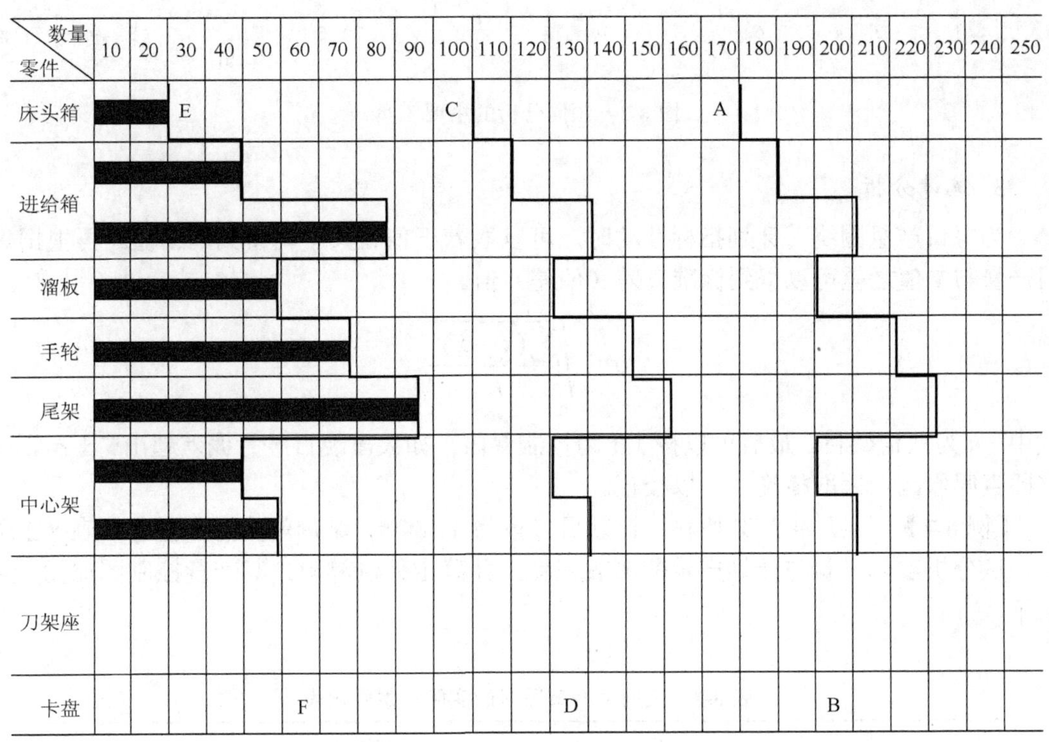

图 8-2　控制配套生产的条形图

2. 倾向分析

倾向分析的主要工具是折线图，就是把各工序每日实际完成的数量，按时间序列绘制成坐标图，如图 8-3（a）和图 8-3（b）所示。但是图 8-3（a）很难掌握其规律和趋势，必须进一步作倾向分析，其具体做法如下。

第一步，将每日实际完成的零件数量，每三天一平均，得到若干平均值，连成一条曲线，称为短波，以观察其规律与发展趋势。

第二步，将短波各波峰（峰值）连成一线，各谷底另连成一线，此二线称为外覆线。

第三步，在两条外覆线的中间绘一曲线，这条曲线称中波。这就是要寻找的倾向线，据此进行倾向分析。

求倾向线所采用的统计资料，一般仅一个月的时间，可画到中波为止。但在按订货或市场需要组织生产的条件下，需运用三个月至半年、甚至一年的中波曲线，再重复一次上述步骤，得到一条曲线，称为长波，可用于分析生产趋势。

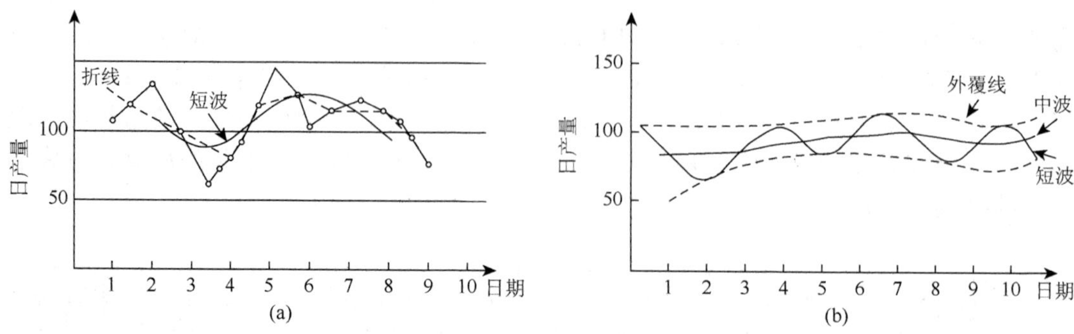

图 8-3 倾向分析的主要工具

3. 统计分析

当每日产量围绕着计划指标波动时，可以取若干值将其平均得到的 $\overline{x}$ 值。再根据每日产量与 $\overline{x}$ 值之差可以得到标准离差（偏差）值。

$$\sigma = \sqrt{\frac{\sum (x_i - \overline{x})^2}{n}}$$

式中，n 为取值数目。最后可以按 $\pm\sigma$ 为控制界限，如果出现日产量偏差超出 $\overline{x} \pm \sigma$，应立即查明原因，采取措施，予以校正。

【例 8-1】 某厂生产某原料，计划日产量为 11.849t，某周的实际产量，如表 8-2 所示，试分析实际产量与计划产量的离散程度，并确定控制界限，其产量控制图如图 8-4 所示。

表 8-2 某周生产某原料的实际产量登记表

n	星期	实际产量 x_i	与计划离差 $x_i - \overline{x}$	$(x_i - \overline{x})^2$
1	一	13.585	1.736	3.014
2	二	12.582	0.679	0.461
3	三	12.295	0.416	0.173
4	四	13.609	1.760	3.089
5	五	14.240	2.391	5.717
6	六	12.668	0.819	0.671
7	七	11.690	−0.780	0.608
Σ		90.669		13.742

根据公式及表 8-2 中的数据可知，$\sigma = \sqrt{\frac{13.742}{7}} = 1.401(\text{t})$。

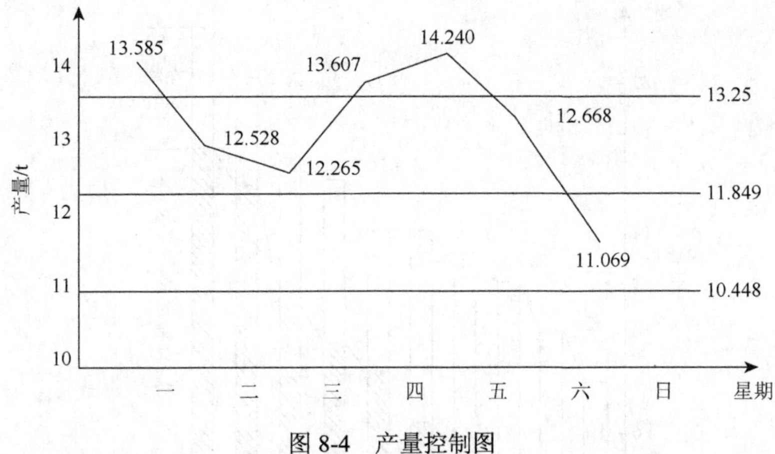

图 8-4　产量控制图

4. 日程分析

日程分析也叫生产周期分析。检查各生产环节生产进度计划完成情况时，必须进行日程分析。日程是指零件的加工时间、前后发生的停滞时间和搬运时间的总和。通过日程分析，对缩短生产周期、减少中断时间和在制品占用量，都有明显的作用。进行日程分析，可借助于加工路线单、工票及其他生产记录，逐日将投入与完工的零件数量，记入统计台账，并绘制动态批示图表进行分析。例如，某厂生产某种零件，在 10 天内某道工序逐日投入与完工数量的统计资料，如表 8-3 所示。

表 8-3　某道工序 10 天内逐日投入与完工数量的统计资料

当期		1	2	3	4	5	6	7	8	9	10	Σ
投入量	当日	8	2	2	1	1		2	1	3	2	
	累计		10	12	13	14	14	16	17	20	22	22
交付量	当日		1	3	1	1	2	1	2	4	2	
	累计		1	4	5	6	8	9	11	15	17	17
结存量		8	9	8	8	8	9	7	6	5	5	70

根据表 8-3 的资料，可绘制如图 8-5 所示的生产动态指示图。图中投入量指该零件由上道工序转入本工序的数量，交付量指本工序完工转入后道工序继续加工的零件数量。按下列公式可求出该工序的平均生产周期（日）：

$$\text{某工序平均生产周期} = \frac{\text{该工序在计划期间的结存累计}}{\text{该工序在计划期间的交付累计}}$$

本例的平均生产周期为

$$\frac{70}{17} = 4.1(\text{天})$$

本例说明在制品结存量越大，平均生产周期就越长。

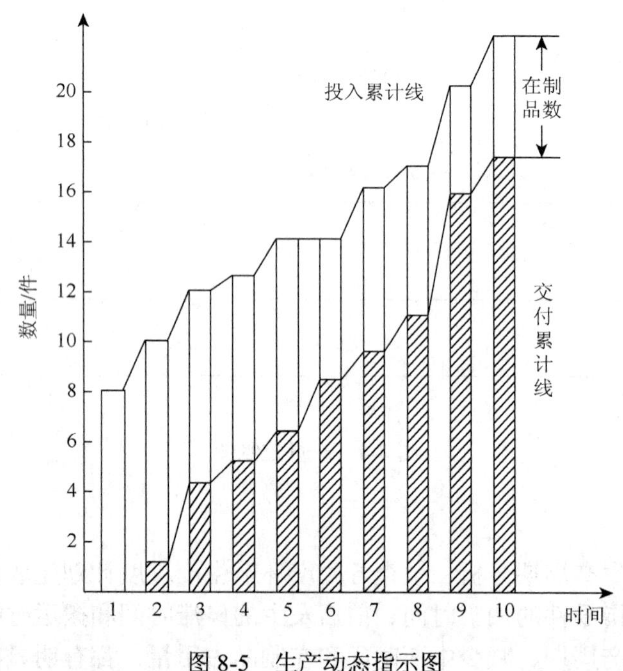

图 8-5 生产动态指示图

5. *在制品占用量分析*

在生产过程中，对在制品占用量进行经常性的作业分析，是组织均衡生产的重要条件之一。因此，控制在制品流转，在一定的时间和一定的条件下，保持必要的在制品占用量，是生产控制的一项重要工作内容。缺乏必要的在制品占用量，往往是企业生产前松后紧的一个重要原因，为了改变“在制品储备吃光”和“当月投料、当月加工、当月装配”的被动局面，应当按照期量标准，建立毛坯和零件必要的在制品占用量，并经常通过在制品占用量分析，使它保持在一定的储备水平上。

一般说来，要控制生产过程中的在制品流转，难度较大。但是，按照在制品占用量分配规律，它的绝大部分应分配在劳动消耗量最大的一些工序后面，以免这些工序一旦出现废次品或其他情况时，不致破坏规定的生产进度计划。因此，在制品占用量分析，也就是要对那些劳动消耗量最大的一些工序上的在制品流转和分配进行重点的分析。

对于某制品生产过程，某工序（或工位）的在制品数量（不含工序间流动在制品）可表达为

$$Z_i=\Sigma Z_{i\,\text{流进}}-\Sigma Z_{i\,\text{流出}}-\Sigma Z_{i\,\text{废次品}}$$

式中，Z_i 为某工序（或工位）的在制品数量；$Z_{i\,\text{流进}}$为由前道工序或由库房或由协助单位流入某工序的在制品数量；$Z_{i\,\text{流出}}$为从本工序流到下道工序或库房或协助单位的在制品数量；$Z_{i\,\text{废次品}}$为由本工序产生的废次品。

根据工序在制品数及相关信息，可直接或间接获得的信息有：生产进度与生产效率；在制品占用量及相应的流动资金占用量（可进行在制品占用量的合理性分析）；校核工时定额的合理性；劳动者的技能分析；工序成本分析；废次品率分析、某时点某任务完成的百分比等。

8.2 5S 管理

8.2.1 “5S”管理概述

“5S”管理起源于日本，因日语中的整理（SEIRI）、整顿（SEITON）、清扫（SEISO）、清洁（SETKETSU）、素养（SHITSUKE）这五个词的罗马拼音均以“S”开头而简称“5S”管理。

开展“5S”活动能创造良好的工作环境，提高员工的工作效率。试想，如果员工每天工作在满地脏污、到处灰尘、空气刺激、灯光昏暗、过道拥挤的环境中，怎能调动他们的积极性呢？而整齐、清洁有序的环境，能促使企业及员工提高对质量的认识，获得顾客的信赖和社会的赞誉以及提高员工的工作热情、提升企业形象、增强企业竞争力。

1. “5S”管理的目的

为了人类的生存、文明与发展。

为了有一个安全的、高效的、高品质的、人际和谐、精神状态朝气蓬勃的工作现场。

为了使本企业降低成本、按时交货、服务使顾客满意。“5S”是办好一个企业的充分且必要的条件。哪个部门没有正常执行“5S”，就没有正常的作业条件，没有好的业绩或者没有生气。

通过规范生产现场、规范生产过程中的在制品、产品、所用工具、工装以及车间和工厂的生产设施和其他设施，营造优良的工作环境，使之符合现代产品生产对环境的要求，同时也是为了培育人的优秀品质，使员工养成良好的工作习惯。

（1）革除马虎之心，认认真真地对待工作中的每一件“小事”。

（2）自觉遵守工厂的各项规章制度。

（3）自觉维护工作环境整洁明亮。

（4）在工作中和人际交往中注重文明礼貌。

（5）提高员工的综合素质。

2. “5S”管理与工作成本的关系

开展“5S”现场管理可得到丰厚的回报，作为一名企业的管理者，必须关注隐含在管理中的成本，在企业中经常看到的浪费现象有如下几个方面。

（1）无价值的工作造成的浪费。

（2）信息错误造成的浪费，如信息来源的错误会造成不可估量的损失。

（3）等待的浪费，如停工待料。

（4）操作不当，导致设备故障造成的浪费。

（5）意外事故造成的浪费，轻则财产损坏，重则人员伤亡，造成不可挽回的损失。

（6）生产过量或不足造成的浪费，过多积压，过少供应不足，均造成不良后果。

（7）原材料库存量过多或过少的浪费，过多必将造成系列成本的增加、过少造成停工待料，影响供货期等。

（8）产品检验和返工的浪费。企业应该通过实施现代质量控制方法，设法降低不良品率，提高一次加工合格率，而片面质量检验把关和返工返修等，非但不能提高产品质量，反而增加成本。

（9）物品堆放，标志管理混乱造成的浪费，物品在流转或库存中堆放不合理，无法做到先进先出，造成物品堆放时间过长、生锈、变质，造成质量下降等，甚至不合格。而标志混乱，在企业内部无法追踪不合格品产生的原因和责任人，流出厂外给企业信誉造成无可挽回的损失。

（10）文件缺乏和记录管理不善造成的浪费。文件缺乏、管理混乱必然引发的问题是需要进行跟踪和改进，必然对企业的发展产生负面效应。

一个企业管理不善造成的损失不止上述这些内容，应通过“5S”活动加强现场管理，解决上述浪费现象，真正做到管理中获取效益。

3. 管理与其他管理活动的关系

（1）“5S”是现场管理的基础，是全面生产管理的前提，是全面品质管理的第一步，也是推行ISO9000系列标准的有效保证。

（2）“5S”管理能够营造一种“人人积极参与、事事遵守标准”的良好氛围。

（3）实施ISO标准、全面生产管理、全面品质管理等活动的效果是潜移默化的、长期性的，一时难以看到显著的效果，而“5S”管理活动的效果是立竿见影的。如果在推行ISO标准、全面生产管理、全面品质管理等活动的过程中导入“5S”管理，可以通过在短期内获得显著效果来增强企业员工的信心。

（4）“5S”管理水平的高低，代表着管理者对现场管理认识的高低，这又决定了现场管理水平的高低，而现场管理水平的高低，制约着ISO标准、全面生产管理、全面品质管理活动能否顺利、有效地推行。通过“5S”管理活动，从现场管理着手改进企业的管理机制，则能起到事半功倍的效果。

（5）“5S”是优秀的公共关系媒介，良好的生产环境是最好的宣传员，默默地宣传良好的企业形象、宣传良好的产品质量、宣传文明礼貌、融洽的人际关系。

8.2.2 “5S”管理的定义、目的、实施要领

1. “S”——整理

1）定义

（1）将工作场所任何东西区分为有必要的与不必要的。

（2）把必要的东西与不必要的东西明确、严格地区分开来。

（3）不必要的东西要尽快处理掉。

（4）正确的价值意识——使用价值，而不是购买价值。

2）目的

（1）合理腾出空间，使之不影响生产过程，使腾出的空间用于扩大生产规模。

（2）防止发生误用、误送等事故。

（3）塑造有条不紊的工作场所。

生产过程中经常有一些残余物料、待修品、返修品、报废品等滞留在现场，还有一些已无法使用的工夹具、量具、机器设备，既占了地方又阻碍生产，如果不及时清除，会使现场变得凌乱。

生产现场摆放不要的物品是一种浪费，即使宽敞的工作场所，将越变越窄小。

棚架、橱柜等被杂物占据而减少使用价值。增加寻找工具、零件等物品的困难，浪费时间。

物品杂乱无章地摆放，增加盘点困难，成本核算失准。

注意：要有决心，不必要的物品应断然地加以处置。

3）实施要领

（1）自己的工作场所（范围）全面检查，包括看得到的和看不到的。

（2）制定“要”的物品和“不要”的物品的判别标准。

（3）把经常使用的物品放在容易取到的地方。

（4）把长期不用，但有潜在可用性的物品放置到指定地方。

（5）将不要的物品清除出工作场所。

（6）制定废品、切屑、工作垃圾等废弃物处理方法和返修品、次品的回收办法。

（7）每日自我检查，检查与自己有关的物品是否已经进行了整理。

2. “S”——整顿

1）定义

（1）明确各类有用的物品各自的数量，并进行有效的标识。

（2）将各种有用物品存放在合适的地点和放置在合理的装置内。

（3）对整理之后留在现场的必要的物品分门别类放置，排列整齐。

2）目的

（1）经过整理、整顿后的工作场所一目了然。

（2）具有明亮、宽敞、清洁、整整齐齐的工作环境。

（3）由于物料放置具有明显的规律性，所以可消除不必要的寻找物品的时间，从而可提高效率。

（4）通过整理和整顿，消除过多的积压物品。

注意：整理和整顿须密切结合，整理和整顿是提高工作效率的基础。

3）实施要领

（1）将前一步骤整理的工作进一步落实到位。

（2）应有仓库场地布置总体规划，并画出规划图，物料、物品放置应有总体规划，区域划分应有标识、物料架应有标识，不同物料应有适当的标识来区分，物料放置应整齐、美观。

（3）应有车间场地布置总体规划，并画出规划图。不同的生产线、工序、工作地、工位应设牌标识，设备摆放应整齐，工具、工装摆放应整齐，工人工作台面应整齐，文件、记录等物品放置应有规划、物品放置应整齐、美观、有条不紊；必要时应做一定标识。

（4）工具柜、档案柜、工件摆放桌等应整齐，其抽屉内物品应整齐，不杂乱。

（5）通道要空出、不杂乱。

（6）制定废弃物处理办法，并严格按照规定及时进行处理。

4）整顿的“3 要素”：场所、方法、标识

（1）放置场所——物品的放置场所原则上要 100%设定，物品的保管要定点、定容、定量，生产线附近只能放真正需要的物品。

（2）放置方法——易取。应在放置方法上多下工夫：对于常用物品，应根据人机工程学要求，放置在特别容易拿得到的地方；对于非常用物品，则应放置在容易看得到的地方。

（3）标识方法——放置场所和物品原则上一对一表示，即放置场所应进行标识，物品亦应进行相应标识。某些标识方法全企业要统一。

5）整顿的“3 定”原则：定点、定容、定量

（1）定点：放在哪里合适。

（2）定容：用什么容器、颜色。

（3）定量：规定合适的数量或盛装量。

6）整顿要达到的要求

（1）整顿的结果要呈现出任何人都能立即取出所需要的东西的状态。

（2）要站在新人和生产现场的其他人的角度来看，什么东西放在什么地方更为合理。

（3）要想办法使物品能立即取出使用。

（4）使用后要能容易恢复到原位，若没有恢复或产生误放时能马上知道。

3. “S”——清扫

1）定义

将生产现场、工作场所清扫干净。保持生产现场、工作场所干净、整洁。

2）目的

（1）消除脏污、尘埃，保持生产现场、工作场所内干净、明亮。

（2）稳定并持续改进产品质量。

（3）减少工业污染对员工健康的伤害。

注意：清扫一定要责任化、制度化。

3）实施要领

（1）建立清扫责任区（室内、外）。

（2）执行例行扫除，清理脏污。

（3）调查污染源，予以杜绝或隔离。

（4）建立清扫基准，作为规范。

（5）定期进行一次企业的大清扫，每个地方清洗干净。

清扫就是使工作场所进入没有垃圾、没有污脏的状态，虽然已经整理、整顿过，所需要的物品马上就能取得，但是被取出的东西要达到能被正常使用的状态。而达到这种状态就需要以清扫为第一目的，在强调产品高质量、高附加价值的制造中，更不容许有垃圾或灰尘的污染而影响产品质量。

4. “S”——清洁

1）定义

将上面的 3S 实施的做法制度化、规范化，在确保生产现场和其他工作场所整齐、

宽敞、明亮、井井有条的前提下保持清洁卫生。

2）目的

维持前面 3S 的成果。

注意：制度化，定期检查。

3）实施要领

（1）落实前面所说的 3S 工作。

（2）制定目视管理的标准。

（3）制定实施、核查与考评方法。

（4）制定奖惩制度，加强执行力度。

（5）地面、墙面、物料架、物料桌、物料要清洁，甚至灯管、灯管罩、空调器、电风扇等无积尘。

（6）工人工作台面要清洁、设备要清洁、光线要充足。

（7）办公桌面要清洁，图纸、文件、记录不肮脏、不破烂。

（8）通风要好，保持干燥清爽的环境。

（9）坚持上班“5S”5min，下班“5S”5min。

（10）高层主管经常带头巡查，部门主管定期有检查，对不符合“5S”要求的情况及时纠正，带动全体员工重视“5S”活动。

5. “S”——素养

1）定义

通过实施“5S”管理，并结合企业的培训、教育、激励等手段，提高员工的综合素质和文明礼貌水准，增强团队意识，养成按规定行事的良好工作习惯。

2）目的

提高员工的素质，使员工对任何工作都讲究认真、主动、热情；有强烈的时间观念；养成文明礼貌的人际交往习惯：着装整洁、语言礼貌、举止文明、积极开朗；最终达到完善产品质量、提高工作效率的目的。

注意：长期坚持，才能养成良好的习惯。

3）实施要领

（1）制定服装、臂章、工作帽等识别标准。

（2）制定公司有关规则、规定。

（3）制定礼仪守则。

（4）进行培训、教育（新进人员另需进行强化“5S”教育与实践）。

（5）推动各种精神文明活动。

（6）推动各种激励活动，遵守规章制度。

8.2.3　“5S”的实施步骤

掌握了“5S”的基础知识，并不等于具备推行“5S”活动的能力。因推行步骤、方法不当导致事倍功半，甚至中途夭折的事例并不鲜见。因此，掌握正确的步骤、方法是非常重要的。

1. “5S”活动推行的步骤

成立“5S”活动推行委员会及推行办公室，虽然以兼职为主，但必须形成健全的“5S”活动管理组织体系。在该委员会的统一领导下推动“5S”管理与活动。

2. 拟定推行方针及目标

（1）制定方针。推动“5S”管理时，应制定正确的方针作为导入“5S”管理的指导原则。方针的制定要结合企业具体情况，要有号召力。方针一旦制定，要广为宣传。

例如，推行“5S”管理、塑企业一流形象；于细微之处着手，塑造企业新形象；告别昨日，挑战自我，塑造员工个人新形象；每个人的每项工作须与顾客的满意度密切联系起来；规范生产现场和工作场所；提升员工的综合素质等。

（2）制定目标。目标的制定也要同企业的具体情况相结合。应设定所期望且通过努力可实现的目标，作为开展“5S”活动的方向及便于活动过程中的成果检查。

例如，定期（以月或季为一个时段）考核，各部门考核的分数应在 90 分以上；新员工入厂参观教育或有来宾到厂参观，不必事先进行现场准备等。

3. 拟定工作计划及实施方法

（1）收集资料及借鉴他厂做法。

（2）拟定“5S”活动的日程计划作为推行及控制“5S”活动的依据。

（3）制定“5S”活动实施办法。

（4）制定要与不要的物品区分方法。

（5）制定“5S”活动评比的方法。

（6）制定“5S”活动奖惩办法。

（7）其他相关规定。

“5S”活动工作一定要有计划，以便大家对整个过程有一个整体的了解。项目责任人清楚自己及其他责任人的工作是什么，以及何时要完成到什么程度，相互配合造就一种良好的团队作战精神。

4. 教育

通过培训和宣传栏及班组活动对全体员工进行教育，各部门也应积极配合进行教育与宣传。宣传的内容可包括开展“5S”活动的深远意义、“5S”活动的内容及目的、“5S”活动的实施方法、“5S”活动的评比方法、“5S”活动的奖惩办法以及新进员工的“5S”培训等。

教育是非常重要的，通过教育使员工了解“5S”活动能给企业、顾客、本岗位工作和全企业工作及自己带来的好处，从而积极主动地去做，与被别人强迫着去做其效果是完全不同的。教育形式要多样化，讲课、放录像、观摩他厂案例或样板区域、学习推行手册等方式均可视情况加以使用。

5. 活动前的宣传造势

“5S”活动要全员重视、参与才能取得良好的效果。在开展“5S”活动前应召开企业全体员工大会，企业最高主管应向全体员工发出号召，各部门也应举行声势浩大的宣言会，内部海报、内部报刊宣传、宣传栏同时进行大力宣传，做好强大的舆论准备。

6. 实施

（1）在做好前期作业准备的基础上通过方法说明会介绍“5S”活动的实施细则。
（2）举行大规模的工厂“洗澡”运动（全体上下彻底大扫除）。
（3）建立地面画线及物品标识标准并实施。
（4）展开“3 定”“3 要素”规范化活动。
（5）设计“‘5S’日常确认表”，并按表实施。
（6）必要时须亮起红牌。
（7）定时、定点摄影，用于前后比较和作为资料存档。

7. 活动评比办法确定

（1）确定加权系数：困难系数、人数系数、面积系数、教养系数等。
（2）制定考核评价指标体系和评分办法。
（3）考核时间安排。

8. 考核

（1）现场考核。
（2）“5S”基本知识考核。
（3）举办各种活动及比赛（如征文活动等）。

9. 评比及奖惩

（1）按“5S”活动竞赛办法进行评比。
（2）公布成绩，按成绩实施奖惩。

10. 整改

（1）各责任部门针对考核结果中的有缺陷项目进行分析，寻找原因，商定解决措施。
（2）制定下一轮“5S”活动实施计划，报有关部门审批。
在“5S”活动中，适当地导入 QC 手法、IE 手法是很有必要的，能使“5S”活动推行得更加顺利、更有成效。

11. 将“5S”活动纳入定期管理活动中

（1）标准化、制度化的完善。
（2）实施各种“5S”强化月活动。
需要强调的一点是，企业因其背景、架构、企业文化、人员素质的不同，推行时可能会有各种不同的问题出现，推行办要根据实施过程中所遇到的具体问题，采取可行的对策，才能取得满意的效果。

8.3 流程再造

8.3.1 流程管理的基本概念

1. 流程的定义

流程是一组为客户创造价值的相关活动。企业的流程是对业务运作的规范，可以不断地总结和固化优秀的经验。

ISO：流程是一组将输入转化为输出的相互关联或相互作用的活动。

谢尔：业务流程是公司以产出产品和服务为目标的一系列连贯的、有序的活动组合，业务流程的输出结果是为内部或外部的“客户”所需要的，并为客户所接受的产品或服务。

按照流程的定义，企业的活动几乎都可以认为是大大小小的流程，起作用的是增值的流程，如图 8-6 所示。

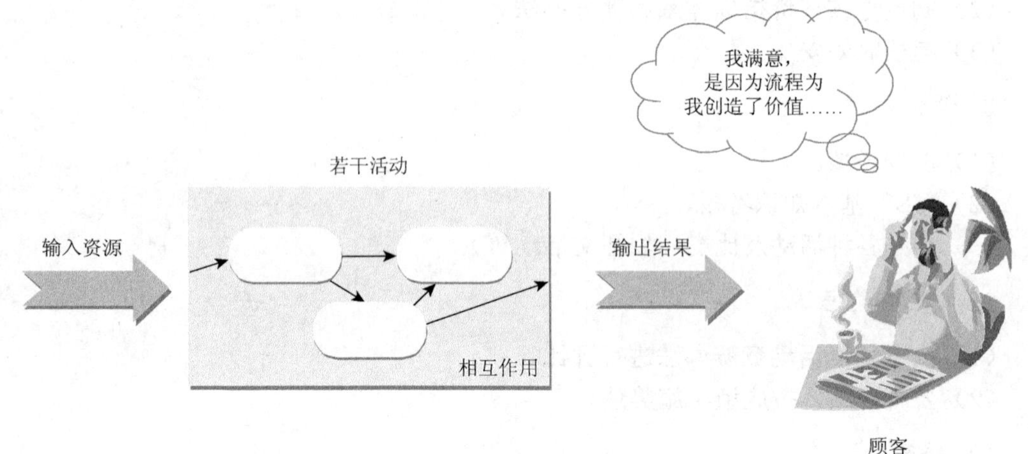

图 8-6 增值的流程

2. 流程管理的定义

业务流程管理（business process management，BPM），是一种以规范化地构造端到端的卓越业务流程为中心，以持续地提高组织业务绩效为目的的系统化管理方法。流程管理的定义中包含了几个关键词：规范化、流程、持续性和系统化。该定义指出，流程管理是一种系统化的方法，是持续的、不断提升的一种方法。

3. 流程管理的层次

流程管理根据现有流程的具体情况，对流程进行规范化的设计。一般来说，流程管理可以包含以下三个层面（图 8-7）。

（1）流程建立和规范。整理企业流程，界定流程各环节内容及各环节间交接关系，形成业务的无缝衔接，适合所有企业的正常运营时期。

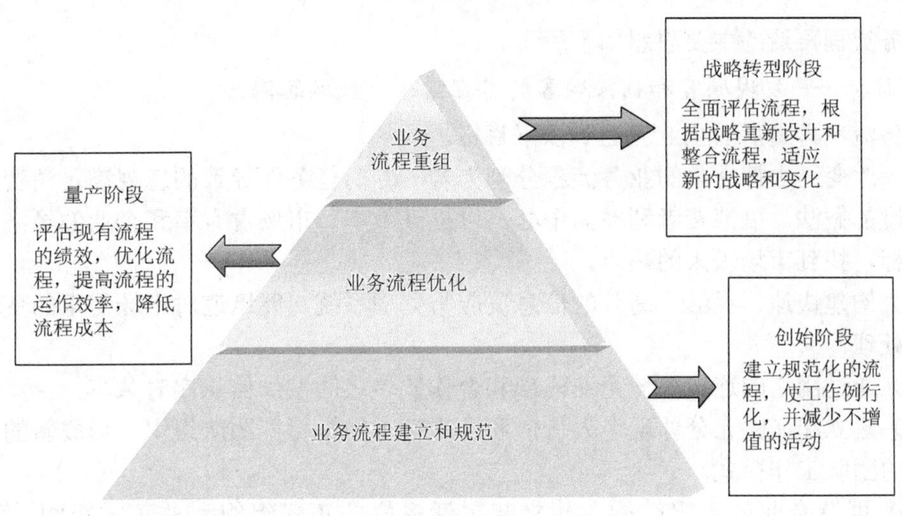

图 8-7　流程管理的三个层次

（2）流程优化。适合企业任何时期，流程的持续优化过程，是持续审视企业的流程和优化流程，不断自我完善和强化企业的流程体系。

（3）流程重组（再造）。重新审视企业的流程和再设计。适合于企业的变革时期与企业的变革阶段：治理结构的变化、并购、企业战略的改变、商业模式的变化、新技术、新工艺、新产品的出现、新市场的出现等。

8.3.2　流程再造的基本概念

1990 年美国麻省理工学院教授管理大师迈克尔·哈默（Michael Hammer）首次提出了业务流程再造（business process reengineering，BPR）的概念：对企业的业务流程进行根本性的再思考和彻底性的再设计，从而使企业在成本、质量、服务和速度等方面获得根本性的改善。哈默说："流程再造是一场革命，它意味着企业一切从头开始，一切从零开始。"业务流程再造强调以"流程导向"替代传统的"职能导向"的企业组织形式，为企业经营管理提出了一个全新的思路。所谓流程，是企业以输入各种原料和顾客需求为起点到企业创造对顾客有用的产品或服务为终点的一系列活动。业务流程再造是指以企业长期发展战略需要为出发点，以价值增值流程的再设计为中心，强调打破传统的职能部门界限，提倡组织改进、员工授权、顾客导向及正确地运用信息技术，建立合理的业务流程，以达到企业动态适应竞争加剧和环境变化的目的的一系列管理活动。基于公司再造理论而确立的新流程观念是直接面对顾客的、具有高度经营决策权的完整、连贯的整合型业务流程，其优势在于提高企业的经营效率和响应市场速度，使企业获得高速的发展。

世界最新的管理理论普遍认为，企业再造适用于三类企业：第一类是问题丛生，已经面临危机的企业；第二类是业绩不错，但潜伏着危机的企业；第三类是正处于发展高峰，再造是为了构建新的竞争优势，大幅度超越竞争对手，抢占下一轮竞争的制高点。

业务流程再造的主要思想如下所示。

1. 目标——发现顾客和捕捉顾客的潜在需求，使顾客满意

业务流程再造后的企业应达到以下目标。

（1）改变过去把完整的业务流程分割为若干专门任务而导致的忽视满足消费者需要和满意度的做法。以消费者利益为中心，以提高效率、市场占有率和企业的经济效益为最终目标，找到市场未来的热点。

（2）构建快速、灵活、高效的信息反应与处理系统，能迅速对市场需求的变化做出反应与处理。

（3）通过网络的连接，使企业内部和合作伙伴之间做到信息实时共享。

（4）建立起能够充分体现个人价值和合作精神的学习型团队组织，形成新的以员工为中心的团队工作模式。

（5）再造企业的组织结构，建立起灵活多样的正式组织和非正式组织，彻底改变传统的“金字塔”型的组织结构，使其成为扁平化的、淡化层级观念的新型组织结构。

2. 方法——以过程的观点来分析企业

过程是利用一种或多种输入来创造某种对顾客具有价值的输出活动的集合，是时序的、横向的，是满足内、外部顾客需要的活动的序列。对过程分析的目的在于优化，即战略上删除错向的过程、职能上删除错位的过程、执行上删除冗余的过程。

3. 意义

（1）提升决策与执行体系的效率。通过建立信息管理系统，使决策点降低，反应速度更快，能提供进行决策的科学性和效率化，实现信息共享、在线分析等目标，为决策提供更有价值的信息。

（2）作业过程的优化效果。按照流程价值链的评价方法不仅能关注到工作单元本身，也涉及相关工作单元，以及流程链上所有单元对企业的综合贡献。同时，发现工作价值本身也是对员工作业的重要激励因素，按照价值链的观念把业务流程再造看成工作价值的创造过程，对于成功实施业务流程再造有重要的意义。

（3）转变价值观念。业务流程再造强调的作业流程所形成的价值链的目标是提升整个流程的价值量，而不是以部门为核心，强调部门的职能。

（4）形成新兴业务中心。业务流程再造更加注重观察来自客户和竞争因素方面的问题，引领企业从项目中心向产品中心转变，从产品中心向客户中心转变，从销售中心向服务中心转变。

从国内外一些公司流程再造的实践来看，流程再造为企业带来的变化是惊人的。制造企业实施的并行工程、精益生产、计算机集成制造系统、敏捷制造都是过程再造。它们体现了对生产流程的根本性的重新思考。

8.3.3 流程再造实施的基本原则

业务流程再造是对现行业务运行方式的再思考和再设计，是一种着眼于长远和全

局，突出发展与合作的变革理念。应遵循以下五条基本原则。

（1）以企业目标为导向调整组织结构。在传统管理模式下，劳动分工使各部门具有特定的职能，同一时间只能由一个部门完成某项业务的一部分。而业务流程再造打破了原有的某些职能部门的界限，可由一个人或一个工作组来负责业务的所有步骤。随着市场竞争的加剧，企业需要通过再造为顾客提供更好的服务，并将业务流程再造作为发展业务和拓宽市场的机会。

（2）执行工作者有决策的权利。在信息系统的支持下，执行者有工作上所需的决策权，可消除信息传输过程中的延时和误差，并对执行者有激励作用。

（3）取得高层领导的参与和支持。高层领导持续性的参与和明确的支持能明显提高业务流程再造成功的概率。因为业务流程再造是一项跨功能的工程，是改变企业模式和人的思维方式的变革，必然对员工和他们的工作产生较大影响。特别是业务流程再造常伴随着权利的转移，有时会引起一些人，尤其是中层领导的抵制，如果没有高层管理者的明确支持，则很难推行。

（4）选择适当的流程进行再造。在一般情况下，企业有许多不同的业务部门，一次性再造所有业务会导致其超出企业的承受能力。因此，在实施业务流程再造之前，要选择好再造的对象。应该选择那些可能获得阶段性收益或者是对实现企业战略目标有重要影响的关键流程作为再造对象，使企业尽早地看到成果，在企业中营造乐观、积极参与变革的气氛，减少人们的恐惧心理，以促进业务流程再造在企业中的推广。

（5）建立通畅的沟通渠道。从企业决定实施业务流程再造开始，企业管理层与职工之间需要不断进行沟通。要向职工宣传业务流程再造带来的机会，如实说明业务流程再造对组织机构和工作方式的影响，特别是对他们自身岗位的影响及企业所采取的相应解决措施，尽量取得职工的理解与支持。如果隐瞒可能存在的威胁，有可能引起企业内部动荡不安，从而使可能的威胁成为现实。

在业务流程再造的实施过程中，企业高层对来自中层和基层、企业中层对于基层员工的反馈信息，应及时做出肯定、解释、否定等反应，以补充完善业务流程再造实施过程和及时消除某些不必要的延缓实施的人为因素。

8.3.4　生产流程再造

企业中存在着各种各样的业务流程，有始于市场调研，经过决策、设计、加工、装配、包装、运输、营销、售后服务，终于客户信息反馈的运作流程，有新产品开发流程、财务流程、招聘流程、培训流程，以及各种各样的办事流程等，生产流程是其中重要的流程之一。

1. 生产流程再造的一般步骤

企业的生产流程再造按时间顺序分为再造前范围内容界定、生产流程再设计、收益成本分析、生产再造流程实施、效果评价、流程的维护及持续改进六个阶段，如图 8-8 所示。

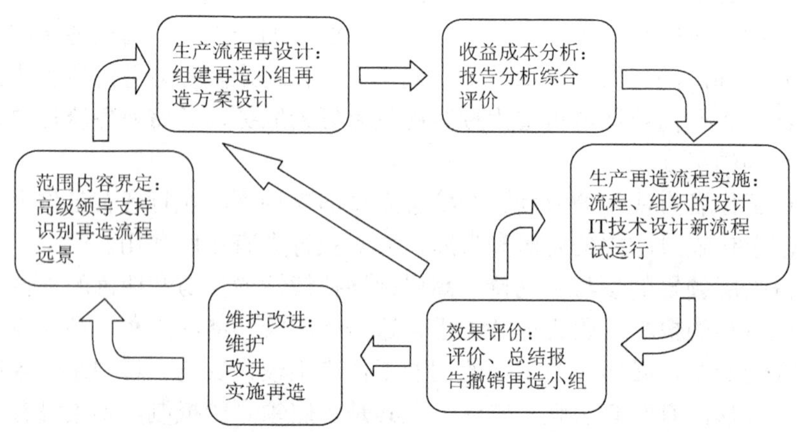

图 8-8 企业生产流程再造的全过程及其循环

企业的生产流程及相关流程再造是一个长期过程，当市场和顾客状况有小的变化时，流程进行适当的改进即可，但当小的改进已经无法满足顾客需求、市场竞争和变化时，企业就要进行新一轮的再造，从而使得再造的六个阶段形成一个封闭的循环；另外，图中在循环内部的两个箭头分别表示当评价结果不能满足要求时，则再造小组将视问题的大小而作出回到第二阶段流程设计还是到第四阶段流程实施的决定，进行流程再造的最后补救。

根据业务流程再造的特征及其实践的经验，企业实施生产流程再造大致要经过以下几个步骤。

（1）描绘企业的变革蓝图。实施生产流程再造的首要工作是调查和分析企业的现状和面临的市场环境，在竞争中的优势和劣势，变革的必要性以及变革的目标。在此基础上，以培训和交流的形式让公司的每一个员工都知道生产流程再造的必要性和对未来的展望。除了战略分析还应营造生产流程再造环境和企业文化。

（2）生产流程的识别与分析。在进行生产流程再造之前，必须对企业中所有的业务流程进行重新认识。在流程识别过程中，应有一些判别标准，从客户满意度、提高质量、降低成本、提高效率、提升企业的核心竞争力和强化企业的执行力等对生产流程的需求出发，使生产流程应具有一个可操作的流程再造范围，该范围有定义完好的流程边界。将企业现有生产流程的各个环节分类为具有增值活动、非增值活动和无效活动等类别。

（3）正确评价将要运用的支撑。生产流程再造需要许多新的硬件设施、技术、管理的支撑。从某种意义上说，现有的硬件设施、技术、管理条件可以作为流程再造的出发点。因此，为了更好地进行现有生产流程再造，企业必须具备评价现有技术和新兴技术的能力。作为投资很大、技术含量很高的生产流程再造项目，正确评价将要添置的硬件设施和采用先进的技术以及相应的管理理念、方法、手段是生产流程再造成功的保证。

(4) 生产流程再造的实施。经过了前期的准备工作，制定具体的生产流程再造方案，方案的可行与否很大程度上决定了生产流程的成功与否。生产流程再造本身要表现出非常规则性和不规则性，往往要抛弃原有的规则、程序和价值观念才可能实现。除了强化增值活动，优化非增值活动和排除无效活动，还要引入时间因素。生产流程再造以追求效率为首要目标，而提高顾客满意度等目标大部分还是通过提高效率来实现的。因此，时间是在流程再造中一个非常重要的参数。

(5) 生产流程再造后的工作。即使一个企业成功地完成了生产流程的再造，事后的评价和监测工作同样不可或缺，因为企业很难通过一次生产流程再造工程而达到最优。生产流程的再造后，仍然要不断进行生产流程的优化工作，使之不断完善。

随着科技的进步与市场的变化，根据需要可能又要进行下一轮的生产流程再造、生产流程的优化和不断完善的循环。

最理想的情况是企业在完成生产流程再造项目后就转入企业流程改进（business process improvement，BPI），这样才能使企业不断适应越来越激烈的竞争。同时，企业文化、职业道德、岗位设计等同样关系到生产流程再造成败的问题，培训员工使其具备新环境下的新技能也很重要。

2. 三类相关流程及其再造

与生产流程再造密切相关的三类重要流程是物流、资金流和信息流，这三类重要流程必将随着生产流程的再造进行同步的再造。

物流和资金流是企业生产经营活动的主体流程，这种流动是否畅通，在很大程度上决定着企业生产经营活动的好坏。为了使企业经营活动达到最优效果，就必须对物流和资金流进行科学的计划、组织和调节，使其按照一定的规律运动，而物流和资金流畅通的前提条件是信息流的畅通。信息流的任何阻塞都会使物流和资金流造成混乱，从而会冲减企业的经济效果。对业务流、信息流和价值流进行关联分析，可以发现它们之间的内在关联，业务流是信息流和价值流的载体，价值流是业务流的产出且本身体现为一种信息流，信息流贯穿业务流的始终，是联结业务流和价值流的桥梁。

1) 信息流

结合生产流程再造、价值流分析以及系统论的观点，可以认为：生产流程再造首先是一个信息过程，其研究对象是内含在企业业务流程中或外在于业务流程但却指挥、引导业务流程的信息运动，这种信息运动实际上是企业中不同质的元素相互作用的外在反映，也可以称为信息流。信息流可以说是价值流的外在表现形式，是表征、测度和改进价值流的手段。为此，可以通过分析、识别和优化信息流来带动生产流程再造和其余的业务流程再造，找到阻碍企业的决策体系和执行体系有效发挥作用的地方，找到那些使企业信息流不通畅的环节，减少不必要的冗余信息流，便能很好地促进信息流畅通，规划出进行业务流程再造的目标，也能为企业信息化找到建设发展的入口，从而有效提高业务流程再造的成功率。

生产流程再造后，企业可结合开发或升级企业资源计划进行信息流程的再造，使生产管理模块及相应模块与再造后的生产流程相适应。企业信息流程再造的目标是信息流能实时监控和迅速反映企业的运作过程，生产信息流程再造的目标是信息流能实时监控和迅速反映企业的生产实施过程。

在实际的生产流程再造过程中，企业应先实施生产流程再造，积累管理与信息流所需的基础数据，然后再以生产流程及相关流程再造带动信息流再造，在信息流再造过程中还会不断地发现问题和解决问题，并以积极的反作用作用于生产流程，使生产流程进一步获得优化，实现生产流程的增值，重塑企业的核心竞争力。

2）物流

企业的物流表面上看是货物的流动，其内涵是有关生产流程状态、客户需求、服务水平、库存情况等信息的流动，而根本上也是企业利润的流动。它可能是利润的源泉，也可能是吞噬企业利润的无底黑洞。对物流的分析是着手业务流程再造的重要手段。

物流体系涉及众多部门，如计划、采购、库存、生产、运输以及销售部门。各部门的目标各异，企业要实现很顺畅的物流是有较大难度的。应将生产管理部门、财务部门、计划部门、采购部门、库房部门以及营销部门甚至零售点统统捆绑在一起进行全程优化。物流过程优化的实现，使企业的价值得以实现。

3）资金流

资金流分析首先要找出那些出现资金沉淀或阻碍的环节，引起的原因主要包括生产流程不畅、信息不全面或不畅、作业效率低下等。在企业内部主要是通过提升生产系统、财务、会计、采购、库房管理、销售部门的工作效率，来改变资金流动状况；在企业外部主要是监管应收应付款的往来。

传统的资金流程系统，主要用于事后收集和反映会计数据，在管理控制和决策支持方面的功能相对较弱，一般都是对手工会计职能的自动化。而网络财务系统是基于供应链管理环境下的资金流程管理系统，具有新的特点：完成从资金流程的信息反映，到资金流程管理信息处理，再到整条供应链上的各节点的多层次资金流程管理支持的转变，提高了对业务流程的监控、实时反映和指导的作用。

首先，对资金业务流程与其他业务流程进行整合，既要为企业经理层提供决策支持，也要为供应链上的节点企业提供相关的财务信息。借助网络财务系统中的电子数据交换实现企业内部部门间和企业外部供应链上联盟企业的实时横向联系，减少财务信息传输和处理的工作量。电子数据交换还可使会计信息的传递方式实现从凭证实物的转移向网络输送的转换。从而，借助于网络的强大信息处理能力，能将企业内外的财务信息及时送达到财务部门。

其次，重新设计会计业务流程，“下放”某些资金流程业务处理的权限，将其中的某些财务处理适当合并，以缩减财务管理工作的层次，加快财务信息处理的速度，减少工作转换所带来的错误与延滞。此外，还可将作业管理与网络财务有机地结合起来，从而进行高效的成本控制与管理。

再次，对企业内部财务组织结构重新规划及设置。资金流程业务与其他业务工作的整合，将不可避免地影响到财务部门的组织设置，使原先的一些组织岗位要被取消，如材料、固定资产、成本、记账、报表等岗位，它们将被整合到相关的管理工作中。此外，还根据网络财务的需要重新设置组织岗位，制定财务制度并监督其实施，搞好内部控制，搞好会计业务与其他业务流程之间的协同等，此外还应设有系统维护岗位等。

最后，企业通过网络远程了解供应链上的联盟企业的财务状况，实施远程财务监控，利用网络财务系统更能充分发挥规模经济的优势，有效使用供应链上的各种资源，实现资源的合理配置，同时也可达到规避风险的目的。可将所有的财务信息通过网络财务系统送达后再进行财务处理；同时企业也可以通过网络随时了解其战略伙伴的资金运作状况及经营成果，并进行资金的集中调度。

8.4 生产流程优化

大批量生产时，生产流程优化始于工作研究，接着进行工程分析、作业分析、动作分析、时间研究，最后进行工序平衡，使生产流程得到优化，从而提高了工效；在多品种小批量生产时，优化的思路与大批量生产有类似之处，其主要不同点是工序的平衡方法有异：前者要求工序时间趋于相同或呈倍数关系；后者是通过工序工作量趋于相同，从而使工种产能趋于均衡而有效减少等待时间以提高效率。

8.4.1 工作研究

1. 工作研究的基本内容

工作研究是以作业系统为对象的工程活动，又称作业研究。它是用以对人的工作进行分析、设计和管理的工程学。概略地说，工作研究是以科学的方法，在一定的生产技术和组织条件下，寻求达到生产效率最高且成本最低的作业方法。工作研究的途径是通过方法研究制定标准作业，通过时间研究制定标准时间。方法研究和时间研究是相互联系的，方法研究是时间研究的基础和前提条件，而时间研究则是选择和比较工作方法的依据。一方面，在确定了先进合理的工作方法后，才能建立起科学先进的劳动定额；另一方面，有了科学先进的劳动定额，才能更好地培训职工掌握该种新的工作方法。工作研究的目的在于最终达成合理、先进而又科学的工作方法与工作时间，并据以培训职工，教育、帮助职工贯彻执行，使人员及物料等资源均能得到最有效的运用，达到提高生产力和降低成本的要求。

综上所述，工作研究的基本内容可用图 8-9 表示。

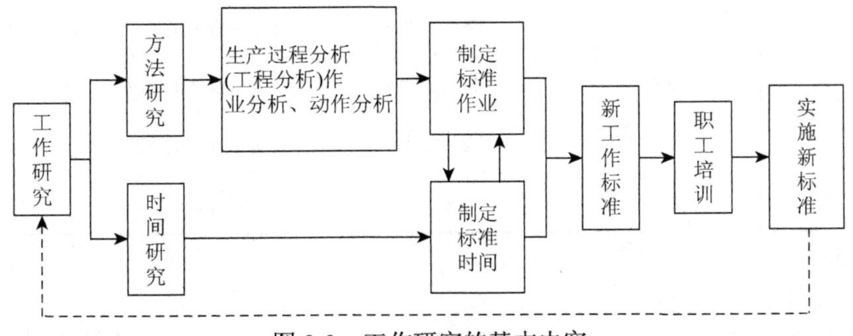

图 8-9 工作研究的基本内容

2. 工作研究的实施步骤

工作研究作为一种管理技术，有一套科学分析和研究问题的方法，因而需要按照一定的程序进行，其具体步骤如下所示。

1）发掘问题，选择研究项目

工业工程师有一句永远遵循的口号："凡事有一更好的方法"，要抱有一种怀疑和改进的态度去发现问题。在企业中，需要研究的问题很多，不可能一一给予解决，在选择工作研究项目时应考虑三个因素。

（1）全局性。即对总体影响大的项目，例如，在生产过程中出现瓶颈工序；产品质量不稳定或废品率高；原材料浪费大，设备利用率低，工时消耗多，成本高；环境污染严重，事故多发等工序、环节或项目。

（2）有效性。通过工作研究后，能预期达到明显效果的项目。

（3）可能性。选择的项目要具有可能实现的条件，即有足够的技术和经济力量来开展研究的项目。

2）现状分析

发掘问题所在，并选择了研究项目之后，紧接着的工作是分析现状，现状中存在什么问题，产生这个问题的主要原因和条件是什么，如果这些问题继续存在下去将会产生怎样的后果等。抓住这些问题对于搞清问题是必不可少的。在此步骤中，应客观详尽地收集与问题有关的事实和数据，以替代笼统的感觉或观念。从收集到的事实和数据资料中要逐项考查，寻求改善的新方法。通常采用"六何分析法"来进行分析研究。

六何分析法是对一个工序或一项操作从原因、对象、地点、时间、人员、方法等六个方面提出问题、进行考查（表 8-4）。

表 8-4 "六何"分析表

逐级提问 六何	第一轮提问 现状	第二轮提问 为什么	第三轮提问 能否改善	结论 新方案
原因	干的必要性	理由是否充分	有无新的理由	新的理由
对象	干什么	为何要干它	有无更合适的工作	应该干什么
地点	何地下	为何在此干	有无更合适的地点	应在哪里干
时间	何时干	为何此时干	有无更合适的时间	应在何时干
人员	何人干	为何此人干	有无更合适的人选	应由何人干
方法	怎样干	为何这样干	有无更合适的方法	应如何干

3）建立新的工作方法

按"六何"分析表对六个方面的问题经过逐个考虑后，就应着手提出改进意见，建立新的最佳工作方法。在构思新的工作方法时，可以运用取消、合并、改变、简化等“四种技巧”。所谓取消，即取消那些多余和不必要的内容与动作。例如，不必要的工序，不必要的搬运，不必要的检验等。合并是指由于工序间生产能力不平衡，而出现忙闲不均的工序进行调整合并。改变是指对原来的工序操作、顺序重新组合，以达到改善工作的目的。简化是指在取消、合并、改变之后，再对该项工作作深入的分析研究，使方法和动作尽量简化，以达到提高效率、降低成本的目的。

4）评价新的工作方法

在之前步骤中所设计的工作方法可能有若干可行方案，必须从中评出最佳的方案实施，方法研究人员要对新的工作方法进行技术经济分析，如经济价值分析，将改善后所降低之成本与改善方案本身的费用（如研究费、调查费，设备、工具等费用）作比较，衡量其得失利弊。又如，所采用的工具、设备的安全性、维护保养方式以及可靠程度等都须考虑。

5）实施新的方法

为了保证新方法的贯彻，要采取各种有力的措施。其一，将实施方案变为更具体化、标准化的规定。此工作标准包括零件及制品的标准化、原料的标准化、机器设备和工具的标准化、制造工艺标准化、加工条件标准化、动作标准化以及工作环境（照明、温度、湿度、粉尘、噪声、抗静电等）的标准化。其二，方案既定，则要求领导及员工接受。采用图表、模型、影片配合书面资料和口头解释的方式给予说明。

待试行期过后，操作已熟悉稳定，立即需要制定工作的时间标准，此标准即为工作研究的最终目标。这些目标通常以下列方式出现。

（1）人员或机器一天的正常工作量。

（2）单位零件或制品的标准工作时间。

（3）工厂的产量一定时，其工作所需人员数。

6）跟踪检查与再评价

新方法付诸实施后。应即时进行跟踪检查，首先，注意管理者是否认真执行，其次，观察实行新方法后的影响，再次，所制定的标准与实际之间差异有多大，原因何在，有无调整的必要。

工作研究的评价，是将新方法中的改变部分逐项列出，比较和评价其改变的价值，尤其应留意评价项目中诸如安全、质量、工人反应和用户的满意度等方面。

8.4.2 工程分析

1. 工程分析的目的

所谓工程分析就是对生产对象从原材料到成品的一系列活动过程，以工序为单位进行分析、调查的方法。这里所指的工序，是指生产活动过程的各个基本环节，即加工、搬运、检查、停滞。其中唯有加工才是创造价值，而搬运、检查和停滞又是生产过程中必不可少的，后者应尽量减少，以缩短生产周期、减少在制品、提高生产效率、提高经济效益，这是工程分析的最终目的。具体如下。

（1）通过对这四个基本工序的分析，可以从整体上掌握生产对象的物流状态，找出需要改善的环节。

（2）改善设备配置，使物流畅通。

（3）研究各工序间的均衡性，力求缩短生产周期，减少在制品，减少人员及资金占用。

（4）使产品、零件的结构简单化、标准化，以便于加工。

（5）为材料计划、生产过程组织的合理化和质量管理提供资料。

2. 工程分析的内容

工程分析的内容很多。有以产品为对象的产品工序分析；以零部件为对象的工艺流程分析；以厂房和设备布置为对象的流程分析；以物料移动和移动前后的处置为对象的搬运分析；以人机联合为对象的人-机联合分析；以建筑物、车间、设备的配置为对象的相互关联分析。

通过上述的分析，了解各道工序的作用及其工序间的相互关系；了解零件从毛坯开始到完成为止的工艺流程；了解被研究对象在厂内经过的路线；了解工人操作和机器运转之间的协调与配合；了解建筑物、车间和设备的配置等，从中发现是否有不必要的工序、不合理的工艺流程、有待改进的操作方法等，从而为改善生产过程提供了依据。

1）产品工序分析

（1）产品工序分析的定义。所谓产品工序分析，是以产品为对象，运用加工、检验两种符号，对产品生产过程进行的总体分析。

（2）产品工序分析的目的。产品工序分析的目的在于了解产品从原材料开始到形成成品为止的整个生产过程有多少生产环节，有多少主要工序组成，加工的顺序如何等，从而对整个加工过程有一定的整体了解，为了避免烦琐的叙述，常用工序分析图来表示，如图 8-10 所示。

工序分析图可以达到以下功能。

①提供整个加工过程的情况及各工序间的相互关系，在何处可以运用取消、合并、改变、简化四种技巧，并找出问题的关键所在。

②因为工序分析图是按制造之顺序编制，并表明所需时间，所以对不同完工程度的在制品，均可计算出其成本。

③在工序分析图上表明各项原材料及零件的进入点，这可为原材料及外购件的供应计划提供依据。

④工序分析图上的机器设备、工作范围有详细记载，这可作为工厂布置计划的参考。

（3）产品工序分析的用途。由于产品工序分析图上仅为加工、检验两种符号，并不能作为整个制造过程的工程分析，所以该图仅适用于新产品开发和研究设计新生产线。在工序分析图上，可以判明如下各点。

①各加工和检验的目的，及在生产线上的大致位置次序。

②零件或原材料的规格。

③工厂布置的大体概念可以形成，并给出各加工、检验工序的时间资料，为生产线的平衡提供依据。

④确定工具、设备的规格、型号和数量，从而计算出新产品开发所需购置设备等费用，从而计算出产品的成本。

⑤可以现有的工序分析图为基础，引导出更佳的制造程序的设计。

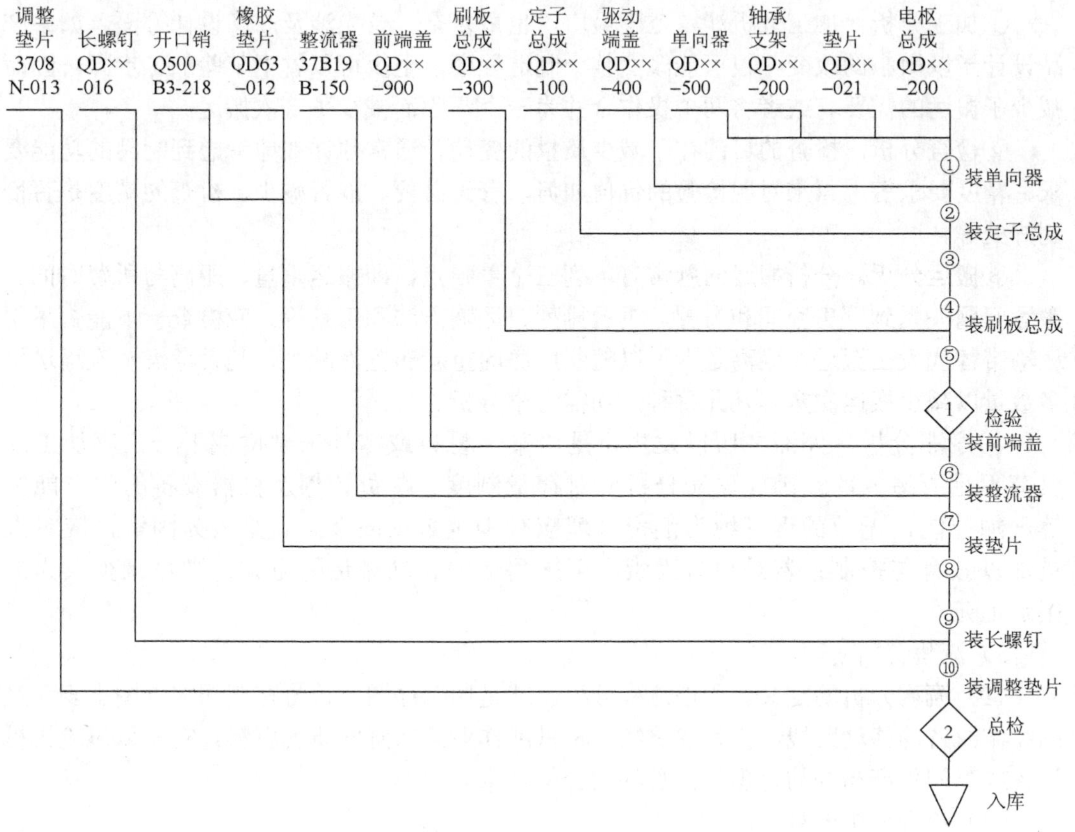

图 8-10　工序分析图

2）工艺流程分析

（1）工艺流程分析的定义。所谓工艺流程分析，是以零件为对象的局部分析，并运用加工、检验、搬运和停滞等四种符号，对零件从毛坯开始到制成为止的按工序顺序流动的全部生产过程，具体地而且定量地进行调查记录。它分析的内容包括物品流动的数量、搬运的距离、消耗的时间、工艺方法、作业地点、作业人员、使用的设备、工艺装备等。

（2）工艺流程分析的目的。

①获得有关工序、设备以及方法的实际情报。

②在获得的情报基础上，添加更新的技术情报和改进原则，使工序、设备和方法的改进取得更大的成果。

③获得随着材料和制品的变更，预测对其影响的资料。预测材料和制品研制、改进时对生产发生的影响（设备的、方法的或人事的）。

④生产计划、设备配置计划的资料。根据生产流程和设备、方法、时间等方面的情报，制定出恰当的生产计划，进而制定出消除浪费的设备配置计划。

（3）工艺流程分析的用途。由于工艺流程分析是以加工、检查、搬运、停滞等四个基本要素为中心的，所以分析其用途也应从这四个方面入手。

①加工分析。加工分析涉及范围最广，也最复杂。首先涉及产品设计方面。如果产品设计予以微小的改变，很可能改变整个制造程序，至少可以省下某些加工步骤，因而减少了搬运的需要。或者将两个操作合并为一个，因而减少了一次搬运。

②检查分析。检查的目的在于减少质量的变动，通常须详细地考虑到制品的功能要求、精度要求等，再来对照检验的价值如何、有无必要、能否减少、检查的精度是否恰到好处等。

③搬运分析。分析搬运问题常有下列三个着眼点，即搬运重量、距离与所费时间。搬运问题关系到厂房空间和布置、机器排列、运输方法和工具等。应检查一下能否采用运输带替代人工搬运，距离是否可以随着厂房的重新布置而减少，是否考虑一次运送更多数量以减少搬运次数。凡此种种，均需考察分析。

④停滞分析。停滞之所以发生，是由某一材料或零件未到位或下一工序加工的负荷不足所造成的。因此停滞分析应对存货制度、购货计划及机器设备的生产能力等严加控制。无故的迟延纯为浪费，理应减少至最低限度。若是人为因素，应对人员加以教育与控制；若是设备因素，可采用诸如自动搬运等方式，则可减少人为的搬运迟延。

3）流程分析

（1）流程分析的定义。所谓流程分析，就是用工序图示符号在车间配置图上表示产品和作业者的移动路线，作为建筑物、机械或作业区布置的研究资料。它是以讨论机械设备或车间生产布局的合理化为目的的分析技术。

（2）流程分析的目的。

①通过减少对象的运动和密集的程度来改进布置。

②改进搬运的条件（方法、设备、设施），并取得设计资料。

③改善厂区布置和车间设备的分布配置，并取得设计资料。

（3）流程分析的用途。流程分析是用直观的方法来研究对象，从流程线图上可获得以下几个方面。

在平面移动方面：

①移动距离合理与否，可否缩短；

②移动路线是否成直线，或L形、U形等简单形状；

③零件的流程有否逆行的情况；

④有否通道狭窄，路面不平造成搬运困难之处。

在上下移动方面：

①上下移动高度能否降低？

②上下移动次数能否减少？

③上下移动时能否利用吊车或其他设备？

在机器、厂房的配置方面：

①厂房布置、车间布局、材料零部件的移动路线是否合理？

②道路、通道、吊车等的布置是否适当？

③重物件的加工作业，在布置时是否考虑到搬运的方便？

④物的流量和运输设备能力是否平衡？

⑤通路的宽度是否合适？

⑥设备的占有面积及方向是否适当（对道路的方向、采光等）？

4）搬运分析

（1）搬运分析的定义。搬运分析是指不拘任何形式（人力、机械力、自然力），包括对物的移动和操纵（即取和放）的经验及与规则性有关的知识和技术的研究。

（2）搬运分析的目的。

①改进现行的搬运作业的移动和操纵；

②以搬运物品和生产条件为前提，取得与搬运有关的设备配置的研究资料；

③取得搬运工具的设计和改进的资料。

（3）搬运分析的用途。搬运改进的原则是从减少搬运量，改善搬运手段，健全搬运组织制度等三方面着手。

对搬运量的研究：

①该产品的总搬运距离与同种的其他产品相比是否过长？

②找出最长的搬运距离，并力求将其缩短。

③一次搬运量是否适当？搬运次数是否可以减少？

④搬运方法的采用与其重量和距离是否适当？

⑤寻求搬运重量和次数最多的区间，该区间的通路宽度和路面与此是否适应？

⑥搬运容器、搬运手段是否适当？

对搬运手段的研究：

①各类搬运手段是否在搬运相应的物品和重量？

②各类搬运手段的数量与搬运量是否均衡？

③搬运手段机械化。如在使用方法和保养方法等方面。

④对传送带、滑槽、升降机、吊车、绞车和起重机等搬运装置的研究，涉及装置选择是否合适，搬运速度是否合适，装卸作业方便与否，利用率是否高，保养方法是否适当，使用的搬运车是否合适，搬运车的数量是否充足，搬运设施和其他运输手段、道路网、仓库或材料堆放场的关系是否适当，容器能否标准化、实用化和通用化，移动时间和操纵时间的比例是否适当，能否进一步减少操纵时间等。

对搬运组织制度的研究：

①搬运费是否合理？

②搬运工的管理是否适当？

③对搬运手段的保养管理是否适当？

5）相互关联分析

（1）相互关联分析的定义。对建筑物、车间或机器设备配置等进行研究时，应从生产和搬运出发，对相互间功能的关联性进行调查，以其接近度相近为原则进行配置的分析技术。

（2）相互关联分析的目的。

①能够直观地把握要素之间的关联程度，这样就提供了各要素间的关联度。

②对相互有关联的建筑物、设备、车间、操作台、办公室等，按其关联性的强弱而靠近配置的原则进行配置，以达到搬运、移动的合理化。

（3）相互关联分析的用途。通过相互关联分析，可获得建筑物、车间和设备之间理想配置的方案。以此方案为基础，再考虑现实中各种制约条件（如建筑物的方位、出入口、阶层、吊车位置等），可设计改进方案。

8.4.3 作业分析

1. 作业分析的定义

作业分析是以人为主体，对作业者进行的一系列行为的分析。它建立在工程分析的基础上，并在此基础上对单个作业者、多数作业者以及作业者和机器相联系的作业进行分析。

2. 作业分析的目的

（1）总括地把握住以人为主体的作业系列。

（2）利用作业分析来发现改进作业的要点所在。

（3）为制定作业标准提供资料。

（4）为提高联合作业效率的设计和改进提供资料。

3. 作业分析的分类

作业分析可分为作业者工序分析和联合作业分析。

1）作业者工序分析

（1）作业者工序分析的定义。所谓作业者工序分析，是以工序分析的手法为基本手法，以单个作业者为对象，用单位作业的水准进行分析的方法。

（2）作业者工序分析的目的。掌握以作业群为主体的作业系列的资料，获得作业者在作业场所里边移动边作业时的资料，获得用以改进工序、设备以及方法的资料，获得作业区与设备配置的有关资料。

（3）作业者工序分析的用途。在作业工序方面获得：删除不必要的工序、简化作业、减少作业时间。在检查工序方面获得：删除不必要的检查工序、简化检验工序。在移动工序方面获得：移动的次数和距离的减少、提高搬运效率。

2）联合作业分析

（1）联合作业分析的定义。所谓联合作业分析是在有多数作业者在一起作业或单个作业者操作一台或数台设备的情况下，为避免人和设备的等待损失而使用的既协调又不发生浪费的分析技术。

（2）联合作业分析的目的。从实际出发，提供人和设备的利用状况；均匀地分配作业，缩短生产周期；为改进设备，实现自动作业提供资料。

（3）联合作业的改善。由联合作业分析的定义可知，联合作业分析的对象有两种：

一种是对多数作业者在一起作业的分析，即组作业分析，另一种是对一个作业者或几个作业者操纵一台或几台设备的分析，即人机分析。因此，联合作业改善时，要考虑以上两种情况。

在进行联合作业改善时，应考虑到单人单机作业时，要适当排列作业顺序，尽量减少人、机空闲时间以缩短作业周期；对于高价值设备和自动生产线作业时，要做到停人不停机；流水线作业时，要加强设备的维修保养，并配备适量备用机台以保证流水线正常运转；几个人联合作业，作业量要一致，操作技术水平要相近，使作业的节拍性好；灵活使用未熟练工，提高人机开动率。

8.4.4　动作分析

1. 动作分析的定义与意义

动作分析是对人的动作进行细微的分析，省去不合理的和无用的动作，从而制定出最有效的动作序列的一种技术。

动作分析的意义主要有：

（1）减少无效动作和工人疲劳，力求动作的科学化、精确化、标准化。

（2）进行动作分解以组成更容易的动作。

（3）对机器和工艺装备进行选择和改进。

（4）取得作业标准和标准时间的基础资料。

2. 动作分析的方法

（1）目视动作分析。目视动作分析是以目测方法来寻求动作的改进。该方法简单，但不准确。

（2）动素分析。动素是指人体动作的基本要素。动素分析是对各动素进行逐项分析，取其合理部分、舍去多余部分、纠正不合理部分，从而达到动作改进的目的。该方法准确有效，但工作量大。

（3）影片录像分析。用摄影（像）机对各操作拍成影（录像）片，再通过放映加以分析。该方法准确有效，但成本较高。

3. 动素

经研究表明，人体动作的基本要素可细分为 17 种动素。

（1）伸手。即当手开始伸向目的物的瞬间至抵达目的物的瞬间的空手移动。该动素力求缩短实际的路径和减少伸手时的方向意识，为尽量使目的物不要变动，使伸手至某一固定位置。

（2）移物。即手或身体的某一部位将物件由一地点移至另一地点。移动应理解为推动、拉动、滑动、拖动、旋转移动等。该要素力求缩短移动距离，减少每次移动的重量。讲究移动的方法，减少移动时的方向意识，即尽量有固定的停靠处。

（3）握取。即利用手指或手掌充分控制物件。握取常在伸手和移动之间发生，若广义理解，则手以外的身体的任一部分（如足）用来控制物件，亦可称之。该要素力求减少握取次数，尽量以触取（只以手指按住物体，即可以将物体移动）代替拾取（物体确实被手握住，才能控制物件移动）。

（4）对准。即将物体摆置于特定的方位。该动素力求尽量使用工具，如定位块等。

（5）装配。即两个物体配合在一起。该动素力求尽量使用工具。

（6）拆卸。即使一物体脱离他物体。该动素力求尽量使用工具。

（7）应用。即为达到操作目的而使用工具或设备。该动素主要考虑工具或设备是否可以合并和改良。

（8）放手。即将所持之物放开，它是握取的相反动素。该动素需考虑与下一动素的开始是否处在最佳位置。

（9）寻找。即用眼睛或手摸索物体的位置。该动素力求将零件、工具安放存固定位置。并处于正常作业范围之内。

（10）选择。即从两个以上相似的物体中选取其一。该动素发生在伸手与握取之间。力求零件规格化。提高互换性程度。

（11）检验。即检验物体是否合乎标准。该动素要求检验标准适当，减少检验次数。

（12）计划。即操作进行时，考虑到下一步的心理活动。该要素力求采用熟练工人和简化操作程序。

（13）预对。即将物体在对准之前，先摆置于预备对准的位置。该动素力求使用工具。

（14）持住。即手指或手掌连续握取物件并保持静止状态。若广义理解，手以外身体的某部位亦可有持住发生，该动素力求使用工具、设备。

（15）迟延。即在操作程序中，因无法控制的因素而发生不可避免的迟延。使其工作中断。若是因现行工序所需，等候机器工作或等候身体的其他部位（如另一只手）工作而发生的，则应调整人机之间的时间配合；若是由于工人不熟练或怪癖等习惯动作而引起的迟延，则应尽量使用熟练工人。

（16）故延。即在操作程序中，因工人的事故而使工作中断。该动素力求改进工人的工作方法，并加强对工人责任心的教育。

（17）休息。即工人因过度疲劳而停止工作。该动素力求使工人的动作置于操作的范围之内，并注意工作环境（温度、湿度、通风、噪声、粉尘、光线等）的影响。

综合上述 17 种动素，可把它们分为三类：第一类是进行工作的要素（1～8）；第二类是阻碍第一类进行的要素（9～13）；第三类是对工作无益的要素（14～17）。从另一角度，17 种动素还可以分为以下四类。

第一类，实体性或生理性的动素：伸手、移物、握取、放手、预对。

第二类，目标性的动素：应用、装配、拆卸。

第三类，心理性或半心理性的动素：寻找、选择、对准、检验、计划。

第四类，迟延性的动素：迟延、故延、休息、持住。

其中第一、第二类为有效动素，第三、第四类为无效动素。对有效动素，只能使之时间缩短而非常难以删除。而对无效动素，它对操作无益，因此可通过分析，按动作经济原则删除。

一项操作，若仅仅是实体性和目标性两种动素群的组合，那是最为理想的组合。

4. 动作的经济原则

经过若干学者的研究，创立了实现容易、迅速而又减少疲劳的作业动作的法则，称为动作的经济原则。可归纳为如下三大类。

1）关于人体的使用原则

（1）双手的动作尽可能同时开始、同时结束。

（2）除规定休息时间外，双手不应同时休息。

（3）双臂的动作应对称。

（4）动作用最适宜最低次级的身体部位进行。例如，手的运动可用手指、手腕、前膊、上膊、肩五个部位进行，但是尽可能设计成只用手指或手腕即可完成的动作。

（5）尽可能利用物理的力（惯性、重力等）。

（6）尽量采用连续的曲线运动，避免急剧转向的动作。

（7）动作应尽量轻松自然和有节奏。

（8）动作用最短距离进行。

（9）排除不必要的动作。

2）关于工作场所的布置与环境条件的原则

（1）工具和材料应放在固定位置。

（2）工具和材料及装置尽量靠近工作者布置。

（3）工具和材料按照工作顺序排列。

（4）零件物料等的供给，应利用其重量落入工作者手边。

（5）工作椅式样和高度，应使工作者保持良好姿势。

（6）作业面应有适当的高度，最好应使工作者在工作中坐立皆宜。

（7）作业面的照明要适当。

3）关于工具和设备的设计原则

（1）尽量解除手的工作，而用夹具或足踏工具代替。

（2）尽可能把两种以上的工具组合起来。

（3）工具和材料应尽可能预放在合理的工作位置上。

（4）当需用手指分别工作时，其负荷应按其本能分配任务。

（5）要充分利用力学原理来设计工具，如手柄的接触面应大些。

（6）机器上的操作部件的位置应使操作者尽量少变动地点和姿势。

8.4.5　时间研究

1. 时间研究的定义

经过工程分析及动作分析，可获得最佳的程序，最省力省时的动作和工作方法，接着，就要制定这些作业的时间定额。以此为标准，作为评估生产能力、分配工作、实行奖励、估算人工成本、考核工作效率等的依据。

所谓时间研究，就是为了以时间为尺度，对作业系统进行评价、设计和运用，并把作业分解成适当的作业要素，测定作业要素所需时间的方法。

2. 时间研究的方法

时间研究的方法一般有三种：经验判断法、历史记录法和工作衡量法。而工作衡量法又可分为秒表时间法、标准时间资料法和既定时间法三种具体方法。在这里，主要研究工作衡量法的内容。

1）秒表时间法

秒表时间法是在现场对生产作业直接进行观察、记录和分析研究的方法。根据观察的目的和所要求的分析精度，可把秒表时间法作如下分类。

单位作业分析应用于作业重复次数少、重复周期时间长、动作非常不稳定的情况。由于在开始测时前，常常不能划分出操作作业，所以在观察时往往一方面记录当时进行的作业单位名称，一方面进行时间测定。具体观察方法常用连续计时法。

操作作业分析应用于动作比较稳定，重复周期时间短。重复次数较多的情况。在测时前，可先观察作业，将它划分为各个操作作业，然后再进行测时。

时间的计量方法主要有连续计时法、快速返回法、循环法、细微时间分析法等。

用秒表测时得到的实际数据资料，要经过评定和必要的宽放，就可成为标准时间。评定是一种评判技术。即将实测时间调整为正常时间。计算公式为

$$正常作业时间=实测作业时间\times 评定系数$$

评定系数大于 1 表明操作者的实际工作速度高于正常速度，小于 1 则相反。如果等于 1 则表明实际工作速度与正常工作速度相等。宽放时间是在净作业时间以外增加的实际需要的时间，如工人休息、喝水、整理工作地、擦拭机器等。因此，

$$标准时间=正常作业时间+宽放时间$$

2）标准时间资料法

标准时间资料法是在长期进行秒表测时的基础上，将系统积累的资料加以分析综合，编成一套有关各项工作或作业的标准时间数据，并用这种标准数据来综合制定各种工作的标准时间的方法。它的优点是可以减少时间研究的工作量。由于这套标准数据是在大量研究的基础上积累而成的，可以避免数据中的偶然误差，所以比较可靠。但在建立标准数据时，要花费较多的人力、物力和时间。

3）既定时间法

既定时间法（predetermined motion time standard，PTS）是不使用秒表，而只需记录动作，利用现成的动素时间标准，制定作业时间标准的方法。常用的方法有方法时间衡量（methods time measurement，MTM）法和工作因素（work factor，WF）法。方法时间衡量法是把操作分解为伸向、移动、抓取、定位、放下、行走等动素，预先确定每种动素的时间值，并且排列成表，其时间单位为 0.036s。工作因素法则把操作分解为八个动素，即移动、抓取、放下、定向、装配、使用、拆卸和精神作用，并制定出八种动素的时间标准表，其时间单位为 0.006s。

既定时间法的优点是不需要对操作者的工作进行现场测时和评定，就可以确定标准时间。但采用这种方法需要技术较高的专业工作人员。

4）模特法

模特法是在 1966 年由澳大利亚人海蒂发明的预定动作时间的标准方法。

模特法的基本原理基于人机工程学的实验，归纳如下。

（1）所有人力操作时的动作，均包括一些基本动作。通过大量的试验研究，模特法

把生产实际中操作的动作归纳为 21 种。

（2）不同的人做同一动作（在条件相同时）所需的时间值基本相等。

（3）使用身体不同部位动作时，其动作所用的时间值互成比例（例如，模特法中，手的动作是手指动作的 2 倍，小臂的动作是手指动作的 3 倍），因此可以根据手指一次动作时间单位的量值，直接计算其他不同身体部位动作的时间值。

8.5　复杂生产过程优化理论和技术

8.5.1　约束理论

1. 约束理论的基本概念

约束理论是以色列物理学家、企业管理顾问高德拉特在他开创的优化生产技术基础上发展起来的管理理论。1984 年，高德拉特出版的第一本约束理论著作《目标》引起了读者的强烈反响，在书中描述了一位厂长应用约束理论使工厂在短时间内转亏为盈的故事。书中描述的问题在现实的企业中大量存在，因此约束理论最初被用在对制造业进行管理、解决瓶颈问题的方法上面。之后发展出了以“产销率、库存、运行费”为基础的指标体系，逐渐形成为一种面向增加产销率而非传统的面向减少成本的管理理论和工具。约束理论的简要形成过程如图 8-11 所示。

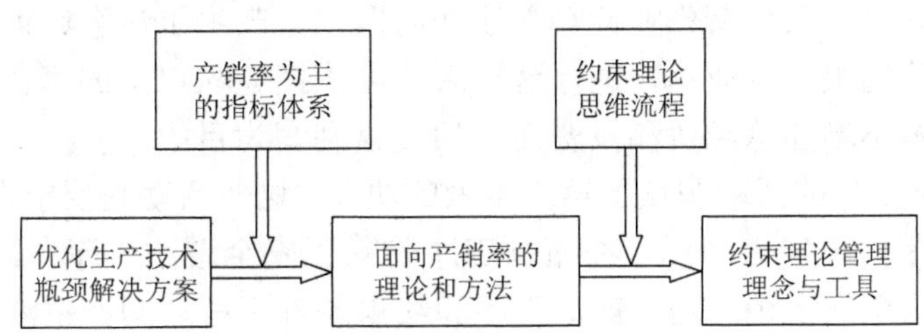

图 8-11　约束理论的形成过程

约束理论认为，系统的最大产出取决于其最薄弱环节（即瓶颈）的最大可用能力。一般而言，企业的瓶颈来源于两方面：内部约束和外部限制。限制不同行业企业发展的外部瓶颈是相似的，即政策或市场需求，而内部瓶颈则有较大的差别。制造企业的内部瓶颈一般是某个环节设备的负荷、工人的工作效率等。约束理论就是围绕系统中的瓶颈进行识别和消除，使企业的目标和战略明确化，从而使企业以最小的代价明显地提高整体的效益的一套管理理念与管理工具的集合。

约束理论包含了对企业目标的定义、衡量企业运营状况的指标体系和独特的企业管理原则，此外还提供了一系列识别和消除瓶颈的技术工具，目前以约束理论为管理思想内涵的管理软件也已经在西方国家得到广泛的应用。迄今为止，约束理论已经成功地帮助了许多不同类型的企业走出困境。

2. 约束理论的九大管理原则

约束理论是在最优生产技术基础上发展起来的，优化生产技术的九条基本原则也就成为约束理论的组成部分。

（1）平衡生产能力的同时须平衡物流。

（2）瓶颈资源的利用率不是由自身来决定的，而是取决于系统的瓶颈或约束。非瓶颈资源的利用程度只需要保证物流能够连续均衡地通过瓶颈即可。

（3）让一项资源充分开动运转与该资源带来的效益不是一码事。资源的满负荷状态并不意味着有效产出最大。

（4）瓶颈损失一个小时相当于系统整体损失一个小时。

（5）非瓶颈节约一个小时可以忽略。非瓶颈资源利用率的提高，可能会造成系统物流的不均衡或库存的增加，并不能提高系统的整体效率。

（6）系统的产出和库存是由瓶颈资源决定的。

（7）转运批量可以不等于甚至多数情况下不等于加工批量。

（8）加工批量不是固定的，应该根据实际情况动态变化。

（9）只有同时考虑到系统的所有约束条件后，才能决定生产优先权。提前期是一个生产计划的结果。

3. 约束理论实施改进的五大核心步骤

（1）找出系统中的约束。找出约束条件是实施约束理论的前提。因为约束条件是贡献利润的决定性因素，也是实现企业目标的决定性因素。

（2）寻找突破约束的办法。这是彻底利用约束条件的阶段，从而挖掘企业的潜力。高德拉特从处理“有限负荷作业计划”这一问题中，产生了注意约束条件的构思。在美国采用约束理论的很多企业里，进行这一活动可挖掘30%以上的潜在能力，但是，这一活动都应以基本不增加总经费和投资而增加贡献利润为目的。

（3）使约束以外的活动服从于第二步做的决定。这一活动是要求在制品的限度最小。在找出瓶颈工序生产能力之后，在瓶颈工序前除了安全缓冲（库存），还要控制过多的在制品投入。这个安全缓冲是为前面工序和约束条件工序之间产生波动而防止发生停工待料的问题而设置的。这一步骤是传统的成本观念与约束理论的贡献利润观念冲突的地方，约束条件以外的开动率过高并不一定能提高系统效率。

（4）提升“约束”的能力使之不再为约束。这一步骤确定是否以增加设备投资来提高约束条件的能力。要尽可能彻底利用约束条件，只有不能再提高能力时，才以投资来提高能力。

（5）谨防惯性，持续改进。当突破一个约束以后，一定要重新回到第一步，开始新的循环。注意约束条件是否变化随时进行返回。当约束条件的能力不断提高时，别的工序就成约束条件。在各种不同情况下，改善活动的内容会发生很大的变化。所以注意惰性是很重要的（图 8-12）。

4. 约束理论的思维流程

1）思维流程概述

思维流程（think process，TP）严格按照因果逻辑和假言逻辑，来回答以下三个问题：改进什么？（What to change？）改成什么样子？（What to change to？）怎样使改进得以实现？（How to cause the change？）

第一个问题类似于五大核心步骤的“第一步”：“找出系统中存在哪些约束”。由于五大步骤往往应用于这样的情况：即约束并非来自一个具体的资源实体，所以就没有一些现成的摆在那里的证据（如在制品）来告诉你哪些是约束。因此，你只能先摸清楚系统的现状是怎样的，此时用到的逻辑结构图就是“当前现实树”（current reality tree，CRT）。建立此树并非是一件易事，但一旦成功完成，就自然得到了第一个问题“改进什么”的答案。

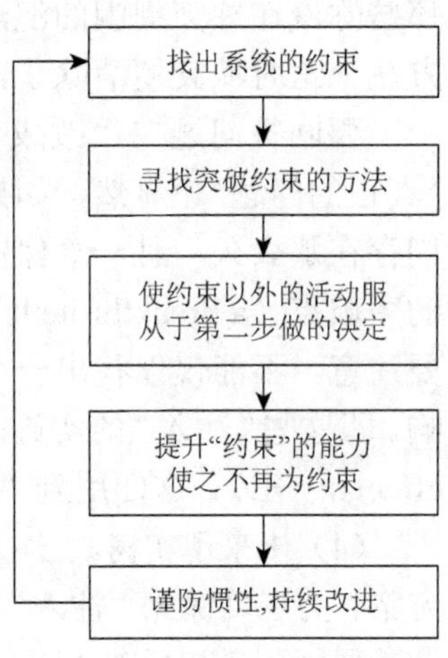

图 8-12　约束理论五步改善法

接下来便是“改成什么样子”的问题。直观上这个问题已表述得很明白，但要回答它还是应该遵循以下两个步骤：找出克服当前约束的突破点；确保解决方案所产生的结果是有益的。“消雾法”（evaporating cloud）可以用来突破当前约束企业的主要冲突，“未来现实树”（future reality tree，FRT）用来确认当前面对的不尽如人意的状况确实能够用这个突破法来转变成令人满意的结果。而实施这些改进措施会出现的那些意料不到的负面影响可以用“负效应枝条”（negative branches）来表示。如果这些负面影响可以避免，那就可以确信这个解决方案的结果是有益的。

最终解答问题三：简单言之，让那些将与这些转变直接相关的人来制定实施转变所需的行动方案。能动的“思维过程”要把那些受转变最大的人包括在内，企业应主动去征求这些人的意见，看他们认为什么会阻碍企业推进这一改进过程。要发动员工集思广益，保证最初的实施能够顺利进行。做到上述三点，实施计划就可基本成型。解答问题三用到的工具是“必备树”（prerequisite tree）和“转变树”（transition tree）。

2）思维流程的技术工具

（1）现实树（reality tree）。现实树是因果图，分为当前现实树和未来现实树。现实树的建立要严格遵循若干条逻辑规则。它从“树根”开始，向“树干”和“树枝”发展，一直到“树叶”。“树根”是根本性的原因，“树干”和“树枝”是中间结果，“树叶”是最终结果。当前现实树的“树叶”是一些人们不满意的现象，“树根”是造成这些现象的根本原因或核心问题所在。而在未来现实树当中，它的“树根”是解决核心问题的方案，“树叶”是最终人们想看到的结果。

（2）当前现实树。要回答“改进什么”，往往是从可以得到的例证开始着手，即系统中明显地存在着哪些不尽如人意的地方，如发货单经常不准时到达、库存超标、提前期变长、企业内人际关系不融洽，所有这些可以总称为“不良效果”（undesirable effects，UDE）。值得注意的是，不良效果并不是真正的问题所在，它们只是一些表面现象。通过绘出将这些不良效果联系在一起的逻辑关系图，可以大大有助于找到真正的问题症结所在，它们就显示在这个逻辑图的最底部。这个逻辑图就是当前现实树，它回答了“改进什么”的问题。

（3）消雾法（evaporating cloud，EC）。消雾法用来以双赢（win-win）的方式解决企业中的冲突。此法的得名是由于企业中的冲突像一团团的云雾一样，往往不是那么一目了然，人们往往不能很清楚地说出究竟是哪些原因造成了这些冲突。消雾法就是要驱散那些弥漫在冲突周围的混淆和含糊，以便清楚地指出哪些是根本原因并给出解决冲突的方法。这时冲突便消除了，就像云雾蒸发了一样。

要回答问题二“改成什么样子”，首先要弄清楚为什么存在那些当前现实树找出的“真正的问题”。显然，如果这些问题很轻易就可以被解决，企业的管理人员也不会让它们存在那么久，且一直保留到现在。找出这些问题与冲突以后，应该设法找到解决问题的突破点（a breakthrough idea），称为一个注入（injection）。这时就要用到“消雾法”。要注意，不能仅仅找出一个突破点就了事，还要检验它是否能够对系统产生所期望的影响。即这些“注入”的实施能否将你现在面对的“不良效果”转变为“满意效果”（desirable effects，DE）。这便用到“未来现实树”。

（4）未来现实树。“注入”只是解决方案的一个必要组成部分，还不是一个充分完整的方案。为了确保此“注入”的确是个好主意，还要检验这个“注入”的实施效果将会怎样。这就要回到最初反映“不良效果”因果关系的当前现实树图，把“注入”插入到它要进行突破的环节。然后，重绘逻辑连接，在当前现实树的基础上生成未来现实树。如果此“注入”果真能把不良效果转变为满意效果，那就找到了期望的解决方案，由此方案产生的结果正是未来现实树的“树叶”。所以说，未来现实树很好地描绘了实施“注入”后的未来图景。要注意的是，在此阶段没有必要考虑怎样具体实施“注入”。有时提出的实施思路甚至是令人难以理解的，约束理论称这种“注入”为 Flying Pig Injections，就是说这种“注入”要实施成功几乎不可能，就像让猪飞起来一样令人不可思议。在这时管理者千万不能绝望，因为通过约束理论提供的负效应枝条和必备树方法可以让这头会飞的小猪停落下来。

（5）负效应枝条（negative effect branches）。当做完当前现实树、消雾法、未来现实树的一系列工作以后，就要找一些受改进影响最大的人来参与，以保证改进的成功实施。思维流程是一项高度开放、广泛参与的活动。当这些与改进直接相关的人看到改进进行的突破以及未来现实树所描绘的“未来现实”时，他们往往会有一种抵制改进的情绪，毕竟企业中的问题已经存在了一段时间，而且代表着不同利益者之间的冲突。所以“注入”或多或少地会与当前的企业文化或者各部门的亚文化发生抵触。

人们往往会对这个突破性的想法说：“我认为这个办法可能管用，他们接下去就会罗列出若干种此法实施后可能会带来的负面效应。”

对于这种情况思维流程给予了充分考虑以避免实施的失败。思维流程认为正是这些受改进影响最大的人，才对那些意料之外的负面效应（即“负效应枝条”）了解得最清楚。所以思维流程要求主动寻求这些人的参与，并与他们一道找出避免这些“负效应枝条”长出的办法，此过程可以形象地描述为“剪去负效应枝条”（trimming the negative branches）。

为克服人们抵制变革的心理，约束理论总结了六大步骤，称为“消除抵制情绪的六个层次剥离法”：

①在组织内部对造成当前问题的原因达成共识；

②对问题的改进方向达成一致；

③对解决方案的有效性和可行性达成一致；

④吸引其他人的参与并积极合作，使解决方案日益完善；

⑤制定实施计划，使解决方案落到实处；

⑥克服人们心中确实存在的对重大改进的畏惧。

（6）必备树（prerequisite tree）。要注意，问题三“怎样使改进真正得以实现？”不同于“怎样对事物进行改变？”（How to change things？）。前者是在改进前、改进后的状态都已知晓的情况下，重点强调如何导致这一改进的实际发生。鉴于人们对自己参与设计的改进方案一般抵触较少，所以回答问题三的关键就是：让那些与这些转变直接相关的人来制定实施转变的行动方案。这个工作是思维流程中最有效的工具，也是与其他追求持续改进的思维流程相比最显著的特点之一。一般而言，多数企业一开始就是决定改进目标，接下去就是实施小组的几个成员全面忙碌起来：制定实施日程安排、给实施方案定名、强制扫除实施障碍等，而实施结果如何呢？很难说是否能实施成功。而思维流程不是这样，有了上述的一系列工作，我们已经摸清楚了问题所在（通过当前现实树），找到了突破点（通过消雾法），保证了“注入”的实施结果是令人满意的（通过未来现实树），就剩下在不良效果和满意效果之间搭一条路了。在寻找这条路的过程中，管理者可能会听到人们这么说：“这个办法听上去不错，可它需要营销部门和生产部门之间有效的沟通、紧密的配合。”而实际上在多数传统企业里，这两个部门根本就分属两个系列，由两个副总掌管。诸多问题的解决，就需要用“必备树”来分析、解决，“解铃还需系铃人”，要引导那些指出实施障碍的人来提出解决问题的办法。

（7）转变树（transition tree）。约束理论思想的应用成功需要集思广益，要实施最初的“注入”就可能需要用到其他的“注入”，而把所有这些实现措施所需的活动汇集在一起，并分析它们之间的关系，弄清楚活动的先后顺序，这种方法就是“转变树”法。

以上介绍了约束理论的思维流程和其中用到的几种解决问题的方法，下面用图示意一下几种方法之间的先后关系，如图 8-13 所示。

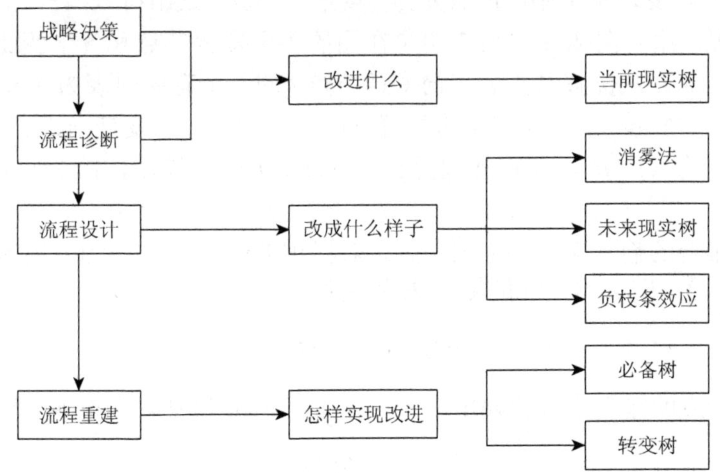

图 8-13　约束理论思维流程方法示意图

8.5.2　Petri 网技术

1. Petri 网概念

Petri 网的概念最早在 1962 年由 Carl Adam Petri 的博士论文中提出的。在 Petri 网研究和应用的发展历史中，它的应用范围已经远远超出了计算机科学的领域，成为研究离散事件动态系统的一种有力工具。

Petri 网是一种适合于系统描述和分析的图形工具与数学工具，具有直观的图形表示和严密的数学基础，自顶向下的方法来建立系统模型，使得所建模型是层次模型，可以清楚地描述系统的内部关系，很快在研究并行、异步、离散、非线性和随机问题中得到广泛应用，特别适用于异步并发离散事件系统的建模，在调度系统分析设计中有着很好的应用。作为图形工具，它具有类似于流程图、框图和网图的可视描述功能；作为数学工具，用 Petri 网建立模型具有好的形式化描述方法，有成熟的数学分析方法，用它可以建立状态方程、代数方程和其他数学模型来描述系统的行为。

从抽象和一般的角度，一个 Petri nets（PN）网的形式化定义表述为以下的五元组：

$$PN=(P,T,F,W,M,M_0)$$

式中，$P=(p_1,p_2,\cdots,p_n)$ 为有限位置（place）集；$T=(t_1,t_2,\cdots,t_n)$ 为有限变迁（transition）集或事件集。$P\cap T=\Phi$（集合 P 和集合 T 不相交），$P\cap T\neq\Phi$（集合 P 和集合 T 不同时为空）；$F\subseteq(P\times T)\cup(T\times P)$（关系 F 只存在于集合 P 和集合 T 之间）为节点流关系集，即为有向弧集；$W:F\mapsto\{1,2,\cdots\}$（关系集 F 到自然数的映射）为有向弧的权函数；$W:P\mapsto\{0,1,2,\cdots\}$（集合 P 到非负整数的映射）为状态标识（marking）；$M_0:P\mapsto\{0,1,2,\cdots\}$（集合 P 到非负整数的映射）为初始标识（initial marking）。其各量表示如下。

（1）位置节点和变迁节点。有限位置集 P 中的所有元为“位置”节点，采用符号“○”（圆圈）表示；有限变迁集 T 中的所有元为“变迁”节点，采用符号“—”（粗线段）表示。

（2）有向弧。由有向弧集 F 可来决定在图的各个位置节点和各个变迁节点之间所存在的所有的有向弧。从位置节点 p 指向变迁节点 t 的一个有向弧表为（p，t），且称此位置 p 为变迁 t 的一个输入，此变迁 t 为位置 p 的一个输出。从变迁节点 t 指向位置节点 p 的一个有向弧表为（t，p），且称此位置 p 为变迁 t 的一个输出，此变迁 t 为位置 p 的一个输入。

（3）变迁集合的输入集合和输出集合，对标识 Petri 网图，变迁 t 的输入集合定义为 $I(t)=\{p|(p,t)\in F\}$，变迁 t 的输出集合定义为

$$O(t)=\{p|(t,p)\in F\}$$

（4）位置节点的输入集合和输出集合。对标识 Petri 网图，位置 p 的输入集合定义为

$$I(p)=\{t|(t,p)\in F\}$$

位置 p 的输出集合定义为

$$O(p)=\{t|(p,t)\in F\}$$

（5）有向弧的权。为简化标识 Petri 网的结构表示，把多输入或多重输出的有向弧表示为加权有向弧，即只画出一条有向弧并在其旁标注“权”以表示输入或输出权重数，

当权重为 1 时，标注常予以省略。

（6）位置中“托肯”数的表示。在标识 Petri 网图中，采用在位置节点中标注相应的黑点数，以表示此位置所包含的“托肯”（token）数。

（7）状态标识。对标识 Petri 网图，$M(p_i)$ 为状态位置 p_i 中的黑点数即其所包含的“托肯”数 $i=1,2,\cdots,m$，m 为网图所包含的位置节点个数，则网图的状态标识 M 定义为如下的一个行向量：

$$\boldsymbol{M}=[M(p_1),\cdots,M(p_m)]$$

（8）初始标识。对标识 Petri 网，初始标识 M_0 对应于状态标识 M 的初始位置。$M_0(p_i)$ 为初始位置 p_i 中的“托肯”数，$i=1,2,\cdots,m$，m 为网图所包含的位置节点个数，则网图的初始标识 M_0 定义为如下的一个行向量：

$$\boldsymbol{M}=[M_0(p_1),\cdots,M_0(p_m)]$$

2. Petri 网特性

Petri 网研究的系统模型行为特性包括状态的可达、位置的有界性和安全性、变迁的活性、死锁和冲突。

（1）可达性。对给定初始标识即初始“托肯”分布 M_0 的一个 Petri 网 (N,M_0) 可达集 $R(N,M_0)$ 定义为此 Petri 网在初始状态标识 M_0 下按照发射规则可到达的所有状态标识的集合。

（2）有界性和安全性。有界性，对给定初始标识即初始“托肯”分布 M_0 的一个 Petri 网 (N,M_0)，称此 Petri 网为 K-有界的，如果对任一可达状态 $M\in R(N,M_0)$ 和任一位置节点 p_i，相应于状态标识 M 下的 Petri 网，位置节点 p_i 中的“托肯”数满足 $M(p_i)\leqslant K$，其中 K 为有限正整数。

安全性，对给定初始标识即初始“托肯”分布 M_0 的一个 Petri 网 (N,M_0)，称此 Petri 网是安全的，如果对任一可达状态 $M\in R(N,M_0)$ 和任一位置节点 p_i，相应于状态标识 M 下的 Petri 网，位置节点 p_i 中的“托肯”数满足 $M(p_i)\leqslant 1$。

（3）活性。变迁节点的活性，对给定初始标识即初始“托肯”分布 M_0 的一个 Petri 网 (N,M_0)，称其一个变迁节点 t 是活的，如果对由初始“托肯”分布 M_0 可达的任一状态标识 $M\in R(N,M_0)$，都可找到一个发射序列，在由此导出的新的“托肯”分布 M' 下可使此变迁节点 t 为使能。

Petri 网的活性，对给定初始标识即初始“托肯”分布 M_0 的一个 Petri 网 (N,M_0)，称此 Petri 网为活的，如果其每一个变迁节点都是活的。

（4）死锁。对给定初始标识即初始“托肯”分布 M_0 的一个 Petri 网 (N,M_0)，称其一个变迁节点 t 为死锁，如果对由初始“托肯”分布 M_0 可达的任一状态标识 $M\in R(N,M_0)$ 下，此变迁节点 t 都是不使能，即不具有发射权的。

（5）冲突。对给定初始标识即初始“托肯”分布 M_0 的一个 Petri 网 (N,M_0)，冲突是这样的一种现象，如果 Petri 网的两个或多个变迁节点同时处于使能即具有发射权的状况，但由于共享某些输入位置节点，使“一个变迁节点的发射”导致“另一些发射节点的不能发射”。

3. Petri 网建模理论

Petri 网用来描述异步、并发特征的离散事件动态系统。但是，随系统功能的增强和规模的扩大，其 Petri 网图将变得庞大而复杂，为解决此问题，出现着色 Petri 网方法。

1993 年，Borusan 提出了一种基于着色 Petri 网的递阶结构的建模方法，解决了大型系统建模的复杂性问题。由于 Petri 网模型的图形表述和数学描述，使它既可采用数学分析，又可通过图形形象地描述出物流系统的运行过程。清华大学的吴耀华、颜永年和机械部北京自动化研究所的曾庆宏等于 1996 年提出了一种基于 Petri 网动态模型的物流系统的 Petri 网模型，可以将物流系统的物理过程通过网系统形象地表示出来。同年，华中理工大学机械科学与工程学院的胡春华等通过分析离散制造系统的基本组成元素和离散制造过程的特点，将有色时间 Petri 网中的颜色元素进行面向对象的扩展，分别对离散制造系统的硬件组成、行为方式和控制方式建立模型。1997 年，西安电子科技大学电子机械学院的李志武等提出了一种对柔性制造系统实时控制进行建模的 Petri 网工具——实时控制 Petri 网模型（real-time control petri net，RCPN），该模型是通过对变迁和位置引入第二属性，利用输出控制命令和传感器信息来实现的。此外，Petri 网模型还可对制造系统中非常关心的死锁问题进行研究和探索，给出死锁原因，在系统设计中加以避免。

从举例中可以看出，Petri 网以其优良的特点在混杂系统建模、软件实现领域得到了广泛重视并加以实际应用，取得了良好的收效。Petri 网建模的应用明显缩短了作业调度所需时间；当系统遇到干扰时，可迅速且可靠地作出反应，及时改变计划；并且可以根据预先给定的原则对任何队列进行优化。

Petri 网理论在现代制造技术中的应用前景将是十分广阔的。从广度上来讲，它将渗透到混杂系统的其他各个领域；从深度上来讲，Petri 网理论一定能在不断的实际应用中对自身理论不断拓深和发展，使其功能不断强大和完善。随着计算机技术应用的日益广泛，如果能依据 Petri 网理论发展为一种计算机描述语言，必将把现代制造技术推向一个崭新的阶段。Petri 网系统建模的优势在于其图形描述的直观性和理论分析的严谨性，能够较好地处理并发、异步、冲突等现象，离散事件系统是其最早和最成功的应用领域。

Petri 网是一种能够准确表达制造自动化系统的动态行为的理想工具，它可以准确地描述系统的资源情况以及系统的活动和约束，同时便于设计者理解和表达调度问题。Petri 网用于调度过程是把资源分配或任务排序作为一个状态演化过程处理，监测调度过程中共享资源（主要是加工设备）的冲突使用和任务排序的逻辑约束问题。Petri 网作为系统模型的最大特点在于其并发性（concurrency），而调度问题的目标就是提高非顺序任务间的并发度，而且 Petri 网结构是一种有向图，对描述任务间次序关系是较为合适的，因此采用 Petri 网作为调度模型在直观上是易于接受的。一般来说，Petri 网用于生产调度分析和设计，关键在于库所和变迁的修改，尤其是变迁的开放原则。在一个实用的 Petri 网调度模型中，库所是各种类型资源的抽象形式，这些资源不仅包含有形的资源（机器、工具），而且包含无形的资源（时间、空间、信息、知识）。有形的资源，如一台机器，从数学上描述较简便，用整数“1”和单位“台”即可，在 Petri 网中可表示为一个标记；而那些无形的资源，数学上的形式描述较为困难，时间即属于这种资源。

Petri 模型最直接的应用是根据给定的使能条件、激发条件和生产过程，此时，当同一状态下有多个发生元可被激发时，选择最小激发时间的发生元激发。当从 Petri 网的观点来看待一个系统时，表现为两个概念：条件和事件。作为一种系统建模方法有对系统进行描述、软件实现、分析、评价、进而达到控制和改进系统的目的，一般系统都可以用它的状态进行描述，而状态之间的相互转化又可归结为事件的触发。在为系统建立起一个 Petri 网模型后，通过对网络特性的分析以及对网络运行的软件实现，可以揭示出被模拟系统在结构和动态行为方面的重要信息，利用这些信息可以对被模拟系统进行估价，并寻找改进控制系统的方法。建立系统 Petri 网模型的一般原则和步骤如下。

（1）根据建模对象的特性，确定 Petri 网的类型。目前的研究包括：受控 Petri 网的离散事件系统建模、有色 Petri 网的离散事件系统建模、赋时 Petri 网的间歇/批处理过程建模、连续 Petri 网的连续系统建模、混合 Petri 网的连续过程建模、混杂时态 Petri 网的混杂系统建模、混合 Petri 网的混杂系统建模、多层 Petri 网的复杂系统建模等。

（2）运用 Petri 网模型和对象之间存在的对应关系，确定 Petri 网的变迁节点。例如，对于柔性制造系统的建模，其 Petri 网模型的变迁节点对应于“机床对工件的加工活动”，变迁节点的发射对应于“加工活动的完成”，变迁节点的使能对应于加工活动的开始，而发射时延则对应于加工时间。

（3）根据 Petri 网模型和对象之间对应关系导出的一些规则，确定变迁的输入库所节点和输出库所节点。例如，柔性制造系统中“加工活动所占用的资源（机床和工件）”对应于 Petri 网相应变迁的各输入库所节点，柔性制造系统中“加工活动的后继活动和所释放的资源（机床和工件）”对应于 Petri 网相应变迁节点的各输出库所节点。

（4）确定 Petri 网模型的初始标识。一般地，Petri 网模型中的标识代表相应变迁所能占用的资源实体，根据建模对象的初始资源分布确定其 Petri 网模型的初始标识。

（5）最后确定 Petri 网模型。

4. 复杂生产过程 Petri 网建模举例

对复杂工业过程的生产控制问题，以往通常采用数学规划方法，结合应用人工智能和进化计算技术，来求解最佳调度方案。基于 Petri 网研究复杂工业过程的生产控制问题是近年来提出的一种新方法。Petri 网成为研究离散事件动态系统的一种有力工具，特别适用于异步并发离散事件系统的建模，在生产控制问题与调度系统分析设计中有着很好的应用。

电炉炼钢-精炼-连铸短流程生产线的变计时 Petri 网模型如图 8-14 所示。

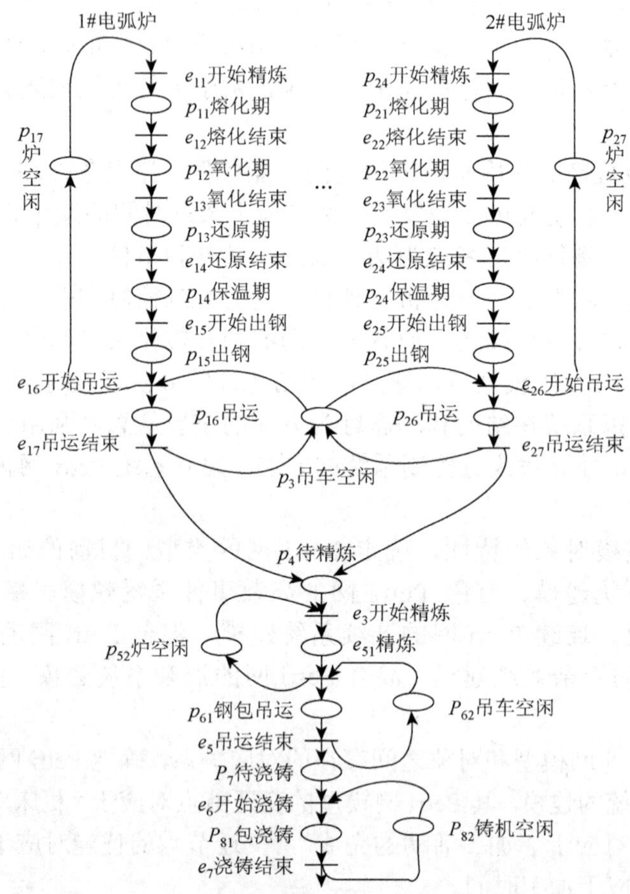

图 8-14 电炉炼钢-精炼-连铸短流程生产线 Petri 网模型

8.5.3 神经网络技术

1. 神经网络技术简介

神经网络是一种被广泛用于模式识别及机器学习的人工智能技术，神经网络方法具有较强的适应能力和学习能力，它用于数据分类和预测中的精度是非常高的。神经网络按照人脑的组织和活动原理构造一种非线性映射模型，可以实现任何复杂的因果关系映射，特别适用于处理复杂问题，在预测评估、智能控制、模式识别、信号处理、非线性优化、函数逼近、自适应控制和预测及管理工程等领域具有广泛的应用。

研究神经网络技术旨在模拟知识获取及人类大脑的组织技能，它作为重要的非线性分类及高适应性系统奠定了自己的地位。神经网络能够执行特定的推理任务，这些任务可以使模式分类、模式聚类、模式映像、模式联系及特征映射等。

神经网络方法和传统的方法相比，具有以下几个明显的优点。

（1）具有较强的容错性，能够识别带有噪声或变形的输入模式。

（2）具有很强的自适应学习能力。

（3）并行分布式信息存储与处理，识别速度快。

（4）能把识别处理和若干预处理融为一体进行。

2. 神经网络的结构及类型

神经网络是采用可实现的器件或计算机通过硬件或软件的方式模拟生物体神经系统的某些结构与功能，用以解决机器学习、识别、控制、决策等机器智能问题。构成神经网络的单个计算单位称为节点、单元或神经元，一般而言，神经网络是一个并行和分布式的信息处理网络结构，神经网络许多并行运算的功能由简单的神经元组成，这些神经元类似于生物神经系统的神经元。神经网络是一个非线性动力学系统，其特色在于信息的分布式存储和并行协同处理。

神经网络一般由许多神经元组成，每个神经元只有一个输出，它可以连接到许多其他的神经元，每个神经元输入有多个连接通路，每个连接通路对应于一个连接权系数。同时运行或并行运行的神经元的集合称为层，层分为输入层、输出层及隐层。严格地说，神经网络是一个具有下列性质的有向图。

（1）每个节点有一个状态变量 x_j。

（2）节点 i 到节点 j 有一个连接权系数 ω_{ji}。

（3）每个节点有一个阈值 θ_j。

（4）每个节点有一个变换函数 $f_j[x_i,\omega_{ji},\theta_j(i\neq j)]$，最常见的形式为 $f_j\left(\sum\omega_{ji}x_i-\theta_j\right)$。

虽然单个神经元的结构极其简单，功能有限，但大量神经元构成的网络系统所能实现的行为却是极其丰富多彩的。与数字计算机相比，神经网络系统具有集体运算的能力和自适应的学习能力。此外，它还具有很强的容错性和鲁棒性（鲁棒性（robustness）就是系统的健壮性。它是在异常和危险情况下系统生存的关键。例如，计算机软件在输入错误、磁盘故障、网络过载或有意攻击情况下，能否不死机、不崩溃，就是该软件的鲁棒性。所谓“鲁棒性”，是指控制系统在一定（结构、大小）的参数摄动下，维持某些性能的特性，善于联想、综合和泛化。

神经网络模型多种多样，它们是从不同的角度对生物神经系统不同层次的描述和模拟。有代表性的网络模型有感知器、多层映射BP网络、RBF网络、双向联想记忆（RAM）、Hopfield模型及概率神经网络等。利用这些网络可以实现多种功能。

神经网络的一般结构如图8-15所示。

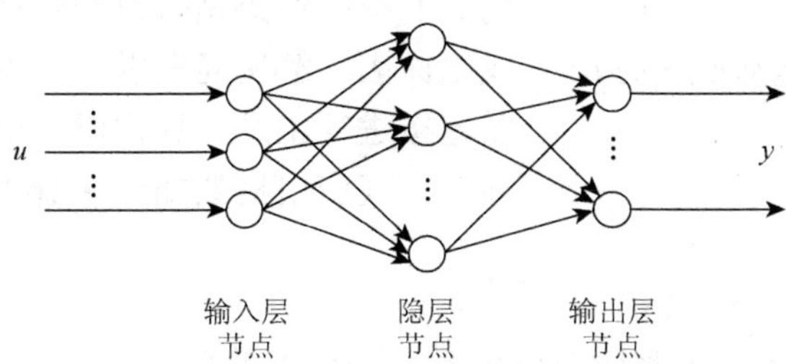

图8-15　神经网络示意图

3. 神经网络应用于复杂生产过程建模的可行性和必要性分析

神经网络能够用于生产过程建模的可行性主要表现在以下四个方面。

（1）神经网络建模通过对数据的学习，构成一个“真实”的系统，该系统的行为反映数据间的隐含关系，进而可用这一“系统”模拟实际系统进行系统分析与仿真。

（2）神经网络具有学习能力，能够快速地对复杂环境及其变化做出较为合理的反应和有效的预测。

（3）神经网络可方便地引入各类信息，包括有明显因果关系的相关信息和隐含于各种关系间、无法用统计或其他显式方法表示的关系等。

（4）神经网络的非线性性质与多数实际系统相同，而一般的统计方法是以线性或某些特殊的非线性为基础的，因此人工神经网络的拟合性能比一般的统计方法好。

神经网络能够用于生产过程建模的必要性主要表现在神经网络可以在网络的输入端囊括各种影响因素，从而使建立的模型可以包含各种不确定性的影响，能很好地解决复杂产品生产流程优化的问题，因此神经网络运用于生产过程系统建模是非常适合和非常必要的，这样更有利于提高产品生产效率。

4. 神经网络用于生产过程建模的实现方法

在对生产过程进行分析和优化的过程中，建模时使用的神经网络算法合适与否和工作能否顺利进行有很大关系。一个复杂的生产过程通常是非线性的，而且测得的工艺参数与实际情况之间总有一定差异，所以用以生产过程建模的神经网络必须具备以下特征：

（1）非线性映射能力较强；

（2）具有一定的去噪和容错能力。

条件（1）和（2）并不难满足，目前应用最广泛的前馈网络 BP 网络就具备以上特征。典型的 BP 网络根据负梯度方向优化网络参数，激励函数通常采用 Sigmoid 函数。除此以外，为了建模以后搜索最优点的顺利进行以及保证最优参数的物理意义，神经网络算法还应具有第三个特征，即映射函数曲面的最优点应该与实际工艺参数的数值比较接近。

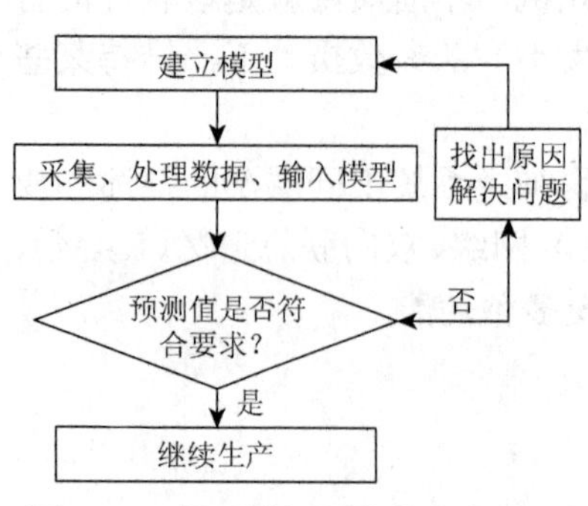

图 8-16　基于神经网络的生产流程预测流程图

选定适合的神经网络后，神经网络进行生产过程的建模首先是根据历史数据建立模型、训练模型，然后将采样所得的数据输入到模型中，模型会根据已经学习的模式给出相应的输出数据，最后根据输出数据判断所得的结果是否符合生产要求，如果不符合，则找出原因，解决问题以后再安排生产，符合要求就可以直接进行生产，这样就可以将出现生产问题的概率降低。其应用框架如图 8-16 所示。

➢思考题与习题

1. 生产控制在生产作业计划中的意义和任务是什么？
2. 简要说明生产控制的基本内容和主要功能。

3. 生产控制的方法都有哪些?
4. 要减少生产过程中的各类在制品数量,又能保证生产正常有序,应采取什么方法?
5. 生产管理人员通过何种手段掌握生产的实际情况并对生产过程实施控制?
6. “5S”包括哪些方面的内容?
7. 实施“5S”管理的目的有哪些?
8. 5S”管理有许多优越性,为什么在企业中推行还存在一定困难?
9. 推行“5S”管理的过程是怎样的?
10. “5S”管理与企业的竞争力有何关系?
11. 怎样才能将“5S”管理坚持进行下去?
12. 流程与流程管理的定义。
13. 生产流程持续优化的必要性。
14. 生产流程再造的基本概念与实施步骤。
15. 进行生产流程优化的基本思路是怎样的?
16. 简述工作研究在生产过程优化中的作用。
17. 约束理论的概念其内涵是什么?
18. 约束理论的步骤有哪些?

➢拓展学习材料

8-1　案例分析

8-2　约束理论在生产管理中的应用

第9章

供应链与物流管理

本章提要：本章主要对供应链管理与物流管理的基本概念与内涵进行阐述，并着重分析供应链环境下的采购管理和供应链环境下的库存管理。本章旨在使读者了解掌握供应链及其环境下的采购与库存管理，使读者更全面熟悉生产与运作的理论知识。

9.1 供应链管理

在高科技迅速发展、市场竞争日益激烈、顾客需求不断变化的今天，原本着眼于利用企业内部资源进行生产运作的方式已不足以满足快速响应用户需要的目的。借用外部资源已成为企业的必然选择。因为任何一个企业都不可能在所有业务上占据优势地位，只有与其他企业优势互补，才能共同增强竞争实力。如今国际上一些先驱企业逐渐摒弃过去那种从设计、制造直到销售都由自己负责的模式，转而在全球范围内与供应商和销售商建立合作伙伴关系与他们形成长期的战略联盟，结成利益共同体。例如，美国福特汽车公司在推出新车 Festiva 时，就是采取新车在美国设计，在日本的马自达生产发动机，由韩国的制造厂生产其他零件和装配，最后再运往美国和世界市场上销售的模式。制造商这样做的目的显然是追求低成本、高质量，最终目的是提高自己的竞争能力，Festiva 从设计制造到运输、销售的全球化制造战略（global manufacture strategy）成功实施，依赖于下面要谈到的供应链管理。

9.1.1 供应链的概念

1. 供应链的定义

多少年来，企业出于管理和控制上的目的，对为其提供原材料、半成品或零部件的其他企业一直采取投资自建、投资控股或兼并的“纵向一体化”（vertical integration）管理模式，即某核心企业与其他企业是一种所有权关系。例如，美国福特汽车公司拥有一个牧羊场，出产的羊毛用于生产本公司的汽车坐垫；美国某报业大王拥有一片森林，专为生产新闻用纸提供木材。脱胎于计划经济体制下的中国企业更是如此，“大而全”“小而全”的思维方式至今仍在各级企业领导者头脑中占据主要位置，许多制造业企业拥有从毛坯铸造、零件加工、装配、包装、运输、销售等一整套设备、设施、人员及组织机构。

推行“纵向一体化”的目的，是为加强核心企业对原材料供应、产品制造、分销和销售全过程的控制，使企业能在市场竞争中掌握主动，从而达到增加各个业务活动阶段的利润。在市场环境相对稳定的条件下，采用“纵向一体化”战略是有效的。但是在高科技迅速发展、市场竞争日益激烈、顾客需求不断变化的今天，“纵向一体化”战略已逐渐显示出其无法快速敏捷地响应市场机会的薄弱之处。为了达到快速响应市场需求的目的，出现了供应链管理——“横向一体化”（horizontal integration）的思维方式。

早期的观点认为供应链是制造企业中的一个内部过程，它是指把从企业外部采购的原材料和零部件，通过生产转换和销售等活动，再传递到零售商和用户的一个过程。传统的供应链概念局限于企业内部操作层上，注重企业自身的资源利用，它忽视了在这个过程中，制造企业外部的供应企业及用户企业的独立运作及其联系。随着经济的发展，企业所处环境的变化，为了提高企业的竞争能力，处于同一价值链中的企业建立起长期稳定的战略关系显得尤为重要。因此供应链的概念也相应地扩展了。

美国供应链协会对供应链的概念：供应链，目前国际上广泛使用的一个术语，它囊括了涉及生产与交付最终产品和服务的一切努力，从供应商的供应商到客户的客户。供应链管理包括管理供应与需求，原材料、备品备件的采购、制造与装配，物件的存放及库存查询，订单的录入与管理，渠道分销及最终交付用户。

马士华给出的供应链定义：供应链是围绕核心企业，通过对信息流、物流、资金流的控制，从采购原材料开始，到制成中间产品以及最终产品，最后由销售网络把产品送到消费者手中的将供应商、制造商、分商、零售商，直到最终用户连成一个整体的功能网链结构模式，如图 9-1 所示。

因此，一条完整的供应链应包括供应商（原材料供应商或零配件供应商）、制造商（加工厂或装配厂）、分销商（代理商或批发商）、零售商（大卖场、百货商店、超市、专卖店、便利店和杂货店）以及消费者。

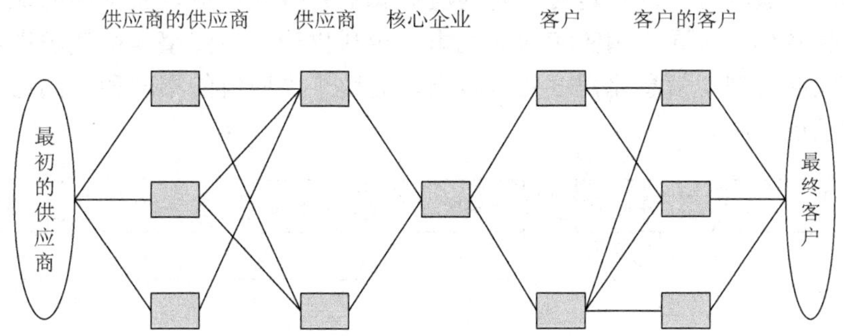

图 9-1　供应链的结构示意图

2. 供应链的分类

1）推式供应链

推式供应链（push supply chain）的运作以产品为中心，以生产制造商为驱动源点。这种传统的推式供应链管理是以生产为中心，力图尽量提高生产率，降低单件产品成本来获得利润的。通常，生产企业根据自己的 MRP-II/ERP 计划来安排从供应商处购买原材料，生产出产品，并将产品经过各种渠道，如分销商、批发商、零售商一直推至客户端。在这种供应链上生产商对整个供应链起主导的作用，是供应链上的核心或关键成员，而其他环节如流通领域的企业则处于被动的地位，这种供应链方式的运作和实施相对较为容易。然而，由于生产商在供应链上远离客户，对客户的需求远不如流通领域的零售商和分销商了解清楚，这种供应链上企业之间的集成度较低，反应速度慢，在缺乏对客户需求了解的情况下生产出的产品和驱动供应链运作的方向往往是无法匹配与满足客户需求的。

为了提高客户响应速度，在供应链的每个节点上，都必须采取提高安全库存量的办法，需要储备较多的库存来应付需求变动，因此，整个供应链上的库存量较高，响应客户需求变化较慢。传统的供应链管理几乎都属于推式的供应链，如图 9-2 所示。

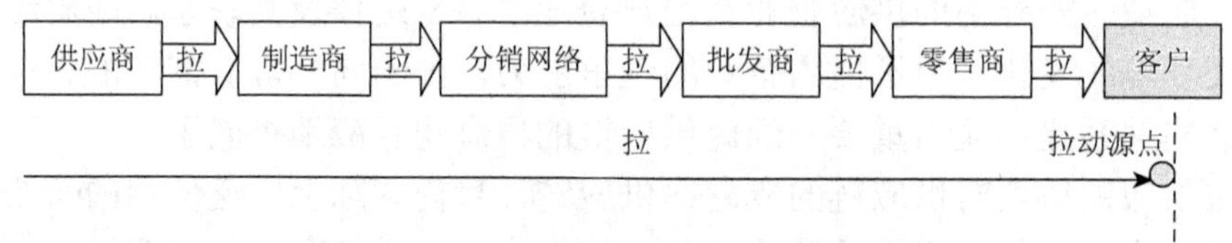

图 9-2　推式供应链示意图

2）拉式供应链

20 世纪 90 年代初，工业化的普及使生产率和产品质量不再成为生产企业的绝对竞争优势，为了更好地进行市场竞争，企业都纷纷把满足客户的需求作为经营的核心，因此供应链的运营规则也从推式转变为以客户需求为原动力的“拉式”运作。拉式供应链（pull supply chain）管理的理念是以顾客为中心，通过对市场和客户的实际需求以及对其需求的预测来拉动产品的生产与服务，如图 9-3 所示。

这种运作和管理需要整个供应链能够更快地跟踪、甚至超前于客户和市场的需求，来提高整个供应链上的产品和资金流通的效率，减少流通过程中不必要的浪费，降低成本，提高市场的适应力，特别是对下游的流通和零售行业，更是要求供应链上的成员间有更强的信息共享、协同、响应和适应能力。拉式供应链虽然整体绩效表现出色，但对供应链上企业的管理和信息化程度要求较高，对整个供应链的集成和协同运作的技术与基础设施要求也较高。

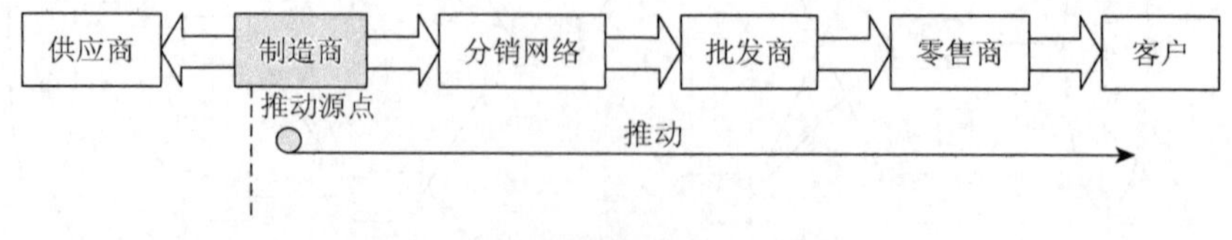

图 9-3　拉式供应链示意图

9.1.2　供应链管理的概念

1. 供应链管理的定义

随着经济的发展，供应链的概念跨越了企业的界限，从产品生命线的“源”头开始，到产品消费市场的“汇”，整个过程需要从全局和整体的角度考虑产品的竞争力，这使得供应链从一种运作性的竞争工具上升为一种管理性的方法体系，这就是供应链管理提出的实际背景，而计算机网络的发展，虚拟制造（virtual manufacture）、动态联盟等制造模式的出现，又为供应链管理提供了技术支持与发展动力。

供应链管理是一种集成的管理思想和方法，它执行供应链中从供应商到最终用户的物流的计划和控制等职能。伊文斯（Evens）认为：“供应链管理是通过前馈的信息流和反馈的物料流及信息流，将供应商、制造商、分销商、零售商，直到最终用户连成一个整体的管理模式。”

菲利浦（Phillip）则认为供应链管理不是供应商管理的别称，而是一种新的管理策略，它把不同企业集成起来以增加整个供应链的效率，注重企业之间的合作。供应链管理把供应链上的各个企业作为一个不可分割的整体，使供应链上各企业分担采购、生产、分销和销售等职能，成为一个协调发展的有机体。

供应链世界论坛（1993 年成立的一个世界性的非盈利组织和学术研究机构，它定期举办研讨会议，对供应链管理进行研究和探讨）给出的定义为：“供应链管理是从提供产品、服务和信息来为用户和股东增添价值的，从原材料供应商一直到最终用户的关键业务过程的集成管理。”

供应链管理（supply chain management，SCM）是指人们在认识和掌握供应链各环节内在规律和相互联系的基础上，运用系统管理技术、运筹学、管理科学、决策支持系统、信息技术等科学管理方法对供应链中的信息流、物流、资金流、价值流进行计划、协调和控制，通过在供应链成员之间建立战略性合作伙伴关系从而在供应链全局范围内达到信息共享，减少原材料、零部件、成品的库存，以期达到最佳组合，发挥最大效率，实现以最小成本为客户提供最大价值的目标。

可见，供应链管理是指对整个供应链系统进行计划、协调、执行、控制和优化的各种活动与过程，供应链管理的内容是提供产品、服务和信息来为用户及股东增添价值，是从原材料供应商一直到最终用户的关键业务过程的集成管理，其目标是要将客户所需的正确的产品（right product）能够在正确的时间（right time），按照正确的数量（right quantity）、正确的质量（right quality）和正确的状态（right status），以正确的价格（right price）送到正确的地点（right place），并实现总成本最小。

2. 供应链管理的特点

供应链管理是一种新型的管理模式，它的特点可以从与传统管理方法的比较中显现出来，供应链管理主要致力于建立成员之间的合作关系，与传统的管理方法相比，它具有如下特点。

（1）以顾客为中心。从某种意义上讲，供应链管理本身就是以顾客为中心的“拉式”营销推动的结果，其出发点和落脚点，都是为顾客创造更多的价值，都是以市场需求的拉动为原动力。顾客价值是供应链管理的核心，企业是根据顾客的需求来组织生产；产品从设计开始，企业已经让顾客参与，以使产品能真正符合顾客的需求。

（2）强调企业的核心竞争力。在供应链管理中，一个重要的理念就是强调企业的核心业务和竞争力，并为其在供应链上定位，将非核心业务外包。由于企业的资源有限，企业要在各式各样的行业和领域都获得竞争优势是十分困难的，因此它必须集中资源在某个自己所专长的领域，即核心业务上。

（3）相互协作的双赢理念。在供应链管理中，企业超越了组织机构的界限，改变了传统的经营意识，建立起新型的客户关系，使企业意识到不能仅仅依靠自己的资源来参与市场竞争，提高经营效率，而要通过与供应链参与各方进行跨部门、跨职能和跨企业的合作。建立共同利益的合作伙伴关系，追求共同的利益，发展企业之间稳定的、良好的、共存共荣的互助合作关系，建立一种双赢的关系。

（4）集成化管理。应用网络技术和信息技术，重新组织和安排业务流程，实现集成化管理，信息已经成为供应链管理的核心要素。通过应用现代信息技术、物流条码技术、电子订货系统、销售点数据读取系统、预先发货清单技术、电子支付系统等，使供应链成员不仅能及时有效地获得其客户的需求信息，并对于信息做出及时响应，满足客户的需求。

3. 供应链管理的关键业务过程

供应链管理的关键业务过程如图 9-4 所示，包括以下内容。

（1）客户关系管理（customer relationship management，CRM）：与重要客户建立产品/服务协议；利用顾客界面最好地预测顾客需求；改善客户服务水平、对客户进行分类，减小产品可变性。

（2）客户服务管理（customer service management）：提供客户信息，管理产品/服务协议；通过顾客获取需求信息，同时为顾客提供产品的价格、交货期等相关信息；为客户提供在线的、实时的订单状态信息。

（3）需求管理（demand management）：利用销售点（point on sale，POS）数据系统和关键顾客的相关数据获得需求与供应信息；协调市场需求和生产能力之间的关系；使需求和生产同步化，并提供实时库存信息。

（4）订单执行（order fulfillment）：快速、柔性地执行客户订单；将制造、分销、运输计划集成在一起；与供应链成员建立合作伙伴关系，降低运输成本，高效率地完成订单。

（5）制造流管理（manufacturing flow management）：由基于生产计划的 Push（推动式）生产模式转变为基于客户需求的 Pull（拉动式）生产模式；制造过程必须具有对市场需求变化的柔性，能够进行客户化生产；对产品制造过程进行管理，合理制定生产计划，缩短生产周期，降低在制品库存。

（6）供应商关系管理（supplier relationship management）：与主要的供应商建立战略性合作伙伴关系；将采购与供应过程集成，提高供应链效率。

（7）产品开发与商品化（product development and commercialization）：让顾客和供应商参与到新产品的开发过程中；缩短新产品上市时间，以最快的速度生产顾客需要的产品。

（8）退货管理（returns management）：对销售的产品进行跟踪回访，建立产品档案；根据有关规定对有质量问题的产品实施召回和退货政策；由质检部门对问题产品进行检测和分析，并把信息反馈给相关部门。

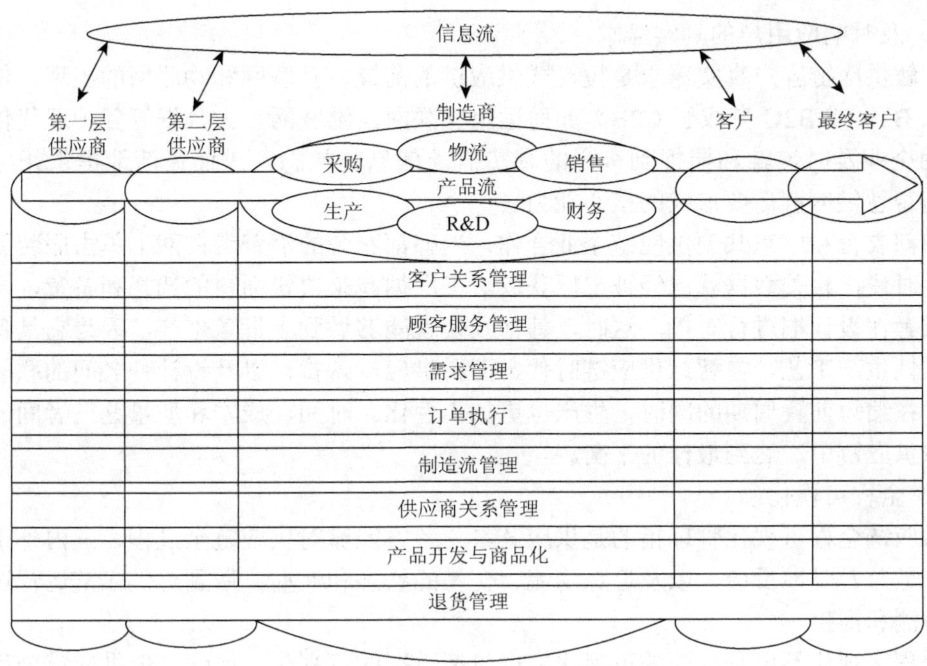

图 9-4　供应链管理的关键业务过程

9.1.3　供应链管理的现状与发展

1. 供应链管理的现状

在全球供应链管理服务市场上，包括企业内部运营、企业服务、供应链管理的全球业务流程外包市场规模在 2009 年达到了 1719 亿美元。其中，企业服务外包约占 42%，运营外包占 23%，供应链和需求管理外包约占 35%，供应链管理外包市场规模约为 596.83 亿美元。在我国，2010 年供应链管理软件市场增长了 34.4%，收入达到 1.56 亿美元。

近年来，随着我国经济结构调整的深入，对企业节能减排的要求更加严格，企业只有通过强化环境保护的自我约束机制，才能降低产品和生产过程相关的环境污染所带来的生产经营风险。绿色供应链管理能使整个供应链的资源消耗和环境负作用最小，并能有效满足日益增长的绿色消费需求，从而提高供应链的竞争力。

麻省理工学院（MIT）成立了一个专门的研究小组，研究 2020 年的供应链管理。麻省理工学院的研究认为，影响 2020 年供应链管理的假设条件和可能的宏观因素，包括石油冲击、绿色法规、国际贸易、全球贸易和亚洲经济增长等。其中，建立对环境负责的绿色可持续的供应链，是保证供应链可持续发展的关键。

2. 供应链管理的发展——智慧供应链

智慧供应链（intelligent supply chain）是结合物联网技术和现代供应链管理的理论、方法和技术，在企业中和企业间构建的，实现供应链的智能化、网络化和自动化的技术与管理综合集成系统。

未来的智慧供应链不仅能够实现供应链运作更高效，而且将会给企业带来六个方面的影响。

1）及时响应用户的真实需求

了解供应链客户真实需求是拉动式供应链的前提，互联网和物联网的出现，使得供应链从 B2B 或 B2C 变成了 C2B。如何运用互联网、物联网、大数据等各种现代化的技术辅助企业及时追踪和捕捉到客户的真实需求信息与状态，进而灵活地提供相应的服务，是智慧供应链需要形成的核心能力之一。

韩都衣舍和广东共创供应链企业合作，当韩都衣舍的消费者在网上单击服装放到购物车的时候，相关数据就已经被工厂获取。工厂据此来决定面料的选择和备货，同时跟韩都衣舍在设计端进行对接。这时，韩都衣舍就能够做到小批量生产，因为它具备即时化的柔性生产工艺。在智慧供应链时代，面料供应、备货，以及设计师之间的联动大大增强。在缩短前置周期的同时，生产也更加柔性化。时间、成本和质量这三者间的关系在智慧供应链中，达到最佳的平衡。

2）全程可视化

供应链全程可视化管理指的是供应链参与各方能够对供应链全过程、国内外市场的状态和运营及时地反应，以及追踪物流、交易的状态和活动，做到对供应链运营过程的及时监测和操控。

全程可视化不仅是画面的可视化，也包括数据的可视化。如何实现供应链全程可视化成为智慧供应链的关键，而这一能力的形成，就需要借助物联网、射频识别等技术建立真正标准化、规范化、可视化的供应链网络。

厦门和诚智达公司（专注于打造运输车队综合管理服务平台），专门针对运输企业做供应链融资，针对货车企业，做实时的柴油分期和货车分期的融资。所有合作的运输公司，需要进入它的智慧车管系统，除了全球定位系统，它还在每一辆车上都装了智能车机，能实时观察到速度、耗油、驾驶员踩制动踏板的力度、汽车转向是急转还是慢转等。通过这些数据，就能大致掌握驾驶员的开车习惯以及开车过程的整个状态。通过大数据模型，就能筛选合适的做购油和购车融资的运输公司。

3）模块化的供应链集成

运用模块化的方式进行供应链集成，使企业能迅速地运用自身、外部第三方的能力建立起独特的供应链竞争力，实现供应链服务功能的快速定制，具有良好的智能反应和流程处理能力。

作为一个供应链平台的深圳创捷供应链把所有的手机生产厂家、原料供应商、组装厂、接单集成者，全部集合在一个平台上，帮助企业打造智慧供应链下的柔性组织。

在传统的供应链条件下，企业要打造一个大的生态系统，让所有资源进入到一个平台上几乎是不可能的。而互联网的出现，使得这种可能性得以实现。就像海尔将大量分散的创客有机地组织起来，嵌入到海尔的供应链体系。

4）实时的供应链计划与执行过程

供应链计划与执行体系的连接能在数据和流程两个层面同时实现，实现数据、信息同步化。同步化的概念在于进行供应链计划时运营层面的过往、即期以及可能的信息和数据能及时获取，并指导供应链规划；与此同时，在执行供应链活动时，又能根据实际正在发生的状况和下一步需要执行的活动，及时配置资源和能力，使得供应链执行过程稳定、有效。

例如，深圳阿里巴巴一达通，即阿里巴巴旗下外贸综合服务平台，给中国中小微企业做出口融资，同时介入到贸易、物流、通关、报关、退税等各个环节，甚至还做信用数据，通过互联网、数据的形成，使得企业的计划和执行能够实现联动。

5）完善的风险与绩效管理

能运用供应链分析工具比较预期与实效，实现统计性流程控制，防范因供应链运行超出预计范畴，导致供应链中断或产生其他风险。智慧供应链管理的核心是在实现高度智能化供应链运用的同时，实现有效、清晰的绩效测度和管理，建立贯穿供应链各环节、各主体、各层次的预警体系，能轻松实现供应链活动的持续进行、质量稳定、成本可控。

6）精敏化供应链

供应链精敏化指的是供应链智能敏捷化（即快速响应和服务）与高效精益化（即总成本最优）相结合。精敏化（leagility）这一概念最初是由 Ben Naylor 提出的，以往精益（lean）和敏捷（agile）被认为是供应链运营的两种状态，两者相互独立，各自对供应链价值的四大要素（即效率、成本、服务和速度）产生不同的影响作用。也就是说如果产品业务多样性程度较低、市场变动较小，则可以建立高效率、低成本的精益供应链；反之，如果品种变异较大、市场波动性较强，则可以建立追求速度和服务的精益供应链。Naylor 则认为在同一个供应链体系中精益和敏捷是可以同时实现的，并不相互排斥，这里的关键在于如何根据市场的状况和产业运营的特点，设计和安排解耦点（decoupling point），持有库存缓冲点。智慧供应链的建立就是要运用互联网、物联网和云计算等现代技术实现解耦点的前移，使所有供应链环节，尤其是终端客户的行为变化能够及时得到反映、掌握和分析，解耦点能够沿着供应链向上游推移，在保证服务质量和下游低库存成本的同时，也能实现上游生产运营的有序、稳定和高效。

9.2　物流管理

9.2.1　物流管理概述

1. 物流的定义

在我国国家标准《物流术语》的定义中指出：物流（Logistics）是“物品从供应地到接收地的实体流动过程，根据实际需要，将运输、储存、装卸、搬运、包装、流通加工、配送、信息处理等基本功能实施有机结合”。

物流活动的具体内容包括以下几个方面：用户服务、需求监控、订单处理、配送、存货控制、运输、仓库管理、工厂和仓库的布局与选址、搬运装卸、采购、包装、情报信息。

2. 物流管理的定义

物流管理（logistics management）是指在社会再生产过程中，根据物流的规律，运用管理的基本原理和科学方法，对物流活动进行计划、组织、协调、控制和监督，使各项物流活动实现最佳的协调与配合，以降低物流成本，提高物流效率和经济效益的活动。

物流管理的主要方面是物流成本和物流质量，具体内容包括如下方面。

（1）对物流活动诸要素的管理，包括运输、储存、装卸、加工等环节的管理。

（2）对物流系统诸要素的管理，即对其中的人、财、物、设备、方法和信息等六大要素的管理。

（3）对物流活动中具体职能的管理，主要包括物流计划、质量控制、技术手段、经济核算等职能管理。

3. 物流的分类

1）宏观物流与微观物流

宏观物流是指社会再生产总体的物流活动，是从社会再生产总体的角度来认识和研究物流活动。宏观物流主要研究社会再生产过程物流活动的运行规律以及物流活动的总体行为。

微观物流是指消费者、生产者企业所从事的实际的、具体的物流活动。在整个物流活动过程中，微观物流仅涉及系统中的一个局部、一个环节或一个地区。

2）社会物流和企业物流

社会物流是指以整个社会为范畴，以面向社会为目的的物流。这种物流的社会性很强，经常是由专业的物流承担者来完成的。

企业物流是从企业角度上研究与之有关的物流活动，是具体的、微观的物流活动的典型领域，它由企业供应物流、企业生产物流、企业销售物流、企业回收物流、企业废弃物物流几部分组成。

3）国际物流和区域物流

国际物流是指当生产和消费在两个或两个以上的国家（或地区）独立进行的情况下，为了克服生产和消费之间的空间距离与时间距离，而对物资（货物）所进行的物理性移动的一项国际经济贸易活动。因此，国际物流是不同国家之间的物流，这种物流是国际间贸易的一个必然组成部分，各国之间的相互贸易最终通过国际物流来实现。国际物流是现代物流系统中重要的物流领域，近十几年有很大发展，也是一种新的物流形态。

区域物流是相对于国际物流而言的概念，指一个国家范围之内的物流，如一个城市的物流、一个经济区域的物流均属于区域物流。

4）一般物流和特殊物流

一般物流是指物流活动的共同点和一般性，物流活动的一个重要特点是涉及全社会的广泛性，因此物流系统的建立及物流活动的开展必须有普遍的适用性。

特殊物流是指在遵循一般物流规律基础上，带有制约因素的特殊应用领域、特殊管理方式、特殊劳动对象、特殊机械装备特点的物流。

9.2.2 现代物流管理

1. 现代物流的概念

现代物流基于现代信息技术、自动化技术、管理技术、系统工程技术等，借助计算机使物流全周期的各环节中的人/组织、经营管理和技术三要素及其信息流与价值流集成优化，实现物流过程的计算机化、信息化、智能化、绿色化，达到在正确的时间、正确的地点、将正确的物料按照正确的数量与质量交给正确的交易对象的目标。

因此，现代物流是指将信息、运输、仓储、库存、分拣、打码、搬运以及包装等物流活动综合起来的一种新型的集成式管理过程，其任务是为客户提供最好的服务，尽量降低物流成本。现代物流配送系统是通过广泛的信息支持，实现以信息为基轴的物流系统化，是一个与商流紧密配套的服务系统。

2. 现代物流特征

随着发展，现代物流表现出许多特征，而这些特征又具有不同属性，物流的现代化特征或者说现代物流的特征具有科学、技术、经济、管理、社会等属性。现代物流的各种属性相互影响、相互促进、相互交叉、相互包含，既有区别又有联系，形成了复杂多变的现代物流。同时，现代物流是发展的、动态的，因此，现代物流的特征也是不断变化的。

现代物流的特点主要是信息化、系统化、网络化、柔性化、标准化和专业化。

（1）信息化。信息化至少包含两方面的含义：一方面，信息本身的特性决定了其具有一种载体的功能；另一方面，实现信息交换的信息技术作为一种先导技术广泛地应用于包括物流行业在内的诸多行业。基于这种理解，物流信息化至少有两个层面的含义：其一是信息成为物流业务中商流、物流（商品移动）、资金流的载体，通过信息交换实现物流业务，反映物流资源的信息成为信息资源，甚至成为企业的竞争情报和一种财富；其二是信息技术和产品应用于物流领域，物流管理全面信息化。

（2）系统化。物流系统化是系统科学在物流管理中应用的结果。系统科学在物流管理领域中得到广泛的应用，人们利用系统科学的思想和方法建立物流系统，包括社会物流系统和企业物流系统，从系统科学的角度而言，物流也是社会大系统的一个部分。

（3）网络化。物流网络有两种含义，一种是指物理网络或实体网络，另外一种是指信息网络，是企业利用电子网络技术进行物流信息交换，根据物理网络的发展需要，应用网络技术建立起来的网络。在网络化问题上，这里所探讨的是物理网络。

（4）柔性化。在工业化进程中，制造业实现了规模化和多样化，多样化乃至个性化的需求进一步加剧了市场竞争，为了降低生产成本，企业建立了柔性化生产线，在企业柔性化制造的条件下，需要与之相适应的企业内部和外部柔性物流，包括企业内部和外部物流的柔性化，柔性化制造要求整个供应链各环节物流管理的柔性化，包括仓储和运输等诸多环节管理柔性化，物流服务商必须适应用户的柔性化物流需求。

（5）标准化。在物流管理的发展过程中，从企业物流管理到社会物流管理不断地制定和采用新的标准。从物流的社会角度，物流标准可以分为企业和社会标准。从物流的技术角度，物流标准可以分为产品、技术和管理等标准。

（6）专业化。物流专业化本身至少包括两个方面的内容。一方面，在企业中，物流管理作为企业的一个专业部门独立存在并承担专门职能，随着企业的发展和企业内部物流需求的增加，企业内部的物流部门可能从企业中游离出去而成为社会化、专业化的物流企业；另一方面，在社会经济领域中，出现了专业化的物流企业，提供着各种不同的物流服务，并进一步演变成为服务专业化的物流企业。

服务专业化包括两个方面的内容：一方面是服务功能或内容的专业化，提供简单、功能专一或单一的物流服务；另一方面是服务对象或行业的专业化，也就是说物流企业面向某个行业或者某种类型的企业开展物流服务。

3. 现代物流的内涵

（1）现代物流管理以客户满意为第一目标。现代物流是从基于企业经营战略基础上客户服务目标的设定开始，进而追求客户服务的差别化战略，物流系统必须做到：第一，中心网络的优化，即要求工厂、仓库、商品集中配送、加工等中心的建设既要符合分散化的原则，又要符合集约化的原则，从而使物流活动能有利于客户服务的全面展开；第二，物流主体的合理化，从生产阶段到消费阶段的物流活动常常有单个主体和多个主体之分，也存在着自己承担物流和委托物流等形式的区分，物流主体的选择直接影响到物流活动的效果或实现客户服务的程度；第三，物流信息系统的高度化，能及时有效地反映物流信息和客户对物流的期望；第四，物流作业的效率化，即在配送、装卸、加工等过程中应当运用什么方法、手段使企业能最有效地实现商品价值。

（2）现代物流侧重的是整个流通渠道的商品运动。现代物流管理的范围不仅包括销售物流和企业内物流，还包括供应物流、退货物流以及废弃物物流。现代物流管理中销售物流的概念也有新的延伸，即不仅指当前阶段的销售物流（如厂商到批发商、批发商到零售商、零售商到消费者的独立的物流活动），而且是一种整体的销售物流活动，也就是将销售渠道的各个参与者（厂商、批发商、零售商和消费者）结合起来，来保证销售物流行为的合理化。

（3）现代物流管理以企业整体最优为目的。现代物流管理包括从原材料的供应计划到向最终消费者移动的物的运动等各种活动，不仅是部分和部门的活动，而是将各部分和部门有效地结合以发挥综合效益，它所追求的费用、效益观是针对供应、生产、销售、物流等全体最优而言的。在企业组织中，以低价格购入为主的供应理论、以生产增加和生产合理化为主的生产理论、以追求低成本为主的物流理论、以增加销售额和扩大市场份额为主的销售理论等理论之间仍然存在着分歧与差异（表 9-1）。跨越这种分歧与差异，力图追求全体最优的正是现代物流理论。

表 9-1 各种优化理论比较

供应理论	生产理论	物流理论	销售理论
低价格购入	生产增加、生产合理化	降低成本	销售额增加、扩大市场份额
短时间购入	较长的生产循环线	大订货单位	高在库水准
大订单单位	固定的生产计划	充裕的时间	进货时间短、客服水准高
在库数量少	大量生产	低在库水准	多品种
		大量输送	

（4）现代物流管理既重视效率更重视效果。原来的物流以提高效率、降低成本为重点，而现代物流不仅重视效率方面的因素，更强调的是整个流通过程的物流效果，也就是说，从成果的角度来看，有些活动虽然使成本上升，但如果它能有利于整个企业战略的实现，那么这种物流活动仍然是可取的。

（5）现代物流是一种以信息为中心、实需对应型的商品供应体系。现代物流认为，物流活动不是单个生产、销售部门和企业的事，而是包括供应商、批发商、零售商等相关企业在内的整个统一体的共同活动，因而现代物流通过这种供应链强化了企业间的关系。具体说，这种供应链通过企业计划的连接、企业信息的连接、在库风险承担的连接等机能的结合，使供应链包含了流通过程的所有企业，从而使物流管理成为一种供应链管理，如图 9-5 所示。所谓供应链管理，就是从供应商开始到最终用户，整个流通过程及全体商品运动的综合管理。这种供应链管理使企业经营方式从原来的投机型经营（生产建立在市场预测基础上的经营行为）转向实需型经营。根据市场的实际需求来生产，伴随着这种经营方式的改变，在经营、管理要素上，信息已经成为物流管理的核心。

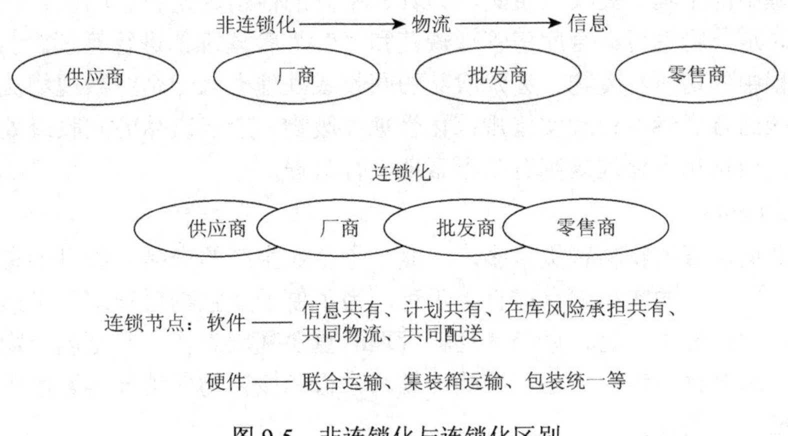

图 9-5　非连锁化与连锁化区别

（6）现代物流是对商品运动的一元化管理。现代物流对从供应商开始到最终客户的整个流通阶段所发生的商品运动是作为一个整体来看待的，伴随着商品实体的运动，必然会出现“场所移动”和“时间推移”这两种物理现象，其中“时间推移”在当今产销紧密联系、流通整体化、网络化的过程中，已成为一种重要的经营资源。缩短物流时间不仅决定了流通全过程的商品成本和客户满意度，同时，通过有效的商品运动可为生产提供全面、准确的市场信息。从物流的时间形态上来看，主要有从订货到送达消费者手中的时间、在库时间、材料工程滞留时间、计划变更允许日、新产品开发时间、汽车滞留时间等，而任何局部问题的解决都无法真正从根本上实现时间的效率化，只有从整体上全面地把握与控制相关的要素和生产经营行为，并将之有效地联系起来，才能实现时间缩短化的目标，这要求物流活动的管理应超越部门和局部的层次，实现高度的统一管理，现代物流强调的就是如何有效地实现一元化管理，真正把供应链思想和企业全体观念贯彻到管理行为中。

9.2.3 企业微观物流管理

1. 概述

物资是指用于物质生产过程中所耗费的各种生产资料。工业企业的微观物流管理，是对企业生产经营活动所需各种物资的供应、保管、合理使用、回收、清理等各项管理工作的总称。

物资消耗费用一般要占产品成本的80%左右，有的高达90%；企业物资储备所占用的流动资金，一般要达到流动资金总额的60%以上；用于物资的储存费用消耗占物资金额的18%～25%。因此，物资管理工作的好坏，会直接影响到企业生产、技术、财务、劳动和运输等多方面。企业合理的物流管理，对于促进企业生产发展、提高产品质量、降低产品成本、加速资金周转、增加盈利、最终提高企业的经济效益，都具有十分重要的意义。

生产所用的与生产直接有关的物资流动涉及采购、检测入库、库房放置、物资发放、生产过程物流、成品库管理、运输、中间商和（或）顾客等多个环节，这是主要的物流途径。

生产过程中的工具、夹具、量具、刀具、模具的借用、使用、归还、存储也属于企业微观物流。这一物流可结合库房管理规范和“5S”管理规范进行管理。

生产过程中的切屑、废物、废残次品的回收或处理也属于企业微观物流范围。废屑物流的管理应结合“5S”管理实施规范化管理；废物、废残次品的回收或处理也制定相应管理规则，根据相应管理规则有条不紊地进行管理。

2. 物料的分类

工业企业所需要的物料种类繁多。一般一个企业生产的产品品种可能有几种或几十种。但制造这些产品的物料就有成百上千种。为了便于加强物料管理，必须对企业的各种物料进行科学的分类。物料分类是物料管理的重要基础工作。它是制定物料消耗定额和储备定额、编制物料供应计划和采购计划、分析和核算物料消耗实际水平，以及进行日常物料供应工作的依据。

物料的分类方法有以下几种。

1）按物料在生产中的作用分类

（1）主要原材料，是指构成产品主要实体的物料。

（2）辅助材料，是指用于生产过程，有助于产品的形成而不构成产品实体的物料。

（3）燃料，是指产生热能、动能的可燃性物料。

（4）动力，是指用于生产和管理等方面的电力、蒸汽、压缩空气等。

（5）配件，是指预先准备的用于更换设备中已磨损和老化的零件及部件的各种专用备件。既有内部备用的配件，也有作为商品向社会供应的配件。

（6）工装，是指生产中消耗的各种工具、刀具、夹具、量具、模具等。

这种分类方法，便于企业制定物料消耗定额，计算各种物料需要量，计算产品成本和核定储备资金定额等。

2）按物料的自然属性分类

（1）金属材料，包括黑色金属（如钢、铁），有色金属（如铝、铜）等。

（2）非金属材料，包括塑料、陶瓷、化工产品、石油产品、纺织产品、建材产品等。

（3）机电产品，包括电机、仪表、机械设备、仪器、液压配件和电线等。

这种分类的方法，便于企业编制物料供应目录，也便于物料采购和保管。

3）按物料的使用范围分类

（1）基本建设用的物料。

（2）生产产品用的物料。

（3）经营维修用的物料。

（4）工艺装备用的物料。

（5）科学研究用的物料。

（6）技术措施用的物料。

这种分类方法，便于编制物料供应计划，也便于企业按使用方向进行物料核算和平衡。

3. *物料消耗定额的方法*

物料消耗定额，是指在一定的生产技术组织条件下，制造单位产品或完成单位劳务所必需消耗的物料数量的标准。

企业的物料消耗定额，通常是按物料用途的类别，即主要原材料、辅助材料、燃料和动力、工具和维修用备件等分别制定的。制定物料消耗定额的基本方法有以下三种。

1）经验估计法

经验估计法是根据技术人员和生产工人的实际经验，并参考有关技术文件以及企业生产技术条件变化等因素制定物料消耗定额的方法。为了提高其准确度，可采用平均概率的方法进行计算，公式是

$$M=\frac{a+4c+b}{6}$$

式中，M 为平均概率求出的物料消耗定额；a 为先进的消耗量，即最少消耗量；c 为一般消耗量；b 为落后的消耗量，即最多消耗量。

这种方法简便易行，一般适用于单件小批量产品，或者在技术资料和统计资料不全的情况下采用。

2）统计分析法

统计分析法是根据物料消耗统计资料，结合对节约物料的各种经验的研究，并考虑到计划期内生产、技术、组织条件变化等因素制定物料消耗定额的方法。

这种方法简单，计算工作量不大，但必须以齐全可靠的统计资料为依据，否则定额的准确性和可靠性都会受到一定影响。应用此法时，应注意克服过去已存在的物料消耗的不合理因素的影响。

3）技术分析法

技术分析法是以产品图纸和工艺规程等主要技术文件为依据，其最直接的依据是工艺规程中的毛坯图或原材料的规格和产品的产量，并以相应的技术措施为基础，通过科学分析和技术计算，确定最经济合理的物料消耗定额的方法。

这种方法是三种方法中最为可靠、准确地制定物料消耗定额的方法。为了保证定额的先进性，采用此法之前，必须对产品图纸、工艺文件和生产条件进行深入的分析，找

出目前生产中存在的物料消耗不合理的原因和问题，再吸取先进技术经验和方法，结合本企业的条件和可能，制定出既先进又切实可行的物料消耗定额。

这种方法虽然准确、科学、可靠，但是，计算工作量较大，而且要求具备完整的技术文件和资料。它主要适用于已定型、产量较大、技术资料较全的产品。

以上三种方法各有优缺点，可根据不同的条件和情况以及物料消耗的特点和管理水平，分别加以选用。也可相互结合，综合运用。

4. 主要原材料消耗定额的制定

1）原材料的消耗构成

主要原材料，是指直接构成基本产品实体的材料，它的消耗定额是按单位产品和零件制定的。为正确制定原材料消耗定额，首先要分析原材料消耗的构成。也就是指从原材料投入生产开始，一直到制成成品的整个过程中，原材料消耗在哪些方面。以机器制造企业为例，原材料的消耗构成，一般包括以下三个部分。

（1）有效消耗，是指构成产品或零件净重所消耗的原材料，也是保证产品达到规定的功能和技术要求所必需的材料消耗。

（2）工艺性消耗，是指产品或零件在加工过程中，为改变它们的形状、尺寸和性能而产生的难以避免的损耗。如机械加工过程中产生的切屑、锻造过程中的氧化铁皮、飞边，冲压过程中的边角料等。材料在加工过程中产生的料头等。显然，这部分消耗由采用不同工艺加工方法和材料规格型号以及毛坯的特点所决定。这部分损耗，应随着技术进步和工艺的改善尽可能降低到最少的程度。

（3）非工艺性损耗，是指由于技术上和非技术上的原因而造成的一部分原材料的损耗，如废品损失、运输损耗、保管损耗等。其中，一部分属于正常的、不可避免的损耗；另一部分则属于可以避免的损耗，它是由于管理不善，使用不当而造成的非正常的损耗。例如，在废品损失中，废品产生的原因有两种：一种是由于操作人员的工作责任心不强或未按规定的技术要求操作而产生的废品，这属于可以避免的损失；另一种是由于工艺本身还不可能完全保证所有产品的质量都达到规定的要求而产生的废品，如铸件的合格率通常比较低，其主要原因是铸造工艺在技术上目前还不能达到完全不产生废品的水平。

2）物资消耗定额的制定

物资消耗定额主要是第一部分有效消耗和第二部分工艺性消耗的总和。至于非工艺消耗，不论正常的和非正常的损耗，一般都不应计算在物资消耗定额之内。因为有些损耗并不是直接与生产的损耗有关；还有些损耗虽然与生产有关，但是，为了减少非工艺损耗，促进物资管理水平的提高，这部分损耗通常都不计入物资消耗定额之内。考虑到物资管理水平和一部分非工艺性损耗难以避免的实际情况，为了补充这部分物资的损耗，应当在物资消耗定额的基础上，按一定比例计入到物资供应定额之内。这样就形成了两种材料定额，分别起着不同的作用，物资消耗定额是作为企业内物资管理部门根据生产任务向车间供应物资和进行核算的依据，其计算公式如下：

$$\begin{matrix}\text{单位产品原材料}\\\text{工艺消耗定额}\end{matrix} = \begin{matrix}\text{单位产品}\\\text{的净重}\end{matrix} + \begin{matrix}\text{各种工艺性}\\\text{消耗的总和}\end{matrix}$$

物资供应定额是企业计算物资总需要量，向厂外有关供应商进行采购的依据。其计算公式如下：

$$\text{单位产品材料供应定额} = \text{工艺消耗定额} \times \left(1 + \text{材料供应系数}\right)$$

式中，材料供应系数是考虑到物资管理的实际水平以及一部分非工艺性损耗难以避免，为了补充这部分物资的消耗，在计算消耗定额的基础上，按一定的比例加入一部分损耗量，该比例系数即为材料供应系数。

5. 辅助材料及其他材料消耗定额的制定

1）辅助材料消耗定额的制定

辅助材料品种多，应用范围广。一般采用间接方法确定其消耗定额，即根据辅助材料的消耗量及相应的计量单位数来确定每个计量单位的消耗量。具体的计算单位有以下几种。

（1）单位产品。凡是消耗量与产品产量成比例的辅助材料，可按单位产品来计算。如包装箱、包装纸、包装袋、黄油、油蜡纸等。

（2）产品面积或重量。这适用于电镀、油漆、热处理等工艺过程用辅助材料。

（3）设备开动台时的辅助材料。这种方法适用于润滑油、磨料、冷却液等。

（4）工作人员。劳保用品（如工作服、手套等），可按每个工作人员确定其消耗量。

（5）原材料消耗定额。这种方法适用于那些与原材料消耗成比例的辅助材料。如型砂、填料、焊剂等。

（6）产品的产值。凡是难以找出与上述参数有直接联系的辅助材料。均可按与产品产值的合理比例进行计算。

2）燃料消耗定额的制定

燃料消耗定额的制定，可根据燃料的使用情况，分为两类进行。

（1）工艺用燃料消耗定额，一般是按产品（或零件和毛坯）重量来计算消耗定额。如生产一吨产品或一吨合格铸件等所需燃料为标准来制定。

（2）动力用燃料消耗定额，一般是以发一度电或生产一立方米压缩空气或生产一吨蒸汽所需燃料等为标准来制定。由于燃料的种类和质量的差异，它们的发热量各有不同。因此，为了定额计算的统一，消耗定额均以标准燃料来计算（每千克标准燃料发热量为7000 大卡）。具体燃料使用量折合成标准燃料时，可采用：

$$\text{标准燃料使用量} = \text{某种燃料使用量} \times \frac{\text{某种燃料每千克发热量(大卡)}}{7000\text{大卡}}$$

3）动力消耗定额的制定

动力消耗定额通常是按其不同用途分别制定的。例如，用于电动机的电力，一般是先按实际开动马力计算电力消耗量，再按加工每种产品所占用的台时数，分摊到单位产品；而用于工艺过程的电力，如电炉炼钢，就直接按单位产品来制定。

4）其他各类用途物资消耗定额的制定

其他各类用途物资消耗定额，如工具、修理用备件，亦可参照上述的方法。例如，工具消耗定额可根据工具的耐用期限和使用时间来制定。计算公式如下：

$$\text{某种工具消耗定额} = \frac{\text{制造一定数量产品某种工具使用时间}}{\text{某种工具的耐用期限}}$$

9.3 采购管理

9.3.1 采购管理概述

1. 采购与采购管理的定义

采购就是从合适的货源那里，以合适的价格，获得合适数量和合适质量的物料，并在合适的时间，递送到合适的收货地点的过程。

有学者认为，采购是指整个购买流程（图 9-6）：从确定采购需求，然后通过各种方式（包括现场调查、电话、网络等）找到潜在供应商，并针对价格及其他服务条款进行沟通，最终确定最后供应商，然后确保货物的运输和付款。

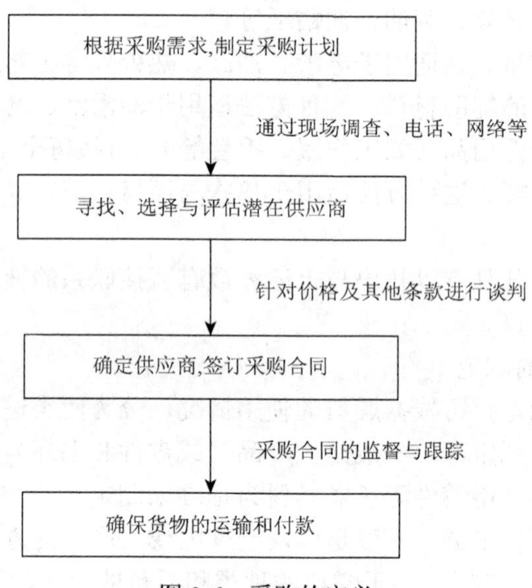

图 9-6 采购的定义

采购管理（procurement management）是计划下达、采购单生成、采购单执行、到货接收、检验入库、采购发票的收集到采购结算的采购活动的全过程，对采购过程中物流运动的各个环节状态进行严密的跟踪、监督，实现对企业采购活动执行过程的科学管理。

2. 采购管理的内容

采购管理包括采购计划、订单管理及财务管理三部分。

（1）采购计划管理。采购计划管理对企业的采购计划进行制定和管理，为企业提供及时准确的采购计划和执行路线。采购计划包括定期采购计划（如周、月度、季度、年度）、非定期采购任务计划（如系统根据销售和生产需求产生的）。通过对多对象多元素的采购计划的编制、分解，将企业的采购需求变为直接的采购任务，系统支持企业以销定购、以销定产、以产定购的多种采购应用模式，支持多种设置灵活的采购单生成流程。

（2）采购订单管理。采购订单管理以采购单为源头，对从供应商确认订单、发货、到货、检验、入库等采购订单流转的各个环节进行准确的跟踪，实现全过程管理。通过流程配置，可进行多种采购流程选择，如订单直接入库、经过到货质检环节后检验入库等，在整个过程中，可以实现对采购存货的计划状态、订单在途状态、到货待检状态等的监控和管理。采购订单可以直接通过电子商务系统发向对应的供应商，进行在线采购。

（3）采购财务管理。采购财务管理中，发票管理是采购结算管理中重要的内容。采购货物是否需要暂估，劳务采购的处理，非库存的消耗性采购处理，直运采购业务，受托代销业务等均是在此进行处理。通过对流程进行配置，允许用户更改各种业务的处理规则，也可定义新的业务处理规则，以适应企业业务不断重组，流程不断优化的需要。

3. 采购的分类

1）按采购范围分

（1）国内采购：指企业以本币向国内供应商采购所需物资的一种行为。国内采购主要指在国内市场采购，并不是指采购的物资都一定是国内生产的。

（2）国外采购：又称国际采购或全球采购，主要是指国内采购企业直接向国外厂商采购所需要的物资的一种行为。

2）按采购时间分

（1）长期合同采购：采购时签订长期的采购合同，常为多次交易。

（2）短期合同采购：通过合同，实现一次交易。交易关系不稳定。

3）按采购制度分

（1）集中采购：把采购工作集中到一个部门管理，最极端的情况是，总公司各部门、分公司以及各个工厂均没有采购权责。适用对象：产销规模不大、采购量均匀的企业，或者工厂罗列集中、各部门信息交流顺畅的企业。

（2）分散采购：指将采购工作分散给各个需用部门自行办理。适用对象：规模大工厂分散在较广区域的企业。

（3）混合采购：集中采购与混合采购相结合的采购方式。适用对象：各分公司同时有共同需求和地域性需求。

9.3.2　供应链环境下的采购模式

1. 传统的采购模式

传统的采购模式基本可概括为比价、下订单、跟踪订单和货物验收，只是为了补充消耗掉的材料库存而采购，而且采购部门确定供应商的时候非常重视同供应商的价格谈判，其与不同供应商之间进行着报价、询价、还价等来回的谈判，从中选择价格最低的作为供应商。传统采购模式存在着如下几个问题。

（1）大批量，低频率。在传统的采购模式中，采购频率很低，这决定了每次采购批量很大。这种采购模式会导致资金的利用率降低，物料的积压带来的直接后果是库存成本居高不下。

（2）供应商数量多。传统的采购模式以企业需求为中心，为了防止出现供应短缺的问题，企业对于同一产品通常会保留多个供应商。这造成企业的管理成本很大，同时供应商数量多会导致每个供应商提供的产品数量较少，产品单价较高，采购成本大。

（3）追求低成本，合作期短。以价格为选择供应商的最重要指标是传统采购模式的重要特征之一，简单来说就是谁的价格低，就买谁的东西。这会导致合作期满之后，企业很可能会因为出现另一个报价更低的供应商而放弃现有合作伙伴。

（4）信息交流不畅。在传统的采购模式中，供应商与采购方的联系始于企业提出需求，终于供应商将物料或服务交到企业手中。至于企业在消耗物料或使用服务的过程中发现的问题或者想要提出的建议，一般不会传递到供应商处，双方沟通少，信息交流不畅通。

（5）检验成本高。由于与供应商合作时间较短，且存在信息沟通不畅的问题，所以在供应方提供物料时企业需要每次都进行进料检验。检验分为全检和抽检，但不论是哪种检验情况，都是费时又费力的，时间成本和人力成本共同构成了检验成本。

2. 供应链环境的采购模式

供应链环境的采购模式，企业与供应商建立战略伙伴关系，在研发、生产及交货方面协同运作，并建立信息共享平台，提升企业间信息的交流，供应商可以及时获得客户的需求信息，进行相应的生产和发货，加强对产品质量的控制。通过企业与供应商间的协同运作和信息共享来降低供应链的不确定性，增强企业间的合作，从而产品质量、库存、交货期等都能得到较大改善。

供应链环境的采购模式与传统的采购模式有着很大差别，有如下几个特点。

1）采购活动以订单驱动

与传统的为库存而采购的模式不同，在供应链管理模式下，采购活动是以订单驱动，用户的需求订单驱动企业的制造订单、制造订单驱动采购订单、采购订单再驱动供应商。订单驱动的采购方式有如下优势：第一，供应商与制造商之间的关系具有较高的稳定性，可以降低供应商变换带来的交易成本和时间成本；第二，协调制造计划、采购计划和供应计划的同步进行；第三，制造商与供应商之间，部门与部门之间共享信息，提高了信息传递的准确性和及时性；第四，简化了采购工作流程，减少了采购部门的工作压力。

2）加强了外部资源的管理

传统的采购模式更像是一种交易式的买卖活动，企业与供应商之间缺乏长期合作意识，难以满足客户的个性化需求及对产品和服务的高期望，缺乏对市场需求做出快速响应的能力。为应对挑战，企业需要加强与供应商的信息沟通和合作，将供需双方简单的买卖行为上升到如何管理利用企业的外部资源上。实施外部资源管理也是供应链朝着精益化方向发展的要求，实现生产过程的零缺陷、零库存、零交货期。

企业的采购可以从如下方面着手，加强外部资源的管理。第一，逐步减少供应商数量，致力于与供应商建立战略合作伙伴关系，提升彼此的信任和双方合作的积极性；第二，给予供应商在产品质量保证方面的技术和培训支持，及时地提供信息反馈；第三，企业与供应商共同参与相互的产品设计和质量控制过程；第四，在供应商资源由于多方需求，可能出现冲突的情况下，主动参与供应商的计划协调，降低对自身的影响。

外部资源的管理仍需要供应商的配合与支持，保证高质量的售后服务，不断改进产品质量等。

3）将供需双方的关系提升至战略水平

在传统的采购模式中，供应与需求双方是简单的买卖关系，不能解决一些全局性、战略性的供应链问题，如库存问题、风险问题等。企业通过供应商建立战略伙伴关系，可以共享库存等信息，减少需求信息在企业间传递的扭曲现象，并为双方共同解决问题提供便利条件。企业间及时准确地进行沟通，可以降低意外情况或需求变化带来的风险。通过合作伙伴关系，企业双方可以降低交易成本和信息不对称造成的成本，消除供应过程的组织障碍，使参与的企业成为一个整体。

9.3.3　准时化采购策略

1. 准时化采购基本思想

准时生产方式，又称作无库存生产方式，“精益”是准时生产最重要的理念，基本思想是，只在需要的时候，按需要的量，生产所需的产品。准时生产是日本丰田公司在 20 世纪 60 年代实行的一种生产管理方式，核心是零库存和快速应对市场。而准时化采购是从准时生产发展而来，是将准时生产的思想应用到采购活动中来，它的核心思想是在恰当的时间内，将合适质量和数量的物品交到恰当的地点，以满足顾客要求。

准时化采购是一种先进的采购模式，其基本原则为恰当的数量、恰当的质量、恰当的时间、恰当的地点、恰当的价格和恰当的来源。该采购模式在供应商选择、质量控制、交货期管理、库存等方面做得精益求精，实施准时化采购，保证了供应链的同步化、集成化运作，可以增加供应链的柔性和敏捷性。

准时化采购和准时化生产一样，它不但能够最好地满足用户需要，而且可以极大地消除库存、最大限度地消除浪费. 从而极大地降低企业的采购成本和经营成本，提高企业的竞争力。

2. 准时化采购的特点

准时化采购模式给企业带来很多好处，例如，原材料库存量大量减少、缩短产品交货周期、减少采购费用、强化与供应商的合作，从而提高产品质量和企业的竞争力。以下是准时化采购模式的特点。

（1）小批量，高频率。与传统的一次性、大批量采购方式不同，准时化采购一般为小批量、高频率，目的是追求零库存、零浪费。然而该高送货次数的采购方式会增加运输成本。

（2）供应商数量少。在传统的上下游企业关系中，供应商数量较多，为的是在约定质量、价格时保证自己的优势。然而在准时化采购中，供应商数量明显减少甚至是独家，此时的企业与供应商之间的关系是长期的战略性的。

(3) 合作期长。在上面已经提到，在准时化采购中，供应商数量较少，这决定了上下游企业之间的联系必须是紧密的、长期的，否则无法保证半成品来源是持续并且稳定的，这种战略关系使得供应链节点企业之间收益共享、风险共担。

(4) 信息沟通顺畅。准时化采购模式下的采购人员需要与供应商以及企业内部生产部门之间联系紧密，从获取企业生产需求，到将需求及时传达给供应商，无不需要快速可靠的信息交流，只有这样才能保证所需物料准时按量供应。

(5) 检验成本较低。上下游企业间的战略伙伴关系使得企业与供应商之间联系紧密，顺畅的信息交流包括物料的质量改善信息的传递，也就是说企业将质量要求传达给供应商，同时参与其所提供物品的质量改进。在这样的模式下，供应商对所提供产品的检验逐渐减少，最理想状态是可以免检，如表 9-2 所示。

表 9-2 准时化采购与传统采购方式对比

	准时化采购	传统采购
采购批量	小批量，高频率	大批量，低频率
供应商数量	少，甚至单一	多
合作期	长期合作	短期合作
信息交流	快速、准确	一般要求
产品检验	检验逐渐减少，直至全免	全检、抽检

3. 准时化采购实施步骤

要实施准时化采购，必须要做到选择最佳的供应商，并进行有效管理和合作，共同做好质量的控制。可以采用以下步骤，实施准时化采购。

(1) 创建准时化采购团队。专业化的高素质采购队伍对实施准时化采购至关重要。为此，首先应成立两个团队，一个是专门处理供应商事物的团队，该团队的任务是认定和评估供应商的信誉、能力，或与供应商谈判，签订准时化订货合同，向供应商发放免检签证等，同时要负责供应商的培训与教育。另外一个团队是专门从事减少采购过程中的浪费的团队。这些团队人员对准时化采购的方法应有充分的了解和认识，必要时进行培训，如果这些人员本身对准时化采购的认识和了解都不彻底，就无法取得供应商合作。

(2) 制定计划。确保准时化采购有计划、有步骤的实施。要制定采购策略，改进当前的采购方式，减少供应商的数量、明确评价供应商、向供应商签发签证等内容。在这个过程中，要与供应商一起商定准时化采购的目的和有关措施，保持经常性的信息沟通。

(3) 精选少数供应商，建立伙伴关系。选择供应商应从这几个方面考虑：产品质量、供货情况、应变能力、地理位置、企业规模、财务状况、技术能力、价格、与其他供应商的可替代性等。选择最佳的供应商，并对供应商进行有效的管理是准时化采购成功的基石。

（4）搞好供应商的培训，确定共同目标。准时化采购是供需双方共同的业务活动，单靠采购部门的努力是不够的，需要供应商的配合。只有供应商也对准时化采购的策略和运作方法有了认识和理解，才能获得供应商的支持和配合，因此需要对供应商进行教育培训。通过培训，大家取得一致的目标，相互之间就能够很好地协调，做好采购的准时化工作。供应商与用户的紧密合作是准时化采购成功的钥匙。

（5）进行试点工作。先从某种产品或某条生产线试点开始，进行零部件或原材料的准时化供应试点。在试点过程中，取得企业各个部门的支持是很重要的，特别是生产部门的支持。通过试点，总结经验，为正式实施准时化采购打下基础。

（6）采购过程质量控制。准时化采购与传统的采购方式的不同之处在于，买方不需要对采购产品进行比较多的检验手续。要做到这一点，需要供应商做到提供百分之百的合格产品，当其做到这一要求时，即发给免检手续的免检证书，实现配合准时化生产的交货方式。准时化采购的最终目标是实现企业的生产准时化，所以，要实现从预测交货方式向准时化适时交货方式的转变。

9.3.4　供应商管理

1. 供应商与供应商管理的定义

供应商是指那些向买方提供产品或服务并相应收取货币作为报酬的实体，是可以为企业生产提供原材料、设备、工具及其他资源的企业。

供应商管理（supplier management）是指对供应商的了解、选择、开发、使用和控制等综合性管理工作的总称。

现代企业面临的竞争不仅仅是单个企业之间的竞争，而是企业所在供应链之间的竞争。新的竞争环境以最终顾客的需求为导向，要求企业同时做到提高产品质量、缩短交货期、增加产品线柔性、降低产品价格。然而面对这样挑剔的要求，单个企业几乎无法做到令顾客满意，因此越来越多的企业开始专注于自身核心竞争力的把握，将非核心业务外包出去。

随着经济社会的发展，供应商的表现对企业的影响越来越大。供应商所提供产品的质量和价格直接决定了企业最终产品的质量和价格，相应半成品的交货期也在很大程度上决定了下游企业的生产进度，在这样的背景下，如何有效地对供应商进行管理是企业不得不面临的难题之一。

供应商在企业生产中的重要地位显而易见，因此通过对供应商关系的管理来改善产品质量、降低产品价格、提高产品柔性、缩短产品周期是企业关注的重要问题。供应商管理是指企业以经济效益为目的对企业需用物料的供应厂商进行选择、考核、评比不断优化的动态管理过程。

现代供应商管理追求的是供产销一体化，最终目的是让企业以最小的库存实现有效的生产和销售，达到企业整体效果最优。这需要加强供应商管理，使采购方与合格的供应商建立合作伙伴关系，通过信息共享，达到低成本、高柔性的目标，供应商管理有助于提高供应商对客户需求反应的敏捷性。随着社会的不断发展，零库存管理、准时制生产、精益物流等逐渐占据生产领域、流通领域和管理领域，在这样的环境中，只有加强供应商的管理，使采购方与供应商建立合作伙伴关系，才能提高供应商对客户需求反应的敏捷性。市场经济条件下不断加强和完善对供应商的管理对提高企业经济效益有着十分重要的作用。

2. 供应商管理的原则

供应商管理过程中必须坚持的原则如下。

1）平等性原则

市场经济条件下企业是自负盈亏的经济实体，企业与供应商之间是以产品为纽带、经济效益为原则结成相对稳定的合作关系，其法律地位是平等的。但在实际工作中许多企业特别是大型企业往往将供应商当成自己企业的附属配角，这不利于调动供应商的积极性，最终将损害企业的利益。因此必须坚持企业间的平等。

2）市场平均利润率原则

在企业的采购工作中，降低采购成本是非常必要的。但是，如果过分强调节约成本，也会给企业利益带来不良的影响。不成熟的企业采购部门会将其目标仅仅限于节约成本，并由此为公司利润做出贡献。这种观念和做法在采购供应实践中，会导致错误的采购方式，如迫使供应商不断降价，甚至为了追求最低价不惜频繁更换供应商，这种做法的结果将导致：①采购的物料质量过分低劣；②不可避免地延迟交货；③供应商根本不能完成任务。这样，即使降低采购供应成本的动机是好的，但最终会对公司的利益产生一定的影响，保证不了企业生产建设的需要，使企业损失惨重。采购部门的这种不当的采购行为，不但不能对公司盈利做出贡献，反而会使公司陷入困境。由此可见，采购部门如果盲目降低采购成本，反而会为此付出高的代价。所以，无论是买方市场还是卖方市场，都应同供应商建立互惠互利的合作关系。在实际供应工作中必须保证供应商有一定的利润率，这个利润率的平衡点为市场平均利润率。只有双方的利益都得到保障，才能最终保障自己的利益。

供应商管理的目标是供应商管理战略的体现和细化，因此制定供应商管理的战略是企业实施的第一步。

3. 供应商管理的主要内容

供应商管理主要包括供应商的信息管理、供应商的选择、供应商谈判、合同管理、供应商管理业务操作、供应商关系管理和供应商评估，如图 9-7 所示。

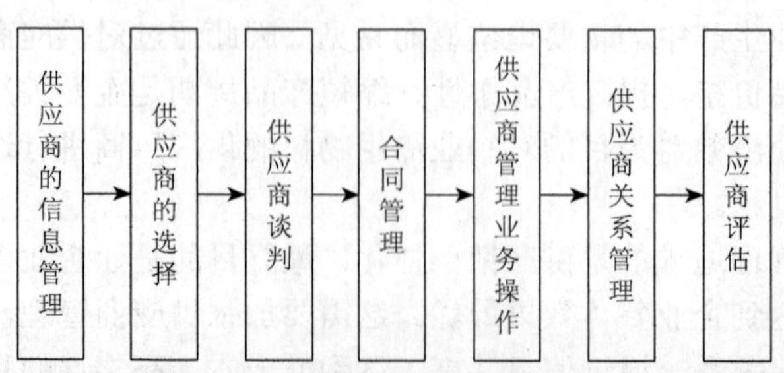

图 9-7 供应商管理主要内容

（1）供应商的信息管理。供应商管理的首要任务是建立一个供应商信息数据库，对供应商的信息进行系统的管理，通过共享的企业供应商信息库，各部门可以在需要的时候随时查询。供应商信息管理包括但不仅仅包括如下内容。

①收集信息，即根据企业的要求，建立并使用系统化的采购信息档案，如报纸简报、贸易杂志等。

②分析市场和供给需求动态，分析供应商的采购状况，如市场份额、可得生产能力的百分比、价格、贸易条件、规格等。

③审查市场动态，如供应商地点、供应能力的变化、公司竞争对手的采购行为、替代物品的可得性；研究行业结构变化，如供应商的所有权变化、后向一体化程度、拥有的新技术。

④评估竞争者采购行为，如采购更低的购买价格后的利润表、供应商规模的大小、长期及短期采购策略的使用等。

⑤建立成本和价格模式，发展相对价格的成本概念；确定所采购原料的成本驱动因素，建立成本模型，模拟原料历史、将来成本、价格动态。

（2）供应商的选择。供应商的选择是企业的一个重要决策，一个好的供应商是应该拥有生产所需原材料质量的技术，拥有生产所需原材料数量的供应能力，以及能够在经营获得利润的同时提供有竞争力的原材料。同一产品在市场上的供应商数目越来越多，供应商的多样性更使得选择变得复杂，因此需要一个规范的程序来操作，供应商选择程序一般有以下步骤：成立供应商选择和评估小组、收集供应商信息、对供应商进行选择和评估、对备选供应商进行详细的考察。

（3）供应商谈判。供应商选择好之后就进行入实质性的谈判阶段。谈判是有效采购的关键，通过谈判制定一个双方认可的合同价格，并且协商解决多变的，不可预见的商业问题。企业需要通过确定目标，有效计划和使用正确的谈判技能来优化与供应商谈判的效果。

（4）合同管理。合同签订谈判成功后企业与供应商签订采购合同。采购合同是指供需双方在执行物料供应或协作活动中，通过自愿签订的一种具有法律效力的契约。采购合同是市场经济条件下，企业间经济联系的主要形式。也是企业落实货源，确立与供应商供需管理的纽带。

（5）供应商管理业务操作。供应商管理在采购业务方面的具体操作，生产计划传递：采购员与供应商密切联系，定期与对方的生产计划员沟通一次，确保双方都能及时掌握物料需求变动及物料可得情况；建立和供应商共同进行物料管理的方法，与供应商一起制定存货策略和责任制；讨论交货、装卸方法及其细节，建立数量验证和查询制度；采购部向财务部发出付款通知；财务部按时对供应商进行结算，维护在供应商中的信誉。应付款管理根据进货采购的形成按供应商分类管理。需要明确企业欠各供应商账款的情况、欠款在各时间段的分布情况。这样的管理有助于企业形成动态的账款管理体系，便于企业资金的调动，同时也便于企业分析应付、已付款账龄、欠款、付款、预付款等。

（6）供应商关系管理。双赢关系已经成为供应链上企业之间合作的典范。因此，要在采购管理中体现供应链的思想。对供应商的管理就应集中在如何和供应商建立双赢关系以及维护和保持双赢关系上。要保持长期的双赢关系，对供应商的激励是非常重要的，没有有效的激励机制，就不可能维持良好的供应关系。在激励机制的设计上，要体现公平、一致的原则。可以给予供应商的价格折扣和柔性合同，以及采用赠送股权等措施，使供应商和制造商分享成功，同时也使供应商从合作中体会到双赢机制的好处。

（7）供应商评估。要实施供应商的激励机制，就必须对供应商的业绩进行评价。使供应商不断改进。没有合理的评价方法，就不可能对供应商的合作效果进行评价，将大大挫伤供应商的合作积极性和合作稳定性。对供应商的评价要抓住主要指标或问题。如交货质量是否改善了、提前期是否缩短了、交货的准时率是否提高了等。通过评价，把结果反馈给供应商，和供应商一起共同探讨问题产生的根源。并采取相应的措施予以改进。

9.4 库存管理

本节主要介绍供应链环境下的库存管理，分别介绍传统库存管理模型和供应链环境下的库存管理与控制方法。

9.4.1 传统库存管理模型

传统库存管理是指对物料的进、出、存的业务管理，是各节点企业独立管理自有库存，从企业自身利益最大化的角度寻求降低库存、减少缺货、降低需求不确定的风险。保有一定量的自有库存能降低缺货、需求不确定性等风险，一定程度减少了对外部交易商的依赖，但会出现库存成本上升、牛鞭效应、上下游企业利益对抗、合作与沟通困难等问题。传统库存管理使用的主要技术有物料需求计划/制造资源计划、经济批量订货法、需求预测、订货点与ABC法等。

1. 经济订货批量模型

库存管理模型的目的是在满足需求的前提下，保持合理库存，降低库存的水平，最小化库存成本。而企业每次订货数量多少直接关系到库存量和库存总成本大小，因此，企业希望找到一个合适的订货数量使得库存总成本最小。经济订货批量（economic order quantity，EOQ）模型就能满足这一要求。经济订货批量模型的控制原理就在于平衡采购进货成本和仓储成本，确定一个最佳的订货数量，使年度总库存成本最小。

经济订货批量模型需要设立的假设条件如下。①企业能够及时补充库存，即需要时便可以立即取得货物，订货提前期稳定。②所订货物能够集中到货，而不是陆续入库。③不允许缺货，即无缺货成本。④需求量稳定，并且能预测。⑤库存单价不变，不考虑现金折扣。⑥所需的货品市场供应充足，不会因为购买不到需要的商品而影响其他方面。⑦企业现金充足，不会因为现金短缺而影响其他方面。

1）存货成本的组成

（1）购置成本。购置成本是指存货本身的价值，这里的考察期间为年。年需求量用

D 表示，单价用 P 表示，因此，购置成本为 DP。

（2）订货成本。订货成本中有一部分与订货次数无关，如常设采购部门的基本开支等，称为订货的固定成本，用 F_1 表示；另一部分与订货的次数有关，如差旅费、邮资等，称为订货的变动成本，用 C 表示。订货次数等于年需求量 D 与每次进货量 Q 之商。即

$$\text{订货成本} = F_1 + \frac{D}{Q}C$$

（3）储存成本。储存成本是指为保持一定库存而发生的成本，分为固定成本和变动成本。固定成本与库存量的多少无关，如仓库的折旧、仓库职工的固定月工资等，用 F_2 表示。变动成本与库存量有关，如库存的破损变质的损失、保险费等。单位存货储存变动成本用 K 表示，则

$$\text{储存成本} = F_2 + \frac{Q}{2}K$$

库存成本公式为

$$\text{年度总成本=购置成本+订货成本+储存成本}$$

$$TC = DP + F_1 + \frac{D}{Q}C + F_2 + \frac{Q}{2}K$$

式中，TC 为年度库存总费用，元，D 为年需求量，件/年，P 为单位购置成本，元/件，F_1 为年度固定订货成本，元，Q 为每次订货批量，件，C 为单位订货成本，元/次，F_2 为年度固定储存成本，元，K 为单位平均年储存保管费用，元/件×年。

当 F_1、F_2、D、P、C 和 K 均为已知的常数时，TC 的大小取决于 Q，此时，年度库存总成本与订货批量之间的关系如图 9-8 所示。

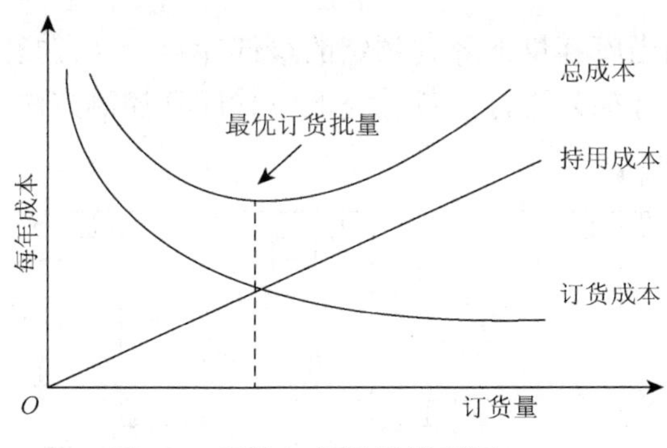

图 9-8　经济订货批量模型图

为了求得 TC 的最小值，对 Q 求导数，令一阶导数为 0，得到经济订货批量的计算公式为

$$\text{EOQ=}\sqrt{\frac{2CD}{K}} = \sqrt{\frac{2CD}{PF}}$$

式中，D 为年需求量，件/年；C 为单位订货成本，元/次；K 为单位平均年储存保管费用，元/件×年；F 为单位货物年储存保管费率，%；P 为单位购置成本，元/件。

2）经济订货批量订货的优点

（1）企业按照经济订货批量来订货时，可实现订货成本和储存成本之和最小化。

（2）当 Q 值在经济订货批量左右做微小变化时，总成本不会有太大的增加，这意味着在预测过程中订货量的小误差不会造成总成本的显著波动，这样订货量就有很大的调整空间。

3）经济订货批量订货的缺点

（1）在现代企业中，企业面向市场，面向客户，生产数量是变化的，因此，对物料的需求是不均匀、不稳定的，对库存的需求是间断性发生的。实际上，按照经济订货批量订货法下达订货的时间常常偏早，从而造成物料积压，既造成资金大量无效地占用，又引起库存费用的增加。另外，又由于生产需求的不均衡，有时发生库存短缺，从而给生产造成严重损失。

（2）在实际的生产中，各项物料的数量必须进行合理的配备，才能制造装配成产品。由于传统经济订货批量订货方法是面向单个零件，对各项物料独立地进行订货，而不是对整个最终产品，因而在生产装配时不可避免地会出现物料数量不匹配的状况。

（3）在传统经济订货批量库存管理中，库存一旦低于订货点或消耗时，就立即发出订货，以保证一定的存货。这种不依需求而定的做法非但没有必要，也很不合理，在需求间断的条件下，必然造成大量的库存积压。

总之，由于企业面临的经营环境的变化，建立于经济订货批量模型中的许多假设条件的真实性越来越差。所以，仍然采用经济订货批量库存管理不仅不能帮助企业提供可靠的数据，相反会误导企业的库存管理。这意味着一种新的库存管理体系诞生的必要性已经产生。

2. 定量订货法

定量订货法是指当库存量下降到预定的最低库存量（订货点）时，按规定数量（一般以经济订货批量为标准）进行订货补充的一种库存控制方法。如图 9-9 所示。

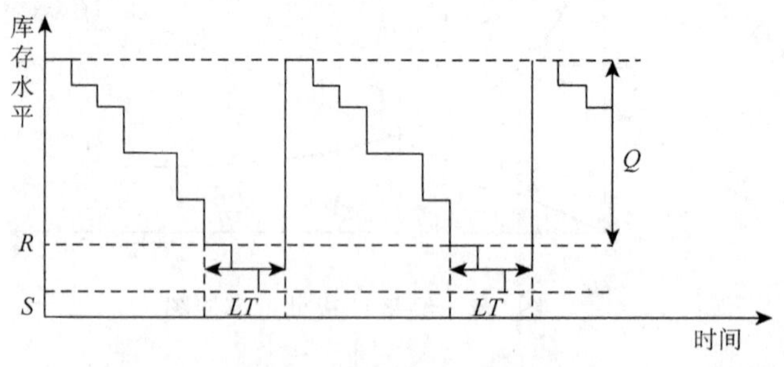

图 9-9 定量订货法示意图

1）定量订货法的基本原理

当库存量下降到订货点 R 时，即按预先确定的订购量 Q 发出订货单，经过交纳周期（订货至到货间隔时间）LT，库存量继续下降，到达安全库存量 S 时，收到订货 Q，库存水平上升。

该方法主要靠控制订货点 R 和订货批量 Q 两个参数来控制订货，达到既最好地满足库存需求，又能使总费用最低的目的。影响订货点的因素有三个：订货提前期、平均需求量和安全库存，在固定、均匀和订货交纳周期不变的条件下，订货点 R 由下式确定：

$$\begin{aligned}\text{订货点} &= \text{订货提前期的平均需求量} + \text{安全库存}\\ &= \text{平均需求量} \times \text{最大订货提前期} + \text{安全库存}\end{aligned}$$

$$R = LT \times \frac{D}{365} + S$$

式中，D 为年需求量，件/年；LT 为订货提前期，天；S 为安全库存，件。

在这里，安全库存需要用概率统计的方法求出，公式为

安全库存=安全系数×最大订货提前期×需求变动值

2）定量订货法的优点

（1）能经常掌握库存储备动态，及时提出订购，不易出现缺货。

（2）保险储备量较少。

（3）每次订购量固定，故能采用经济订购批量模型，亦便于包装运输和保管作业。

3）定量订货法的缺点

（1）要随时掌握库存动态，就要经常对库存进行详细的检查和盘点，工作量大而且需要花费大量时间，从而增加了库存保管维持成本。但是，随着库存管理信息系统的应用，此问题可得到较好的解决。

（2）订货模型过于机械，缺乏灵活性。

（3）订货时间不能预先确定，对于人员、资金、工作业务的计划安排不利。

（4）受单一订货的限制，每个品种单独进行订货作业，这样会增加订货成本和运输成本。

3. 定期订货法

定期订货法是按照预先确定的订货周期进行订货，以补充库存的一种库存管理方法。定期订货法的基本思想是，预先确定一个订货周期和最高库存量，周期性地检查库存，根据最高库存量、实际库存量、在途订货量和待出库商品数量，计算出每次订货批量，发出订货指令，组织订货。如图 9-10 所示。

订货周期实际上就是定期订货法中的订货点，其间隔时间总是相等的。订货周期的长短直接决定最高库存量的大小，即库存水平的高低，进而也决定了库存成本的多少。所以订货的周期不能太长，否则会使库存成本上升；也不能太短，太短会增加订货次数，使得订货费用增加，进而增加库存成本。要使得总成本最低，可以借鉴经济订货批量法来确定库存成本最低时的经济订货周期。

假设物品的需求率是连续均匀的，补充供应的订货提前期也是固定的。年度库存总成本可以表示为

$$TC = DP + mC + \frac{DPF}{2m} = DP + \frac{C}{T} + \frac{DPFT}{2}$$

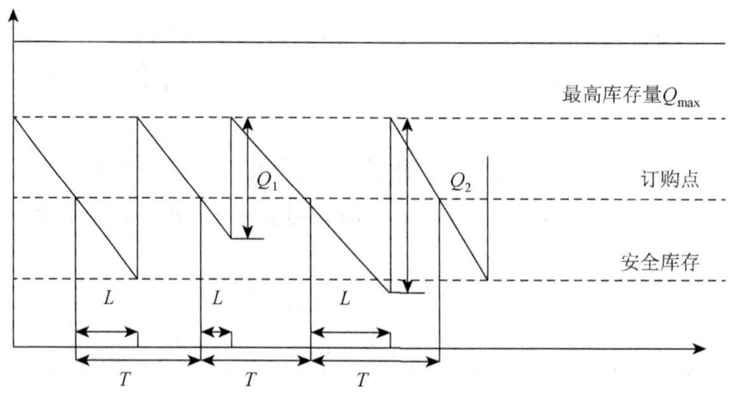

图 9-10 定期订货法示意图

定期采购控制法的原理 L-订货提前期；T-订货周期；Q_1、Q_2-不同的订货量

式中，m 为每年的订货次数，$m=\dfrac{1}{T}$；$\dfrac{D}{2m}$ 为平均库存量，$\dfrac{D}{2m}=\dfrac{DT}{2}$；$T$ 为订货间隔期，单位以年计，$T=\dfrac{1}{m}$；D 为年需求量，件/年；C 为单位订货成本，元/次；K 为单位平均年储存保管费用，元/件×年；F 为单位货物年储存保管费率，%；P 为单位购置成本，元/件。

为求得年度总成本 TC 的最小值，将上式对 T 求导数，令一阶导数为 0，得到经济订货周期的计算公式为

$$T=\sqrt{\frac{2C}{KD}}=\sqrt{\frac{2C}{PFD}}$$

然后是确定最高库存量 Q_{max}，由于最高库存量是为了满足周期 T 和订货提前期 L 期间的库存需求。Q_{max} 由两个部分组成，一部分是 $T+L$ 期间的平均需求量，另一部分是安全库存量 S。其计算公式为

$$Q_{max}=d(T+L)+S$$

式中，Q_{max} 为最高库存量，d 为 $T+L$ 期间的库存需求量平均值，T 为订货周期，L 为平均订货提前期，S 为安全库存量。

定期订货法每次的订货数量是不确定的，考虑到订货点时的在途预计到货量和待出货数量，订货量的公式为

订货量=最高库存量－现有库存量－待出库数量＋在途预计到货量

1）定期订货法的优点

（1）由于定期订购，可以将多种物品合并订购，这样可以降低订购和运输等费用。

（2）由于多种物品一起订购，可以变质较为实用的采购计划。

（3）库存管理的计划性强，有利于实行计划管理。

2）定期订货法的缺点

（1）不易利用经济订购批量模型，故储备定额有时不是最佳的。

（2）要花费很多的人力、物力、财力进行盘点。

4. 订货点法

订货点法又称订购点法，始于 20 世纪 30 年代。订货点法指的是：对于某种物料或产品，由于生产或销售的原因而逐渐减少，当库存量降低到某一预先设定的点时，即开始发出订货单（采购单或加工单）来补充库存，直至库存量降低到安全库存时，发出的订单所定购的物料（产品）刚好到达仓库，补充前一时期的消耗，此一订货的数值点，即称为订货点。

订货点法也称为安全库存法。从订货单发出到所订货物收到这一段时间称为订货提前期。

订货点法本身具有一定的局限性。例如，某种物料库存量虽然降低到了订货点，但是可能在近一段时间企业没有收到新的订单，所以近期内没有新需求产生，暂时可以不用考虑补货。故此订货点法也会造成一些较多的库存积压和资金占用，如图 9-11 所示。

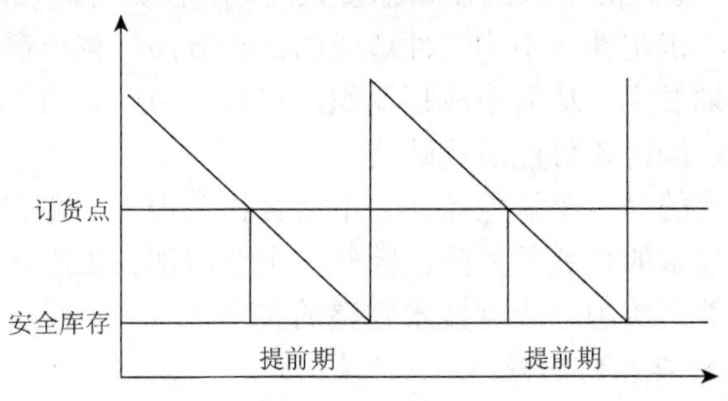

图 9-11　订货点技术示意图

这种方法的特点是：假定订货提前期 LT（即市场供应、装运条件）是不变的（即 LT 是个常量），每次订货的批量是相等的，订货时间是随着物料库存量降到订货点时间的不同而变化的。因此，在生产对物料的消耗速度不均衡的情况下，可以利用在订货点派人订货来适应物料消费速度的变化，保持物料储备的合理性。

订货点也称警戒点、安全库存，是指订货点库存量 S。它是个用指示某种物料已到订货时间的参数。订货点库存量的大小取决于物料的订货提前期 LT 和每日消耗量 M。订货提前期的长短取决于派员前往和办理订货手续的时间、供方备货时间、办理运输计划与托运时间、承运单位装车与运输时间和卸货、转运、验收入库所需时间的总和。

订货点=订货提前期×每日消耗量

$$S = LT \times M$$

在生产不均衡的条件下，物料消费速度时快时慢，库存量下降到订货点的时间也就有早有迟。因此，按照物料实际库存量下降到订货点的时间派员订购物料，可以防止在等批量订购条件下由于消费速度变化所造成的物料缺货和超储问题。

1）订货点法的优点

（1）订货点技术是至今能应用于独立需求物料进行物料资源配置的唯一方法，可以适合于未来需求不确定的情况，当然，如果未来需求确定则效果更好。

（2）在应用于未来需求不确定的独立需求物料的情况时，可以做到最经济有效地配置资源。既可以按一定的客户需求满意水平来满足客户需求，又可以保证供应者的总费用最省。

（3）订货点技术操作简单，运作成本低。订货点和订货策略一旦确定，就应随时检查库存，只要库存下降到订货点时就发出订货。另外，订货点技术是一个变化形式“双堆法”，操作更为简单，是对低值商品的库存量保持控制的一种实用方法。

（4）订货点技术特别适合于客户未来需求连续且均匀稳定的情况。在这种情况下，它不但可以做到百分之百保证客户需要，而且可以实现最低库存。这样不但能使客户的满意水平达到最高，同时操作简单，运行成本低。

2）订货点法的缺点

（1）订货点技术最大的缺点是使库存量太高，库存费用太大，库存浪费的风险也大。这主要是由需求的不确定性或不均匀性造成的。一方面，客户需求的不确定性可能导致预测的需求不能如期发生，从而造成超期积压浪费；另一方面，客户需求的不确定不但可能造成积压浪费，同时还可能造成缺货。

（2）订货点技术的另一个缺点是，它不适合相关需求，即它在满足某个客户的需求是不考虑它和别的需求的相关关系的。因此，企业内部各生产环节、各工序间的物料的配置供应，一般不能直接用订货点技术完整的实现。

5. 传统库存管理存在的问题

库存管理是企业运作管理理论和实践中最成熟的领域之一，但是过去的库存管理只是针对单个企业而言，这些理论与方法难以适应供应链管理环境的要求。传统库存控制中存在的主要问题可综合成以下几方面的内容。

1）缺乏供应链的整体观念

从库存功能可以看出，持有一定的库存是非常必要的。于是供应商持有自己的库存，生产商持有自己的库存，分销商持有自己的库存，零售商持有自己的库存。也就是说整条供应链各个节点都独立拥有自己的库存，虽然各个节点采用的经济订货批量模型可以使得单个节点本身的库存成本最小化。但是从供应链整体的角度来看，这种方式并不可取，因为它仅仅是各个节点的优化，而不是整个供应链的最优化，影响了供应链的优化运行。

因此应该寻求一种新的库存管理系统，突破传统的条块分割的管理模式，以系统的、集成的管理思想进行库存管理，以使得整个供应链系统能够获得同步化运作。

2）客户服务水平不高

供应链库存管理的目标有两个：一个是降低供应链整体成本，另一个就是提高客户服务水平。后者在日趋激烈的市场竞争中越来越重要，但企业客户服务水平很难令客户满意。

3）缺乏合作与协调性

设置安全库存是企业采取的一种应急措施。问题在于，多厂商特别是全球化的供应链中，组织的协调涉及更多的利益群体，相互之间的信息透明度不高。在这样的情况下，企业不得不维持一个较高的安全库存，为此付出了较高的代价。

企业之间存在的障碍有可能使得库存控制变得更为困难，因为各自都有不同的目标、绩效评价尺度，拥有不同的仓库，也不愿意去帮助其他的部门共享资源。在分布式的组织体系中，企业之间的障碍对库存集中控制的阻力更大。

供应链管理强调企业间的合作，建立长期、互利的战略伙伴关系，而不再是以往的、短期的、追求单方面效益最大化的交易竞争关系。

企业与供应商的合作时间长短在一定程度上可以反映出供应链的结构稳定性以及供需双方合作的紧密程度，良好的供应链结构应具备较稳定的供需合作关系。

4）缺乏信息共享

在供应链中，各个供应链节点企业之间的需求预测、库存状态、生产计划等都是供应链管理的重要数据，这些数据分布在不同的供应链组织之间，要做到有效地快速响应用户需求，必须实时地传递。但是目前很多企业的信息系统并没有很好地集成起来，当供应商需要了解用户的需求信息时，常常得到的是延迟的信息和不准确的信息。由于延迟引起误差和影响库存量的精确度，短期生产计划的实施也会遇到困难。例如，企业为了制定一个生产计划，需要获得关于需求预测、当前库存状态、订货的运输能力、生产能力等信息。这些信息需要从供应链的不同节点企业数据库获得，数据调用的工作量很大。数据整理完后制定主生产计划时间越长、预测误差越大，制造商对最新订货信息的有效反应能力就越小，生产出过时产品和造成过高的库存也就不足为奇了。

9.4.2　供应链环境下库存管理

在供应链管理环境下，传统的库存控制方法与供应链管理的理念显得格格不入。因为在传统的供应链上，基于交易关系的各个环节的企业都是自己管理自己的库存，每个企业都有自己的库存控制目标和相应的库存控制策略，而且相互之间缺乏信息沟通，因而不可避免地会产生需求信息扭曲和时间滞后，往往使得库存需求信息在从供应链的下游向上游的传递过程中被逐级放大，从而大大增加了供应链的整体库存水平，在很大程度上削弱了供应链的整体竞争实力。而供应链管理的目标是通过贸易伙伴间的密切合作，以最小的成本提供最大的客户价值，这就要求供应链上各环节企业的活动应该是同步进行的，库存管理职能也应当进行必要的整合，而不是分散开来。显然，传统的库存控制方法已经无法满足供应链管理的需要。针对这些问题，出现了一些较好适应供应链管理的库存控制新方法。

1. 供应商库存管理

1）供应商库存管理的定义

供应商库存管理（vendor managed inventory，VMI），是供应商等上游企业基于其下游客户的生产经营、库存信息，对下游客户的库存进行管理与控制。供应商库存管理是一种在客户和供应商之间的合作性策略，在一个双方协定的目标框架下由供应商来管理库存，体现了供应链集成化的管理思想，有助于打破传统企业各自为政的库存管理模式，使得整个供应链的库存管理最优化目标得以实现。

供应商库存管理将给供应商带来许多利益。供应商库存管理允许供应商获得下游企业的必要经营数据，直接接触真正的需求信息（电子数据交换），简化了需求预测工作；同时，有效的预测使供应商能更好地安排生产计划，提高整个供应链系统的反应性和柔性。另外，由于需求和库存信息共享，提高了配送效率，减少了分销商的订货偏差，减少退货。

供应商库存管理也可以对下游企业（如分销商、零售商等）带来一系列的好处。实施供应商库存管理后，下游企业通过降低库存，减少缺货，达到了降低成本和提高服务质量的目标；同时，将计划和订货工作转移给供应商，降低了运营费用。其次，与下游企业自己管理库存相比，供应商在对自己的产品管理方面更有经验、更专业化，提高了供货速度；同时，供应商可以提供包括软件、专业知识、后勤设备和人员培训等一系列服务。这样，供应链中企业的服务水平也会因为供应商库存管理而提升，库存管理成本则会降低，下游企业的存货资金占用也会大幅度减少。

因此，供应商库存管理将会给供应链上各环节的企业都带来许多意想不到的收益。通过计算机互联通信，减少了数据差错，提高了整体供应链处理速度；达到在恰当的时间，适量补货——提升了总体物流绩效；通过更有效的促销、更有效的新品导入和增加终端销售量等，提供更优质的用户服务，实现了供应链战略性合作伙伴关系。

2）供应商库存管理的前期准备

（1）实施供应商库存管理的目标分析。根据供应商库存管理经济效益和库存分析，双方企业的目标主要在以下几个方面：降低供应链上产品库存，抑制长鞭效应；降低买方企业、供应商成本和提升利润；保证企业的核心竞争力；提高双方合作程度和忠诚度。

（2）供应商库存管理协议的制定。整个供应商库存管理所做出额外投资的成本由买方企业和供应商按比例共同承担；实施供应商库存管理所带来的供应链利益的上升，应由双方共享；在整个供应商库存管理实施的过程中，规定一系列的条款来规范双方企业的行为，如例外条款、付款条款、罚款条约等；关于操作层面的协议，供应商和买方企业通过协议，来确定实施供应商库存管理过程中前置时间、订单处理时间、最低到货率、补货点等一系列操作层面的问题。

（3）实施供应商库存管理的资源准备。这是针对实施供应商库存管理所必需的一些支持，例如，一些信息网络的组建和信息技术的准备用于建立供应商库存管理信息决策支持系统，如电子数据交换系统、自动销售点数据系统、条形码技术。除此之外，还包括实施供应商库存管理所必需的物流方面的配套支持以及产品的仓储和运输配送等。

3）供应商库存管理的实施步骤

（1）信息沟通。实施供应商库存管理首先必须拥有一个良好的信息沟通平台，需要在原有企业拥有的电子数据交换的基础上，重新整合原有的电子数据交换资源来构建一个适合于供应商库存管理的信息沟通系统。

（2）业务流程设计。实施供应商库存管理后，必须进行针对供应商库存管理的业务流程来保证整个策略的实施。整个供应商库存管理的实施都是透明化的，买方企业和供应商随时都可以监控。主要分为两个部分。

①库存管理部分：首先由产品的销售数据和实时库存信息及时传送给供应商，由供应商的库存管理系统作出决策。如果供应商现有的仓储系统能够满足需求，就直接将产品直接及时配送给买方企业；如果供应商现有的仓储系统不能够满足需求，就必须通知生产系统生产后再将产品配送给买方企业。

②仓储与运输配送系统：一方面负责产品的仓储、产品的分拣入库以及产品的保存；另一方面负责产品的运输配送，产品按要求及时送达买方企业手中，同时负责编排运输

配送计划，如批量运输和零担运输的选择、运输的线路和时间编排以及安排承载量等。

（3）组织结构调整。为了保证供应商库存管理能够很好正常的运行，有必要设立一个供应商库存管理协调与评估部门。主要的作用在于：制定一系列的工作标准来协调和解决冲突问题，作为双方企业之间沟通的桥梁；对供应商库存管理的实施进行监控和评估，用以提供合理科学管理信息给企业高层，作为企业高层对企业调整的重要依据。

2. 联合库存管理

1）联合库存管理的定义

长期以来，供应链中的库存是各自为政的。供应链中的每个环节都有自己的库存控制策略，都是各自管理自己的库存。由于各自的库存控制策略不同，因此不可避免地产生需求的扭曲现象，即所谓的需求放大现象，形成了供应链中的“牛鞭效应”，加重了供应商的供应和库存风险。

联合库存管理（jointly managed inventory，JMI）是一种新的供应链库存管理方法，是解决供应链系统中独立库存模式导致的需求放大现象，大大改善供应链的供应水平和运作效率，提高供应链同步化程度的一种有效方法。这种库存管理策略打破了各自为政的库存管理模式，有效地控制了供应链的库存风险，体现了供应链的集成化管理思想。

联合库存管理强调供应链中各个节点同时参与，共同制定库存计划，使供应链过程中的每个库存管理者都从相互之间的协调性考虑，保持供应链各个节点之间的库存管理者对需求的预期保持一致，从而消除了需求变异放大现象。简单地说，联合库存管理是一种在供应商库存管理的基础上发展起来的上游企业和下游企业权利责任平衡和风险共担的库存管理模式。联合库存管理体现了战略供应商联盟的新型企业合作关系，强调了供应链企业之间双方的互利合作关系。

联合库存管理把供应链系统管理进一步集成为上游和下游两个协调管理中心，库存连接的供需双方以供应链整体的观念出发，同时参与，共同制定库存计划，实现供应链的同步化运作，从而部分消除了由于供应链环节之间的不确定性和需求信息扭曲现象导致的供应链库存波动。联合库存管理在供应链中实施合理的风险、成本与效益平衡机制，建立合理的库存管理风险的预防和分担机制、合理的库存成本与运输成本分担机制和与风险成本相对应的利益分配机制，在进行有效激励的同时，避免供需双方的短视行为及供应链局部最优现象的出现。通过协调管理中心，供需双方共享需求信息，因而起到了提高供应链的运作稳定性作用。

2）联合库存管理的特点

与传统的库存管理模式相比，联合库存管理具有如下几个方面的特点。

（1）为实现供应链的同步运作提供了条件和保证。

（2）减少了供应链中的需求扭曲现象，降低了库存的不确定性，提高了供应链的稳定性。

（3）协调中心作为供需双方的信息交流和协调的纽带，可以暴露供应链管理中的缺陷，为改进供应链管理水平依据。

（4）体现了供应链管理的资源共享和风险分担的原则。

（5）建立和协调成本较高，在现实过程中双方很难建立一个协调中心，即使建立了也很难运作。

3）联合库存管理的模式

（1）各个供应商的零部件都直接存入核心企业的原材料库中，就是变各个供应商的分散库存为核心企业的集中库存。集中库存要求供应商的运作方式是：按核心企业的订单或订货看板组织生产，产品完成时，立即实行小批量多频次的配送方式直接送到核心企业的仓库中补充库存。在这种模式下，库存管理的重点在于核心企业根据生产的需要，保持合理的库存量，既能满足需要，又要使库存总成本最小。

（2）无库存模式，供应商和核心企业都不设立库存，核心企业实行无库存的生产方式。此时供应商直接向核心企业的生产线上进行连续小批量多频次的补充货物，并与之实行同步生产、同步供货，从而实现"在需要的时候把所需要品种和数量的原材料送到需要的地点"的操作模式。这种准时化供货模式，由于完全取消了库存，所以效率最高、成本最低。但是对供应商和核心企业的运作标准化、配合程度、协作精神要求也高，操作过程要求也严格，而且二者的空间距离不能太远。

➢思考题与习题

1. 简述供应链的概念与分类。
2. 供应链管理的概念与特点是什么？
3. 试述供应链管理的关键业务过程。
4. 简述物流的定义与分类。
5. 微观物流管理包括哪些环节？
6. 企业物料的分类有哪些？
7. 简述物资消耗定额的概念与方法。
8. 企业原材料的消耗构成包括几部分？
9. 采购与采购管理的定义是什么？
10. 试述 JIT 采购的概念与实施步骤。
11. 试述供应商管理的定义与主要内容。
12. 试述 VMI 的概念与实施步骤。
13. 简述联合库存管理的定义与模式。

➢拓展学习材料

9-1 案例分析

9-2 采购管理案例

第10章

设备管理

本章提要： 本章主要对工业企业设备管理的相关理论知识进行阐述，并着重介绍设备的使用、维护、修理以及设备的更新和改造过程。本章旨在使读者了解掌握工业企业设备管理的具体过程，使读者更全面熟悉生产与运作管理的理论知识。

10.1 概述

机器设备是工业企业进行生产的物质基础，是构成企业生产力的重要组成要素。机器设备状况的好坏，直接影响企业生产的发展、生产效率的提高和经济效益的增加。因此，设备管理是企业生产管理的一个重要组成部分。

设备综合管理学科是为了提高设备管理的技术、经济和社会效益，适应商品经济的发展，针对使用现代化设备所带来的一系列新问题，继承了传统设备管理中的有益方面，吸取了现代管理的优秀理论（包括系统论、控制论、信息论、决策论等），综合了现代化科学技术的新成就（主要是故障物理学、可靠性工程、维修性工程、设备诊断技术等），从而逐步建立起来的一门新兴学科。

根据设备综合管理学科的基本原理建立一套适应现代化工厂的管理体制，以实现无事故、无公害、优质高产的工厂是现代工业发展的客观要求。

从设备综合管理问题的提出到现在，已引起了许多国家的重视。如同全面质量管理一样，设备综合管理也逐渐得到人们的重视和理解。这与设备综合管理学科在理论上与实践上的日趋丰富和完善以及设备综合管理已取得的明显的经济效益和社会效益是密切相关的。

10.1.1 设备综合管理的产生

设备管理随着工业生产的不断发展，设备现代化水平的不断提高，以及管理科学和技术的不断进步而逐步发展，它经历了传统设备管理和现代设备管理两个阶段。

1. 传统设备管理阶段

传统设备管理的工作中心是设备的经济管理。在这个阶段初期，由于企业规模较小，设备结构简单，占用资金有限，因此，设备维修不需要专门技术人员进行。

而且修理费用和故障损失较低。一般实行坏了再修的事后修理制度。后期，随着企业规模扩大，科学技术的进步，设备结构的日益复杂，修理难度相应提高。同时，生产的连续性加强，设备修理费用和故障损失的不断增加，导致了修理要由专门人员来承担。因此，从生产操作人员中逐步分离出专门从事设备维修和管理人员，企业相继建立起设备维修与管理机构，对设备使用过程进行管理，制定出对设备经济管理的科学制度。

传统的设备管理，由于只注重设备的维修管理，没有从系统的观点来研究设备管理问题，因此，它存在一定的局限性。例如，不注意设备全过程的管理，把设计、制造过程的管理与使用过程的管理分开，忽视设备的经济管理与组织管理，没有组织全体人员参加管理等。所有这些都不能适应科学技术和社会经济发展的客观要求。

2. 现代设备管理阶段

现代设备管理阶段是对设备进行全面管理的阶段，即对设备实行综合管理。它是在设备维修管理的基础上，为了提高管理的技术、增加经济和社会效益、适应现代社会技术经济发展的要求而逐渐发展起来的设备管理的理论和方法。主要包括英国的设备综合工程学、美国的后勤学和日本的全员生产维修制。

10.1.2 国外设备综合管理概念简介

1. 英国的设备综合工程学

英国的设备综合工程学是一门新兴的设备管理学科。1971 年，英国设备综合工程中心所长丹尼斯·巴克斯（Dennis Parkes）在美国洛杉矶市召开的国际设备工程年会上提出了这门学科。当时他发表了一篇题为“设备综合工程——设备工程的改革”的论文。向按照机械、电子、电气、化学等纵向划分各种专门技术进行管理的做法发出了挑战，旨在解决工厂设备的规划、设计、制造、运行、维修及改装等工作带来的许多难题。1974 年，英国工商部给设备综合工程下的定义是：“为了追求经济的寿命周期费用，而对有形资产的有关工程技术、管理、财务及业务工作进行综合研究的学科。”具体地说，关于设备、机器、装备、建筑物、构筑物的规划和设计的可靠性与维修性，它们的安装、投产试车、维修、改造和更新，以及有关设计、性能和费用的信息反馈，都属于其研究范围。

设备工程学具有如下五个特点。

（1）设备综合工程学以寿命周期费用作为评价设备管理的重要经济指标，并追求最经济的寿命周期费用。寿命周期费用是设备一生的总费用，即从设备的规划、设计、制造、安装、运行到维修、改装、更新等整个过程所消耗的总费用，使之达到最经济的程度。迄今为止，在多数企业里尚未认真考虑设备整个生命周期的总费用。负责购买设备的部门，往往只考虑到价格便宜，从几个厂家中选购价格最便宜的设备，而不考虑购入以后所发生的一系列其他费用。事实上，尽管购入价格便宜，可是如果在使用阶段中的动力费、维修费和劳务费等费用增加，致使寿命周期费用加速升高，这种情况显然是不经济的。有时如果仅按购入价格便宜来选购设备，往往从开始时就引起事故和公害的发生，这样反而要花费较多的设备改造费用。因此，购置设备时，事前的技术经济分析和评价，真正按照设备整个生命周期的总费用来评定设备购置计划是非常必要的。

（2）综合工程学是对设备从工程技术、工程经济和工程管理三个方面进行综合管理和研究的。现代化工厂中高度机械化、自动化、精密化的设备，正是综合了机械、电子、化学、土木、建筑以及环境保护技术、安全技术等各种专门科学技术的成果。首先，要管好、用好、修理好这些设备，需要掌握多种科学技术，要求把工程技术从横向上综合起来，这符合现代科学技术发展方向。其次，还要掌握有关设备工程的经济规律，提高设备管理的经济效益。在设备管理的每一个环节中都会碰到经济问题，都要求提高经济效益，都应进行技术经济分析，包括投资决策、合理使用的经济标准、检查次数的经济标准、修理的经济界限、更新改造的技术经济分析等。由于人为因素将对工程技术问题、财务经济问题等起支配作用，因此还应研究组织、人员和管理体制等问题。此外，在设备管理中，还要运用工业管理学、统计学、运筹学、质量管理、价值工程等相关的管理方法。为保证设备无事故、无公害，同时使设备的寿命周期费用最经济，尽量把技术、经济、经营管理等综合起来进行研究是十分必要的。

（3）进行设备的可靠性和维修性设计研究。在设备工程中，可靠性指的是“无故障”，即设备在使用过程中无故障地发挥其规定性能；维修性是指“易修性”，即设备修理难易程度的特性。可靠性和维修性都影响设备的利用率，以及故障损失和维修费用。可靠性、维修性的理想极限是“减免维修设计”，这是设备综合工程学所追求的目标。

（4）设备综合工程学把设备管理的范围扩展到设备的一生，即对设备进行全过程管理，并系统地改善每一环节的机能。设备综合工程学运用系统工程的观点和方法来研究和管理，把设备整个寿命周期作为研究和管理对象，整体地优化设备机能。整个工厂把设备有机地组织起来，相对来说，形成了一个较大的系统。设备是工厂的构成要素，其本身又是由很多零部件组成的一个有机集合体，自成一个系统。把设备的一生成看系统，目的是使运行和维修保养等环节有机地结合起来，以提高工厂和设备的经济效益。从设备的研究、设计、制造、安装，直至运行、维修、改造、更新等，都可以与系统的概念对应起来，并且运用系统的观点和方法来进行管理，以改善全过程各个环节的机能。

（5）设备综合工程学还包括设备工作循环的反馈管理，它是关于设计、使用、费用信息反馈的管理。反馈的方式有两种，一是厂外反馈，二是厂内反馈。厂外反馈指设备使用厂与制造厂、设计所的反馈，使用厂在设备的使用、维修过程中，把关于设备的可靠性、维修性、资源消耗、费用、人机配合和公害等方面的信息，认真地向设计所和制造厂反馈，制造厂则积极开展全面质量管理、可靠性管理、用户访问、用户服务等活动。两者结合起来，这是制造厂提高产品质量、使用厂获得价廉物美设备的重要措施。至于厂内反馈是指厂内设备使用单位向厂内设备设计、制造和维修单位反馈有关设备（包括自制专用设备）的各项信息。

为了推进设备综合工程学的发展，英国工商部下设了“设备综合工程学委员会”，并于 1975 年成立“设备综合工程学全国中心”作为设备综合工程学的情报交流和业务指导的机构。在英国，设备综合工程学的推广已取得了不少成果，带来了明显的经济效益。据有关资料介绍，推行后，设备故障率降低了 90%，设备维修费用减少了 50%。由于效果显著，受到工业发达国家的重视并得到迅速推广。如今，设备综合工程学不仅在英国广为应用，且在日本及西欧、南亚、南美各国中得到传播与普及，已有许多企业创造出不少应用和发展设备综合工程学的先进经验。

2. 美国的后勤学

1）后勤学的创立

美国有关企业在 20 世纪 50 年代实行的是事后维修制。美国人从工业发展的机遇、设备事故的增加、停机损失与维修的仓促性中领悟到事后维修的不足，于是大多数企业实行了设备的预防维修制。随后，美国通用电气公司和杜邦公司又针对预防维修还存在着的过剩维修和维修不足等问题，发展了生产维修制。

生产维修除了坚持日常保养，还包含下列四种主要维修方式：事后维修、预防维修、改善维修和维修预防。针对不同设备及其使用情况，分别采取不同的维修方式。对重点设备实行预防维修，对一般设备则实行事后维修，其目的是提高设备维修的经济性。

实践证明，单纯的预防维修还不足以减少设备故障，要从根本上解决问题，必须提高设备的可靠性和维修性，就是要改进设备的设计和制造质量。这对于使用中的设备来说，是改善维修，对于新设计的设备，则是实行维修预防，以消除或减少维修需要的活动。

顺便指出，可靠性和寿命周期费用这两个设备综合管理中的基本概念并非起源于设备综合工程学的倡导者——英国，而是由美国首先创始的。美国国防部从 1966 年就着手对寿命周期费用课题进行研究。现在美国政府规定在供应武器和装备时，必须把寿命周期费用和可靠性指标订立在合同中。1966 年 7 月美国为倡导国成立了后勤学学会的国际组织。后勤学学会每年 8 月份在美国召开国际学术会议，举办后勤学研讨班。

近代后勤学是在经典的后勤学（关于武器和装备的供应、储存、输送、修理、补给的机能及有关学问体系）的基础上，吸取了寿命周期费用和可靠性、维修性等现代理论而形成的。

后勤学者认为，一个系统应包括基本设备和相应的后勤支援两部分。而后勤支援的主要内容有测试和辅助设备、备件和修理更换件、人员和培训、器材储运管理、辅助设施和技术资料等。基本设备和后勤支援的各个组成之间，都必须在综合基础上来发展，建立最优化的平衡，以生产出一项经济效果良好的优质产品。

美国后勤工程师学会所下的定义为：后勤学是研究资源的需求、设计、供应和维修，并以后勤保障、计划和作业为对象的管理艺术、管理科学和工程技术活动。因此，可以把后勤学看作为了保证一个系统在规划的寿命周期内得到有效而经济的支持所需要考虑的全部问题的一门综合性学科。后勤学科研究的范围较之设备综合工程学要广泛深入，因为后勤学的目标是从设备制造单位的立场出发，保证用户在使用中得到最优的后勤支援，以达到最经济的设备寿命周期费用。

2）后勤学的基本内容

如前所述，后勤学各阶段的主要工作内容如表 10-1 所示。

表 10-1　后勤学各阶段的主要工作内容

阶段	主要内容
1. 市场调研与决策	1. 收集与该产品相关的市场信息，包括可能的市场容量、消费趋向替代产品情况等 2. 整理有关数据与资料，从中找出事物发展的客观规律 3. 在上述基础上进行产品决策，即确定待开发的产品
2. 概念设计	1. 确定需要，提出装备的特定任务，进行可行性研究 2. 确定装备的功能要求、主要参数、设备寿命周期费用 3. 确定维修原则、可靠性、维修性、维修设施人员配备件供应
3. 初步设计	1. 完成各种功能要求的分析，几个方案的最佳化比较 2. 完成可靠性、维修性、后勤保证分配到各主要组成部件 3. 后勤保障方案的选定
4. 详细设计	1. 完成装备的详细设计 2. 后勤保障分析，研究维修用设备、备件供应、人员培训、技术资料等 3. 通过对装备设计方案的全面评价和审定，并进行技术设计
5. 制造或构筑	1. 制造、安装、调试、验收主要设备和辅助设备 2. 做好运行维修、人员培训和零备件准备、原材料准备 3. 做好安装时的厂房、电、水、气等供应配套工程
6. 运行使用	1. 正确运行各装备，以获得原定的生产能力指标 2. 正确及时地完成装备的维修工作，使它们发挥应有的有效利用率 3. 建立并收集使用阶段的实际各项指标资料，并进行反馈，以改进设计方案
7. 退役更新	1. 分析装备的继续使用、大修、报废更新以及改造的方案比较并决策 2. 处理报废装备，订购更新装备

3）后勤学的维修原则

后勤学维修原则的制定，包括维修等级和维修方式的确定，它们都是作为保障设备正常运行要求的措施。

（1）维修等级。后勤学把维修分为使用部门维修、中间维修和基地维修三个等级。

使用部门维修是在运行现场进行，主要由使用人员进行的日常维护工作。

中间维修是由流动的或固定的维修人员来进行，解决使用部门解决不了的设备故障。修理时一般要拆卸和更换组件或零件。

基地维修是对中间维修所解决不了的任务进行修复、改装和校试。它是专业化的修理部门，配备有较高技术和经验丰富的维修人员、维修所采用设备以及所需的主要备件等。

（2）修理方式。修理方式是根据装备、部件或零件的修理采用哪一种方法最为经济来确定的。修理方式一般可分为如下三种。

①更新。更换费用低于修复费用的设备、部件、组件或零件，采用此方式。

②更换部分可修理的设备、部件、组件。当零件使用部门出现故障，为了尽量减少停机时间，采用更换部件、组件或零件的方式，使生产迅速得到恢复，然后把换下的旧件送至中间维修部门，待集中修复后备用。

③修复设备、部件、组件或零件。对那些更换费用超过修复费用较多的设备、部件、

组件或零件，一般均采用修复方式。

4）后勤保障管理

后勤保障管理是指设备或系统所有功能和活动的计划、组织、指挥、协调以及控制。从设备或系统出现起，管理的职能即随之开始，并延续到设备或系统的整个有效使用阶段和主要设备报废为止。其主要内容有后勤计划、后勤保障组织、后勤保障工作的指挥和控制、承包者的管理等。

为了使设备和系统顺利地完成任务，必须做到以下几点。

（1）在各个阶段内部有正确的后勤保障计划。

（2）在设备和系统的设计与研制中，各项后勤保障能力特性应合理配置。

（3）保证主要设备运行和维修需要的鉴定、供应，并及时地取得保障物品。

（4）不断地评价设备和系统全寿命周期的总效果，并提出修改工作和改进产品的方案，即所谓后勤保障分析。

总之，设备或系统的良好运行是与后勤保障密不可分的，各级规划管理人员应把后勤保障看成是系统由生成开始的各个阶段的主要组成部分。

3. 日本的全员生产维修制

日本在工业迅速发展的年代，在先后引进美国的预防修理和生产维修体制的基础上，吸取了英国设备综合工程学的原理，结合本国的国情，发展了全员生产维修体制，并在国内推行，取得了较为明显的效果。

1）全员生产维修的含义

全员生产维修制，又称全员设备维修制（total productive maintenance，TPM），日本设备维修协会认为，全员生产维修是日本式的设备综合工程学，或者说是设备综合工程学在日本的实践。其要点如下。

（1）全员设备维修制的基本特点是“三全”，即全效率、全系统和全员参加。

全效率是指设备的综合效率。即设备的总费用与总所得之比或投入与产出之比。总费用是设备的寿命周期费用；总所得包括产量（P）、质量（Q）、成本（C）、交货期（D）、安全（S）、劳动情绪（M）等方面。这些方面最后归结为符合质量要求、低成本、按期交货、安全生产和高效率的产量。

全系统指对设备要进行从研究、设计、制造、安装、使用、维修、改造到报废为止的全过程管理。

全员参加是指从经理、管理人员到第一线生产工人都参加设备管理；企业基层组织生产维修小组，开展自主活动。生产维修小组活动的主要内容是减少设备故障和提高生产效率，小组成员分别承担相应的职责。

（2）设备维修方式包括日常维修、事后维修、预防维修、生产维修、改善维修、预知维修、维修预防等。

（3）划分重点设备，对重点设备实行预防修理。全员设备维修制的预防性修理，一般放在重点设备上，而对一般设备采取事后修理，即在设备发生故障后才进行修理，这样可节省维修费用。

（4）设备维修目标管理。通过推行设备维修目标管理，来确定设备维修工作的方向和具体奋斗目标，并以此作为评定维修工作成绩的依据。目标管理的程序包括目标制定、目标实施和总结 3 个阶段。

（5）工作作风。为了保证好的工作作风，可开展“5S”活动（参见第 11 章相关内容）。

由此可知，全员生产维修以设备综合效率为目标，它与设备综合工程学的目标——最经济的设备寿命周期费用，具有相似的概念。另外，全员生产维修和设备综合工程学在以设备整个生命周期为对象的总系统管理的问题上也有相同之处。

全员生产维修，目前已成为具有代表性的、较为完备的一种现代设备管理制度。它有一整套实施办法，如重点设备的划分和管理、设备点检、设备的故障修理和计划修理、机床综合精度指数评定、维修记录、统计分析、全员培训工作、维修工作考核制度和方法，以及推进这些措施的程序和规程。

2）全员生产维修的最新发展

全员生产维修在日本推广以来，进展迅速，效果显著。在推行的十多年时间里，全员生产维修的普及率已达到 65%左右，使不少企业的设备维修费用降低 30%左右，设备开动率提高 50%左右。全员生产维修在国际上的影响也逐渐得到扩大。中国、印度、泰国、韩国、美国、英国、法国、意大利、西班牙、荷兰、挪威、瑞典、芬兰、南斯拉夫、巴西等国正在研究、交流或引进全员生产维修管理制度。

日本维修协会专务理事中岛清一介绍了 20 世纪 80 年代以来全员生产维修的最新发展。可概括如下。

（1）操作者自由维修。机器人化、自动化及柔性制造系统、计算机集成制造系统的发展，使日本企业自动化水平在世界上名列前茅。但在实施过程中发现：这些耗资巨大的自动化生产线往往不能像所要求或所预料的那样正常开动，其原因就是这些设备的调整、维修和保养工作没有跟上。要使这些自动线或自动化设备能够高效率地运行，仍需依靠人工来排除故障（尽管自动诊断程序已得到了长足的发展），或进行维修，或进行调整。要将设备尽可能有效地运行起来，必须发挥现场负责管理自动线的生产人员参与设备维修的积极作用。因此，在自动化生产企业中，推行自主维修的效果是十分显著的。为此，必须培训适应自动化时代要求的高素质人才：若为操作人员，则除了必须具备娴熟的操作技术，还须学会自主维修的本领；若为维修人员，则应不断提高维修机械、电子等设备的本领；若为设计制造人员，应能使自动化设备不断接近“无维修设备”。

这样，通过不断提高员工素质和设备素质来提高企业的素质，这就是全员生产维修的奋斗目标。

（2）推行品质维修。所谓品质维修，是指为了确保产品加工件完全合格，必须树立保持设备完好这一基本观念。规定不产生不良件的设备条件，据此进行定期点检和测定，将设备精度等控制在标准界限内，以预防品质不良。

为了达到无不良品的要求，一方面要提高设备的工程能力、可靠性和维修性；另一方面必须改善人的素质，为设备配备合格的操作人才和管理人才。

（3）向预知维修过渡的诊断技术扩展。日本学者认为，20 世纪 80 年代可以称为“以状态为基础的全员生产维修的时代”，亦即进一步开展应用设备诊断技术和状态检测的全员生产维修。为此，在寻求扩大设备诊断技术适用范围的同时，做到努力开发价格便宜、应用方便、测量结果可靠的设备诊断仪器；确定设备劣化的预测模式；应用设备诊断专家系统（该系统以检测数据、设备维修专家的知识与经验、用计算机作为判断设备故障的工具）等。

（4）开发自制专用设备，推行对设备整个生命周期进行管理。日本许多厂家具有自行设计并制造专用设备的能力。依靠自己开发出具有特色的专用设备，并不断改进和设计出高水平的专机和自动线。从设备综合工程学的观点来看，为了使设备的设计、制造和使用相结合，最好是本企业自己设计、自己制造、自己应用；若由其他厂设计制造，则最好本企业参与设计与制造，实行设计、制造和使用相结合，有利于推行设备的整个生命周期管理。

（5）提高设备综合利用率。提高设备综合利用率指如何从时间、能力和质量三方面来掌握设备的开动状态，增加能够创造价值的工作时间，提高产品的产量和产品的质量。

提高设备综合利用率的手段有两个方面：从时间上来说，是如何减少设备的停歇时间，增大开动时间的比率，从而增加产品的产量；从质量上来说，是如何通过增加单位产量和减少废、次品，以增加合格品的数量。

提高设备综合利用率的最终目标，是充分发挥和保持设备的固有能力，也就是达到人-机的最佳状态——使故障和废、次品为零。要实现这一目标是非常困难的，但必须向这一目标挑战，努力靠近这个目标。

10.1.3 设备综合管理的内容和任务

1. 设备综合管理的含义

设备综合管理就是运用现代科学技术、管理理论和管理方法，对设备寿命周期（从规划、设计、制造、购置、安装、使用、维护、修理、改造、更新到报废）的全过程从技术、经济和经营管理等方面进行综合研究和管理，以提高设备综合效率和追求寿命周期费用的经济性为目标，从而为提高企业的经济效益服务。

我国一些大中型企业在试行这一管理的过程中，以提高综合效率、追求寿命周期费用的经济性为目标，使企业的设备构成和技术状况有所改善，促进了企业的技术进步和产品的更新换代，从而获得了较好的经济效益。设备综合管理的优越性为越来越多的人所认识。

2. 设备综合管理的内容

（1）实行设备全过程管理。就是将设备的整个寿命周期作为一个整体进行综合管理，求得设备整个寿命周期的最佳效益。对设备实行全过程管理，是从总体上保证和提高设备的可靠性、维修性、经济性，做到安全、节能、保护环境，避免设备积压和浪费的重要措施，是提高企业技术装备水平，实现技术装备现代化的重要保证。

（2）对设备从工程技术、经济和组织管理三方面进行综合管理。设备管理，本质上是对设备运动过程的管理。设备运动有两种形态：一是物质形态，表现为设备的研究、设计、制造、选购、安装调试、使用、维修、改造、更新、报废等；二是设备价值运动形态，表现为设备的最初投资、维修费用支出、折旧、改造更新资金的筹措、积累、支出等。前者形成设备的技术管理，后者形成设备的经济管理。它们分别受技术规律和经济规律支配。设备管理的目的，是要达到最佳的技术状态和经济效果。因此，需要同时加强技术管理与经济管理。此外，还要应用现代管理理论和方法进行组织管理。

（3）实行设备全员管理。现代企业中，设备数量众多，型号规格复杂，并分散在企业生产、科研、管理等各个领域，如果单靠专业管理的机构与人员是难以管好的。因此，要把与设备有关的人员组织起来参加设备管理，使设备管理建立在员工的群众基础之上。

3. 设备综合管理的任务

设备综合管理的主要任务是为企业的生产提供先进适用的技术装备，使企业生产经营活动建立在技术上先进、经济上合理的物质技术基础之上，以保证企业经营目标的实现。其具体任务有以下几点。

（1）根据技术上先进、经济合理的原则，正确地选购设备，为企业提供优良的技术装备。

（2）保证企业设备经常处于最佳的技术状态。为此要认真研究设备物质运动的技术规律，如磨损规律、故障规律等，运用先进的检测、维修手段和方法，灵活采取各种维修方式和措施，维修保养现有设备，使之处于最佳状态。

（3）提高设备管理的经济效益。按照经济规律的要求加强设备的经济、组织管理，以降低设备管理各环节的费用。

（4）为了保证企业技术进步，要有计划、有步骤地对设备进行改造和更新。

10.2 设备的选择和评价

10.2.1 设备的选择

1. 设备选择的重要性

设备选择是企业设备管理的第一个环节，对于新建企业选购设备、老企业购置设备或自行设计、制造专用设备以及国外引进技术装备，都是十分重要的课题。

传统的设备管理，往往从设备的使用开始，忽视了设备选择这一重要环节。现行的厂内设备管理体制，对新设备的选择，经常被分割开来，由几个职能部门分别管理（工艺部门申请，财务部门审批，供应部门采购，基建部门安装，设备部门接管），因而，容易产生：一方面各职能部门都只能从各自的分工范围出发考虑，无法从技术经济等各方面进行综合研究，全面评价；另一方面，购入的设备一旦发生问题，容易互相推诿责任。

因此，设备的选择主要应由设备部门负责。从横向上把有关部门组织起来，对设备进行综合评价。

2. 设备选择的考虑因素

设备的选择（又称设备选型），目的是选择技术上先进、经济上合理、生产上可行的设备，保证企业生产发展，实现技术进步。设备选择时，应考虑以下因素。

（1）生产性。指的是设备的生产率。一般以设备在单位时间（小时、轮班、昼夜、年度）的产品产量来表示。目前，在提高设备生产率方面的主要途径有大型化、高速化、自动化等，在选择设备时，要根据企业的生产需要，对这些方面提出适当的要求。

（2）可靠性。从广义上讲，它是指精度或准确度的保持性、零件耐用性、安全可靠性等。可靠度是指在规定的时间内，在规定的使用条件下，无故障地发挥规定机能的概率。

（3）安全性。指的是设备对生产安全的保障性能。例如，是否安装有自动控制装置，以提高设备操作失误后防止事故的能力，如自动切断电源、自动停车装置等。

（4）节能性。指的是设备节约能源的可能性。还要考虑到设备对节约原材料资源的能力，如提高成材率等。

（5）耐用性。设备在使用过程中所经历的自然寿命要长。

（6）维修性。设备要便于检查、维护和修理。

（7）环保性。指的是设备对保护、改善环境的能力。包括噪声与“三废”。

（8）成套性。指设备的配套水平。设备配套包括：单机配套，是指一台机器中各种随机工具、附件、部件的配备成套；机组配套，是指一套机器设备的主机、辅机、控制设备以及其他设备的配套；项目配套，是指一个新建项目所需的各种机器设备的整体配套，如工艺设备、动力设备和其他辅助生产设备的配套。

（9）灵活性。指的是设备对不同工作条件、不同产品、不同零件的适应性。

以上是选择设备要考虑的一些主要因素。对这些因素要统筹兼顾，全面地权衡利弊。

10.2.2 设备的经济评价

在选择设备时，还要测算设备的寿命周期费用。寿命周期费用由两大部分费用组成。

（1）投资费。它的特点是一次性支出或集中在短时期内支出的费用。自制设备包括研究、设计、制造费用。外购设备包括设备价格、运输费、安装调试费。

（2）使用费（又称维持费）。指的是在设备的整个寿命周期（几年、十几年或几十年）内，为工厂保证设备正常运行而定期支付的费用。主要是能源消耗费、维修费以及固定资产折旧费、保险费、操作该设备的人员工资。

进行设备经济评价时，首先要了解不同设备在购置时支付的投资费是多少，然后估算不同设备在投产使用后，平均每年必须支出的使用费。由于换算方法不同，设备经济评价可分为费用年值法和费用现值法两种。

1. 费用现值法

即按复利计算，把每年使用费通过现值系数贴现到最初投资年限得到一现值，再与投资额相加，得到在寿命周期内全部支付的费用现值总和来比较和选择方案，主要用于寿命期相等的设备的选择。

【例 10-1】 有两台可供选择的机床，其各种费用支出分别为：最初投资费，机床 A 为 20000 元，机床 B 为 30000 元；每年使用费支出，机床 A 为 8000 元，机床 B 为 5000 元。利率为 10%，预计寿命周期为 10 年。试用费用现值法来选择其中一台机床。

首先利用利率 10%，寿命周期 n=10 年代入等额分付现值系数公式，求得系数值：（也可直接查系数表得到）

$$\frac{(1+i)^n-1}{i\times(1+i)^n}=6.1446$$

计算如表 10-2 所示。

表 10-2　费用现值计算表　（单位：元）

方案	机床 A	机床 B
最初投资费	20000	30000
10 年内使用费换算的现值	8000×6.1664=49331	5000×6.1664=33320
10 年内全部支出的费用现值合计值	69331	63320

对计算结果比较，选择机床 B 比较好。因为使用机床 B 比使用机床 A，可节省费用支出现值 6011 元。

2. 费用年值法

当寿命期不等的设备的选择时运用这种方法，首先把购置设备一次性支出的投资费，依据设备的寿命周期，按复利计算换算成相当于每年费用的支出，再加上每年的维持费，得出不同设备总费用。据此对不同方案进行比较、分析、选择最佳方案，即最优的设备。

【例 10-2】　有两台可供选择的机床，其各种费用支出分别为：机床 A 最初投资费为 3000 元，每年使用费支出为 2000 元，估计寿命周期为 3 年；机床 B 最初投资费为 5000 元，每年使用费支出为 1600 元，估计寿命周期为 5 年。利率为 10%，试用年费用法来选择其中一台机床。

首先利用利率 10%，寿命周期为 n 年的等额分付资本回收系数公式为

$$\frac{i\times(1+i)^n}{(1+i)^n-1}$$

计算如表 10-3 所示。

表 10-3　费用年值计算表　（单位：元）

方案	机床 A（n=3）	机床 B（n=5）
等额分付资本回收系数值（代入计算或查表）	0.40211	0.26380
最初的投资换算的年费用值	3000×0.40211=1206	5000×0.26380=1319
年使用费	2000	1600
每年的年费用值	3206	2919

对计算结果比较，选择机床 B 比较好。因为使用机床 B 比使用机床 A，可节省年费用支出 287 元。

10.3　设备的使用、维护及修理

10.3.1　设备磨损的规律

设备在使用过程中，一方面生产出产品，另一方面自身也在运转中被消耗，即某些零部件被磨损，以致逐渐降低原有的性能。这就是设备的物质磨损，也称有形磨损。

由于科学技术的进步，同样用途、性能的设备，购置价格将会不断下降，甚至同样用途，但性能和效率更好的设备也不断地被设计、制造出来．这就会使原有设备的价值受到影响，这种损失称为设备的技术磨损，也称无形磨损。

设备的物质磨损又可分为两种：一种指设备在运转中受到机械力的作用，零部件会发生摩擦、振动和疲劳等现象，致使设备及其零部件的实体产生磨损；另一种指设备在闲置过程中，由于自然力的作用，加上保养、管理不善，自然锈蚀，丧失其精度和工作能力。在正常情况下，设备的物质磨损主要是在运转使用中产生的磨损。磨损规律如图 10-1 所示。

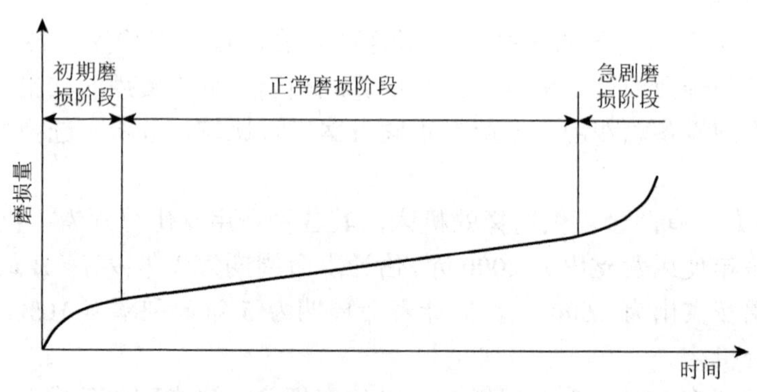

图 10-1 设备的物质磨损规律

机器设备在运转过程中产生的物质磨损，大致都会经历下列三个阶段。

（1）初期磨损阶段。零件之间表面上的高低不平处以及氧化层、脱炭层，由于零件的运转，互相摩擦力的作用很快被磨平。这时，设备可以表现出较高的生产效率。这一段时间较短。

（2）正常磨损阶段。此阶段内一般零件的磨损随时间匀速增加且较缓慢。设备可以有很高的生产率及加工质量，此阶段时间较长。

（3）急剧磨损阶段。此时正常磨损体系已被破坏，使得磨损剧烈增加，最后导致零件损坏，设备停车。而在此以前，设备的精度、性能和生产率都大为降低。因此，一般不允许零件使用到急剧磨损阶段。在零件趋向于正常磨损阶段后期时就应加以修复或更换。此阶段时间也较短。

为了使设备经常处于良好状态，就必须做到合理使用，经常维护，以延长零件的正常磨损阶段；加强对设备的检查，在零件尚未到达剧烈磨损阶段前就进行修理，以防止设备故障，减少修理工作量；通过试验确定易损零件在正常条件下的磨损规律和使用期限，有计划地进行更换修理。

10.3.2 设备的合理使用

合理地使用设备，可以减轻磨损，保持良好的性能和应有的精度，从而充分发挥设备应有的生产效率。

合理使用机器设备，需要做到如下几点。

（1）根据设备特点恰当安排任务。各种设备的结构、性能、精度、使用都各不相同，根据每种机器设备的技术条件来安排工作任务，才能保证机器设备正常运转，保证生产安全。

（2）为设备配备相适应的操作工人。并要求操作者熟悉并掌握设备的结构、性能、加工范围和维护保养技术。

（3）为机器设备创造良好的工作环境。不仅对高精度设备的温度、湿度、防尘、防震等工作条件应有严格的控制，对普通精度的设备也要创造适当的条件。

（4）制定有关规章制度。规章制度是指导工人操作维护和检修设备的技术法规。正确地制定和贯彻执行这些规章制度是合理使用设备的重要保证。

10.3.3　设备的维护

设备的维护也叫保养。目前较多的企业是实行“三级保养制”，即日常维护保养、一级保养和二级保养。三级保养的区别见表 10-4。

表 10-4　三级保养关系表

保养级别	保养时间	保养内容	保养人员
日常维护保养	每天的例行保养	班前班后认真检查，擦拭设备各个部件和注油，发生故障及时予以排除，并做好交接班记录	操作工人进行
一级保养	设备累计运转 500h 可进行一次，保养停机时间约 8h	对设备进行局部解体，清洗检查及定期维护	操作工人为主，维修工人辅助
二级保养（相当于小修）	设备累计运转 2500h 可进行一次，停修时间约为 32h	对设备进行部分解体、检查和局部修理、全面清洗的一种计划检修工作	维修工人为主，操作工人参加

设备保养的主要目的是使设备经常保持整齐、清洁、润滑、安全，以保证设备的使用性能和延长修理间隔期，而不是恢复设备的精度。

10.3.4　设备的修理

设备的修理，是修复由于正常的或不正常的原因而引起的设备的损坏。它的实质是物质磨损（包括腐蚀、老化）的补偿。修理的基本手段是修复和更换。通过修复和更换，使设备的效能得到恢复。

目前，我国工业企业比较普遍实行的设备维修制度有计划预防修理制度、保养修理制度和预防维修制度。

1. 计划预防修理制度

计划预防修理制度简称计划预修制，我国工业企业从 20 世纪 50 年代开始普遍推行的一种设备维修制度。它的基础是设备的磨损理论和规律。它是有计划地进行维护、检查和修理，以保证设备经常处于完好状态的一种组织技术措施。

1）计划修理分类

计划预修制主要包括日常维护、定期检查、计划修理。

计划修理，按照其对于设备性能恢复的程度和修理范围的大小、修理间隔期的长短、修理费用的多少等，可分为大修、中修和小修三类。

（1）大修是对机器设备进行全面的修理。大修理具有设备局部再生产的性质，它需将设备全部拆卸分解，对基准件进行磨削、刮研等修理，更换或修复所有磨损、腐蚀、老化等已丧失工作性能的主要部件或零件，恢复设备原有的精度、性能和生产效率。设备的大修理一般不改变设备的结构、性能和用途，不扩大设备的生产能力。大修理的特点是，修理次数较少、修理间隔期较长、工作量大、修理时间较长、修理费用较多，大修理费用由专项的大修理基金支付。结合设备的大修理，可以同时进行设备的改装和技术改造，消除缺陷，改善设备的性能和结构，扩大工艺使用范围，提高设备的效率和先进性。

（2）中修是对设备进行部分解体，修理或更换部分主要零件与基准件，或修理使用期限等于或小于修理间隔期的零件，检查整个机械系统，紧固所有机件，消除扩大的间隙，校正设备的基准，以保证机器设备能恢复和达到应有标准和技术要求。中修理的特点是：发生次数较多，修理间隔期较短，工作量不很大，每次修理时间较短，支付费用较少，且由生产费用开支。

（3）小修是对设备进行局部的修理。通常只需修复，更换部分磨损较快和使用期等于或小于修理间隔期的零件，调整设备的局部机构，以保证设备能正常运转到下一次计划修理时间。小修理的特点是：修理次数多，工作量小，一般在生产现场，由车间专职维修工执行，修理费用计入生产费用。

设备的中小修理也称日常修理。由于发生突然事故或自然灾害而发生的设备的意外毁损，对其进行的中小修理，通常称为事故性修理。如果毁坏严重，需要对其进行大修理，通常称为恢复性修理。

计划预修制的基本特点是通过计划来实现修理的预防性。它采用两个基本手段，即计划修理方法和修理的定额标准。

2）计划修理方法

（1）标准修理法（或称强制修理法）。这种方法对设备的修理日期、类别和内容，都预先制定具体计划。不管设备运转中的技术状况如何，严格地按计划规定执行。

（2）定期修理法。这种方法是根据设备实际使用情况，参考有关检修周期，制定设备修理工作的计划日期和大致的修理工作量。确切的修理日期和修理内容，则是根据每次修理前的检查，再详细规定。

（3）检查后修理法。这种方法事先只规定设备的检查计划。根据检查的结果和以前的修理资料，确定修理的日期和内容。

3）定额标准

计划预修制中的定额标准大致有修理周期、修理间隔期、修理周期结构、修理复杂系数，修理劳动量定额和修理费用定额等。

（1）修理周期，是指相邻两次大修理之间，机器设备的工作时间。

（2）修理间隔期，是相邻两次修理之间设备的工作时间。

（3）修理周期结构，是指在一个修理周期内大修、中修、小修（有时也包括定期检查）的次数和排列的次序（图 10-2）。

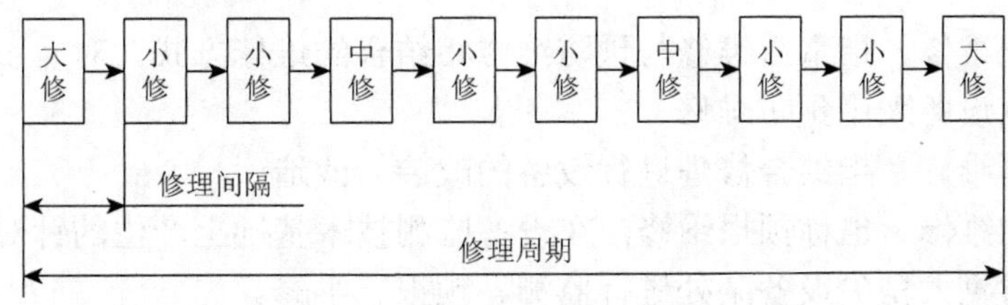

图 10-2　修理周期结构示意图

（4）修理复杂系数，指的是用来表示不同机器设备的修理复杂程度，计算修理工作量的假定单位。机器越复杂，修理复杂系数就越高。通常选择中心高 200mm，顶尖距 1000mm 的 C620 车床作为标准，将其修理复杂系数定为 10，其他机床的复杂系数，都与标准机床进行比较而确定。

（5）修理劳动量定额，是为完成机器设备的各种修理工作所规定的劳动量标准。通常以完成一个修理复杂系数的大修钳工为 40h，机加工为 20h，其他工作为 4h，总时为 64h。

（6）修理费用定额。例如，规定一个修理复杂系数的大修费用定额为 500 元。

（7）设备修理停歇时间。它是分工种、工作项目，按照每一个修理复杂系数制定的。设备修理停歇时间可按下式计算

$$T=\frac{t\cdot f}{\sum_{i=1}^{m}L_j\cdot g_j\cdot K}+T_0$$

式中，T 为修理一台设备的停歇时间；f 为一台设备的修理复杂系数；t 为一个修理复杂系数的工时定额；m 为轮班次数；L_j 为工作班内修理设备的人数；g_j 为工作班长度；K 为修理定额完成系数；T_0 为其他停机时间（包括地基校正、浇灌、油漆、干燥时间）。

有了上述资料，就可以编制企业年度设备修理计划，在此基础上编制季度及月度设备修理计划。

2. 保养修理制度

这是由一定类别的保养和一定类别的修理所组成的设备维修制度。这种制度首先是在交通运输业的汽车运输设备中推行的，以后扩展到金属切削机床等设备。设备保养修理制度的主要内容和措施是日常维护修养、一级保养、二级保养和计划大修。由于这是一种有计划地进行三级保养和大修理的制度，所以称为保养修理制度。

3. 预防维修制度

预防维修制度是我国从 20 世纪 80 年代开始，逐步研究、形成的一种设备维修制度。它的基础是设备的故障理论和规律。预防维修制度中包括的设备维修方式主要如下。

（1）日常维修。包括定期检查、日常检查和保养。

（2）事后维修。也称故障维修，对非重点设备在发生故障后进行维修。发生故障后维修，可以节省维修费用。

（3）预防维修。一般是指对重点设备以及一般设备中的重点部位进行的预防性维修活动。

（4）生产维修。指事后维修与预防维修相结合的维修方式。对非重点设备采用事后维修，对重点设备采用预防维修。

（5）改善维修。指结合修理进行设备的改装、改造。

（6）预知维修。也称预报维修，在设备监测技术基础上产生的针对性很强的维修方式，例如，对重大精尖设备某处进行监测、预报、维修。

（7）维修预防。在进行设备设计、制造和选择阶段，就考虑设备的无故障和维修原则，即提高设备的可靠性、维修性。

各种维修活动、方法和性质区分可以用图解的形式来表示。如图 10-3 所示。

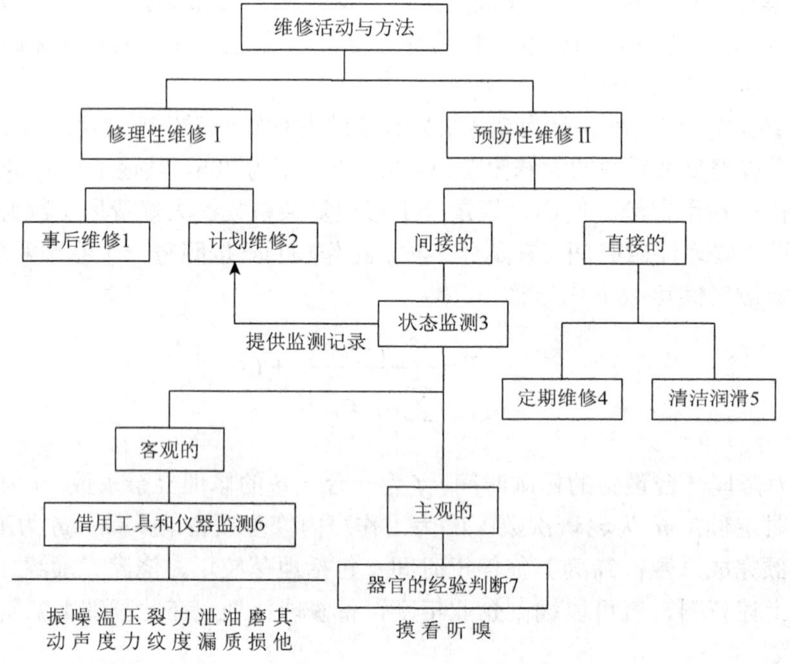

图 10-3　各种维修活动、方法和性质的区分

在图 10-3 中，I 与 II 说明维修活动和方式两大类别。I 是被动状态，II 是主动状态。图中的 1～5 是通常的维修活动方式，3 是预防故障发生的最积极手段，4 是将故障排除在停机以前的一种办法，4 是使 5 的这种方式更为科学合理的有效手段，2、3、4 都属于预防性维修性质。1 缺乏预防措施，属修复性维修，但是 2 以客观的监测手段为主后就成了 1 和 2 的改进方式，这是一个很关键的环节。

10.4　设备的更新和改造

10.4.1　设备更新

设备更新有原型更新和技术更新两种形式。原型更新又称简单更新，是指用相同结构、性能、效率的同型号设备来代替原有设备。这种更新主要是用来更换已经损坏的或陈旧的设备。技术更新是以结构更先进、技术更完善、性能更好效率更高的设备代替原有设备。这种更新主要用来更换遭到第二种无形磨损、经济上不宜继续使用的设备。在当前技术进步很快的条件下，简单更新不应占重要地位，占重要地位的应该是技术更新。只有这样才能使企业的技术装备水平不断提高，取得良好的经济效益。

企业在进行设备更新时，应进行技术经济论证和可行性研究，对设备经济使用年限更新方式及设备选择作出抉择。

1. 设备寿命与设备更新期

设备寿命是指设备从投入生产开始，至需要进行更新所经历的时间。设备寿命按其性质可分为物理寿命、技术寿命和经济寿命三种。

（1）物理寿命是指设备从全新状态投入生产开始，经过有形磨损到技术上不能按原有用途继续使用为止所经历的时间。

（2）技术寿命是指设备从全新状态投入生产以后，由于新技术的出现，原有设备丧失其使用价值而被淘汰所经历的时间。技术进步越快，技术寿命越短。

（3）经济寿命是指设备从全新状态投入生产开始，到经济上不宜继续使用所经历的时间。设备经济寿命是设备综合管理中的一个重要概念，是设备更新、改造决策的重要依据。

设备的经济寿命也称为设备更新期。影响设备经济寿命或更新期的主要因素如下。

①效能衰退。所谓效能衰退是指现有设备与其全新状态相比较，在工程效率上降低。设备在使用过程中由于物质磨损，致使其效率逐渐衰退。与此同时，设备的维持费逐年增加，从而导致对设备的更新。

②技术陈旧。技术陈旧是指由于新技术的出现和应用，产生了新型设备，而现存设备与新型设备相比较工程效率低，生产费用高，从而导致对设备的更新。

③资金成本。资金成本是指购置新设备所支出的资金或投资的成本。它的大小对设备的经济寿命有一定的影响。

2. 设备更新期的确定

1）设备的原型更新的经济分析

有些设备在其整个使用期内并不过时，即在一定时期内还没有更先进的设备出现，不存在第二种无形磨损。但是设备在使用中，仍然存在着有形磨损，由于设备性能低劣化速度越来越快，大修理费用和设备运行费不断增加，达到一定程度后，用新的原型设备更换在经济上更合算。这就是设备原型更新的问题，其基本分析方法就是通过分析设备的经济寿命来进行更新决策。

（1）低劣化数值法。设备投入使用之后，使用时间越长，设备的有形磨损越大，其维护修理费及燃料、动力消耗等运行费用越高，称为设备的低劣化。

在不考虑资金利率和残值的情况下，则每年的设备平均分摊费为 $\dfrac{K_0}{T}$。

随着 T 的增长，按年平均的设备分摊费用不断减少。若设备的低劣化呈线性变化，例如，运行费用按等差序列逐年递增，设备运行费用的低劣化程度用低劣化值 λ 来表示，即设初始运行费用为 C_1，则第 2 年的运行费用为 $C_1+\lambda$，第 3 年的运行费用为 $C_1+2\lambda$，第 T 年的运行费用为

$$\frac{C_1+(C_1+\lambda)+(C_1+2\lambda)+\cdots+[C_1+(T-1)\lambda]}{T}=C_1+\frac{(T-1)\lambda}{2}$$

则年平均运行费用为

$$C_1+(T-1)\lambda$$

设备的平均年费用为

$$\bar{C}_T=C_1+\frac{(T-1)\lambda}{2}+\frac{K_0}{T}$$

设备的平均年费用，在设备投入生产的最初阶段，一般呈下降趋势，但超过其经济使用年限后，又逐渐上升。根据上述原理，为求解使 $\bar{C}_T$ 最小的设备使用年数 T，令

$$d(\bar{C}_T)=0$$

可以得设备的最佳更新期（即经济寿命）

$$T^*=\sqrt{\frac{2K_0}{\lambda}}$$

【例 10-3】 某设备的原始价值为 8000 元，初始运行费用为 400 元，每年低劣化增加值为 320 元，残值为零。求解最佳更新期。

解 直接利用公式计算。

$$T^*=\sqrt{\frac{2K_0}{\lambda}}=\sqrt{\frac{2\times 8000}{320}}\approx 7(\text{年})$$

即设备的最佳更新期为 7 年。

也可以列表逐年计算。如表 10-5 所示，首先算出逐年的设备费用，然后计算每年的平均低劣化值，最后算出年平均总费用。

表 10-5 低劣化数值法条件下的设备更新分析表

使用年限 T	年平均运行费用 $C_1+(T-1)\lambda/T$	设备平均分摊费 K_0/T	设备的平均年费用
1	720	8000	8720
2	880	4000	4880
3	1040	2667	3707
4	1200	2000	3200
5	1360	1600	2960
6	1520	1333	2853
7	1680	1143	2823*
8	1840	1000	2840
9	2000	889	2889

*为选中数据

由表 10-5 中计算可知，使用到第 7 年，年平均总费用 2823 元为最低值，故设备的最佳更新期为 7 年，若继续使用，设备的年均总费用就会增加。

（2）经济寿命法。通常，设备的低劣化并不是线性的，而且设备的残值也是随着使用年限的增加而减少的，低劣化数值法确定的经济寿命与实际更新期有较大出入。为了解决这一问题，可以通过计算在整个使用期内各年的平均费用，从中选出平均费用最小的一年，从而计算出设备的经济寿命。

①不考虑资金的时间价值，使用 T 年的年平均费用法的计算公式为

$$\bar{C}_T = \frac{\sum_{t=1}^{T} C_{pt} + (K_0 - L_T)}{T}$$

式中，$\bar{C}_T$ 为使用 T 年的年平均费用，C_{pt} 为第 t 年的年运行费用，L_T 为使用 T 年后的设备残值。

【例 10-4】　某设备的原始价值为 8000 元，其各年的运行费用和设备残值如表 10-6 所示，求解最佳更新期。

表 10-6　设备相关资料表

已使用年限	1	2	3	4	5	6	7
年运行费	1000	1250	1750	2250	2750	3500	4500
设备残值	5000	3000	2250	1750	1250	750	500

解　不考虑资金的时间价值，按公式计算结果如表 10-7 所示。

表 10-7　经济寿命法（静态）最优更新期计算表

已使用年限 T	累计运行费 $\sum_{t=1}^{T} C_{pt}$	设备费用 $(K_0 - L_T)$	总使用费用	年平均费用
1	1000	3000	4000	4000
2	2250	5000	7250	3625
3	4000	5750	9750	3250
4	6250	6250	12500	3125*
5	9000	6750	15750	3150
6	12500	7250	19750	3291
7	17000	7500	24500	3500

*为选中的数据

计算示例由计算可知，该设备使用到第 4 年时年平均费用为 3125 元，是年平均费用的最小值，所以设备使用 4 年后若继续使用，年平均费用会递增，则该设备的合理更新期为使用 4 年后更新。

②考虑资金的时间价值，使用 T 年的年平均费用法的计算公式为

$$AC_T = \left[K_0 - L_T \cdot \frac{1}{(1+i)^T} + \sum_{t=1}^{T} C_{pt} \cdot \frac{1}{(1+i)^t}\right] \cdot \left[\frac{i(1+i)^n - 1}{i(1+i)^n}\right]$$

式中，AC_T 为使用 T 年的年平均费用，C_{pt} 为第 t 年的年运行费用，L_T 为使用 T 年后的设备残值。考虑资金的时间价值（设基准收益率为 10%），根据公式计算结果如表 10-8 所示。

表 10-8 经济寿命法（动态）最优更新期计算表

已使用年限 T	设备原值 K_0	设备残值折现值 $L_T\cdot\frac{1}{(1+i)^T}$	累计运行费折现值 $\sum_{t=1}^{T}C_{pt}\cdot\frac{1}{(1+i)^t}$	年平均费用 AC_T
1	8000	4545	909	4800
2	8000	2478	1941	4299
3	8000	1690	3256	3845
4	8000	1195	4793	3653
5	8000	776	6501	3623*
6	8000	414	8478	3692
7	8000	156	10787	3799

*为选中的数据

由表 10-8 可知，在考虑资金时间价值的情况下，该设备使用到第 5 年时年平均费用为 3623 元，是年平均费用的最小值，所以设备使用 5 年后若继续使用该设备，年平均费用会递增，则该设备的合理更新期为使用 5 年后更新。

2）设备的技术更新的经济分析

在技术不断进步的条件下，多数情况是设备使用一段时间后由于第二种无形磨损的作用，原有的设备显得陈旧和过时，已经出现了生产效率更高和经济效益更好的新型设备。这种情况下需要比较继续使用旧设备和马上购置新设备哪一种方案在经济上更合理。下面介绍费用年值法。

费用年值法是指在考虑资金的时间价值条件下，通过分别计算原有旧设备和备选新设备对应于各自的经济寿命期内的不同时点发生的所有费用的等额支付序列的年“平均”费用，并进行比较；如果使用新型设备的费用年值小于继续使用旧设备的费用年值，则应当立即进行更换，否则将继续使用旧设备。

运用费用年值法对出现新型设备的更新决策，要解决两个问题：一是旧设备是否需要更新；另一个是如果旧设备需要更新，何时更新。分析的具体步骤如下。

（1）计算新设备在其经济寿命条件下的费用年值。新设备的费用年值的计算就是将其经济寿命期内所发生的投资和各年的运行费用换算成与其等值的等额支付序列的年值。当然要将设备的残值扣除。其计算公式同前面章节介绍的费用年值公式一样。

（2）计算旧设备在继续使用条件下的费用年值。这时考虑的时间是旧设备剩余的经济寿命，将其在决策点的设备残值视为设备在那一时点的投资，计算时仍然要扣除无法再使用时的残值。一般情况下，其运行费用是逐年递增的。

（3）新、旧设备费用年值的比较。如果旧设备的费用年值小于新设备的费用年值，就无需更新，继续使用旧设备直至其经济寿命；如果新设备的费用年值大于旧设备的费用年值，就需要进一步判断何时更新。

（4）假设旧设备继续使用 1 年，计算这时的费用年值并与新设备的费用年值比较，如果其值小，则保留并继续使用旧设备，否则淘汰并更新为新设备。

（5）当旧设备处于继续保留使用的情况下，计算保留 2 年的费用年值，并与新设备的费用年值进行比较，比较原则同第 4 步，如此循环直至旧设备被更新淘汰。

【例 10-5】　某设备目前的净残值为 8000 元，还能继续使用 4 年，保留使用的情况如表 10-9 所示。

表 10-9　继续使用 4 年的情况资料表

保留使用年限	0	1	2	3	4
年末设备净残值	4000	3250	2500	1750	1000
年运行费用	—	1500	2000	2500	3000

新设备的原始费用为 17500 元，经济寿命为 10 年，第 10 年年末的净残值为 2000 元，平均年使用费为 250 元，基准折现率是 12%，问旧设备是否需要更换，如需更换，何时更换为宜？

解　（1）先判断是否需要更换。

继续使用旧设备的情况

$$AC_o=[4000-1000/(1+12\%)^4+1500/(1+12\%)+2000/(1+12\%)^2+2500/(1+12\%)^3+3000/(1+12\%)^4][12\%\times(1+12\%)^4]/[(1+12\%)^4-1]=3287(\text{元})$$

更新设备的情况

$$AC_n=[17500-2000/(1+12\%)^{10}][12\%\times(1+12\%)^{10}]/[(1+12\%)^{10}-1]+250=3233(\text{元})$$

由计算可知 $AC_n<AC_o$，所以应该更换旧设备，使用新设备，但什么时间更换更合理，还要通过下面的计算来判断。

（2）判断何时更换为宜。

$$AC_o=[4000-1000/(1+12\%)^4+1500/(1+12\%)+2000/(1+12\%)^2+2500/(1+12\%)^3+3000/(1+12\%)^4][12\%\times(1+12\%)^4]/[(1+12\%)^4-1]=3287(\text{元})$$

①保留 1 年。

$$AC_o(1)=[4000-3250/(1+12\%)+1500/(1+12\%)][12\%\times(1+12\%)^1]/[(1+12\%)^1-1]=2730(\text{元})$$

$AC_n>AC_o(1)$，则保留使用 1 年是合适的。

②保留 2 年，即继续使用 2 年后更换。

$$AC_o(2)=[4000-2500/(1+12\%)^4+1500/(1+12\%)+2000/(1+12\%)^2][12\%\times(1+12\%)^2]/[(1+12\%)^2-1]=2923(\text{元})$$

$AC_n>AC_o(2)$，则保留使用 2 年是合适的。

③保留 3 年，即继续使用 3 年后更换。

$$AC_o(3)=[4000-1750/(1+12\%)^4+1500/(1+12\%)+2000/(1+12\%)^2+2500/(1+12\%)^3][12\%\times(1+12\%)^3]/[(1+12\%)^3-1]=3109(\text{元})$$

$AC_n>AC_o(3)$，则保留使用 3 年是合适的。

④保留 4 年。

$$
\begin{aligned}
ACo(4)=&[4000-1000/(1+12\%)^4+1500/(1+12\%)+2000/(1+12\%)^2 \\
&+2500/(1+12\%)^3+3000/(1+12\%)^4][12\%\times(1+12\%)^4]/[(1+12\%)^4-1] \\
&=3287(\text{元})
\end{aligned}
$$

$AC_n<ACo(4)$，故保留使用 3 年后就应该更换，如果旧设备使用 4 年，其年均费用要比使用新设备高。

10.4.2 设备改造

设备改造是指应用现代技术成就和生产经验，改变现有设备的结构，给旧设备装上新装置、新附件，改善现有设备技术性能，使之适应生产需要。设备改造与更新，都是解决设备陈旧问题的一种经常性手段，但两者各有特点。设备改造对于解决设备陈旧问题来说，具有以下优点。

（1）设备改造与更新相比，针对性强，对生产适应性好。

（2）在多数情况下，改造旧设备可以比更新设备投资少、时间短、人工省、收效快，具有更好的经济效益。

设备改造的经济合理性，要与消除设备磨损的其他方式，如大修理、更新等，对比进行研究。设备改造与更新相比，在经济上是否合算，在实际分析中可以用差额投资回收期法来判断购置新设备多出的投资是否值得。

在一般情况下，设备大修理、技术改造（或现代化改装）与购置新设备的关系为

$$K_r<K_m<K_n$$

$$C_r<C_m<C_n$$

$$Q_r<Q_m<Q_n$$

式中，K_r、K_m、K_n 为设备大修理、技术改造和购置新设备所需投资；C_r、C_m、C_n 为设备大修理、技术改造和购置新设备后的年总生产成本；Q_r、Q_m、Q_n 为设备大修理、技术改造和购置新设备后的年总生产量。

因此，在考虑设备技术改造方案时，可能会出现以下一些情况。

（1）当 $K_r/Q_r>K_m/Q_m$，且 $C_r/Q_r>C_m/Q_m$ 时，即单位产量所需要的大修理费比单位产量所需要的技术改造费要多，且大修理后单位产品成本比技术改造后的单位产品成本也要高，毫无疑问，大修理是不可取的，应该进行技术改造。

（2）当 $K_r/Q_r<K_m/Q_m$，且 $C_r/Q_r>C_m/Q_m$ 时，即单位产量所需要的大修理费比单位产量所需要的技术改造费要少，但是大修理后单位产品成本比技术改造后的单位产品成本要高，则可以用差额投资回收期法进行决策。

$$P_a=\left(\frac{K_m}{Q_m}-\frac{K_r}{Q_r}\right)\Big/\left(\frac{C_r}{Q_r}-\frac{C_m}{Q_m}\right)$$

结论：有基准投资回收期为 P_C，若 $P_a<P_C$，则选择技术改造；反之则选择大修理。

（3）当 $K_m/Q_m>K_n/Q_n$，且 $C_m/Q_m>C_n/Q_n$ 时，即单位产量所需要的技术改造费比

单位产量所需要的新设备购置费要多，且技术改造后单位产品成本比使用新设备后的单位产品成本也要高，毫无疑问，技术改造是不可取的，应该更新设备。

（4）当 $K_m/Q_m < K_n/Q_n$，且 $C_m/Q_m < C_n/Q_n$ 时，即单位产量所需要的技术改造费比单位产量所需要的新设备购置费要少，但是技术改造后单位产品成本比使用新设备后的单位产品成本要高，同样用差额投资回收期法进行决策。

$$P_a = \left(\frac{K_n}{Q_n} - \frac{K_m}{Q_m}\right) \bigg/ \left(\frac{C_m}{Q_m} - \frac{C_n}{Q_n}\right)$$

结论：有基准投资回收期为 P_C，若 $P_a < P_C$，则选择更新；反之则选择技术改造。

10.5 设备维修计划制定

10.5.1 设备维修计划的内容与目的

对企业的全部机械设备与装置，在点检、定期检查、技术功能检查的基础上和在统计的设备磨损规律和设备故障规律的指导下，制定综合维修计划。在科学技术持续高速发展、人类文明程度不断提高、市场竞争日趋激烈的今天，仅恢复设备的原有性能是不够的，有些设备希望通过修理达到更高的性能，所以制定设备维修计划时，应充分考虑到这一因素。计算机辅助维修计划制定可参阅图 10-4。

10.5.2 计算机辅助维修计划管理

计算机辅助维修计划编制的运行过程与内容可参阅图 10-5。

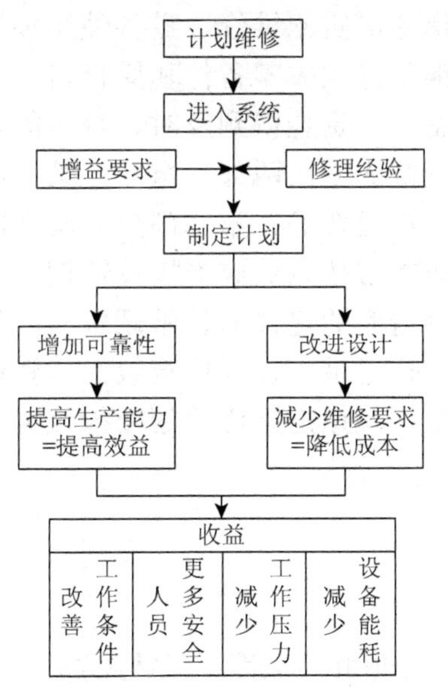

图 10-4　计算机辅助维修计划制定

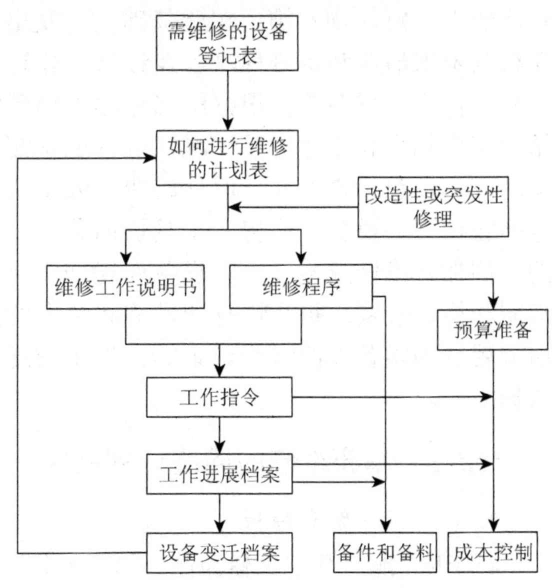

图 10-5　计算机辅助维修计划编制的运行过程与内容

图 10-5 中，各种机械设备的常规维修登记表存于计算机中相应的文档库中，准备维修某台设备时，可从对应库中调出相应的常规维修登记表，根据设备变迁档案资料，确定如何维修、内容、时间安排。

对各个单台设备，则要求详细的维修内容（具体修理哪些部位和表面，要否更换零、部件，具体要求是什么，如何进行品质控制，如何验收等）、修理进程时间安排（从拆卸设备开始，何时开始何部件、何零件的清洗、检测、修理或重新投料加工，何时完成修理或加工，何时组装部件，何时总装，何时试车，何时可交付使用等）、人力安排（涉及哪些工种，各工种需几天）、设备与工具安排（需要哪些设备和工具、检测仪器等）、需要哪些零部件或原材料、预计的修理费用等。有了维修计划可使本企业的全部机械设备与装置按预定的时间和要求进修维修；使各个单台设备按各自预定的计划实施维修；使突发性的故障也能按预定的修理程序实施排除或修理，这就使得企业的机械设备维修工作所涉及的人、财、物按计划得到合理、妥善的安排，并使全部维修工作有条不紊地进行。

设备维修计划的制定的基本立足点是通过维修使设备恢复或基本恢复“原有性能”，如属改造性维修，则需加进改造方案；若为突发性维修，则应加入突发性维修要求。在此基础上生成维修计划表。

维修计划表分为两部分。

第一部分为说明书，主要内容为设备经维修后应达到的各项技术要求，零备件清单，检测方法与仪器、量具、专用工具，维修注意事项等。

第二部分为维修程序，其内容主要为：根据设备维修过程要求，将整个维修过程划分为若干工序，然后根据工序间的先后次序与逻辑关系，进行合理的时间安排及相对应的人、财、物安排。在此基础上，发出工作指令，实施维修。零备件库和原材料库根据维修清单和维修程序以及维修工作进展，准备好相关零备件和原材料，及时供维修工作用。财务部门根据维修程序作出预算准备，使资金得到及时、合理的安排；结合工作指令和工作进展情况，进行成本测算。维修成本由两部分组成：第一部分为变动成本，包括零备件、原材料费、人工费、动力消耗费等；第二部分为固定成本，包括管理费、设备、厂房、工具折旧费等。固定成本可按企业成本核算惯例，按合理的比例加入维修成本之中。设备变迁档案包括：制造商的建议书、常规资料、故障检修图和检修装置；每次进行的常规和突发的维修工作记录，常规检查数据和资料，以前应用过的零备件的详细记录等。设备变迁档案是下次拟定维修计划或拟报废的重要依据之一。

10.5.3 车床维修的网络计划制定

1. 任务的分解和分析

将车床大修（仅以大修为例）的任务分解成若干个既相互联系、又彼此独立的工序，然后分析各工序间组织上和工艺上的相互关系，即确定每项工序的紧前工序和紧后工序，同时也要确定平行工序；进一步需要确定每项工序所需的时间；最后列出任务明细表。一般情况下，任务明细表中可不列出紧后工序。车床大修的任务明细表如表 10-10 所示。

表 10-10　车床大修的任务明细表

工序（作业）名称	工序代号	紧前工序	作业时间	工序（作业）名称	工序代号	紧前工序	作业时间
拆卸机床	A	—	2	修理三箱零件	G	E	6
清洗	B	A	1	加工三箱零件	H	E	10
磨床身	C	A	4	刀架、尾座部装	I	F	2
检修电器	D	A	5	三箱部装	J	H、G	6
检测	E	B	2	总装	K	I、J、C、D	4
刀架尾座刮研	F	E	5	试车	L	K	1

2. 作图

根据任务明细表，先画没有紧前工序的工序，再按工序的先后顺序。由左至右逐个画出，形成草图，然后根据作图规则，注意布局合理对草图进行调整，最后形成正式图。

车床大修任务的网络图参见图 10-6。

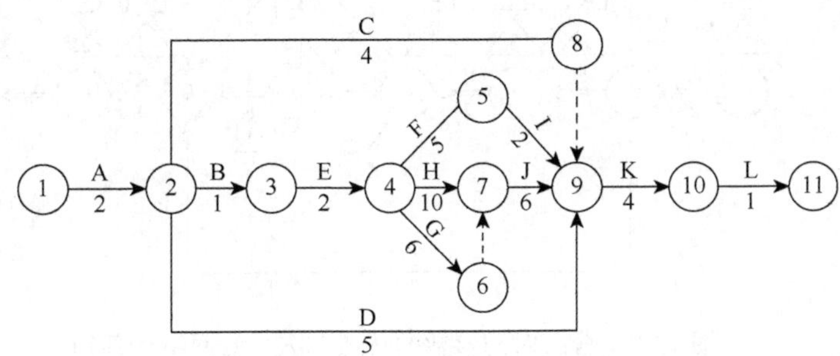

图 10-6　普通车床大修任务网络图

3. 网络图时间参数计算

通过时间参数计算，可确定关键路线和以此为据的整个任务的工期。网络网的时间参数有工序作业时间、事项时间、时差等。

工序作业时间可通过估计法、统计法或以工程标准为基础的计算法获得，这里不进行详细介绍。

事项的最早时间是指从某事项出发的各工序最早可能的开始时间。

事项最早时间的计算方法：从开始事项始，逐个事项进行计算。某事项的最早时间是紧前事项的最早时间与紧前工序作业时间之和。例如，该事项的紧前事项和紧前工序有多个，则其中最大的“和”即为该事项的最早时间。每个事项都需计算最早时间（其中开始事项的最早时间为零），依次计算直至结束事项。将计算所得最早时间填于事项圆圈上方的“口”框中。

事项最迟时间是指所有紧前工序要达到某一节点所允许的最迟完成时间。

事项最迟时间的计算方法：从结束事项始，向前逐个事项进行计算。某事项的最迟时间是紧后事项的最迟时间减去紧后工序的作业时间之差。若该事项的紧后事项和紧后工序有多个，则其中最小的“差”即为该事项的最迟时间。

事项的时差是指在不影响任务完工期的条件下，事项能延迟发生的时间，此时间亦可称作松弛时间。事项的时差计算方法为：事项的最迟时间减去该事项的最早时间。

某事项的时差表示其紧前工序具有多少机动时间可被利用。网络图优化的依据之一就是利用时差来调整、规划整个任务，以求得最佳的资源配置。

每个事项都可计算出最迟时间（其中结束事项的最迟时间即为该事项的最早时间），依次计算直至开始事项（开始事项的最迟时间根据计算规则将仍为零）。将计算所得的最迟时间填于事项最早时间矩形框下方的“△”框中。含有时间参数的车床大修网络计划图参见图 10-7。

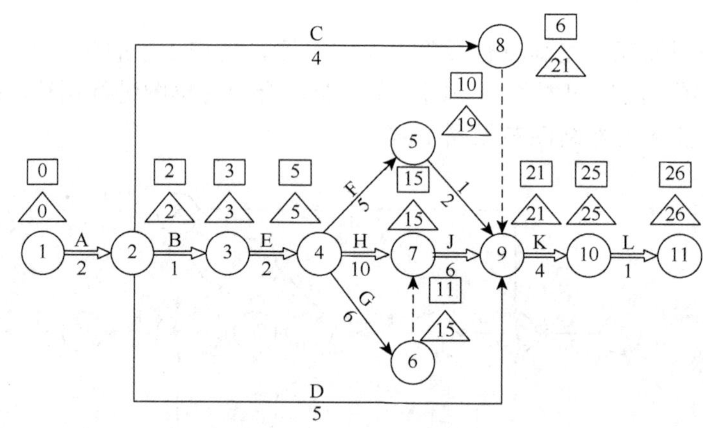

图 10-7 含有时间参数的普通车床大修网络计划图

4. 关键路线的确定

在某网络图中，所有路线各自的工序作业时间之和不一定相同，其中工序作业时间之和为最大值的路线即为关键路线，关键路线上的工序均为关键工序。需注意的是，同一网络图中可能同时存在几条关键路线，这在网络图优化过程中尤其要多加注意。

图 10-7 所示网络图中的①-②-③-④-⑦-⑨-⑩-⑪路线即为关键路线。关键路线上的工序作业时间之和即为该任务的完成周期，即该普通车床的大修周期为 26 天。

5. 网络计划的优化

网络计划的优化方法有时间优化、时间-成本优化和时间-资源优化。

1）时间优化

时间优化就是在人力、财力、物力等基本条件有保证的前提下，寻求任务的最短完工期。时间优化的主要途径有：采取技术措施，如改进工艺方案、采用高效率的设备等方法以缩短工期；采取组织措施，如改变关键工序的衔接关系，尽可能组织平行工艺；利用时差，如向非关键路线抽调部分人力、物力集中于关键工序，以缩短关键工序的时间，从而达到缩短整个工期的目的。例如，车床大修中的 H 工序（加工三箱件）需 10 天时间，而非关键路线上的 F 工序（修理三箱件）和 I 工序（刀架、尾座部装）路线段有 9 天的时差，则可抽调 F 和 I 工序的操作人员和设备参与三箱件的加工，同时三箱件应尽可能采用并行加工方式组织生产，这样就可使 H 工序的时间缩短（应注意：若 H 工序时间缩短，则 F 和 I 路线段的时差也会缩短），这样便可缩短整个大修工期。

2）时间-成本优化

时间-成本优化就是力求以最短的时间和因工期缩短而必须支出的那部分费用最少。工期要缩短，必须缩短关键工序的作业时间。时间的缩短一般将涉及费用的增加，因此，在关键路线上缩短哪一个工序或哪几个工序的作业时间是值得研究的。其核心的问题是分析各个工序的作业时间每缩短一天（前提为有可能缩短），各应多支出多少费用。每缩短一天应多支出的费用中最少的工序，便是优化对象工序。这样，在相同的工序缩短时间的诸方案中，必可找到一个多支出费用最少的方案，则此方案成为网络图的最佳方案。

在优化过程中，每缩短一天工期，就应判断有否新的关键路线出现。若无，则再优化一天，直至达到预期的工期目标；若有，则还要判别哪个工序缩短一天的优化方案的费用最少，取其费用最少者作为优化方案。必须注意若有两条或多条关键路线存在于同一网络图中，在关键路线的重复段，单独缩短某一关键工序的作业时间是没有任何积极意义的。

3）时间-资源优化

该问题有两类：一类是资源一定，在符合资源供应的前提下，使任务的完成获得最短工期；另一类是工期一定，怎样合理地利用各种资源，使资源消耗最少或不存在闲置资源。

时间-资源优化的要领是："向非关键工序要资源。"利用时差，对网络图进行调整。例如，避免资源应用峰值、可重复利用的资源降低其周转周期，可使资源的总量减少；避免资源闲置，可避免因资源闲置而引起的浪费。预先的筹划（网络计划及其优化）使生产过程饱满而井井有条，也可减少"救火队"般的管理人员，由此也可以节省某些不必要的费用。应该说，这是应用网络计划技术在更深意义。在优化过程中，每缩短一天工期，就应判断是否有新的关键路线出现。若无，则再优化一天，直至达到预期的工期目标；若有，则还要判别哪一缩短一天的优化方案的费用最少，取其费用最少者作为优化方案。必须注意：若有两条或多条关键路线存在于同一网络图中，在关键路线的重复段，单独缩短某一关键工序的作业时间是没有任何积极意义的。

➢思考题与习题

1. 英国的设备综合工程学的基本内容是什么？
2. 美国的后勤学的基本内容是什么？
3. 日本的全员生产维修 TPM 的基本内容和特点是什么？
4. 简述事后修理制、计划预防修理制、保养修理制的基本内容。
5. 试述设备综合管理的内容和任务。
6. 进行设备选择时考虑的因素有哪些？

7. 列举你所了解的设备经济评价方法？
8. 试述设备磨损的规律。
9. 试述三级保养的内容。
10. 设备修理的分类及特点。
11. 浅谈你对预防维修制度的理解。
12. 什么是设备的经济寿命和技术寿命？
13. 设备原型更新的经济分析方法有哪些？
14. 设备技术更新的经济分析方法有哪些？

➢拓展学习材料

10-1 案例分析

10-2 TPM 案例

第11章 劳动定额与劳动组织

本章提要：本章主要对劳动定额和劳动组织的相关理论知识进行阐述，并着重介绍劳动定额的概念及标准时间的计算、劳动组织的任务和内容、劳动分工与协作等内容。本章旨在使读者了解掌握劳动定额的制定过程，明确劳动分工的意义，使读者更全面熟悉生产与运作管理的理论知识。

11.1 劳动定额的概述

11.1.1 劳动定额的定义与形式

1. 劳动定额的概念

劳动定额是指在一定的生产技术组织条件下，采用科学合理的方法，对生产单位合格产品或完成一定工作任务的劳动消耗量预先规定的限额。

2. 劳动定额的形式

（1）时间定额，又称工时定额，即生产单位合格产品或完成一定工作任务的劳动时间消耗的限额。

（2）产量定额，即在单位时间内生产合格产品的数量或完成一定工作任务的限额。时间定额和产量定额在数量上呈倒数关系，可以相互换算。

（3）看管定额，是指操作者（一个或一组）在同一时间内照管机器设备的台数或工作岗位数的限额。它是劳动定额不能直接用工时或产量表现时而采用的一种特殊形式。看管定额有两种：一是规定一名操作者在一个工作轮班内所应看管机器设备的台数；二是按照大型设备、连续生产装置、流水线或联运机组的要求，所规定的设备看管岗位数及工人配备数。在实际工作中，看管定额专指第一种形式，即一人多机形式。

（4）服务定额，是指按一定的质量要求，对服务人员在制度时间内提供某种服务所规定的限额。

（5）工作定额，是指运用多种指标和方法，对各类人员完成管理、公务性劳动所规定的限额。在企业中从事各种专业管理或行政事务的人员，由于他们的工作受到多种因素的制约，在规定这些人员的劳动定额时，只能从实际出发，按具体的工作程序和工作内容，采用相对数或绝对数指标，规定出工作量限额，并提出质量考核标准。

11.1.2 劳动定额的种类

由于劳动定额涉及范围很广，可以从不同角度，按不同标准区分。上述劳动定额是按定额的表现形式区分的。

（1）按劳动定额使用期限和功能的不同可分为现行定额、计划定额、设计定额和不变定额。现行定额是在报告期内企业正在贯彻实施并进行考核的劳动定额。计划定额是在计划期内企业预先制定且可能达到的劳动定额。设计定额是满足企业新建、改建、扩建项目而制定的劳动定额。不变定额是将某一时期的现行定额固定下来，在一定时期内保持不变，作为衡量对比基础的劳动定额。

（2）按劳动定额编制的综合程度不同可分为单项定额和综合定额。单项定额又称为分项定额，是以一道工序（作业）为对象制定的定额。综合定额是以若干道工序（作业）为对象制定的总定额。

（3）按劳动定额反映的生产工艺特点的不同可以分为机械制造劳动定额、电子工业劳动定额、建筑安装劳动定额、铁路运输劳动定额、石油化工劳动定额等。

11.1.3 劳动定额的作用

劳动定额是企业管理的一项基础工作，劳动定额是合理组织劳动的重要依据，是促进劳动生产率提高的重要手段；是计划管理、经济合算、调控生产进度、控制成本的重要依据；是衡量职工贡献大小，贯彻各尽所能，按劳分配的重要依据。总之，劳动定额的作用很多，但它的主要作用有两条：一是组织生产，二是组织分配。劳动定额的作用主要表现在以下五个方面。

（1）劳动定额是生产流程再造和生产流程优化的基础，生产流程再造和生产流程优化的基点之一是工序平衡，工序平衡的基点是准确的劳动定额。

（2）劳动定额是制定生产计划的依据，生产计划是企业实现全面计划管理的基础。企业编制生产计划和确定各项指标，都要以各项定额为基础，在执行计划的过程中，控制工作要以各项定额为依据，检查和评价计划执行的情况是以定额作为标准的。

（3）劳动定额是合理安排劳动力，提高劳动生产率的重要手段。现代工业的生产过程比较复杂，分工也较细，要求有高度的连续性和比例性，要求在空间和时间上严格协调。有了劳动的定额，就可以准确地计算出每个工人生产的产品数量，合理地规定不同工种工人的数量和比例。当产品的交货期确定后，就可按劳动定额计算出各个生产环节的投入期、产出期、工作地及每道工序工人的数目，使生产协调地、均衡地进行。

先进合理的劳动定额是企业合理配备定员的重要依据。各类人员的配备和定员都出自各自的劳动定额。这既可以保证满足生产需要，又能避免人浮于事的窝工浪费的现象发生。

（4）劳动定额是企业实行经济核算和成本管理的重要基础。经济核算和成本管理必须运用劳动定额作为工具和手段，这是因为：

①经济核算和成本管理中的许多指标，如产量、成本和劳动生产率等的计算，都要直接或间接运用劳动定额。

②产品的成本是企业的重要指标，降低工时定额，意味着单位产品中的工资费用和管理费用的降低，也就是降低了成本。

③推行经济责任制，正确处理国家利益、集体利益和个人利益三者关系时，先进合理的劳动定额可以使三者关系得到正确处理，使经济责任制得以贯彻执行。

④劳动定额是企业衡量职工贡献大小的尺度。要贯彻按劳分配原则，就必须建立切实可行的衡量和考核工人劳动数量及质量的标准与尺度。这一标准和尺度就来自劳动定额。

⑤准确的劳动定额和相应的分配机制是充分发挥广大群众的积极性与主动性的法宝，劳动定额就是进行激励的客观标准。此外，为了完成和超额完成定额，将激励员工不断地进行技术革新。采用新材料、新工艺、新技术，学习先进的经验和操作方法，节约劳动消耗，不断地提高劳动生产率。

（5）劳动定额也是产能管理、外协报价、员工分配等的依据。

11.2 劳动定额的制定

11.2.1 工序结构分析

工序结构分析是把工序细分，分成若干细小要素。划分工序要素有两种情况：一是按机动系统划分，把工序细分为工步、走刀。工步就是在一道工序加工中，当使用的工具、工件加工表面和设备工作用量有一个发生变化，便形成一个新的工步；走刀就是从加工对象表面切削一层金属。二是按手动系统划分，把工序细分为操作、动作。操作是为实现一定目的而进行的独立完整的劳动活动；动作是构成操作的基本单元，是对手动操作的进一步分解。工序结构分析的目的，是在机动和手动要素标准化的基础上，制定要素标准时间，从而组合制定工序单件作业时间标准。

11.2.2 工序消耗分类

生产工人工作班制度工时消耗可分为定额时间和非定额时间两类，这两类又可分出若干小类。定额时间与非定额时间的分类及代号，见图 11-1。

（1）定额时间（T）是指生产工人在工作班内为完成生产任务，直接和间接的全部工时消耗。所谓直接工时消耗，是指与完成生产任务直接相关的工作消耗，主要指基本作业与辅助作业的工时消耗。间接工时消耗是指其他工时消耗，如准备与结束时间、作业宽放时间、个人需要与休息宽放时间。

（2）准备与结束时间（T_{zj}）是指为执行一项作业或加工一批产品，事前的准备和事后的结束工作，如熟悉图纸和工艺、设备调整、安装工装、刃磨刀具等所消耗的时间。

（3）作业时间（T_z）是指直接用于完成生产作业或零件加工所消耗的时间。按其作用可分为两个方面，一是基本时间（T_j），是直接用于改变劳动对象的形状、尺寸、性能、外表以及零件组合等消耗的时间，如机床自动走刀时间、挖煤机挖煤的时间等；二是辅助时间（T_f），是指为执行基本作业而执行的各种辅助操作而消耗的时间，如装卸工件、测量加工尺寸、操纵机器设备等。由于机械化程度不同，无论是基本作业或辅助作业又可以分为机动、手动、机手并动等几种形式，相应得到机动时间（T_{jd}）、手动时间（T_{sd}）、机手并动时间（T_{js}）。一般来说，基本时间多是机动时间，辅助时间多是手动时间；以手工为主的装配则手动时间即是机动时间。

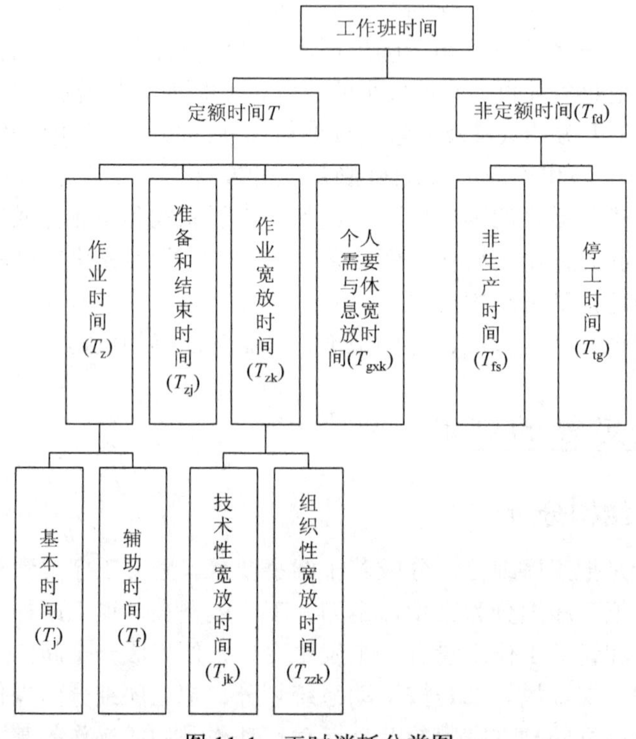

图 11-1 工时消耗分类图

（4）作业宽放时间（T_{zk}）是指完成生产作业和零件加工过程中，由于工作现场组织管理和工艺装备的技术需要所发生的间接工时消耗。作业宽放时间包括组织性宽放时间和技术性宽放时间两类。组织性宽放时间（T_{zzk}）是工作现场组织管理所发生的间接工时消耗，这类时间消耗更多的是和工作轮班相联系，如交接班、清扫整理工作地、不可避免的短期延误等。技术性宽放时间（T_{jk}）是由于工艺装备技术需要所发生的间接工时消耗，如设备润滑、调整、更换用钝的刀具、清除切屑、注冷却液等。

（5）个人需要与休息宽放时间（T_{gxk}）是工作班内满足个人生理需要，以及消除过分紧张和劳累所必需的短暂休息时间，如喝水、洗手等。

（6）非定额时间（T_{fd}）是生产工人在工作班内发生的无效劳动和损失时间。它包括非生产时间和停工时间两类。非生产时间（T_{fs}）是生产工人在工作班内，由于企业组织管理不善或自身的责任，做了非本职工作或不必要的工作所消耗的时间，如找图纸、物料、工具、管理人员或检验人员、承担部分由辅助人员完成的工作等。停工时间（T_{tg}）是工作班内由于组织管理或因操作者个人原因而损失的时间，如停电、停工待料、迟到、旷工等。

11.2.3 标准时间的计算

标准时间的计算分成两种形式，即多工序批量生产标准时间计算和单工序专业化生产标准时间计算。多工序批量生产指工作地或操作者常年承担多项作业的生产。这样工作地或操作者定期或不定期按一定加工批量轮番进行多项工序的加工，每更换一次工序，就会发生准备和结束时间的消耗。单工序专业化生产是工作地或操作者常年固定执行一项作业的生产，如轧钢作业、熔炼作业、采煤作业、流水线装配作业等。这类作业无须考虑准备结束时间，并且在生产现场普遍采用班产定额或小时产量定额。

1. 多工序批量生产标准时间计算

多工序批量生产标准时间的计算公式是

$$工序单件时间定额(T_{dh})=单件时间(T_d)+准备和结束时间(T_{zj})/批量(N_p)$$

式中：

单件时间(T_d) = 作业时间(T_z) + 作业宽放时间(T_{zk}) + 个人需要与休息宽放时间(T_{gxk})

作业时间(T_z) = 基本时间(T_j) + 辅助时间(T_f)

作业宽放时间(T_{zk}) = (作业时间(T_z) × 组织性宽放时间与作业时间百分比(K_{zz})) + (基本时间(T_j) × 技术性宽放时间与基本时间百分比(K_{jk}))

或

作业宽放时间(T_{zk}) = 作业时间(T_z) × 作业宽放时间与作业时间百分比(K_{zk})

个人需要与休息宽放时间(T_{gxk}) = 作业时间(T_z) × 个人需要与休息宽放时间与作业时间百分比(K_{gxk})

2. 单工序专业化生产标准时间计算

单工序专业化生产多见于大批大量生产类型，工作地或操作者固定执行一道工序（或少数几道工序），如轧钢作业、采煤作业、流水线装配作业等。这类作业无须考虑准备和结束时间。单工序专业化生产的定额多采用产量定额。计算公式如下。

1）工作班作业时间（T_{gz}）

$$T_{gz}=T_b-(T_{zk}+T_{gxk})$$

式中，T_b 为工作班制度时间。

2）工作班产量定额

$$Q_b=T_{gz}/T_{dz}$$

式中，T_{gz} 为工作班作业时间，T_{dz} 为工序单件作业时间。

11.2.4　劳动定额制定的方法

制定劳动定额，要做到全、快、准的要求。所谓全，指工作范围，即凡需要和可能制定定额的工作都必须有定额。所谓快，是指时间要快，方法要简便，及时满足生产需要。所谓准，是指质量上准确、先进合理。其中准是关键。

制定劳动定额的方法有：经验估计法、比较类推法、统计分析法、技术定额法、现场观测法等。

1. 经验估计法

所谓经验估计法，是由定额人员、技术人员和工人相结合，以会议的形式进行确定的劳动定额。具体做法：根据产品图纸和工艺规程要求，并考虑生产现场使用的设备、工艺装备、原材料及其他生产技术组织条件，根据与会者的经验，对完成合格产品的加工所需劳动消耗量直接进行估算的方法。此法的优点是，简便易行，工作量小，能满足制定劳动定额工作的快和全的要求。缺点是比较粗糙，受与会人员实践经验与工作水平及责任心的限制，定额的准确性差。这种方法适用于多品种小批量生产，及新品种的试制。

为了提高估计法的质量，可采取如下几个措施。

（1）提高估工人员的素质，尽量选择为人正直、工作认真负责、技术水平高、具有一定业务和知识水平的、并对生产与管理具有丰富经验的人员负责定额估计工作。

（2）将工序细分，先对细分工序进行估计，再汇总为整个工序的时间定额。

（3）建立选择典型件、典型工序的估计登记整理制度。

为提高估计定额的质量，可采取概率法进行估计，如采取三点估计法。

2. 比较类推法

所谓比较类推法，是根据同类型产品的典型零件、典型工序的定额或定额标准，进行分析比较后，推算出另一种零件、工序的工时定额的方法。

此法的具体步骤如下。

（1）确定具有代表性的典型零件或工序，根据其尺寸、精度、重量、复杂程度等来确定其影响工时消耗的因素。

（2）用经验估计法或统计分析或技术定额法，确定典型零件或工序的定额或定额标准。

（3）比较类推，制定同类型零件或工序的工时定额。

（4）对于较大型的相似零件，可根据工步甚至走刀进行类推。例如，根据相似零件间的直径比例和（或）长度比例类推待定零件的工时定额。

此法简便易行，便于保持定额水平的平衡协调。其缺点是工作量较大，尤其是在典型件选取不当，或对工时影响的因素考虑不周时，会影响定额的准确性。

该方法适用于产品品种多、批量小，变化大的单件小批量生产类型的企业或新产品的试制。随着产品的通用化、系列化和标准化程度的提高，其适用范围也将不断扩大。

3. 统计分析法

所谓统计分析法是根据过去生产的同类型产品或零件、工序的实耗工时或实际产量的原始记录和统计资料，经过分析和整理，并考虑到今后企业生产技术组织条件的变化而制定定额的方法。

具体做法为，首先以统计资料为依据，求出实际的平均数，然后在计算平均数的基础上求出平均先进数，最后再结合可能发生的变化来确定新定额。

此法的优点是简单易行，工作量小。由于其是以大量的统计资料为依据，因此具有相当的说服力。该方法比经验估计法更能反映实际情况，能满足制定定额快和全的要求。其缺点是，由于以过去的统计资料为依据，反映当前实际情况不够，如资料中可能包含不符合当前情况的因素，在科学合理性上、准确度上比较差。另外，本企业的统计平均水平并不能反映行业的先进水平；行业的统计平均水平并不能反映世界的先进水平，这一点须加以考虑。

该法适用于生产条件比较正常，产品比较固定的大量或成批生产的企业。

4. 技术定额法

所谓技术定额法，是通过对生产、技术和劳动组织条件的分析，在挖掘生产潜力和操作方法合理化的基础上，对组成定额的各部分时间，采取计算分析或现场测定来制定定额的方法。

技术定额法的具体步骤如下。

（1）分解工序，把被制定定额的工序进一步分解为工步、操作过程、动作、动素等。

（2）分析工序结构和操作方法的合理性，采取取消、合并、简化等手段，达到操作的合理化。

（3）分析设备、工具状况，设备工具和物料是否得到充分发挥和利用，设备的技术参数是否合理，是否尽量采用新工艺、新技术以达到工艺技术的先进性。

（4）分析生产组织和劳动组织状况，了解劳动分工和协作是否合理。操作者和工作物的技术等级是否适应，工作地的布置及服务供应状况是否合乎要求，工作环境及劳动条件是否可加以改进。

（5）分析和研究企业内外先进的操作经验及在本企业推行的可能性。

（6）实地观测和分析计算。通过以上分析，结合现场工作日写实和测时等方法，制定合理的工序结构和操作规程，确定合理的工艺参数、合理的劳动组织和工作地组织。经过进一步的分析和计算，确定工序各组成部分的时间定额。

这种方法的优点是，有充分的科学依据，有较高的定额质量。缺点是，工作量较大，对定额人员不仅要有丰富的专业实践经验，而且应具备一定的文化和技术水平。

技术定额法适用于产品品种少、大量生产类型的企业。它常被用于流水线工序的制定。

5. 现场观测法

为了制定先进合理的劳动定额，降低工时消耗和劳动生产率，需对工时消耗进行分析研究。现场观测就是分析研究工时消耗的科学方法，这种方法采用工作日写实、瞬间观测和测时三种方式。

1）工作日写实

工作日写实是对一个轮班内的工时利用情况，按照时间消耗的顺序，进行实地观察、记录和分析的一种方法。

工作日写实的作用如下。

（1）了解工人在工作班内工时实际利用情况，找出工时损失原因，以便在组织上、技术上拟定工时浪费的具体措施。

（2）工作日写实的资料经过整理分析研究后，可为制定工作日照管时间、休息时间、准备和结束时间提供经验。

（3）研究先进工人的工时利用方法，总结推广先进经验，帮助广大工人改善工时利用情况，进一步提高工时利用率和劳动生产率。

工作日写实的种类如下。

（1）个人工作日写实。这是对一个工人在一个工作地所消耗的全部工时进行观察和记录，如表 11-1 和表 11-2 所示。这是工作日写实的基本方法。

表 11-1 个人工作日写实记录表 1

观测日期		×××年×月×日		工人姓名	×××
观测开始时间		8：00		工号	742
观测结束时间		17：00		工种	车工
共计观测时间		8 小时		等级	五级
观测人姓名		×××		工龄	18 年
设备		工作		工作地组织	
机床种类	螺丝车床	零件编号	248—62	材料工具供应情况	不够及时
财产编号	1252	工序名称	车外圆	刀具研磨	工人自己
型号	G630A	工作等级	五级	机床维护	工人自己
主要尺寸	300×1500	夹具	万能夹具	机床修理	修理工
一般情况	良好	刀具	高速钢	工作指示	不经常

表 11-2 个人工作日写实记录表 2

编号	项目	起止时间	延续时间（分）	与第几号时间并行	产量	时间代号
	开始工作	8：00				
1	看工作图	8：07	7.0			11
2	布置工具	8：08.3	1.3			41
3	去取车刀	8：13.6	5.3			71
4	磨车刀	8：19.7	6.1			52
5	安装零件	8：20.8	1.1			31
6	操纵机床	8：21.5	0.7			32
7	第一次机动车削	8：33.9	12.4			21
⋮	⋮	⋮	⋮	⋮	⋮	⋮
116	第三次机动车削	16：38.7	9.2			21
117	机床清洁工作	16：42.5	3.8			42
118	机床加油	16：44.8	2.3			43
119	交出完工零件	16：48.2	3.4			17
120	交还工作图	16：51.3	3.1			14
121	收拾工具	16:52.5	1.2			41
122	洗手	16:55.2	2.7			61
123	停止工作	17:00	4.8			61

（2）成组工作日写实。这是对一个工作组中的工人所消耗的全部工时进行观察和记录。它分为同工种和异工种两类。同工种工作日写实，是按一定的时间间隔，观察和记录同工种工人的活动，以便取得同工种工人的工时消耗资料进行比较。异工种工作日写实，是对不同工种的工人的工时消耗进行观察和记录，取得不同工种的工人工时消耗资料。这种写实主要是为了改善劳动组织，确定班组定员和分工协作。

（3）自我工作日写实。这是指工人在工作过程中，对自己消耗工时如实地记录，这是通过工人自身对工时损失和原因的分析研究，消除工时浪费的一种重要方法。

2）瞬间观测法

瞬间观测法通过对现场的操作者或机器设备进行随机的瞬间观察，调查各种作业事项发生次数和发生率进行工时研究的一种方法。

瞬间观察法的理论依据是，随机抽样的样本和总体的分布状态是相同的。只要随机取样的数量足够多，样本分析所反映的情况就趋近于总体实际情况。

相对于工作日写实来说，瞬间观测法是一种非连续的观测法，因此具有省时省力、调查结果可靠的优点。

瞬间观测法的目的如下。

（1）调查工时利用和设备开动情况，拟定克服工时损失和设备停机的措施。

（2）评价操作者在工作班内各类操作比例的适当性，以确定合理的作业负荷。

（3）调查和制定时间定额中各类工时消耗的比率。

（4）调查和制定零件加工的作业时间或产量定额。

3）测时法

测时以工序为对象，按操作者顺序实现观察和测量工时消耗的一种方法。

测时与写实不同，写实是观察记录工作日的工时消耗，分析和研究整个工作日的工时利用情况；测时则着重测量工序中的作业时间，分析和研究工序中各组成部分的时间消耗情况。

（1）测时的目的。

①分析研究先进生产工人的操作方法，总结和推广先进生产工人的操作经验，帮助广大工人达到甚至突破定额。

②设计合理的操作程序，制定合理的工序结构。

③为制定工序时间定额或定额标准提供资料。

④设计和调整流水线，消除工序间的时差，组织均衡生产。

（2）测时的方法。

①连续测时法。即对一道工序的各个操作进行顺序连续测定，记录每一个操作的时间消耗。

②选择测时法。即对某一道工序的某项操作进行观测，记录某项操作的时间消耗。该法是在生产现场用计时器对加工过程进行时间测定，再加上适当的辅助时间及合理的生产准备和结束时间，用以确定工时定额。该法具有一定的可靠性，尤其是自动化程度较高和很高的加工设备及工艺过程，具有明显的针对性与可靠性。以手工操作为主的操作过程也具有相当的参考价值。

11.3 劳动组织的概述

11.3.1 劳动组织的定义

劳动组织是指在企业劳动过程中，按照生产的过程或工艺流程科学地组织劳动者的分工与协作，使之成为协调的统一整体，合理地进行劳动；劳动者之间这种协作包括时间与空间的协作、劳动力的合理搭配、设备与工具的合理使用等。正确处理劳动者之间以及劳动者与劳动工具、劳动对象之间的关系，不断调整和改善劳动组织的形式，创造良好的劳动条件与环境，以发挥劳动者的技能与积极性，充分应用新的科学技术成就和先进经验，不断提高生产率。

合理地组织劳动，是保证企业正常生产的条件。社会化大生产要求既要有科学的劳动分工，又要有严密的协作。为保证生产顺利进行，必须把劳动者合理地组织起来，正确地处理他们之间的关系，以及他们与劳动工具、劳动对象之间的关系。

合理地组织劳动，对促进生产力的发展有重要作用。通过劳动组织工作，对生产进行合理的分工和装配工人，以及严密的协作，才能充分发挥每个劳动者的能力，组成一个具有强大合力的集体，完成个人和少数人难以完成的工作。合理的分工与协作，不仅能促进生产力水平的提高，而且也能调整生产关系使之适应生产力的发展。它对于提高劳动生产率，加快企业发展有很大的作用。

11.3.2 劳动组织的任务与内容

1. 劳动组织的主要任务

（1）根据合理分工与协作原则，正确配备劳动力，充分发挥每个劳动者的积极性和创造性。

（2）根据生产发展的需要，不断改进和完善劳动组织形式，从空间上和时间上合理组织和安排人们的生产劳动，正确处理劳动者之间的关系，使人员与设备都具有合理的负荷率。

（3）合理配置资源，在确保完成企业制定的总目标的前提下，使投入的资源尽可能少。

（4）做好工作地组织和劳动保护工作，创造良好的工作环境和安全卫生条件，保证劳动者的身心健康和促进劳动生产率的提高。

2. 劳动组织的主要内容

（1）根据合理的分工与协作，精简、统一、效能和节约的原则，设置企业、车间、工段、生产班组等组织机构。

（2）制定计量与考核班组与个人劳动量的劳动定额；部门和岗位合理定员，做到用人有标准，节约使用和配备劳动力。

（3）组织与实施企业各类人员合理的结构和比例。例如，直接生产人员（在生产第一线直接进行操作和直接为生产服务的人员，如生产工人、运输工人等）与非直接生产人员（从事非生产性活动的管理人员、服务人员等），基本生产工人（从事制造企业主要产品的工人，如钢铁厂的炼钢工、棉纺厂的细纱工、织布工等）与辅助生产工人（在企业中帮助基本生产工人完成辅助工作和附属工作的工人，如修理工、运输工等）之间的比例。

（4）本着有利于发展生产、提高劳动（工作）效率、增进职工身体健康的原则，合理安排工作时间，组织轮班。

（5）合理组织工作地，使劳动者、劳动工具和劳动对象三者达到最优结合。合理装备和布置工作地，保持良好的环境和秩序，并组织好供应和服务工作。

（6）选择合理的操作方法，消除无效劳动，组织多设备管理，培养职工一专多能，实行兼职作业，以提高劳动（工作）效率。

（7）制定职工在组织生产、技术和工作时间方面应遵守的准则，加强劳动纪律的教育与管理，赏罚严明，以保证集体劳动有秩序地进行。此外，为了发挥劳动组织的作用，调动职工的劳动积极性和主动性，还要开展各种形式的社会主义劳动竞赛。

不断改善企业劳动组织，对保证正常生产，发挥企业活力，充分利用人力、时间、设备，节约材料、燃料、动力，提高工效，改善企业素质和提高经济效益，具有重要的作用。

11.4　劳动组织的实施

11.4.1　劳动分工与协作

1. 劳动分工的意义和方式

劳动分工是人们共同劳动的客观要求，是对劳动范围的划分。劳动分工有利于劳动者较快地掌握业务和技术，提高劳动熟练程度从而提高劳动效率；有利于职工的培训；生产过程由许多劳动者同时进行，从而有利于缩短生产周期。由于劳动分工带来生产效率的提高，所以产品成本中工资及其他有关费用必然会降低。所有这些，都会对企业生产的发展和经济效益的提高起到积极的作用。

劳动分工必须做到合理，否则也会带来不利影响。如劳动分工过细，致使劳动内容单调、乏味。从而影响劳动者的生产情绪，也会影响劳动者的全面发展，同时，也给劳动调配带来了困难，造成劳动力的负荷不均。因此，企业劳动分工应有一个经济的、合理的界限。

劳动分工一般按以下三个方式进行。

1）按技术的性质和内容分工

一般从四个方面进行。

（1）按工艺阶段分工。把整个工艺过程按使用的机器设备、工具、专门知识和技能等，划分为不同的工艺阶段，并进一步把各个工艺阶段的不同内容划分为不同的工种。例如，机械制造生产过程，可分为毛坯制造、机械加工和成品装配三个工艺阶段，在机械加工工艺阶段，又可分为车削、铣削、刨削、磨削等不同工种。

（2）按准备阶段工作和执行阶段工作分工。按预定的生产目标，使劳动工具与劳动对象直接结合的工作就是执行工作。例如，在机床上加工零件就是执行阶段的工作。加工前对劳动对象进行程序性、技术性处理的工作就是准备阶段的工作。例如，加工前的工艺规程设计、原材料准备、工装设计与制造、调整机床等都是准备阶段的工作。

（3）按基本工作和辅助工作分工。基本工作是指直接对劳动对象进行加工的工作。辅助工作是指为基本工作服务的工作。辅助工作既包括执行工作前的准备工作，如工艺规程设计、原材料准备等工作；也包括执行中的相关工作，如工件运输、检验、清洗、存储等；还包括执行工作结束后的工作，如产品质量检查、包装、发送等。

（4）按技术等级高低分工。同样性质的工作，按其复杂程度、精确程度和责任的大小等可以分为不同等级。将其分配给技术熟练程度不同的工人去做。

2）按工作量大小和工作范围进行分工

技术工作范围可大可小，分工可粗可细。分工细有利于配备不同种类和等级的人员，发挥其技术专长，提高劳动生产率和产品质量。分工粗，让几种不同工作由一个工人担负，既有利于合理地使用劳动力，充分利用工作时间，又有利于培养工人掌握多种技术，实现一专多能。

3）按一人承担一项工作进行分工

以消除工作无人负责的现象。

2. 劳动协作及其组织形式

劳动分工与协作是直接相联系的。分工是协作的前提，协作是分工的必然要求。

企业中的劳动协作有空间协作和时间协作两个方面。在空间上的劳动协作，其形式有本企业与协作企业之间、车间之间、车间内部、生产小组之间、工作地之间及工作组内部的协作；在时间上的劳动协作主要是指已分解的各工作单元在时间上的衔接和工作轮班的协作。常见的劳动协作组织形式如下。

1）工作组的组织

工作组亦称作业组，是企业劳动组织的一种形式。它是在劳动分工的基础上，把为完成某项工作而相互协作的有关工人组织在一起的劳动集体。在工作组内，每个工人都有明确的分工和职责，并由组长负责领导全组进行工作，保证全组工作的相互协调。通过组织与工作内容和工作量均相关的工作组，可以更好地组织工人的劳动协作，合理使用人力、协调生产、提高劳动生产率。

组织工作组的条件如下。

（1）在生产工作不能直接分配给每个工人去单独进行，而必须由几个工人共同完成时，需要组织工作组，如新产品开发小组、产品装配组、设备维修组等。

（2）看管联动机和其他大型、复杂的机器设备，需要组织工作组，如大型铸件组、锻压组、大立车组等。

（3）工作任务虽能分配给个人，但需要加强领导和互相帮助者。如纺织厂的细纱作业组、机械加工车间的车工组、铣工组等。

（4）工人的工作成果彼此有着密切联系，需要加强协作和配合，以保证有节奏地进行生产，如流水线上的工作组。

（5）为了便于调动和分配没有固定工作地，或没有固定的工作任务的工人而组织的工作组，如厂内运输组、后勤组等。

（6）为了使生产前的准备工作、辅助生产工作和基本生产工作紧密联系起来。可组织综合性的工作组，如把修理工、操作工和运输工组成一个工作组。

2）工作轮班的组织

在工作日内组织不同班次的劳动协作形式，是劳动分工和协作在时间上的联系。在一个企业内部，可能有些车间、部门实行单班制，有的车间、部门实行多班制。实现什么样的工作班制度，要根据企业生产的工艺特点、生产任务、人员情况、经济效果和其他有关的生产条件而定。一般说来，冶金、化工、纺织、发电等工业企业都实行多班制，机器制造企业有的实行单班制，也有的实行多班制。

（1）合理规定轮班和轮休。所谓轮班，是指工人定期调换班次劳动。

两班制一般采用每隔一周轮班一次的方式。两班制即一天分两班，三班制即一天分为三班。显然各班的工作条件是不同的：中班、夜班，尤其是夜班对工人的健康有较大的影响，因此必须进行定期倒班。倒班的方式有正倒班和反倒班两种。正倒班是甲、乙、丙三班工人按早班、中班、夜班顺序倒班，如表 11-3 所示。

表 11-3　按早班、中班、夜班顺序倒班

班次	第一周	第二周	第三周	第四周
早	甲	丙	乙	甲
中	乙	甲	丙	乙
夜	丙	乙	甲	丙

反倒班是甲、乙、丙三班工人按夜班、中班、早班反顺序倒班。如表 11-4 所示。

表 11-4　按夜班、中班、早班反顺序倒班

班次	第一周	第二周	第三周	第四周
早	甲	乙	丙	甲
中	乙	丙	甲	乙
夜	丙	甲	乙	丙

对于劳动强度大的工作，可以实行四班三运转或四六制。四班三运转是在三班制的基础上，增加一个班，共四个班参加倒班。每天三个班工作，一个班休息。如表 11-5 所示。四六制也是以三班制为基础，增加一个班。与四班三运转所不同的是，每班只工作 6 小时，而倒班同三班制。

表 11-5　四班三运转

工作日		1	2	3	4	5	6	7	8	9	10	11	12	13	14	15	16
在班的工作班组	早班	甲	甲	丁	丁	丙	丙	乙	乙	甲	甲	丁	丁	丙	丙	乙	乙
	中班	乙	乙	甲	甲	丁	丁	丙	丙	乙	乙	甲	甲	丁	丁	丙	丙
	夜班	丙	丙	乙	乙	甲	甲	丁	丁	丙	丙	乙	乙	甲	甲	丁	丁
休息的工作班组		丁	丁	丙	丙	乙	乙	甲	甲	丁	丁	丙	丙	乙	乙	甲	甲

（2）注意各班人员配备。为了保证生产的稳定增长，应注意各班人员的配备，无论在技术水平，还是在工人素质上，都应大致相同。

（3）加强组织管理。应做好班前准备工作，尤其是夜班的准备工作。

（4）建立严格的交接班制度。既要分清各班的责任，又要加强各班间的协作。

（5）注意工人的身心健康。尽可能避免设置连续性的三班制。如果必须设置连续性的三班制，则应合理组织工人进行轮休。

11.4.2 编制定员

编制定员，是企业根据既定的产品方向和生产规模，以确保完成任务为前提，按照节约用人、精简机构、提高工作效率为原则，制定的各类人员需要量的标准。其目的在于合理配备和使用各类人员，以尽量少的人力，创造尽可能多的产品和效益。

1. 编制定员的作用

（1）合理的编制定员是优化的流程的表征。

（2）它是编制劳动计划的依据。

（3）它是调配劳动力的依据。

（4）它是促进企业改进劳动组织的依据。

（5）它是建立岗位责任制和经济核算的基础。

2. 编制定员工作的要求

（1）编制定员工作力求先进合理。所谓先进合理，就是要体现精简、统一、高效和节约的原则。在利用先进合理的劳动定额的基础上确定定员。

（2）科学地规定各类人员之间的比例关系。要根据企业的生产类型、技术特点、经营管理的要求，以及产品在国民经济中的地位和发展方向等来确定。在大量生产类型的企业中，由于机械化程度高、管理手段先进，管理人员占的比例可以少些。从提高劳动生产率角度出发，希望直接生产人员比非直接生产人员占的比例大，基本生产工人比辅助工人所占的比例大。但是，随着科学技术的发展，生产机械化、自动化水平的提高，非直接生产人员和辅助工人的地位与作用将越来越重要，所占的比例也会逐渐提高。

3. 编制定员的范围

企业编制定员的范围，包括企业所有的员工。这些人员按照他们所在的岗位、工作性质、在生产过程中所起的作用，可以划分为管理人员、工程技术人员、工人、徒工、服务人员和其他人员等。其中工人可分为直接生产工人和非直接生产工人，又可分为基本生产工人和辅助生产工人。

4. 编制定员的方法

编制定员的方法主要有以下五种。

（1）按劳动效率定员。即按照生产任务（或工作量）和劳动效率来制定所需定员的人数。计算公式如下：

$$每班定员人数=\frac{每班应完成的生产任务量}{每人的劳动定额\times劳动效率\times出勤率}$$

生产任务一般以产量或工时为单位。每人的实际劳动量一般以劳动定额与定额完成率的乘积进行计算。

这种方法适用于有劳动定额的工种。

（2）按设备定员。即按设备的数量、工人看管定额、设备开动班次来编制定员人数。其计算公式如下：

$$某类设备定员人数=\frac{开工设备数\times每台设备开工班次}{工人看管设备定额\times出勤率}$$

这种方法适用于以机器设备操作为主的工种。工人看管设备定额取决于设备操作时的实际需要，常规为每班每人操作一台设备；较大型设备则数人操作一台设备；某些设备则要求一人看管多台。

（3）按比例定员。即按职工总数或某一类人员总数的比例来计算某些非直接生产人员和部分辅助生产人员，如保健人员、后勤人员等。各种工种之间的人员比例，也可采用这种方法。

（4）按岗位定员。就是按岗位数、各岗位工作量、劳动效率、设备开动班次和出勤率等计算。这种方法适用于看管大型联动设备或装置的工种。例如，铸造车间的熔化炉、锻压车间的锻压设备操作看管人员的定员。

（5）按业务分工定员。就是根据组织机构、职责范围的工作量等条件确定人员。主要适用于管理人员和工程技术人员的定员。运用这种方法时，要在精简机构、节约用人的前提下，按照企业规模、产品工艺技术特点、生产过程的复杂程度、管理人员的能力等因素，首先确定企业管理体制和机构，然后确定各科室的业务分工和职责范围，再根据每一部门的业务内容和工作量的大小来制定定员的编制。

以上各种定员的方法，对工业企业都是适用的。具体确定编制定员时，应考虑不同的工作性质，灵活选择运用，亦可把上述五种方法结合起来应用。

5. 职工需要量的编制

职工需要量，是根据每一计划期生产产品的品种、数量的变动，生产技术的进步，以及人员素质的提高，劳动组织的改善而制定的。基本生产工人需要量，其计算公式如下：

$$基本生产工人需要量=\frac{全年生产任务总工时}{基本生产工人年人均完成工时}$$

式中，

$$全年生产任务总工时=\frac{年总产量\times单位产品工时定额}{计划超额系数}+补偿废品消耗工时$$

$$基本生产工人年人均完成工时=人均出勤天数\times平均每天完成工时$$

有了基本工人需要量，便可利用各种定员方法，算出计划期内其他各类人员需要量，再编制劳动力平衡表和职工需要量计划表。

11.4.3 多机床管理

多机床管理是指一个工人或一组工人同时看管若干台设备进行生产的劳动组织形式。

多机床管理的基本原理：工人利用设备自动作业时间，从事其他设备上的手动工作及机手并动工作。组织多机床管理的前提条件：每台设备自动作业时间，必须大于或等于工人从事其他设备手动时间之和。手动时间应包括：手动时间、机手并动时间、工人由一台设备到另一台设备的走路时间、工人巡视设备机动工作所消耗的时间。显然，设备机动时间越长、手动时间越短，工人可看管的设备台数就越多。顺便说明，劳动量大、多机床管理可能发生事故的设备是不宜进行多机床管理的。

根据设备和加工零件的条件不同，多机床管理一般可分为以下四种类型。

（1）工人看管同一种设备，完成的工序也相同，各台设备的机动时间和手动时间彼此又相等。如图 11-2 所示。此时，工人看管设备数可用以下公式计算：

$$S \leqslant t_{机}/t_{手}+1$$

式中，S 为工人看管设备台数，$t_{机}$为设备的自动时间，$t_{手}$为工人的手动时间。

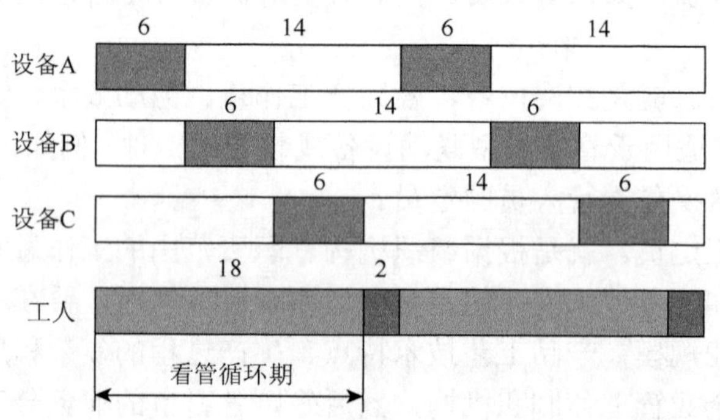

图 11-2 各台设备的机动时间和手动时间彼此相等

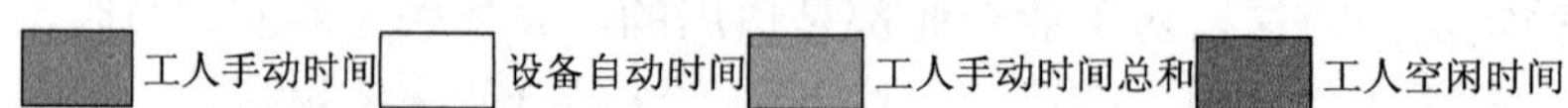

计算结果如为整数，设备不会发生停歇现象，工人在看管期内的工作时间也得到充分利用。如不是整数：若舍去小数，工人在看管期内有空闲时间；若将小数进位，则多看管一台设备，设备将出现停歇时间。

（2）工人看管同一种设备，但完成不同的作业，其工序时间不相等。但各台设备的机动时间与手动时间彼此不相等，如图 11-3 所示。

在这种情况下，工人看管设备数可用以下公式计算：

$$\sum_{i=1}^{S} t_{手i} \leqslant t_{序}$$

式中，$t_{手i}$为第 i 台设备手动时间，$t_{序}$为工序时间，S 为看管设备台数。

当手动时间之和等于工序时间时，设备在看管期内无停歇时间；当手动时间之和小于工序时间时，工人在看管期内有空闲时间。

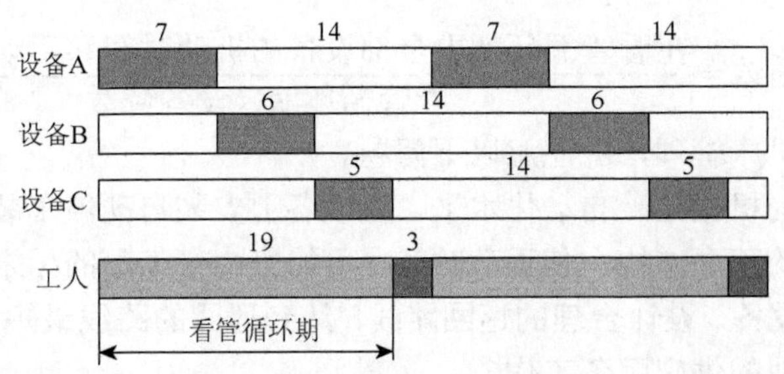

图 11-3 各台设备的机动时间相等而手动时间彼此不相等

（3）若工人看管的不是同一种设备，完成不同的作业，其工序时间虽不相等，但呈整倍数关系。当满足大工序手动时间小于或等于小工序机动时间的条件下，工人至少可看管 e+1 台设备。即

$$S \geqslant e+1$$

式中，$e=t_{序大}/t_{序小}$，$t_{序大}$为大工序的工序时间，$t_{序小}$为小工序的工序时间，S 为看管设备的台数。

究竟看管设备的台数为多少，常用图 11-4 来确定。

（4）工人看管不同设备，完成不同作业，每台设备所需要的工序时间既不相等，也不成倍数。这种情况下，工人能看管的设备台数，只能由图 11-5 来确定。

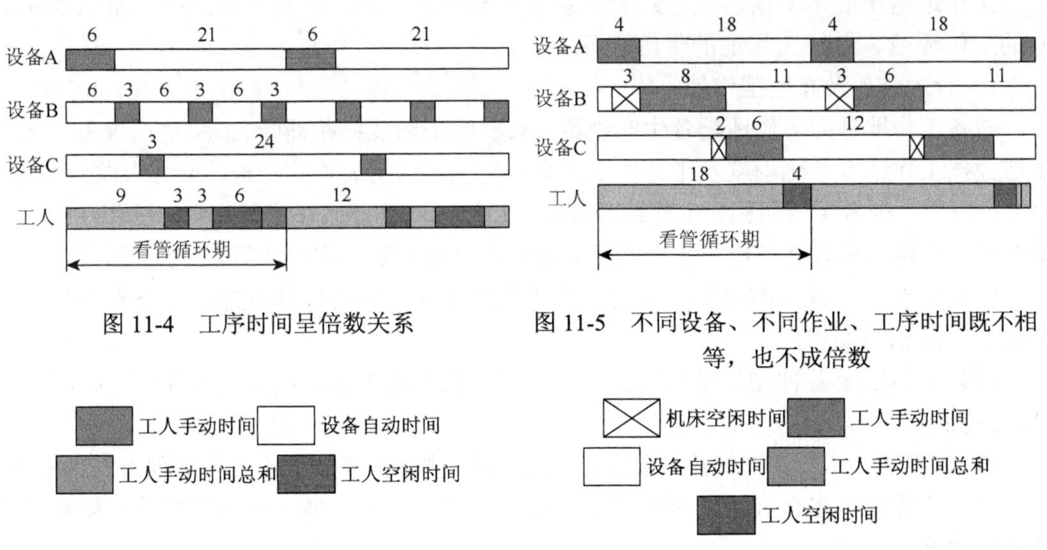

图 11-4 工序时间呈倍数关系

图 11-5 不同设备、不同作业、工序时间既不相等，也不成倍数

以上四种类型中，除第一种类型外，都可能出现工人空闲时间或设备停歇的情况。为了达到技术上可能、经济上合理、工人不过分紧张的要求，在确定工人看管设备台数的同时，还要计算工人负荷系数和设备负荷系数。

$$工人负荷系数=\frac{在看管循环期内工人在各台设备上手动时间之和}{看管循环期}$$

$$设备负荷系数=\frac{在看管循环期内全部设备的机动时间和手动时间之和}{看管循环期\times设备台数}$$

为顺利组织多机床管理，应注意以下问题。

（1）提高设备的机械化、自动化水平，在设备上安装自动停车装置。

（2）设计合理的工序结构，使手动时间尽可能集中在工序的始末。

（3）合理排列设备，设计合理的巡回路线，达到巡回的路线最短，时间最省的目的。

（4）做好工作地的供应服务工作。

11.4.4 工作地组织

工作地是工人进行生产活动的场所。工作地包括生产设备、辅助装置、起重运输设备以及安全装置和工人工作所必须占用的生产面积。

1. 合理组织工作的要求

工作地是企业最基层的生产环节，工作地组织工作，要在一个工作地上把劳动者、劳动工具和劳动对象这三者有机地、科学地组织起来。正确处理它们之间的关系，使人、机、物之间有合理的布局安排，以促使劳动生产率的提高。合理组织工作地的要求如下。

（1）应做到减轻工人的劳动强度，节省劳动时间。

（2）合理利用原材料、充分利用工作地的装备，节约生产面积等。

（3）有良好的工作环境和劳动条件，保证安全生产，避免事故出现。

2. 工作地组织的基本内容

工作地组织的基本内容包括：合理装备及布置工作地、保持工作地的正常秩序和良好的工作环境、做好工作地的供应服务工作。

1）合理装备及布置工作地

装备工作地是为工作地配备生产设备及必要的工艺装备和辅助装置。生产设备工艺装备应根据工作地专业化程度及工艺技术要求来配置。辅助装置的结构，应力求做到简便、轻巧、耐用，少占生产面积。工作地合理装备后还要对这些装备进行布置。工作地的布置就是对工作地上所有装备进行平面及空间布置。合理布置工作地应符合下列要求。

（1）主要生产设备的布置要符合生产工艺的要求，符合操作程序，符合安全生产和节约生产面积的要求。

（2）工作地上各种物品都应有适当的、固定的存放地点，便于工人操作，减轻工人体力消耗。

（3）工作台、工作椅的高度，要适合工人身体的特点，使工人在工作时保持省力姿势。

（4）工作地上多余和不必要的物品应及时清除，以免造成工作地的拥挤，影响工人的正常生产活动。

2）保持工作地的良好工作环境

良好的工作环境是指工作地保持清洁、有秩序和正常的劳动条件。良好的劳动条件是指在通风、照明、温度、湿度等方面符合国家工业卫生统一标准和规定，并在防尘、防震、防噪等方面采取相应措施，使之不超过国家规定卫生标准。良好的劳动条件对于保证工人的身心健康，以及保证操作质量和提高劳动生产率都起着重要作用。

3）做好工作地的供应和服务工作

工作地的供应和服务工作包括对原材料、半成品、图纸、技术文件和工具等的供应以及设备维修、工具刃磨等。

做好工作地的供应和服务工作，可以使基本工人的工作时间得到充分利用。同时亦使设备利用率提高。

做好工作地的供应和服务工作，应以生产作业计划为依据，加强生产前的准备工作。有关部门要协同配合，为生产第一线服务。

➢思考题与习题

1. 什么是劳动定额？劳动定额有哪些基本形式？劳动定额有哪些作用？
2. 工序结构是如何分析的？工时消耗如何分类？
3. 制定劳动定额有哪些要求和方法？
4. 简述劳动定额的几种制定方法。
5. 劳动定额与生产计划之间有何种关系？
6. 企业为什么要定期或不定期地修改劳动定额？
7. 进行劳动分工有哪些方式？
8. 工作地组织包括哪些内容？
9. 什么样的机床适于进行多机床管理？
10. 合理的倒班有哪些优点？弊端是什么？
11. 工作地组织的核心思想是什么？

➢拓展学习材料

11-1　案例分析

11-2　钣金产品工时定额标准

第 12 章

先进生产模式

本章提要：在传统生产技术逐步向现代高新技术发展、渗透、交汇和演变的过程中，特别是随着计算机信息技术、网络技术的迅速发展，产生了很多先进生产模式。本章介绍了几种先进生产模式：精益生产、敏捷制造、大规模定制、智能制造和运营管理新模式“互联网+”，并着重介绍了相关概念、研究内容、关键技术和实施方法等内容。本章旨在使读者了解掌握最新的先进生产模式，依据不同的运营环境，通过有效地组织各种生产要素，可以达到良好的管理效果。

12.1 精益生产

12.1.1 精益生产的概念

1985 年，美国麻省理工学院的 Daniel Roos 教授等筹资 500 万美元，用了近 5 年的时间对 90 多家汽车厂进行考察，于 1995 年出版了《改造世界的机器》（“The Machine that Changed the World”）一书，提出了精益生产（lean production）的概念，并对其管理思想的特点与内涵进行了详细的描述。该书对精益生产定义如下：“精益生产的原则是，团队作业，交流，有效利用资源并消除一切浪费，不断改进及改善。精益生产与大量生产相比只需要：1/2 劳动力，1/2 占地面积，1/2 投资，1/2 工程时间，1/2 新产品开发时间。”

精益生产，其中的 Lean，被译成“精益”是有其深刻含义的。“精”表示精良、精确、精美，“益”包含利益、效益等，它突出了这种生产方式的特点。精益生产就是及时制造，消灭故障，消除一切浪费，向零缺陷、零库存进军。

精益生产的目标：在适当的时间（或第一时间，the first time）使适当的东西到达适当的地点，同时使浪费最小化和适应变化。

精益生产是在流水生产方式的基础上发展起来的，通过系统结构、人员组织、运行方式和市场供求等方面的变革，使生产系统能很快适应用户需求的不断变化，实施以用户为导向、以人为中心、以精简为手段、采用小组工作方式和并行设计、实行准时制生产、提倡否定传统的逆向思维方式、充分利用信息技术等为内容的生产方式，最终达到包括产品开发、生产、日常管理、协作配套、供销等各方面最好的结果。

如果把精益生产体系看作一幢大厦，它的基础就是在计算机网络支持下的并行工作方式和小组化工作方式。在此基础上的三根支柱如下。

（1）全面质量管理，它是保证产品质量，达到零缺陷目标的主要措施。

（2）准时生产和零库存，它是缩短生产周期和降低生产成本的主要方法。

（3）成组技术，这是实现多品种、按顾客订单组织生产、扩大批量、降低成本的技术基础。

这幢大厦的屋顶就是精益生产体系，如图 12-1 所示。

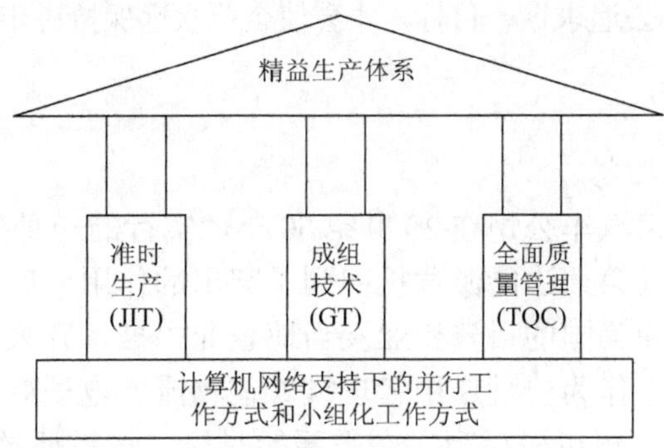

图 12-1　精益生产体系

12.1.2　精益生产的特征

精益生产的主要特征可以概括为如下几个方面。

（1）以用户为“上帝”。产品面向用户，与用户保持密切联系，将用户纳入产品开发过程，以多变的产品，尽可能短的交货期来满足用户的需求，真正体现用户是“上帝”的精神。不仅要向用户提供周到的服务，而且要洞悉用户的思想和要求，才能生产出适销对路的产品。产品的适销性、适宜的价格、优良的质量、快的交货速度、优质的服务是面向用户的基本内容。

（2）以“人”为中心。人是企业一切活动的主体，应以人为中心，大力推行独立自主的小组化工作方式。充分发挥一线职工的积极性和创造性，使他们积极为改进产品的质量献计献策，使一线工人真正成为“零缺陷”生产的主力军。为此，企业对职工进行爱厂如家的教育，并从制度上保证职工的利益与企业的利益挂钩。应下放部分权利，使人人有权利、有责任、有义务随时解决碰到的问题。还要满足人们学习新知识和实现自我价值的愿望，形成独特的、具有竞争意识的企业文化。

（3）以“精简”为手段。在组织机构方面实行精简化，去掉一切多余的环节和人员。实现纵向减少层次，横向打破部门壁垒，将层次细分工，管理模式转化为分布式平行网络的管理结构。在生产过程中，采用先进的柔性加工设备，减少非直接生产工人的数量，使每个工人都真正对产品实现增值。另外，采用准时生产和看板方式管理物流，大幅度减少了库存，甚至实现了零库存，也减少了库存管理人员、设备和场所。此外，精益不仅仅是指减少生产过程的复杂性，还包括在减少产品复杂性的同时，提供多样化的产品。

（4）小组工作和并行设计。精益生产强调以小组工作方式进行产品的并行设计。综合工作组是指由企业各部门专业人员组成的多功能设计组，对产品的开发和生产具有很强的指导与集成能力。综合工作组全面负责一个产品型号的开发和生产，包括产品设计、工艺设计、编制预算、材料购置、生产准备及投产等工作。并根据实际情况调整原有的设计和计划。综合工作组是企业集成各方面人才的一种组织形式。

（5）准时生产供货方式。准时生产工作方式可以保证最小的库存和最少在制品数。为了实现这种供货方式，应与供货商建立起良好的合作关系，相互信任，相互支持，利益共享。

（6）“零缺陷”工作目标。精益生产所追求的目标不是“尽可能好一些”，而是“零缺陷”。即最低的成本、最好的质量、无废品、零库存与产品的多样性。这样的境界只是一种理想境界，但应无止境地去追求这一目标，才会使企业永远保持进步，永远走在他人的前头。

12.1.3 准时生产

1. 准时生产的基本思想

准时生产是日本丰田汽车公司在20世纪60年代实行的一种生产方式。1973年以后，这种方式对丰田公司渡过第一次能源危机起到了突出的作用，后引起其他国家生产企业的重视，并逐渐在欧洲和美国的日资企业及当地企业中推行开来。近年来，准时生产不仅作为一种生产方式，也作为一种通用管理模式在物流、电子商务等领域得到推行。

准时生产方式基本思想可概括为“在需要的时候，按需要的量生产所需的产品”，也就是通过对生产的计划和控制以及对库存的管理，来实现一种无库存或库存达到最小的生产系统。

2. 准时生产的目标

准时生产方式将“获取最大利润”作为企业经营的最终目标，将“降低成本”作为基本目标。所谓浪费，是由不会带来任何附加价值的诸因素引起的，任何活动对于产出没有直接的效益便被视为浪费。这其中，最主要的由生产过剩（即库存）所引起的浪费。搬运的动作、机器准备、存货、不良品的重新加工等都被看作浪费。同时在准时生产的生产方式下，浪费的产生通常被认为是由不良的管理所造成的。例如，大量原物料的存在可能便是由供应商管理不良所造成的。

准时生产的目标是彻底消除无效劳动和浪费，具体要达到以下目标。

（1）废品量最低，准时生产要求消除各种引起不合理的原因，在加工过程中每一工序都要求达到最好水平。

（2）库存量最低，准时生产认为库存是生产系统设计不合理、生产过程不协调、生产操作不良的证明。

（3）减少零件搬运、降低搬运量、零件送进搬运是非增值操作，如果能使零件和装配件运送量减少、搬运次数减少，可以节约装配时间，减少装配中可能出现的问题。

（4）机器损坏率低。

（5）批量尽量小。

（6）准备时间最短，准备时间长短与批量选择相联系，如果准备时间趋于零，准备成本也趋于零，就有可能采用极小批量。

（7）生产提前期最短，短的生产提前期与小批量相结合的系统，应变能力强，柔性好。

3. 准时生产的基本手段

为了达到降低成本这一基本目标，准时生产方式的基本手段也可以概括为下述三个方面。

（1）适时适量生产。对于企业来说，各种产品的产量必须能够灵活地适应市场需要量的变化。否则由于生产过剩会引起人员、设备、库存费用等一系列的浪费。而避免这些浪费的手段，就是实施适时适量生产，只在市场需要的时候生产市场需要的产品。

（2）弹性配置作业人数。所谓少人化，指根据产量的变动，弹性地增减各生产线的作业人数，以及尽量用较少的人力完成较多的生产。实现少人化的具体方法是实施独特的设备布置，以便能够在需求减少时，将作业所减少的工时集中起来，以整顿削减人员。但这从作业人员的角度来看，意味着标准作业中的作业内容、范围、作业组合以及作业顺序等的一系列变更。因此为了适应这种变更，作业人员必须是具有多种技能的“多面手”。

（3）质量保证。在准时生产方式中，通过将质量管理贯穿于每一工序之中来实现提高质量与降低成本的一致性，具体方法是“自动化”。这里所讲的自动化是指融入生产组织中的这样两种机制：①使设备或生产线能够自动检测不良产品，一旦发现异常或不良产品可以自动停止设备运行的机制。为此在设备上开发、安装各种自动停止装置和加工状态检测装置。②生产第一线的设备操作工人发现产品或设备的问题时，有权自行停止生产的管理机制。依靠这样的机制，不良产品一旦出现马上就会被发现，防止了不良的重复出现或累积出现，从而避免了由此可能造成的大量浪费。而且，由于一旦发生异常，生产线或设备就立即停止运行，所以比较容易找到发生异常的原因，从而能够有针对性地采取措施，防止类似异常情况的再发生，杜绝类似不良产品的再产生。

4. 看板管理

看板是用来控制生产现场的生产排程工具。具体而言，是一张卡片，卡片的形式随不同的企业而有差别。看板上的信息通常包括：零件号码、产品名称、制造编号、容器形式、容器容量、看板编号、移送地点和零件外观等。在实际准时生产系统中，根据需要和用途的不同，使用的看板可以分类如下。

（1）在制品看板，包括工序内看板和信号看板。

（2）领取看板，包括工序间看板和对外订货看板。

（3）临时看板，包括补废用的废品看板、进行设备维修、需要加班生产时使用的看板等。

看板的功能包括如下几个方面。

（1）生产以及运送的工作指令。看板中记载着生产量、时间、方法、顺序以及运送量、运送时间、运送目的地、放置场所、搬运工具等信息，从装配工序逐次向前工序追溯，在装配线上将所使用的零部件上所带的看板取下，以此再去前工序领取。

（2）防止过量生产和过量运送。看板必须按照既定的运用规则来使用。其中一条规则是“没有看板不能生产，也不能运送”。根据这一规则，看板数量减少，则生产量也相应减少。由于看板所表示的只是必要量，因此通过看板的运用能够做到自动防止过量生产以及适量运送。

（3）进行“目视管理”的工具。看板的另一条运用规则是“看板必须在实物上存放”，“前工序按照看板取下的顺序进行生产”。根据这一规则，作业现场的管理人员对生产的优先顺序能够一目了然，易于管理。通过看板就可知道后工序的作业进展情况、库存情况等。

（4）改善的工具。在准时生产方式中，通过不断减少看板数量来减少在制品的中间储存。根据看板的运用规则之一“不能把不良品送往后工序”，后工序所需得不到满足，就会造成全线停工，由此可立即使问题暴露，从而必须立即采取改善措施来解决问题。这样通过改善活动不仅使问题得到了解决。也使生产线的“体质”不断增强，带来了生产率的提高。

12.1.4 精益生产的实施方法

（1）6S 与目视控制。“6S”是整理（seiri）、整顿（seiton）、清扫（seiso）、清洁（seikeetsu）和素养（shitsuke）、安全（safety）这 6 个词的缩写，起源于日本。6S 是创建和保持组织化、整洁、高效的工作场地的过程与方法，可以教育、启发和养成良好的“人性”习惯，目视管理可以在瞬间识别正常和异常状态，又能快速、正确地传递信息。

（2）准时生产。准时生产方式起源于日本丰田汽车公司，其基本思想是“在需要的时候，按需要的量生产所需的产品”。这种生产方式的核心是追求一种无库存的生产系统，或使库存达到最小的生产系统。

（3）看板管理。看板管理（Kanban）是个日语名词，表示一种挂在或贴在容器上或一批零件上的标签或卡片、流水线上各种颜色的信号灯、电视图象等。看板是可以作为交流厂内生产管理信息的手段。看板卡片包含相当多的信息并且可以反复使用。常用的看板有两种：生产看板和运送看板。

（4）零库存管理。工厂的库存管理是供应链的一环，也是最基本的一环。就制造业而言，加强库存管理，可缩短并逐步消除原材料、半成品、成品的滞留时间，减少无效作业和等待时间，防止缺货，提高客户对“质量、成本、交期”三大要素的满意度。

（5）全面生产维护。全面生产维护起源于日本，是以全员参与的方式，创建设计优良的设备系统，提高现有设备的利用率，实现安全性和高质量，防止故障发生，从而使企业达到降低成本和全面生产效率的提高。

（6）运用价值流图来识别浪费。生产过程中到处充斥着惊人的浪费现象，价值流图（value stream mapping）是实施精益系统、消除过程浪费的基础与关键点。

（7）生产线平衡设计。由于流水线布局不合理导致生产工人无谓地移动，从而降低生产效率；由于动作安排不合理、工艺路线不合理，导致工人三番五次地拿起或放下工件。

（8）拉动生产系统。所谓拉动生产是以看板管理为手段，采用“取料制”即后道工序根据“市场”需要进行生产，对本工序在制品短缺的量从前道工序取相同的在制品量，从而形成全过程的拉动控制系统，绝不多生产一件产品。

（9）缩短切换时间。切换时间：从完成上一个型号最后一件合格产品到生产出下一个型号第一件合格产品所花的时间。为了使停线等待浪费减为最少，缩短切换时间的过程就是逐步去除和减少所有的非增值作业，并将其转变为非停线时间完成的过程。精益生产是通过不断消除浪费、降低库存、缩短制造周期时间等具体要求来实现的，缩短切换时间是帮助我们达到这一目标的关键手法之一。

（10）单件流。准时生产是精益生产的终极目标，它通过不断消除浪费、降低库存、减少不良、缩短制造周期时间等具体要求来实现。单件流是帮助我们达到这一目标的关键手法之一。

（11）持续改善。持续改善（Kaizen）是个日语名词，当开始精确地确定价值，识别价值流，使为特定产品创造的价值的各个步骤连续流动起来，并让客户从企业拉动价值时，奇迹就开始出现了。

12.2 敏捷制造

12.2.1 敏捷制造概述

1. 敏捷制造的概念

敏捷制造是美国国防部为了指定 21 世纪制造业发展而支持的一项研究计划。该计划始于 1991 年，有 100 多家公司参加，由通用汽车、波音、IBM、德州仪器、AT&T、摩托罗拉等 15 家著名大公司和国防部 20 名代表组成了核心研究队伍。此项研究历时三年，于 1994 年年底提出了《21 世纪制造企业战略》。在这份报告中，提出了既能体现国防部与工业界各自的特殊利益，又能获取他们共同利益的一种新的生产方式，即敏捷制造。

从 1994 年开始，由美国敏捷制造企业协会牵头开展了“最佳敏捷实践参考基础”的研究，近百家公司和大学研究机构分别就敏捷制造的六个领域，即集成产品与过程开发/并行工程、人的问题、虚拟企业、信息与控制、过程与设备、法律障碍，进行了研究与实践相结合的深层次工作。随着研究的深入，美国一些大公司应用敏捷制造哲理取得了显著成效。日本和欧共体也开展了与敏捷制造有关的研究计划。目前，敏捷制造已在计算机制造、汽车与航空业等领域有了一定的实践基础，其理论体系也已初具雏形。

敏捷制造（agile manufacturing，AM）是指制造企业采用现代通信手段，通过快速配置各种资源，包括技术、管理和人，以有效和协调的方式响应用户需求，实现制造的敏捷性。敏捷制造的核心是保持企业具备高度的敏捷性。敏捷性意指企业在不断变化、不可预测的经营环境中善于应变的能力，它是企业在市场中生存和领先能力的综合表现。

敏捷制造是一种全新的制造概念，它包含了如下几个方面的含义。

（1）敏捷制造是一种组织模式和战略计划，是一种制造系统工程方法和现代制造模式。

（2）敏捷制造思想的出发点是基于对未来产品和市场发展的分析，认为未来产品市场总的发展趋势是多元化和个人化的，因此对制造技术的要求应尽可能做到产品成本及产品类型与产品数量无关。

（3）强调高素质的员工，即要造就一支高度灵活、训练有素、能力强且具有高度责任感的员工队伍，并充分发挥其作用。

（4）敏捷制造的实现需要多个相关企业的协同工作，最终目标是使企业能在无法预测、持续变化的市场环境中保持并不断提高其竞争能力。

（5）敏捷制造通过动态联盟或称虚拟企业来实现。

（6）实现敏捷制造的一种手段和工具是虚拟制造，虚拟制造指在计算机上完成该产品从概念设计到最终实现的整个过程。

2. 敏捷制造的三要素

敏捷制造是在具有创新精神的组织和管理结构、先进制造技术（以信息技术和柔性智能技术为主导）、有技术有知识的管理人员三大类资源支柱支撑下得以实施的，也就是将柔性生产技术、有技术有知识的劳动力与能够促进企业内部和企业之间合作的灵活管理集中在一起，通过所建立的共同基础结构，对迅速改变的市场需求和市场进度作出快速响应。敏捷制造主要包括三个要素：生产技术、管理技术和人力资源。

1）敏捷制造的生产技术

首先，具有高度柔性的生产设备是创建敏捷制造企业的必要条件（但不是充分条件）。所必需的生产技术在设备上的具体体现是：由可改变结构、可量测的模块化制造单元构成的可编程的柔性机床组；“智能”制造过程控制装置；用传感器、采样器、分析仪与智能诊断软件相配合，对制造过程进行闭环监视等。

其次，在产品开发和制造过程中，运用并行工程模式开发新产品，编制生产工艺规程，运用虚拟技术模拟产品的特性和状态、产品制造过程，从开始就考虑产品设计、制造到最终报废的整个产品生命周期，缩短新产品的开发周期。

最后，把企业中分散的各个部门集中在一起，靠的是严密的通用数据交换标准、坚固的“组件”（许多人能够同时使用同一文件的软件）、宽带通信信道（传递需要交换的大量信息）。把所有这些技术综合到现有的企业集成软件和硬件中，这标志着敏捷制造时代的开始。敏捷制造企业将普遍使用可靠的集成技术，进行可靠的、不中断系统运行的大规模软件的更换，这些都将成为正常现象。

2）敏捷制造的管理技术

首先，敏捷制造在管理上所提出的最创新思想之一是“虚拟公司”。敏捷制造认为，新产品投放市场的速度是当今最重要的竞争优势。推出新产品最快的办法是利用不同公司的资源，使分布在不同公司内的人力资源和物资资源能随意互换，然后把它们综合成单一的靠电子手段联系的经营实体—虚拟公司，以完成特定的任务。也就是说，虚拟公司就像专门完成特定计划的一家公司一样，只要市场机会存在，虚拟公司就存在；该计划完成了，市场机会消失了，虚拟公司就解体。能够经常形成虚拟公司的能力将成为企业一种强有力的竞争武器。

其次，敏捷制造企业应具有组织上的柔性。因为先进工业产品及服务的激烈竞争环境已经开始形成，越来越多的产品要投入瞬息万变的世界市场上去参与竞争。产品的设计、制造、分配、服务将用分布在世界各地的资源（公司、人才、设备、物料等）来完成。制造公司日益需要满足各个地区的客观条件。这些客观条件不仅反映社会、政治和经济价值，而且还反映人们对环境安全、能源供应能力等问题的关心。在这种环境中，必须采用具有高度柔性的动态组织结构。根据工作任务的不同，有时可以采取内部多功能团队形式，请供应者和用户参加团队；有时可以采用与其他公司合作的形式；有时可以采取虚拟公司形式。有效地运用这些手段，就能充分利用公司的资源。

3）敏捷制造的人力资源

在敏捷制造时代，产品和服务的不断创新与发展，制造过程的不断改进，是保持竞争优势的关键。敏捷制造企业能够最大限度地发挥人的主动性。有知识的人员是敏捷制造企业中最宝贵的财富。因此，不断对人员进行教育，不断提高人员素质，是企业管理层应该积极支持的一项长期投资。每一个雇员消化吸收信息、对信息中提出的可能性做出创造性响应的能力越强，企业可能取得的成功就越大。对于管理人员和生产线上具有技术专长的工人都是如此。科学家和工程师参加战略规划和业务活动，对敏捷制造企业来说是带决定性因素的。在制造过程的科技知识与产品研究开发的各个阶段，工程专家的协作是一种重要资源。

12.2.2 敏捷制造的关键技术——虚拟制造

1. 虚拟制造的定义

虚拟制造（virtual manufacturing，VM）是以制造技术和计算机技术支持的系统建模技术与仿真技术为基础，集成现代制造工艺、计算机图形学、并行工程、人工智能、人工现实技术和多媒体技术等多种高新技术为一体，由多学科知识形成的一种综合系统技术。它将现实制造环境及其制造过程通过建立系统模型映射到计算机及相关技术所支撑的虚拟环境中，在虚拟环境下模拟现实制造环境及其制造过程的一切活动和产品的制造全过程，并对产品制造及制造系统的行为进行预测和评价。

虚拟制造是对真实产品制造的动态模拟，是一种在计算机上进行仿真而不消耗物理资源的模拟制造软件技术。它具有建模和仿真环境，形成从生产过程、工艺计划、调度计划、后勤供应以及财会、采购和管理等一种集成的、综合的制造环境，在真实产品的制造活动之前，就能预测产品的功能以及制造系统状态，从而可以作出前瞻性的决策和优化实施方案。

2. 虚拟制造的分类

虚拟制造既涉及与产品开发、制造有关的工程活动的虚拟，又包含与企业组织经营有关的管理活动的虚拟。因此虚拟设计、生产和控制机制是虚拟制造的有机组成部分，按照这种思想可将虚拟制造分成三类，即以设计为中心的虚拟制造、以生产为中心的虚拟制造和以控制为中心的虚拟制造。

1）以设计为中心的虚拟制造

以设计为中心的虚拟制造（design-centered VM）是将制造信息加入到产品设计与工艺设计过程中，并且在计算机中进行数字化的“制造”，仿真多种制造方案，检验其可制造性或可装配性，预测产品性能和报价成本。其主要目的是通过不同的“制造仿真”来优化产品设计及其工艺过程，尽早发现设计中潜在的问题，以便作出正确决策。

例如，在飞机制造业中，为评测某飞机设计方案的优劣，要建立一系列与真实产品同尺寸的物理模型，并在模型上进行反复修改，这要花去大量时间和费用，而在过去是不可避免的。如今美国波音公司在飞机设计中运用虚拟现实技术完全改变了这种设计方法。波音公司为设计波音 777 飞机，研制了一个名为“先进计算机图形交互应用系统”的虚拟环境，用虚拟现实技术在此环境中建立飞机的三维模型。这样设计师戴上头盔显示器就可以在这架虚拟飞机中遨游，检查“飞机”的各项性能，同时还可以检查设备的安装位置是否符合安装要求等。最终的实际飞机与设计方案相比，偏差小于千分之一，机翼和机身的接合一次成功，缩短了数千小时的设计工作量。

同样，其他大型、复杂的产品如船舶、潜艇设计等都可以运用虚拟现实技术达到节约设计费用和时间提高设计成功率的目标。

2）以生产为中心的虚拟制造

以生产为中心的虚拟制造（production-centered VM）是通过增加仿真能力到生产过程模型，达到方便和快捷地评价多种加工过程的目的。它为工艺计划和生产计划的生成、检验工艺流程、资源需求状况以及生产效率的评价提供了一个环境，从而优化制造环境和生产供应计划。其主要目标是评价可生产性。

3）以控制为中心的虚拟制造

以控制为中心的虚拟制造（control-centered VM）是通过增加仿真能力到控制模型和实际的生产过程，提供对实际生产过程的仿真环境，模拟实际的车间生产，评估车间生产活动，其目标是实际生产中的过程优化，改进制造系统。

表 12-1 中显示了上述三种虚拟制造的比较。

表 12-1　三种虚拟制造的比较

类别	特点	主要目标	主要支持技术	应用领域
以设计为中心的虚拟制造	在设计阶段为设计人员提供制造信息；使用基于制造的仿真以优化产品和工艺的设计；通过“在计算机上制造”产生多个“软”样机	评价可制造性	特征造型、面向数学模型设计、加工过程仿真技术	造型设计、热力学分析、运动学分析、动力学分析、容差分析、加工过程仿真
以生产为中心的虚拟制造	将仿真能力用于制造过程模型，以便低费用、快速地评价不同的工艺方案；用于资源需求规划、生产计划的产生及评价的环境	评价可生产性	虚拟现实、嵌入式仿真	工厂或产品的物理布局 传统制造：主要考虑空间； 虚拟制造：总体协调、优化动态过程，人、环境、效率； 生产计划的编排 传统制造：静态、确定型； 虚拟制造：动态、随机型
以控制为中心的虚拟制造	将仿真加到控制模型和实际处理中；可“无缝”地仿真使得实际生产周期期间不间断地优化		对离散制造：基于仿真的实时动态调度 对连续制造：基于仿真的最优控制	

3. 虚拟制造的关键技术

虚拟制造是一种新的制造技术，它以信息技术、仿真技术和虚拟现实技术为支持。虚拟制造技术涉及面很广，如环境构成技术、过程特征抽取、元模型、集成基础结构的体系结构、制造特征数据集成、多学科交驻功能、决策支持工具、接口技术、虚拟现实技术、建模与仿真技术等。其中后三项是虚拟制造的核心技术。

1）建模技术

虚拟制造系统（virtual manufacturing system，VMS）是现实制造系统（real manufacturing system，RMS）在虚拟环境下的映射，是现实制造系统的模型化、形式化和计算机化的抽象描述与表示。虚拟制造系统的建模应包括生产模型、产品模型和工艺模型的信息体系结构。

（1）生产模型。可归纳为静态描述和动态描述两个方面。静态描述是指系统生产能力和生产特性的描述。动态描述是指在已知系统状态和需求特性的基础上预测产品生产的全过程。

（2）产品模型。产品模型是制造过程中，各类实体对象模型的集合。目前产品模型描述的信息有产品结构明细表、产品形状特征等静态信息。而对虚拟制造系统来说，要使产品实施过程中的全部活动集成，就必须具有完备的产品模型，所以虚拟制造下的产品模型不再是单一的静态特征模型，它能通过映射、抽象等方法提取产品实施中各活动所需的模型。

（3）工艺模型。将工艺参数与影响制造功能的产品设计属性联系起来，以反映生产模型与产品模型之间的交互作用。工艺模型必须具备以下功能：计算机工艺仿真、制造数据表、制造规划、统计模型以及物理和数学模型。

2）仿真技术

仿真就是应用计算机对复杂的现实系统经过抽象和简化形成系统模型，然后在分析的基础上运行此模型，从而得到系统一系列的统计性能。由于仿真是以系统模型为对象的研究方法，而不干扰实际生产系统，同时仿真可以利用计算机的快速运算能力，用很短时间模拟实际生产中需要很长时间的生产周期，因此可以缩短决策时间，避免资金、人力和时间的浪费。计算机还可以重复仿真，优化实施方案。

仿真的基本步骤：研究系统→收集数据→建立系统模型→确定仿真算法→建立仿真模型→运行仿真模型→输出结果并分析。

产品制造过程仿真，可归纳为制造系统仿真和加工过程仿真。虚拟制造系统中的产品开发涉及产品建模仿真、设计过程规划仿真、设计思维过程仿真和设计交互行为仿真等，以便对设计结果进行评价，实现设计过程早期反馈，减少或避免产品设计错误。加工过程仿真，包括切削过程仿真、装配过程仿真，检验过程仿真以及焊接、压力加工、铸造仿真等。目前上述两类仿真过程是独立发展起来的，尚不能集成，而虚拟制造中应建立面向制造全过程的统一仿真。从模拟实际环境这一特点看，仿真技术与虚拟现实技术有着一定的相似性。但是在多感知方面，仿真技术原则上以视觉和听觉为主要感知，很少用到其他感知（如触觉和力觉等）；在存在感方面，仿真基本上将用户视为“旁观者”，可视场景不随用户的视点变化，用户也没有身临其境之感；在交互性方面，仿真一般不强调交互的实时性。

3）虚拟现实技术

虚拟现实技术（virtual reality technology，VRT）是在为改善人与计算机的交互方式，提高计算机可操作性中产生的，它是综合利用计算机图形系统、各种显示和控制等接口设备，在计算机上生成可交互的三维环境（称为虚拟环境）中提供沉浸感觉的技术。

虚拟现实的系统环境除采用计算机作为中央部件，还包括头盔式显示装置、数据手套、数据衣、传感装置以及各种现场反馈设备。

由图形系统及各种接口设备组成，用来产生虚拟环境并提供沉浸感觉，以及交互性操作的计算机系统称为虚拟现实系统（virtual reality system，VRS）。虚拟现实系统包括操作者、机器和人机接口三个基本要素。它不仅提高了人与计算机之间的和谐程度，也成为一种有力的仿真工具。利用虚拟现实系统可以对真实世界进行动态模拟，通过用户的交互输入，并及时按输出修改虚拟环境，使人产生身临其境的沉浸感觉。虚拟现实技术是虚拟制造的关键技术之一。

12.2.3 敏捷制造的组织形式——虚拟企业

1. 虚拟企业的概念与特点

组建虚拟企业是实施敏捷制造战略的关键。虚拟企业也称动态联盟，是指为了赢得某一机遇性的市场竞争，围绕某种新产品开发，通过选用不同组织/企业的优势资源，综合成单一的靠网络通路联系的阶段性经营实体。虚拟企业具有集成性和时效性两大特点。它实质上是不同组织/企业间动态集成，随市场机遇的存亡而聚散，在具体表现上，参与虚拟企业各方可以是同一个大公司的不同组织部门，也可以是不同国家的不同公司，它们以互利和信任为基础。虚拟企业的思想基础是谋求所有联盟企业的“共赢”。虚拟企业中的各个组织/企业组建互补的结盟，以整体优势来应付多变的市场，从而共同获利。

企业为了能够采取虚拟企业的组织形式，必须在自身的敏捷性改造方面花大力气。根据未来企业所面临的环境，一个敏捷型制造企业应主要具备下列几个特点。

（1）具有能抓住瞬息即逝的机遇，快速开发高性能、高可靠性及顾客可接受价格的新产品的能力。在这里，抓住机遇和快速开发是具有决定性意义的，因为失去了第一个投放市场的机会，往往就意味着整个开发工作的失败。因此，要求一切工作尽可能并行进行。

（2）具有发展通过编程可重组的、模块化的加工单元的能力，以实现快速生产新产品及各种各样的变形产品，从而使生产小批量、高性能产品能达到大批量生产同样产品的效益，以期达到同一类产品的价格和生产批量无关。要做到这一点，就必须研究如何把目前的大规模生产线，改造成具有高度柔性、可重组的生产装备及相应的软件。

（3）具有按订单生产，以合适的价格满足顾客定制产品或顾客个性产品要求的能力。

（4）应具有企业间动态合作的能力。这是因为产品越来越复杂，任何一个企业都不可能快速地和经济地设计、开发、制造一个产品的全部。只有依靠企业间的合作才能快速投放市场。

（5）具有持续创新的能力，创新是企业的灵魂，是一个企业具有竞争能力的体现。但创新是不可预见的，因此创造一种企业文化，最大限度地调动员工的积极性，来控制创新的不可预见性，这将是敏捷型制造企业的一个重要标志。为此，要改变过去建立在奖惩基础上的人事管理制度，建立一种能充分调动员工积极性的人事管理制度也将是虚拟企业的标志。

（6）在敏捷型制造企业中，由于组织和设备都是可重组的，借助企业间的动态联盟，生产设备及生产能力几乎可以不受限制，而受限制的主要是人。因此，在未来的敏捷型制造企业中，将把具有创新能力和经验的员工看成是企业的主要财富，而把对员工的培养和再教育作为企业的长期投资行为。

（7）敏捷型制造企业要求和用户建立一种完全崭新的“战略”依存关系。产品的生命周期越来越短，而用户希望产品的使用时间越长越好，这是一对矛盾。要解决好这一矛盾，企业不仅要保持售后产品的档案，提供周到的售后服务，保持在整个生命周期内用户对产品的信任，而且要为用户提供适当的费用升级、升档服务，以及以旧换新等。

2. 虚拟企业的分类

虚拟企业是各实体为实现共同目标形成的动态联盟，这些实体可以是独立的敏捷型企业，也可以是企业内部的某些部门。按合作形成可分为以下几种类型。

（1）供应链式。现今企业间最常用的一种合作形式，主要用于原材料、零配件的供应与产品的发送。它是建立在产品、价格、质量、交货及时性的基础上相对稳定的一种合作。

（2）策略联盟式。几家公司拥有不同的关键技术和资源，彼此的市场有一定程度的区别和间隔，为了彼此的利益交换相互资源，以创造竞争优势。

（3）合资经营式。多个企业共同对一种产品进行投资开发、生产、销售，利用各自优势，组成联合经营实体。

（4）转包加工式。企业将拟生产产品的部分工作转包给别的企业，本身只进行生产设计或只进行生产加工。

（5）插入兼容式。企业拥有一支相对稳定的核心雇员队伍，大量工作人员是根据经营需要临时雇佣的流动人员，他们来自多个企业。

（6）虚拟合作式。它是虚拟企业的最高合作形式，企业间通过组建动态联盟进行合作。在这种合作中，虚拟企业根据特定市场机遇，集成伙伴企业的核心资源，所有的人员和设备分散在不同的地方，通过计算机网络连接。

虚拟企业从不同角度有不同的分类方法：根据伙伴企业间的合作形式可将虚拟企业分为纵向联盟与横向联盟；从联盟关系持续的时间长短可分为短期动态联盟和长期战略联盟；从联盟企业合作的紧密程度可分为紧密联合型和松散联合型；从联合方式上可分为常规企业联合和动态虚拟合作；从联合原因上划分，可以是企业的各自核心优势的组合，也可以是调节生产任务负荷、市场占有划分、加快上市时间、跨越贸易壁垒等因素的联合。虚拟企业的分类如图 12-2 所示。

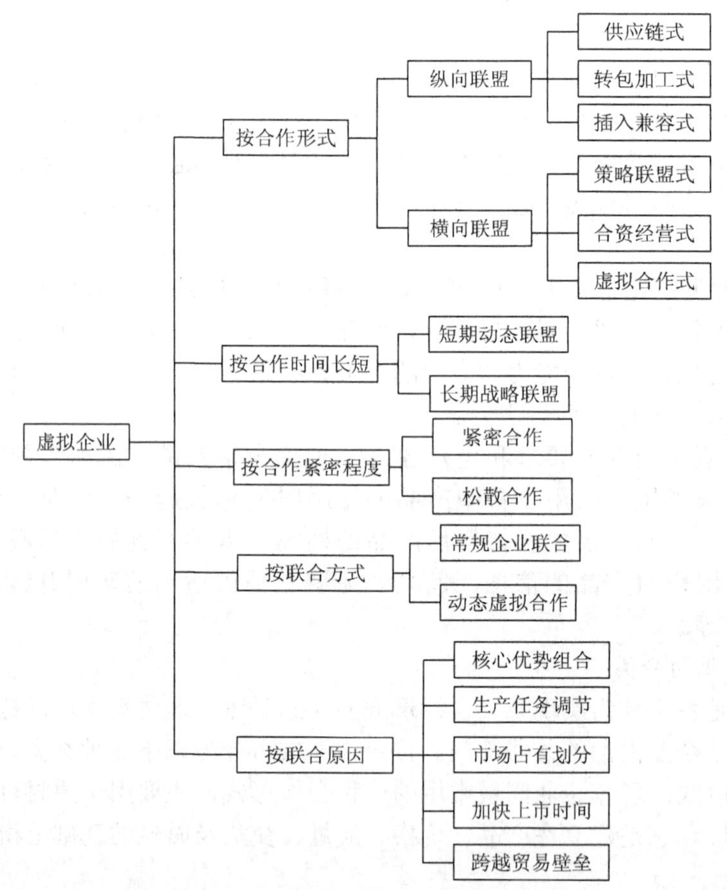

图 12-2 虚拟企业分类

3. 虚拟企业的生命周期过程

建立虚拟企业的关键要素是机遇（市场需求）、核心能力、业务过程差距分析、伙伴选择、虚拟企业建模、利益风险分配策略/格局、敏捷性度量。虚拟企业的生命周期分为五个过程（图 12-3）。

1）市场机遇识别与确定

这一阶段以主动创造或积极响应合适的市场机遇为目标。以发现市场机遇为起始标志，以确定所需的核心能力和业务过程为结束标志。其中包括定义市场机遇，机遇的评估与分析，差距分析并由此确定出所需要的核心能力和业务过程。首先，根据新创意（new idea），通过市场调查、公共信息网络等多种手段收集和分析市场信息，寻求和发现新的市场机遇，或者根据客户定单响应机遇。

其次，对机遇产品进行描述，如预期价格及特定价格下的成本、产品质量、市场机遇的持续时间或交货时间、产品分销途径，售后服务支持等。然后，通过各种收益/风险分析模型与方法，对市场机遇的获利性和风险性进行评估，以决定企业是否响应该机遇。

最后，将市场机遇产品所要求的、能给顾客创造特殊价值的能力和业务过程，与本企业拥有的能力进行对比，如果本企业完全具有响应市场机遇的核心能力和关键资源，

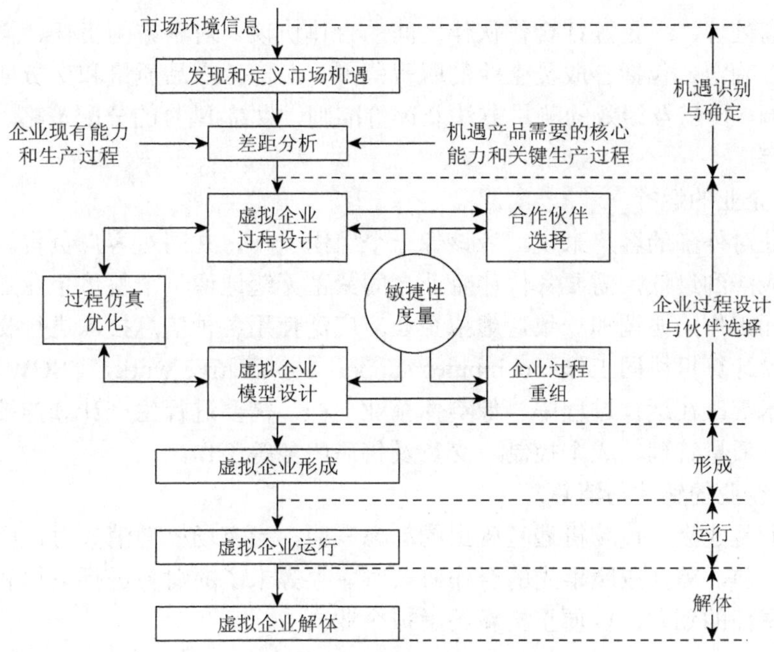

图 12-3　虚拟企业的生命周期

就不一定要组建虚拟企业。否则，就要确定哪些过程由本企业完成，哪些过程需借助其他企业完成，哪些过程需要几个企业共同完成等。需要由外部企业完成的过程，可能是产品设计、工艺设计、采购、制造、销售等企业过程中的一个或多个过程或子过程。

2）企业过程设计与伙伴选择

这一阶段以过程设计开始，以伙伴企业选择及虚拟企业的模型设计为止。主要包括虚拟企业的过程设计、虚拟企业模型设计、伙伴企业选择、虚拟企业过程重组等。建立企业过程模型和企业模型的目的是支持虚拟企业管理中的各项分析和决策活动。企业过程与企业模型的设计是虚拟企业过程重组与过程优化的基础，也为伙伴企业的类型选择提供了依据。

由于虚拟企业的组建和运行都是按产品生产过程进行的，因此，过程设计是首要步骤。过程模型从过程的层次性、功能性和逻辑性几个方面对虚拟企业过程的信息、资源和组织进行描述，优化后的虚拟企业过程可作为选择合作伙伴的依据。

为了全面描述虚拟企业，还需要在过程模型的基础上建立虚拟企业模型。企业模型是对虚拟企业组织、经营生产活动的结构化、形式化的描述，也是支持虚拟企业建立与优化的参考体系。虚拟企业模型不仅包含产品生产的过程，也包含过程之间的关系，而且还涉及伙伴企业组织、核心资源等要素。

选择合作伙伴是虚拟企业成败的关键环节之一。在设计虚拟企业的过程模型、企业模型后，就可进行伙伴企业的选择。

3）虚拟企业的形成

这一阶段的工作主要有两个：一是盟主的相关人员与伙伴企业的协调代表成立一个协调总部（其人员可以是异地分散依靠网络进行联系），负责对虚拟企业的各项活动进行组织和协商处理；二是签订合作伙伴之间的合作协议，对各方的责任、义务、权利都应明确地加以确定，包括各成员企业的职责范围、对部件产品质量和交货期的承诺、生产过程的协调、贡献及绩效的测量方法及评价准则、收益/风险的分配策略、解体时残余责任的归属等。

4）虚拟企业的运行

虚拟企业对外部的客户来说，应该像一个组织一样，共同对客户负责。因此，企业之间的界限应降到最低，需要各伙伴企业之间紧密无缝地像一个整体企业那样合作。为了各伙伴之间工作的协调和一致，虚拟企业应广泛使用各种信息技术进行交流与沟通，如网络技术、计算机协同工作（computer support cooperative work，CSCW）、数据库、决策支持技术等。在运行过程中，像实体企业一样，需要进行生产计划与控制的管理、供应链管理、质量管理、成本控制、交货及售后服务等工作。

5）虚拟企业的解体与清算

虚拟企业是建立在市场机遇基础上的动态联盟，当市场机遇消失时，虚拟企业就要解体。解体之前，需要按照事先的合作协议对库存等未了的财务进行清算和有关产权的分享、残余责任的划归，以便重构新的虚拟企业。

12.2.4 企业实施敏捷制造的过程

敏捷制造是一个系统工程，企业实施敏捷制造的过程有以下四个步骤。

1. 评估竞争环境，确定经营策略

对于外部竞争环境，企业主要需对用户需求和竞争对手两个方面进行评估。考察和诊断企业所具有的条件，分析不足。面对产品设计和制造过程，充分收集信息并分析决策在哪一阶段采用什么样的经营策略，要充分考虑如何为环境变化和新的机遇留下发展的开放性。

2. 确定敏捷制造实施策略

选择敏捷制造目标、制定敏捷制造战略计划、确定敏捷制造实施方案。在系统内部建立面向任务的多功能团队，在企业之间进行跨企业的动态联盟，从而实现组织协调、过程协调、资源协调和能力协调。

具体实施策略包括进行企业重构、通过动态联盟形成虚拟企业、提高集成的产品和工艺设计能力、改进物料运储、建设全球后勤网络、改进企业管理。

3. 设计和实施敏捷制造系统

针对具体目标，准备敏捷化所需的相关技术，转变企业经营策略，利用构建好的敏捷制造功能设计系统、敏捷制造信息系统和敏捷制造资源配置系统等构建敏捷制造系统。

实施敏捷制造系统的基本原则：一致性原则、变化控制原则、多功能原则、系统边界的确定原则、信息分配原则、以人为本原则、延续性原则、能力和授权原则、组织转变原则。

4. 评测企业敏捷性

建立敏捷评价体系，对敏捷制造系统的运行进行评价，必要时进行动态调整。敏捷意味着善于把握各种变化的挑战。敏捷赋予企业适时抓住各种机遇以及不断通过技术创新来领导潮流的能力。因此可以讲，一个企业的敏捷性取决于它对机遇和创新的管理能力。企业在不同时刻的对这两种能力的把握决定了它对市场和竞争环境变化的反应能力。

评价指标主要有：成本——完成变化所需的成本；时间——完成变化需要的时间；稳定性——企业的变化不能破坏企业的支持基础，变化后的功能品质不能降低，变化后的废品率等不能上升；变化范围——能完成多少预期要求的能力；失去了多少市场机会；在市场中创新本领为何等。

12.3　大规模定制

12.3.1　大规模定制概述

1. 大规模定制的背景

1970年美国未来学家阿尔文·托夫（Alvin Toffler）在《未来的冲击》（Future Shock）一书中提出了一种全新的生产方式的设想：以类似于标准化和大规模生产的成本及时间，提供客户特定需求的产品和服务。1987年，斯坦·戴维斯（Start Davis）在*Future Perfect*一书中首次将这种生产方式称为“Mass Customization”，即大规模定制（MC）。1993年B·约瑟夫·派恩（B·Joseph Pine II）在《大规模定制：企业竞争的新前沿》（Mass Customization：The New Frontier in Business Competition）一书中写到：“大规模定制的核心是产品品种的多样化和定制化急剧增加，而不相应增加成本；个性化定制产品的大规模生产，其最大优点是提供战略优势和经济价值。”

2. 大规模定制的定义

大规模定制（又称为大批量定制，客户化定制）是一种集企业、客户、供应商和环境于一体，在系统思想指导下，用整体优化的观点，充分利用企业已有的各种资源，在标准化技术、现代设计方法学、信息技术和先进制造技术等的支持下，根据客户的个性化需求，以大规模生产的低成本、高质量和高效率提供定制产品与服务的生产方式。

大规模定制的基本思路是基于产品族零部件和产品结构的相似性、通用性，利用标准化模块化等方法降低产品的内部多样性。增加顾客可感知的外部多样性，通过产品和过程重组将产品定制生产转化或部分转化为零部件的批量生产，从而迅速向顾客提供低成本、高质量的定制产品。

大规模定制生产方式包括了诸如时间的竞争、精益生产和微观销售等管理思想的精华。其方法模式得到了现代生产、管理、组织、信息、营销等技术平台的支持，因而就有超过以往生产模式的优势，更能适应网络经济和经济技术国际一体化的竞争局面。

3. 大规模定制的分类

大规模定制分为称为按订单销售、按订单装配、按订单制造、按订单设计和按订单研制五种类型（图 12-4）。客户订单分离点，其左边是大规模生产模式，右边就是定制生产模式。

（1）按订单销售（sale-to-order）。在市场环境相对稳定下，根据市场预测批量生产产品，然后按订单销售。又称库存生产或预测型生产，实际是大批量生产。

（2）按订单装配（assemble-to-order）。利用库存零部件装配成客户需要的产品的生产方式。企业的装配和销售是客户驱动的。

（3）按订单制造（make-to-order）。根据客户订单和企业图纸进行制造与装配，对少量零件进行变形设计，以满足客户特殊需要。企业的采购、部分零部件制造、装配和销售是客户订单驱动的。

（4）按订单设计（engineer-to-order）。根据客户的特殊需要，对相关零部件重新设计或变形设计，并按设计进行生产交货。从全部或部分产品设计到采购、零部件制造、装配、销售都由客户订单驱动。

（5）按订单研制（research-to-order）。按客户需求进行产品研究开发，并组织生产。

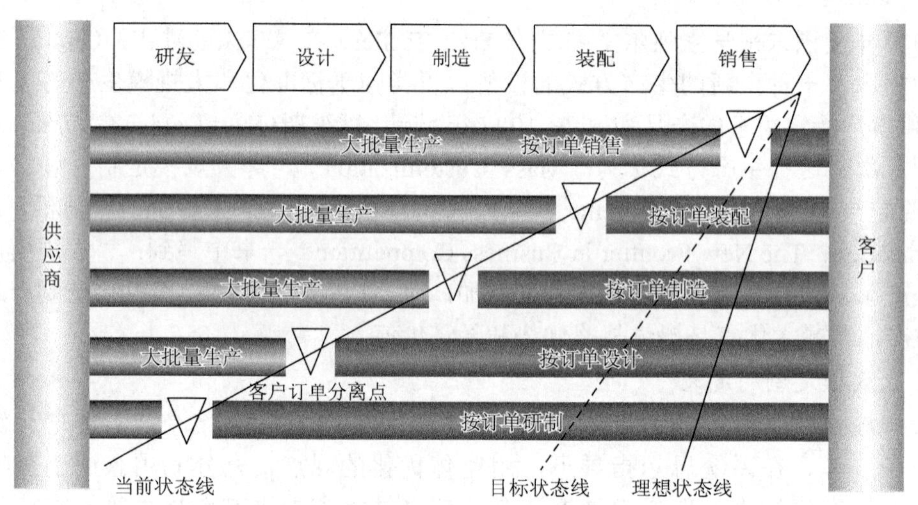

图 12-4 大规模定制分类

4. 产品的外部多样性和内部多样性

产品外部多样性是客户可感受到的多样性，往往与客户需求的多样性有关。可分为客户欢迎的有用的多样性，例如，使客户对产品更满意的有用选项，不同的风格、规格等；客户不在意的、多余的多样性，主要是设计人员没有仔细分析客户需要造成的。

产品内部多样性，即企业在产品制造和分销过程中感受到的多样性。通常表现为零部件、工具、夹具、原材料和工艺过程的种类，相当部分是不必要的、过多的，会造成成本提高、质量不稳、交货期延长，应尽量减少。

5. 大规模定制的基本原理

（1）相似性原理。大批量定制的关键是识别和利用不同产品及过程中的相似性（几何相似性、结构相似性、功能相似性、过程相似性），利用标准化、模块化和系列化减少产品内部多样性，提高零部件和生产过程的可重用性。

（2）重用性原理。在定制产品和服务中存在大量可重新组合及重复使用的单元。通过标准化、模块化和系列化的方法将定制产品生产转化或部分转化为批量生产问题，从而以较低成本、较高质量、较快速度生产个性化产品。

（3）全局性原理。大批量定制是一种涉及面广泛的系统工程，不仅涉及制造技术和管理技术，而且与员工的思维方式和价值观念有关，必须有全局性思考。

相关的主要方法有定制点后移方法、总成本思想、产品全生命周期管理等。

12.3.2　大规模定制生产模式的特点

大规模定制生产模式的特点可以这样来概括，产品设计模块化、产品制造专业化、生产组织和管理网络化、企业间的合作关系伙伴化。

1. 产品设计模块化

21 世纪的制造业必将以产品创新和技术创新占领市场，企业是否能根据用户的当前需要和潜在需求快速抢先提供产品，成为企业成败的关键。产品结构和功能的模块化、通用化、标准化，是企业推陈出新、快速更新产品的基础。模块化产品便于按不同要求快速重组，任何产品的更新换代都不是将原有的产品全部推翻重新设计和制造的。更新一个模块，在主要功能模块中融入新技术，都能使产品登上一个新台阶，甚至成为换代产品，而多数模块是不需要重新设计和制造的。

因此，在敏捷制造中，模块化产品的发展已成为制造企业普遍重视的课题。此外，模块化产品便于分散制造和寻找合作伙伴，开发新产品的主干（核心）企业主要是做好产品不断的创新研究、设计和市场开拓工作，产品的制造可以分散给专业化制造企业协作生产，主干企业将从传统的“大而全、小而全”的橄榄型模式中解脱出来，转换成只抓产品设计研究和市场开拓的哑铃型企业。模块式产品另一个突出的优点在于用户只需更新个别模块即能满足新的要求，不需要重新购买一种新产品。这既节省了用户的开支，又能节约原材料并减少废弃物，这在自然资源越来越紧张和环境污染越来越严重的今天，无疑是非常重要的。

2. 产品制造专业化

在一般机械类产品中，有 70%的功能部件存在着结构和功能的相似性，如果打破行业界线，按成组技术原理将功能相似的部件和零件分类并集中起来，完全有可能形成足以组织大批量生产的专业化企业的生产批量，这些专业化制造企业承接主干企业开发的产品中各种相似部件、零件的制造任务，并能在成组技术的基础上采用大批量生产模式进行生产。当然，在现代制造技术的支持下，这种大批量生产模式已克服了传统的刚性自动线的缺点，在一定范围内具有柔性（可调性或可重构性），能完成较大批量的相似件制造，协助主干企业用大批量生产方式快速提供个性化商品。

3. 生产组织和管理网络化

因特网的普及和应用给 21 世纪的制造业提供了快速组成虚拟公司进行敏捷制造新

产品的条件。负责开发新产品的主干企业可以利用因特网发布自己产品的结构及寻找合作伙伴的各项条件，而各专业化制造企业可以在网上发布自己所具备的条件及合作意图。主干企业将据此寻找合伙者，本着共担风险和达到双赢的战略目标进行企业大联合来合作开发生产新产品。这样的联合是动态的，组成的虚拟公司是“有限生命公司”，它只为某种产品而结盟，其生命周期将随产品生命周期的结束而结束，或在另一种产品的基础上调整成新的联合。

通过因特网，系统构建虚拟企业，可实现产品开发、设计、制造、装配、销售和服务的全过程，通过社会供应链管理系统将合作企业连接起来，按大规模定制生产模式实行有效的控制与管理。随着全球制造业的发展，供应链理论已发展成为全球供应链管理理论。通过供应链实现大规模定制生产过程的网络化组织和管理，产品从开发到销售的全过程将得到优化，生产效率的提高和生产成本的降低是不言而喻的。

4. 企业间的合作关系伙伴化

在传统的供求关系管理模式下，制造商与供应商之间只保持一般的合同关系，供应链只是制造企业中的一个内部过程，将利用通过合同采购的原材料和零部件进行生产，转换成产品并销售给用户，整个过程均局限于企业内部操作。制造商为了减少对供应商的依赖，彼此间经常讨价还价，这种管理模式的特征是信任度和协作度低、合作期短。但大规模定制生产是以新产品开发，企业与专业化制造企业间的有效合作、互相依存为前提的，构成的网络化虚拟公司的盟主企业与盟员企业间应该能达到双赢的合作关系。

12.3.3 大规模定制的技术体系

1. 大规模定制技术体系的构成

大规模定制的技术体系（图 12-5）由四个具有密切联系的部分组成，即大规模定制的基本原理、面向大规模定制的开发设计技术、面向大规模定制的管理技术以及面向大规模定制的制造技术。

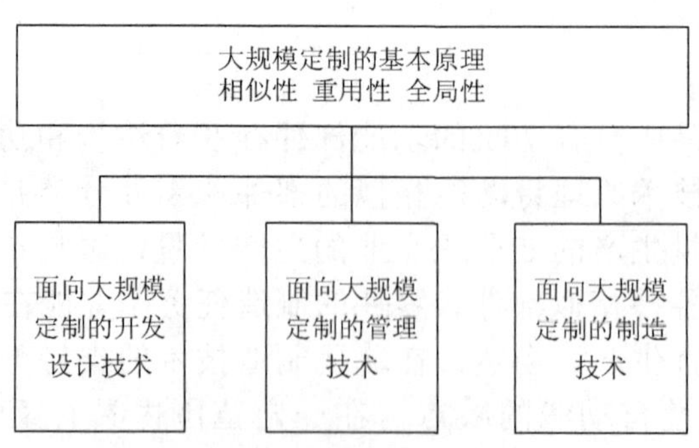

图 12-5 大规模定制的技术体系

大规模定制的基本思路（图 12-6）：由于社会的进步和科技技术的发展，顾客个性化的需求越来越迫切，要求企业提供满足个性化的定制产品。产品的多样化又可以分成产品外部多样化和内部多样化。大规模定制面临的问题就是客户要求的产品外部多样化与企业要求的产品内部多样化的矛盾。为了解决这一矛盾，在相似性、重用性和全局性等基本原理的指导下，采用面向大规模定制的开发设计技术、面向大规模定制的管理技术以及面向大规模定制的制造技术，用大规模生产的效益生产出客户个性化需求的产品。

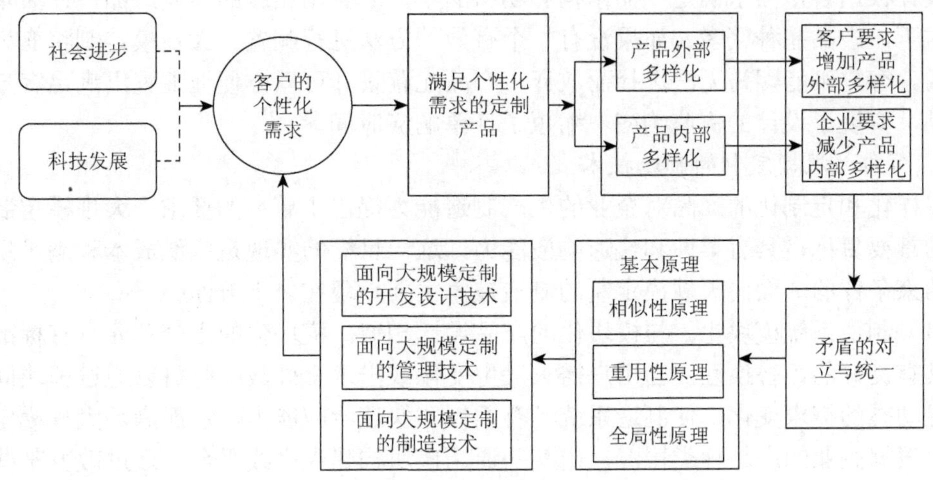

图 12-6　大规模定制的基本思路

2. 面向大规模定制的开发设计技术

大规模定制企业要以多样化、个性化的产品来满足多样化和个性化的客户的需求，因此企业必须具备敏捷的产品开发设计能力。敏捷的产品开发设计能力是指企业以快速响应市场变化和市场机遇为目标，结合先进的管理思想和产品开发方法，采用设计产品族和统一并行的开发方式，对零件、工艺进行通用化，对产品进行模块化设计以减少重复设计，使新产品具备快速上市的能力。

大规模定制企业通过面向产品族的设计能力、模块化设计能力、并行工程、质量功能配置能力和产品配置设计能力的有效整合来构建与提升大规模定制企业的敏捷产品开发设计能力。大规模定制的产品设计不再是针对单一产品进行，而是面向产品族进行。它的基本思想是开发一个通用的产品平台，利用它能够高效地创造和产生一系列派生产品。使得产品设计和制造过程的重用能力得以优化。有利于降低成本。缩短产品上市时间。还可以实现零部件和原材料的规模经济效应。

模块化设计是对产品进行市场预测、功能分析的基础上，划分并设计出一系列通用的功能模块，然后根据客户的要求，选择和组合不同模块，从而生成具有不同功能、性能或规格的产品。模块化设计把产品的多样化与零部件的标准化有效地结合了起来。充分利用了规模经济和范围经济效应。并行工程是集成的、并行的设计产品及其相关的各种过程（包括制造过程和支持过程）的系统方法。这种方法要求产品开发人员从一开始就考虑产品整个生命周期中从概念形成到产品报废处理的所有因素，包括质量、成本、进度计划和用户的要求，并行工程是基于时间竞争提出的设计方法，可大大缩短产品的开发时间，充分考虑到了产品的可制造性、可装配性，是大规模定制所需要的设计能力。

质量功能配置能力是指在产品族规划中常采用到质量功能展开技术，它从质量保证的角度出发，通过一定的市场调查方法获取客户需求，采用矩阵图解法将客户需求的实现过程分解到产品开发的各个过程和各职能部门，通过协调各部门的工作以保证产品的最终质量，使得设计和制造的产品能真正满足客户的需求。产品配置设计能力是指产品配置设计根据客户需求确定产品结构和物料清单，配置出相应的定制产品。在大规模定制模式下，产品品种繁多，如果没有一个有效的方法进行配置。大规模定制将变为大规模混淆。客户可能因为无法选择而放弃。产品配置设计可以方便地配置出满足客户需求的产品，实现了设计的快速响应，缩短了订单响应时间。

3. 面向大规模定制的制造技术

多样化和定制化的产品对企业的生产制造能力提出了更高的要求。大规模定制制造系统的首要目标是具有柔性和快速响应能力，这一目标的实现是以低成本和满足质量要求为约束条件的。面向大规模定制的制造技术主要体现在以下方面。

（1）制造系统模块化。与模块化的产品设计相似，模块化的生产单元具有标准的接口，具有良好的可替换性，当用户需求发生变化或出现意外故障时可以通过模块间的替换满足动态的需求变化，使制造系统具有柔性和快速响应能力，从而满足大规模定制的要求。根据企业的产品种类情况，由某些通用模块构建生产线平台，通过改变某些面向特定客户和应用的模块来调整生产线的产品范围。模块化制造系统的关键问题是模块之间的接口，包括硬件接口和信息接口。如果模块之间的接口是标准的，那么生产工程师就可以把来自不同供应商的设备集成到一个制造系统中。模块化系统的优点在于它提高了系统的可重组性和可扩展性。当产品类型发生变化时，可通过更换相应的工艺模块来调节系统的适应能力。当产品需求量发生变化时，可通过增加（减少）某些关键模块单元或提高（降低）系统自动化程度来增加（减少）产量，同时保证一定的经济性。另外模块化的生产线也使管理简化。

（2）动态组合的布局方式。传统制造系统规划的一个重要方面是合理安排车间、制造单元的布局，以加快工件的流动，减少排队等待时间、运输时间等。大规模定制制造系统规划的目标除了包括传统的制造系统规划目标，更重要的是要保证制造系统的动态组合和调整能力，以满足大规模定制所要求的柔性和快速响应能力。

（3）柔性物流系统。大规模定制对物流系统的期望可以归纳为：可以传输任何体积、重量、形状的物品，不需要轨道，没有路线的约束，提高传输速度，减少安装时间，增加智能化向导能力和自恢复能力。传统的一体化的传送带、吊车、有导轨的自动导引车等物料传输系统已经不能满足柔性物流的要求了。目前提出的一些物料运输系统和装置在柔性与可重组性方面都进行了一定的考虑。模块化的传送带将传送带模块分为线性传送带模块和连接传送带模块。通过这些模块的组合，可以形成不同形式的传送带，通过改变模块的方向和位置可以快速调整传输路线，而且通过二维传送带和三维传送带的组合可以形成各种类型的空间运输路线。

（4）动态响应的控制结构。到目前为止，制造系统基本上有三种控制结构：集中控制结构、递阶控制结构和异构控制结构。其中异构控制结构将系统分解成近似独立的实体，实体通过预先定义的通信接口进行合作。实体之间消除主从关系，具有局部自治性，系统构成对实体是透明的，实体需要与其他实体合作。在异构控制结构中，每一个实体具有高度自治性，可以快速响应环境变化。大规模定制生产由于其订单到来的随机性，要求控制系统具有动态响应的特点。异构控制结构是大规模定制制造系统应该借鉴的结构。

（5）减少生产准备工作。安德森（Anderson）认为，大规模定制生产仍然需要依靠流水式生产。在大批量生产模式下，制造商通过增加批量，将生产准备时间和成本分摊到尽可能多的产品中。大规模定制的极端情况是，每种产品的批量为一件，批量为一件的能力依赖于生产准备工作的减少。如果生产准备工作能够减少，那么制造商就可以做到按订单生产，生产准备工作的减少是大规模定制生产的重要前提。

4. 面向大规模定制的管理技术

面向大规模定制的管理技术是实现大规模定制的关键技术。为了获得全面实施大规模定制的综合经济效益，除了在开发设计和产品制造阶段应用大规模定制的原理，还应该针对大规模定制在管理方面的特点，采用相应的管理技术，包括各种客户需求获取技术、面向大规模定制的生产管理技术、面向大规模定制的企业协同技术、面向大规模定制的知识管理和企业文化等。这些技术形成了个完整的体系，分别在不同的阶段，从不同的层次，支持企业实现大规模定制。

12.3.4 大规模定制的策略

1. 围绕标准化的产品和服务来定制服务

完全标准化的产品在被销售或交货人员送到客户那里以前，仍然可以被定制。因为这种方法是在企业价值链的最后两个环节完成，并不影响开发和生产，所以它是最简单、最常用的着眼点。销售和分销可以改变产品，增加其特征，与其他的产品（包括与其他企业生产的产品）组合在一起，并提供大量的服务，使每一个客户都能得到他所期望的和应当得到的个别关注。企业围绕标准化的产品或服务来定制服务，可以展示企业在大规模定制方面所固有的巨大潜力，使企业更能通过其他技术取得进展。

2. 创建可定制的产品和服务

虽然大多数定制化服务可以在价值链的交付环节完成，但是改变产品以适应客户的特殊需要的定制不仅是服务收入的来源，还是使企业扩展产品并进一步加强定制化思想的源泉。与在交付功能中定制服务相反的策略是在开发功能中定制产品和服务——就生产和交付过程而言，两者之间没有什么区别——但的确是针对每一个客户并且经常是由客户定制的。创建可定制的产品或服务一般不需要对公司的价值链做剧烈的变革，但它已经开始改变人们关于定制化概念的思想。

3. 提供交货点定制

要确切知道客户想要什么只有一个办法：在销售地点让客户告诉你或让他们说出其真实想法。立即提供客户想要的东西只有一个办法：在销售或交货点生产产品，或至少在当时当地完成最后的定制生产工序。对于交货点定制除了生产的最后工序转向客户，还可以把整个生产过程移到交货点，以此改造整个企业的业务和潜在利润。把所有生产转向客户时，生产与交付必须相结合，而且开发时必须考虑到新产品或服务要在交货点被定制，此时就需要企业有重大创新和经常性的发明。

4. 提供整个价值链的快速响应

对客户需求提供快速甚至即时响应是推动企业走向大规模定制之路的好办法。因为它以尽快满足顾客需要为中心，以较低的成本生产较多的品种。使交付功能快速满足客户需求会引起连锁反应，从交货点开始反过来依次作用于分销和销售过程、生产过程、直至开发过程。整个企业价值链的每一环节本身都将发生巨大的变化：缩短周期时间、增加产品多样性、在客户需要时向他们提供任何想要的产品或服务。而整个价值链的快速响应即基于时间的策略不是孤立的，它是和市场分化、品种增加、个性化定制结合在一起的。在某种程度上，从价值链的哪一个环节开始减少时间并不重要，如果过程中某一部分的成功会得到其余部分的支持和模仿，将会使公司开始脱离大规模生产模式并走向大规模定制模式。

5. 构件模块化以定制最终产品和服务

实现大规模定制的最好办法——最低的成本、最高的个性化定制水平是建立在能配置成多种最终产品或服务的模块化构件之上的。提供标准化零部件实现的定制化不仅能增加产品的多样化，同时也能降低制造成本，使得进行全新设计的产品开发和增加品种的变型设计速度更快。利用模块化构件的方法有很多，如共享构件模块化、互换构件模块化、“量体裁衣”模块化、混合模块化、总线模块化、可组合模块化。通过这些方法可以将模块化构件组合并匹配成可定制的最终产品或服务。贯穿产品或服务的模块化，可互换零件使整个企业都卷入满足客户个性化的需求之中。

6. 延迟化策略

无论是物流的改善、信息流的改进、循环周期的缩短，还是灵活的生产，都不能使企业在未来的市场上进行有效的竞争，但产品和流程设计却有更大的潜力。事实上，普遍认为产品 80%的制造成本是由产品的设计所决定的。机会就在于产品的设计和供应链的整合中。作为一种进行有效的大规模定制的手段，一些具有开拓性的企业已经运用了产品设计和供应链重建。其思想就是要设计产品并且重组制造活动和供应链中的分发配送活动，从而使得产生多种产品的定制化步骤发生在供应链中最有效率的环节，同时使供应链总成本降到最低。供应链总成本降到最低的同时，使得供应链效率最优化的产品和流程设计的最根本的原则就是“延迟”。延迟就是要推迟关键流程的时间，在这些关键性的流程中，最终产品将形成他们特定的功能、特点、标志，或者说是个性特色。

所以，在有效支持产品多样化的同时又保持规模经济的唯一方法就是运用延迟制造。其核心内容是：制造商事先只生产通用化或可模块化的部件，尽量使产品保持中间状态，以实现规模化生产，并且通过集中库存减少库存成本，从而缩短提前期，使顾客化活动更接近顾客，增强了应对个性化需求的灵活性。其目标是使恰当的产品在恰当的时间到达恰当的位置。所以延迟化策略的基本思想就是：表面上的延迟实质上是为了更快速地对市场需求做出反应，即通过定制需求或个性化需求在时间和空间上的延迟，实现供应链的低生产成本、高反应速度和高顾客价值。

12.4 智能制造

12.4.1 智能制造概念

智能制造（intelligent manufacturing，IM）是一种由智能机器和人类专家共同组成的人机一体化智能系统，它在制造过程中能进行智能活动，如分析、推理、判断、构思和决策等。通过人与智能机器的合作共事，去扩大、延伸和部分地取代人类专家在制造过程中的脑力劳动。智能制造是一种崭新的制造模式，由于它突出了知识在制造活动中的价值地位，而知识经济又是继工业经济后的主体经济形式，所以智能制造就必然成为影响未来经济发展过程的制造业的重要生产模式。

智能制造的研究对象是整个机械制造企业，它的研究目标包括两个方面：一是整个制造过程的全面智能化，首次提出了以机器智能取代人的部分脑力劳动作为主要目标，强调整个企业生产经营过程大范围的自我组织和自我控制的能力；二是信息和制造智能的集成与共享，强调智能的集成的自动化。

智能制造应当包含智能制造技术和智能制造系统两方面的内容。

1. 智能制造技术

智能制造技术（intelligent manufacturing technology，IMT）是当今最新的制造技术，但至今对智能制造技术尚无统一的定义。比较公认的说法是：智能制造技术是指在制造系统生产与管理的各个环节中，以计算机为工具，并借助人工智能技术来模拟专家智能的各种制造和管理技术的总称。简言之，智能制造技术即人工智能与制造技术的有机结合。

智能制造技术利用计算机模拟制造业人类专家的分析、判断、推理、构思和决策等智能活动，并将这些智能活动与智能机器有机地融合起来，将其贯穿应用于整个制造企业的各个子系统：经营决策、采购、产品设计、生产计划、制造装配、质量保证和市场销售等，以实现整个制造企业经营运作的高度柔性化和高度集成化，从而取代或延伸制造环境中人类专家的部分脑力劳动，并对制造业人类专家的智能信息进行搜集、存储、完善、共享、继承与发展。

智能制造技术是制造技术、自动化技术、系统工程与人工智能等学科的互相渗透、互相交织而形成的一门综合技术。

2. 智能制造系统

智能制造系统（intelligent manufacturing system，IMS）是智能制造技术集成应用的环境，是智能制造模式展现的载体。它是一种智能化的制造系统，是由智能机器和人类专家结合而成的人机一体化的系统，它将智能技术融合进制造系统的各个环节，以一种高度柔性与集成的方式，借助计算机模拟的人类专家的智能活动，进行分析、判断、推理、构思和决策，取代或延伸制造环境中人的部分脑力劳动，同时，收集、存储、完善、共享、继承和发展人类专家的制造智能。

简单地说，智能制造系统是基于智能制造技术实现的制造系统，智能制造系统的体系结构由四层组成：智能管理层、智能执行层、网络传输层和智能控制层，如图 12-7 所示。

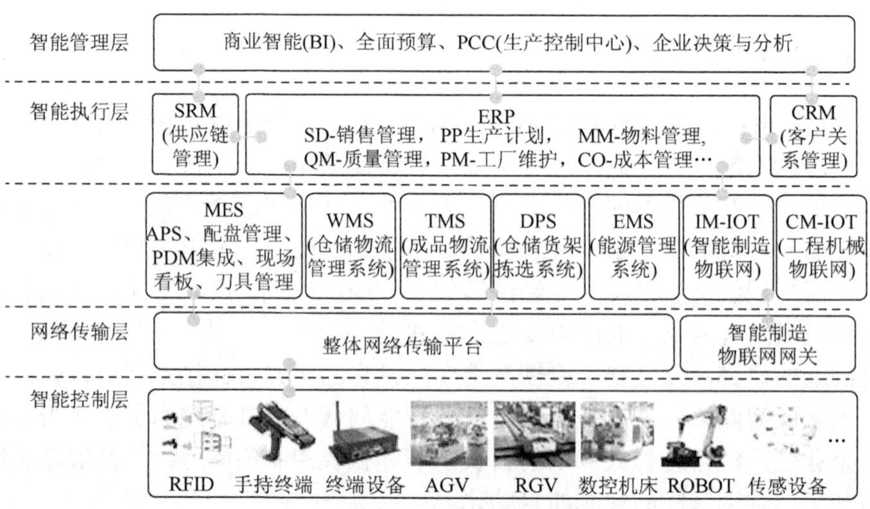

图 12-7 智能制造系统的体系结构

从制造系统的功能角度，可将智能制造系统细分为设计、计划、生产和系统活动四个子系统。在设计子系统中，智能制定突出了产品的概念设计过程中消费需求的影响；功能设计关注了产品可制造性、可装配性和可维护及保障性。另外，模拟测试也广泛应用智能技术。在计划子系统中，数据库构造将从简单信息型发展到知识密集型。在排序和制造资源计划管理中，模糊推理等多类的专家系统将集成应用；智能制造的生产系统将是自治或半自治系统。在监测生产过程、生产状态获取和故障诊断、检验装配中，将广泛应用智能技术；从系统活动角度，神经网络技术在系统控制中已开始应用，同时应用分布技术和多元代理技术、全能技术，并采用开放式系统结构，使系统活动并行，解决系统集成。

智能制造系统在制造过程中，能自动监视其运行状态，在受到外界或内部激励时，能够自动调整参数，自组织达到最优状态。智能制造系统具有较强的自学能力，并能融合过去总是被孤立对待的生产系统的各种特征，在市场适应性、经济性、功能性、适应自然和社会环境的能力、开放性和兼容能力等方面自动为生产系统寻找到最优的解决方案。

智能制造系统突出了知识在制造活动中的价值地位，而知识经济又是继工业经济后的主体经济形式，所以智能制造就成为影响未来经济发展过程的制造业的重要生产模式。

12.4.2 智能制造特征

智能制造系统是智能制造技术的综合运用，这就使得智能制造系统具备了一些传统制造系统所不具备的崭新的能力。

（1）自组织。自组织能力是智能制造系统的一个重要标志。智能制造系统中的各种智能机器能够按照工作任务的要求，自行集结成一种最合适的结构，并按照最优的方式运行。

（2）自律。自律能力即搜集与理解环境信息和自身信息，并进行分析判断和规划自身行为的能力。智能制造系统能根据周围环境和自身作业状况的信息进行监测与处理，并根据处理结果自行调整控制策略，以采用最佳行动方案。这种自律能力在一定程度上表现出独立性、自主性和个性，甚至相互间还能协调运作与竞争。强有力的知识库和基于知识的模型是自律能力的基础。自律能力使整个制造系统具备抗干扰、自适应和容错等能力。

（3）自学习和自维护。智能制造系统能以原有的专家知识为基础，在实践中不断进行学习，完善系统知识库，并删除库中有误的知识，使知识库趋向最优。同时，还能对系统故障进行自我诊断、排除和修复。这种能力使智能制造系统能够自我优化并适应各种复杂的环境。

（4）整个制造系统的智能集成。智能制造系统在强调各子系统智能化的同时，更注重整个制造系统的智能集成。智能制造系统包括经营决策、采购、产品设计、生产计划、制造装配、质量保证和市场销售等各个子系统，并把它们集成为一个整体，实现整体的智能化。

（5）人机一体化。智能制造系统不单纯是“人工智能”系统，而是人机一体化智能系统，是一种混合智能。基于人工智能的智能机器只能进行机械式的推理、预测、判断，它只能具有逻辑思维，最多做到形象思维，完全做不到灵感思维，只有人类专家才真正同时具备以上三种思维能力。因此，想以人工智能全面取代制造过程中人类专家的智能，独立承担起分析、判断、决策等任务是不现实的。人机一体化一方面突出人在制造系统中的核心地位，另一方面强调在智能机器的配合下更好地发挥人的潜能，使人机之间表现出一种平等共事、相互“理解”、相互协作的关系，使二者在不同的层次上各显其能、相辅相成。因此，在智能制造系统中，高素质、高智能的人将发挥更好的作用，机器智能和人的智能将真正地集成在一起，互相配合，相得益彰。

12.4.3　智能制造的关键技术

（1）新型传感技术——高传感灵敏度、精度、可靠性和环境适应性的传感技术，采用新原理、新材料、新工艺的传感技术（如量子测量、纳米聚合物传感、光纤传感等），微弱传感信号提取与处理技术。

（2）模块化、嵌入式控制系统设计技术——不同结构的模块化硬件设计技术，微内核操作系统和开放式系统软件技术、组态语言和人机界面技术，以及实现统一数据格式、统一编程环境的工程软件平台技术。

（3）先进控制与优化技术——工业过程多层次性能评估技术、基于海量数据的建模技术、大规模高性能多目标优化技术、大型复杂装备系统仿真技术、高阶导数连续运动规划、电子传动等精密运动控制技术。

（4）系统协同技术——大型制造工程项目复杂自动化系统整体方案设计技术以及安装调试技术，统一操作界面和工程工具的设计技术，统一事件序列和报警处理技术，一体化资产管理技术。

（5）故障诊断与健康维护技术——在线或远程状态监测与故障诊断、自愈合调控与损伤智能识别以及健康维护技术、重大装备的寿命测试和剩余寿命预测技术、可靠性与寿命评估技术。

（6）高可靠实时通信网络技术——嵌入式互联网技术、高可靠无线通信网络构建技术、工业通信网络信息安全技术和异构通信网络间信息无缝交换技术。

（7）功能安全技术——智能装备硬件、软件的功能安全分析、设计、验证技术及方法，建立功能安全验证的测试平台，研究自动化控制系统整体功能安全评估技术。

（8）特种工艺与精密制造技术——多维精密加工工艺，精密成型工艺，焊接、粘接、烧结等特殊连接工艺，微机电系统技术，精确可控热处理技术，精密锻造技术等。

（9）自动识别技术——低成本、低功耗射频识别芯片设计制造技术，超高频和微波天线设计技术，低温热压封装技术，超高频射频识别核心模块设计制造技术，基于深度三位图像识别技术，物体缺陷识别技术。

12.4.4 智能制造的发展轨迹

智能制造源于人工智能的研究。人工智能就是用人工方法在计算机上实现的智能。随着产品性能的完善化及其结构的复杂化、精细化，以及功能的多样化，促使产品所包含的设计信息和工艺信息量猛增，随之生产线和生产设备内部的信息流量增加，制造过程和管理工作的信息量也必然剧增，因而促使制造技术发展的热点与前沿，转向了提高制造系统对于爆炸性增长的制造信息处理的能力、效率及规模上。

专家认为，制造系统正在由原先的能量驱动型转变为信息驱动型，这就要求制造系统不但要具备柔性，而且还要表现出智能，否则是难以处理如此大量而复杂的信息工作量的。其次，瞬息万变的市场需求和激烈竞争的复杂环境，也要求制造系统表现出更高的灵活、敏捷和智能。因此，智能制造越来越受到高度的重视。

1992 年美国执行新技术政策，大力支持关键重大技术（critical technology），包括信息技术和新的制造工艺，智能制造技术自在其中，美国政府希望借助此举改造传统工业并启动新产业。

加拿大制定的 1994～1998 年发展战略计划，认为未来知识密集型产业是驱动全球经济和加拿大经济发展的基础，认为发展和应用智能系统至关重要，并将具体研究项目选择为智能计算机、人机界面、机械传感器、机器人控制、新装置、动态环境下系统集成。

日本 1989 年提出智能制造系统，且于 1994 年启动了先进制造国际合作研究项目，包括了公司集成和全球制造、制造知识体系、分布智能系统控制、快速产品实现的分布智能系统技术等。

欧洲联盟的信息技术相关研究有 ESPRIT 项目，该项目大力资助有市场潜力的信息技术。1994 年又启动了新的 R&D 项目，选择了 39 项核心技术，其中三项（信息技术、分子生物学和先进制造技术）中均突出了智能制造的位置。

中国 20 世纪 80 年代末也将“智能模拟”列入国家科技发展规划的主要课题，已在专家系统、模式识别、机器人、汉语机器理解方面取得了一批成果。国家科学技术部正式提出了“工业智能工程”，作为技术创新计划中创新能力建设的重要组成部分，智能制造将是该项工程中的重要内容。

目前，智能制造已经发展成为将集成信息通信技术、电工电子及微系统技术、生产技术及机械工程自动化、管理及物流技术等多技术进行交叉融合形成的技术体系。以物联网、移动互联网、大数据、云计算为代表的新一代信息技术，以 3D 打印、机器人、人机协作为代表的新型制造技术，与新能源、新材料与生物科技呈现多点突破、交叉融合，智能制造技术创新不断取得新突破。

近年来，主要发达国家和地区纷纷聚焦智能制造，制定制造业中长期发展战略，力图抢占先进制造业发展制高点。美国“三位一体”推进智能制造发展，政府、行业组织、企业联盟分别针对关键共性技术、智能制造系统平台和工业互联网加以布局；欧盟“数字化议程”将智能制造作为重点研发与推进方向；德国发布实施“工业 4.0”战略。

2015 年，我国发布《中国制造 2025》，将智能制造确立为主攻方向，智能制造技术创新应用将加快向系统集成应用迈进，以物联网为代表的“互联网+”与制造业的深度融合将加快催生智能制造系统平台。围绕智能制造系统平台建设，美国借助实施“先进制造业伙伴计划”加强信息物理系统软件开发和工业互联网平台建设，德国推行“工业 4.0”战略，搭建以信息物理系统为核心的智能制造系统架构。

12.5　运营管理新模式——“互联网＋”

12.5.1　“互联网+”概述

1. “互联网+”的背景

2012 年 11 月第五届移动互联网博览会，易观国际董事长兼首席执行官于扬首次提出“互联网+”理念。他认为“在未来，‘互联网+’公式应该是我们所在的行业的产品和服务，在与我们未来看到的多屏全网跨平台用户场景结合之后产生的这样一种化学公式。我们可以按照这样一个思路找到若干这样的想法。而怎么找到你所在行业的‘互联网+’是企业需要思考的问题。”

2014 年 11 月，李克强出席首届世界互联网大会时指出，互联网是大众创业、万众创新的新工具。其中“大众创业、万众创新”正是此次政府工作报告中的重要主题，被称作中国经济提质增效升级的“新引擎”，可见其重要作用。

2015 年 3 月，全国两会上，全国人大代表马化腾提交了《关于以“互联网+”为驱动，推进我国经济社会创新发展的建议》的议案，表达了对经济社会的创新提出了建议和看法。他呼吁，我们需要持续以“互联网+”为驱动，鼓励产业创新、促进跨界融合、惠及社会民生，推动我国经济和社会的创新发展。马化腾表示，“互联网+”是指利用互联网的平台、信息通信技术把互联网和包括传统行业在内的各行各业结合起来，从而在新领域创造一种新生态。他希望这种生态战略能够被国家采纳，成为国家战略。

2015 年 3 月 5 日上午十二届全国人大三次会议上，李克强在政府工作报告中首次提出“互联网+”行动计划。李克强在政府工作报告中提出，“制定‘互联网+’行动计划，推动移动互联网、云计算、大数据、物联网等与现代制造业结合，促进电子商务、工业互联网和互联网金融健康发展，引导互联网企业拓展国际市场”。

2015 年 7 月 4 日，经李克强签批，国务院印发《关于积极推进“互联网+”行动的指导意见》（以下简称《指导意见》），这是推动互联网由消费领域向生产领域拓展、加速提升产业发展水平、增强各行业创新能力、构筑经济社会发展新优势和新动能的重要举措。

2015 年 12 月 16 日，第二届世界互联网大会在浙江乌镇开幕。在举行“互联网+”的论坛上，中国互联网发展基金会联合百度、阿里、腾讯共同发起倡议，成立“中国互联网+联盟”。

2. “互联网+”的概念

“互联网+”代表一种新的经济形态，即充分发挥互联网在生产要素配置中的优化和集成作用，将互联网的创新成果深度融合于经济社会各领域之中，提升实体经济的创新力和生产力，形成更广泛的以互联网为基础设施和实现工具的经济发展新形态。

“互联网+”行动计划将重点促进以云计算、物联网、大数据为代表的新一代信息技术与现代制造业、生产性服务业等的融合创新，发展壮大新兴业态，打造新的产业增长点，为大众创业、万众创新提供环境，为产业智能化提供支撑，增强新的经济发展动力，促进国民经济提质增效升级。

“互联网+”是两化融合的升级版，将互联网作为当前信息化发展的核心特征，提取出来，并与工业、商业、金融业等服务业的全面融合。这其中最关键的就是创新，只有创新才能让这个+真正有价值、有意义。正因为此，“互联网+”被认为是创新 2.0 下的互联网发展新形态、新业态，是知识社会创新 2.0 推动下的经济社会发展新形态演进。

12.5.2 “互联网+”的主要特征

通俗来说，“互联网+”就是“互联网+各个传统行业”，但这并不是简单的两者相加，而是利用信息通信技术以及互联网平台，让互联网与传统行业进行深度融合，创造新的发展生态。

“互联网+”主要特征如下。

（1）跨界融合。“+”就是跨界，就是变革，就是开放，就是重塑融合。敢于跨界了，创新的基础才能更坚实；融合协同了，群体智能才会实现，从研发到产业化的路径才会更垂直。融合本身也指代身份的融合，客户消费转化为投资，伙伴参与创新等，不一而足。

（2）创新驱动。中国粗放的资源驱动型增长方式早就难以为继，必须转变到创新驱动发展这条正确的道路上来。这正是互联网的特质，用所谓的互联网思维来求变、自我革命，也更能发挥创新的力量。

（3）重塑结构。信息革命、全球化、互联网业已打破了原有的社会结构、经济结构、地缘结构、文化结构。权利、议事规则、话语权在不断发生变化。“互联网+”社会治理、虚拟社会治理会是很大的不同。

（4）尊重人性。人性的光辉是推动科技进步、经济增长、社会进步、文化繁荣的最根本的力量，互联网的力量之强大最根本来源于对人性的最大限度的尊重、对人体验的敬畏、对人的创造性发挥的重视。如 UGC、卷入式营销、分享经济。

（5）开放生态。关于“互联网+”，生态是非常重要的特征，而生态的本身就是开放的。我们推进“互联网+”，其中一个重要的方向就是要把过去制约创新的环节化解掉，把孤岛式创新连接起来，让研发由人性决定的市场驱动，让创业并努力者有机会实现价值。

（6）连接一切。连接是有层次的，可连接性是有差异的，连接的价值是相差很大的，但是连接一切是“互联网+”的目标。

12.5.3 “互联网+”的应用

1. 互联网+工业

“互联网+工业”即传统制造业企业采用移动互联网、云计算、大数据、物联网等信息通信技术，改造原有产品及研发生产方式，与“工业互联网”“工业 4.0”的内涵一致。

“移动互联网+工业”。借助移动互联网技术，传统制造厂商可以在汽车、家电、配饰等工业产品上增加网络软硬件模块，实现用户远程操控、数据自动采集分析等功能，极大地改善了工业产品的使用体验。

“云计算+工业”。基于云计算技术，一些互联网企业打造了统一的智能产品软件服务平台，为不同厂商生产的智能硬件设备提供统一的软件服务和技术支持，优化用户的使用体验，并实现各产品的互联互通，产生协同价值。

“物联网+工业”。运用物联网技术，工业企业可以将机器等生产设施接入互联网，构建网络化信息物理系统，进而使各生产设备能够自动交换信息、触发动作和实施控制。物联网技术有助于加快生产制造实时数据信息的感知、传送和分析，加快生产资源的优化配置。

“网络众包+工业”。在互联网的帮助下，企业通过自建或借助现有的“众包”平台，可以发布研发创意需求，广泛收集客户和外部人员的想法与智慧，大大扩展了创意来源。工业和信息化部信息中心搭建了“创客中国”创新创业服务平台，链接创客的创新能力与工业企业的创新需求，为企业开展网络众包提供了可靠的第三方平台。

2. 互联网+金融

“互联网+金融”从组织形式上看，这种结合至少有三种方式。第一种是互联网公司做金融；如果这种现象大范围发生，并且取代原有的金融企业，那就是互联网金融颠覆论。第二种是金融机构的互联网化。第三种是互联网公司和金融机构合作。

从 2013 年以在线理财、支付、电商小贷、P2P、众筹等为代表的细分互联网嫁接金融的模式进入大众视野以来，互联网金融已然成为了一个新金融行业，并为普通大众提供了更多元化的投资理财选择。对于互联网金融而言，2013 年是初始之年，2014 年是调整之年，而 2015 年将成为各种互联网金融模式进一步稳定客户、市场，走向成熟和接受监管的规范之年。

（1）互联网供应链金融。该业务与电子商务紧密结合，阿里、苏宁、京东等大型电子商务企业纷纷自行与银行合作开展此项业务。互联网企业基于大数据技术，在放贷前可以通过分析借款人历史交易记录，迅速识别风险，确定信贷额度，借贷效率极高；在放贷后，可以对借款人的资金流、商品流、信息流实现持续闭环监控，有力降低了贷款风险，进而降低利息费用，让利于借款企业，很受小微企业的欢迎。

（2）P2P 网络信贷。近两年，我国 P2P 网络信贷市场出现了爆炸式增长，无论是平台规模、信贷资金，还是参与人数、社会影响都有较大进步。据统计，2014 年，P2P 平台数量已经达到 1575 家，全年成交金额 2528 亿元。P2P 规模的飞速发展为中小微企业融资开拓了新的融资渠道，也为居民进行资产配置提供了新的平台。

（3）众筹。众筹这种融资模式具有融资门槛低、融资成本低、期限和回报形式灵活等特点，是初创型企业除天使投资之外的重要融资渠道。我国已成立的众筹平台已经超过 100 家，其中约六成为商品众筹平台，纯股权众筹约占两成，其余为混合型平台。

（4）互联网银行。2014 年，互联网银行落地，标志着“互联网+金融”融合进入了新阶段。2015 年 1 月 18 日，以腾讯为大股东的深圳前海微众银行试营业，并于 4 月 18 日正式对外营业，其成为国内首家互联网民营银行。1 月 29 日，上海华瑞银行获准开业。微众银行的互联网模式大大降低了金融交易成本，节省了有形的网点建设和管理安全等庞大的成本、节省了大量人力成本、节约了客户跑银行网点的时间成本等。微众银行的互联网模式还大大提高了金融交易的效率，客户任何地点、任何时间都可以办理银行业务，不受时间、地点、空间等约束，效率大大提高；通过网络化、程序化交易和计算机快速、自动化等处理，大大提高了银行业务处理的效率。阿里旗下的浙江网商银行将于 2015 年 6 月 25 日上线，并取名为“MYbank”。

3. *互联网+商贸*

在零售、电子商务等领域，过去这几年都可以看到和互联网的结合。正如马化腾所言，“它是对传统行业的升级换代，不是颠覆掉传统行业”。在其中，又可以看到“特别是移动互联网对原有的传统行业起到了很大的升级换代的作用”。

2014 年，中国网民数量达 6.49 亿，网站 400 多万家，电子商务交易额超过 13 万亿元人民币。在全球网络企业前 10 强排名中，有 4 家企业在中国，互联网经济成为中国经济的最大增长点。

2015 年 5 月 18 日，2015 中国化妆品零售大会在上海召开，600 位化妆品连锁店主，百余位化妆品代理商，数十位国内外主流品牌代表与会。面对实体零售渠道变革，会议提出了“零售业+互联网”的概念，建议以产业链最终环节零售为切入点，结合国家战略发展思维，发扬“+”时代精神，回归渠道本质，以变革来推进整个产业提升。

2014 年 B2B 电子商务业务收入规模达 192.2 亿元人民币，增长 28.34%；交易规模达 9.4 万亿元人民币，增长 15.37%。同时，B2B 电商业务也正在逐步转型升级，主要的平台仍以提供广告、品牌推广、询盘等信息服务为主。阿里、慧聪网、华强电子网等多家 B2B 平台开展了针对企业的“团购”“促销”等活动，培育企业的在线交易和支付习惯。

截至 2014 年，中国跨境电子商务试点进出口额已突破 30 亿元。一大批跨境电子商务平台走向成熟。外贸 B2C 网站兰亭集势 2014 年前三季度服装品类的净营收达到 3700 万美元，同比增速达到 103.9%，订单数及客户数同比增速均超过 50%。

4. *互联网+交通*

“互联网+交通”已经在交通运输领域产生了“化学效应”，例如，说大家经常使用的打车软件、网上购买火车和飞机票、出行导航系统等。

从国外的 Uber、Lyft 到国内的滴滴打车、快的打车，移动互联网催生了一批打车拼车专车软件，虽然它们在全世界不同的地方仍存在不同的争议，但它们通过把移动互联网和传统的交通出行相结合，改善了人们出行的方式，增加了车辆的使用率，推动了互联网共享经济的发展，提高了效率、减少了排放，对环境保护也做出了贡献。

5. 互联网+医疗

现实中存在看病难、看病贵等难题，业内人士认为，移动医疗+互联网有望从根本上改善这一医疗生态。互联网将优化传统的诊疗模式，为患者提供一条龙的健康管理服务。在传统的医患模式中，患者普遍存在事前缺乏预防，事中体验差，事后无服务的现象。而通过互联网医疗，患者有望从移动医疗数据端监测自身健康数据，做好事前防范；在诊疗服务中，依靠移动医疗实现网上挂号、询诊、购买、支付，节约时间和经济成本，提升事中体验；并依靠互联网在事后与医生沟通。

百度、阿里、腾讯先后出手互联网医疗产业，形成了巨大的产业布局网，他们利用各自优势，通过不同途径实现着改变传统医疗行业模式的梦想。

百度其利用自身搜索霸主身份，推出“健康云”概念，基于百度擅长的云计算和大数据技术，形成“监测、分析、建议”的三层构架，对用户实行数据的存储、分析和计算，为用户提供专业的健康服务。除此之外，百度还利用其超强的搜索技术优势提供一站式医疗服务平台，这其实与新型的智能医疗服务平台健趣网有异曲同工之妙，所以在智能搜索方面，百度与健趣网有着极大地合作前景与开发领域。

阿里在移动医疗的布局主要是“未来医院”和“医药 O2O”，前者以支付宝为核心优化诊疗服务，后者以药品销售为主，已有多家上市公司与其“联姻”。2014～2015 年，支付宝相继与海虹控股、东华软件、东软集团、卫宁软件签订协议，共同推进“未来医院”，以智能优化诊疗服流程，并先后在杭州、广州、昆明、中山等地的医院试点。在医药电商方面。2015 年 1 月，阿里健康与白云山达成合作协议，阿里旗下云锋基金 5 亿元参与白云山定增，双方拟共同探索开发药品 O2O 营销模式。并且“阿里健康云平台——数据服务”平台及相应的医药大数据战略已经发布实施。在大数据技术领域，百度与阿里有着很多交叉领域，为两者在以后的合作留下极大的空间。

腾讯以 QQ 和微信两大社交软件为把手，投入巨资收购丁香园和挂号网，并在第一时间从 QQ 上推出“健康板块”，为微信平台打造互联网医疗服务整合入口，其互联网+医疗发展战略已经一目了然，从资本运作，到微信服务，再到智慧医疗，腾讯的用户争夺战始终是它布局互联网+医疗行业的重头戏。2014 年 4 月，九州通携手腾讯开发微信医药 O2O“药急送”功能，随后陆续开通了微信订阅号“好药师健康资讯”和微信服务号“好药师”，好药师微信小店开张后 10 天突破 5000 张订单。

2013 年中国移动医疗市场规模为 19.8 亿元，同比增长 50.0%，预计 2017 年将达到 200.9 亿元，4 年复合增长率高达 78.5%。移动医疗未来两年将高速发展。

12.5.4　“互联网+”发展趋势

还有无所不在的计算、数据、知识。“互联网+”不仅仅使互联网移动了、泛在了、应用于某个传统行业了，更加入了无所不在的计算和数据等，造就了无所不在的创新。

严格来说，“互联网+” 是创新 2.0 下的互联网与传统行业融合发展的新形态、新业态，是知识社会创新 2.0 推动下的互联网形态演进及其催生的经济社会发展新常态。它代表一种新的经济增长形态，即充分发挥互联网在生产要素配置中的优化和集成作用，将互联网的创新成果深度融合于经济社会各领域之中，提升实体经济的创新力和生产力，形成更广泛的以互联网为基础设施和实现工具的经济发展模式。

从现状来看，“互联网+”尚处于初级阶段，各领域对“互联网+”还在做论证与探索，特别是那些非常传统的行业，他们正努力借助互联网平台增加自身利益。例如，传统行业开始尝试营销的互联网化，借助 B2B、B2C 等电商平台来实现网络营销渠道的扩建，增强线上推广与宣传力度，逐步尝试网络营销带来的便利。

与传统企业相反的是，在“全民创业”的常态下，企业与互联网相结合的项目越来越多，诞生之初便具有“互联网+”的形态，因此它们不需要再像传统企业一样转型与升级。“互联网+”正是要促进更多互联网创业项目的诞生，从而无需再耗费人力、物力及财力去研究与实施行业转型。可以说，每一个社会及商业阶段都有一个常态以及发展趋势，“互联网+”的发展趋势则是大量“互联网+”模式的爆发以及传统企业的“破与立”。

1. “互联网+”服务商崛起

“互联网+”的兴起会衍生一大批在政府与企业之间的第三方服务企业，即“互联网+”服务商。他们本身不会从事互联网+传统企业的生产、制造及运营工作，但是会帮助线上及线下双方的协作，从事的是做双方的对接工作，盈利方式则是双方对接成功后的服务费用及各种增值服务费用。

这些增值服务包罗万象，包括培训、招聘、资源寻找、方案设计、设备引进、车间改造等。初期的“互联网+”服务商是单体经营，后期则会发展成为复合体，不排除后期会发展成为纯互联网模式的平台型企业。第三方服务涉及的领域有大数据、云系统、电商平台、O2O 服务商、客户关系管理等软件服务商、智能设备商、机器人、3D 打印等。

2. “互联网+”职业培训兴起

随着“互联网+”的兴起，政府和企业都需要更多“互联网+”人才，因此带来关于“互联网+”的培训及特训职业线上线下教育的爆发。在线教育领域，职业教育一直是颇受追捧的教育类型，同时占据较大市场份额。

“互联网+”职业教育的培训内容丰富多样，可以是具体细分的每个岗位的工作。其实这些在线培训岗本质上还是互联网企业的职位，传统企业想改变企业架构，需要配备更多的专业技能职工。“互联网+”职业培训主要面向两个群体，一是对传统企业在职员工的培训，二是对想从事该行业的人员的培训。

3. 产业升级

“互联网+”不仅正在全面应用到第三产业，逐渐形成诸如互联网金融、互联网交通、互联网医疗、互联网教育等新业态，而且正在向第一和第二产业渗透。

“互联网+”行动计划将促进产业升级。首先，“互联网+”行动计划能够直接创造出新兴产业，促进实体经济持续发展。互联网+行业能催生出无数的新兴行业。例如，互联网+金融激活并提升了传统金融，创造出包括移动支付、第三方支付、众筹、P2P

网贷等模式的互联网金融，使用户可以在足不出户的情况下满足金融需求。其次，“互联网+”行动计划可以促进传统产业变革。“互联网+”令现代制造业管理更加柔性化，更加精益制造，更能满足市场需求。最后，“互联网+”行动计划将帮助传统产业提升。互联网+商务=电商，互联网与商务相结合，利用互联网平台的长尾效应，在满足个性化需求的同时创造出了规模经济效益。

“互联网+”行动计划将重点促进以云计算、物联网、大数据为代表的新一代信息技术与现代制造业、生产性服务业等的融合创新，发展壮大新兴业态，打造新的产业增长点，为大众创业、万众创新提供环境，为产业智能化提供支撑，增强新的经济发展动力，促进国民经济提质增效升级。

4. “互联网+”发展方向

（1）以服务为主走向与制造和实体相结合。2016 年互联网+的政策红利仍将持续。随着各行各业纷纷互联网化，互联网与实体经济找到了优势互补的契合点，并引发全行业的广泛创新和变革。互联网行业将从以服务为主走向与制造业等实体经济融合发展，通过创新实现产业结构优化和全面升级。

（2）企业走向定制化、智能化。中国经济在高速发展的同时也在面临严峻的问题和挑战。曾经一味追求 GDP 高速增长的苦果已经现实地摆在面前，资源、环境等人类赖以生存的基础已经发出最自然的警示。可持续发展成为了全社会、全行业都在考虑的问题，企业需要通过科技创新、模式创新、管理创新、组织创新、产品创新等途径，调整生产结构、改善发展方式，从物质文明和精神文明两个层面，实现经济效益和社会效益协调和谐的发展。与此同时，消费者需求更加个性化、人性化，开发定制化、智能化产品和服务成为企业新的盈利增长点。但这种个性化，是建立在与以往不同的深层或本质需求背景之上的。

（3）跨界融合构造新的平台系统。往前推十年，跨界合作可能是凤毛麟角的现象，如今已然成为企业寻求合作、开拓市场以及构建新生态的潮流。越来越多的互联网企业和基因互补的传统企业展开合作。互联网与互联网企业间的跨界合作更加常见，在互联网金融领域尤其明显，金融天然的消费属性促进了其与旅游、购物等消费领域的合作。这一方面说明进取意识，另一方面也反映了危机意识。

（4）互联网+金融将产生更多新兴业态。2015 年金融和经济领域喜忧参半。既有“互联网+”宏观政策下的大众创业、万众创新热潮，又有股市反复无常的间歇性震荡，还有投资市场过热、流动资产过剩、经济下行压力持续和资产泡沫化的担忧。同时，央行 2015 年数次降准、降息的货币政策，刺激经济复苏和发展的态度显而易见。金融作为国家经济发展的命脉，担负着为经济发展提供血液和资产活力的重任。在互联网+政策的鼓励下，互联网金融创业创新遍地开花。2016 年互联网金融改革持续深化，传统和新兴金融行业将以创新为支点走向平衡。

（5）中国或将引领世界未来再向前迈进一步。近年互联网创新浪潮席卷全球，中国、印度等新兴国家市场在国际市场上的影响力越来越大。经济新常态下，中国活跃的创新氛围已经引起世界的关注，在科技、零售、金融、投资、工业、制造业等领域的创新逐渐与国际接轨，在工业 4.0 来临之际，中国或将向引领世界未来的阶段再向前迈进一步。

在这一机遇过程中，敏锐的中国企业将有一系列特殊战略机会。

12.5.5 “互联网+”案例——服务区运营管理新模式

畅行公司与北京神州数码公司进行战略合作，启动智慧（数字和信息）服务区建设探索，充分运用物联网、云计算、大数据等众多新理念、新技术，将智慧化建设与服务区日常运营管理试点融合发展，打造了“互联网+”服务区管理、“互联网+”驾乘人员服务、“互联网+”服务区大数据平台，引入了群智管理模式、“线上线下”商超发展模式，探索了O2O商业模式、提供了免费WIFI、应用了引导系统、升级了查询系统等，拉开了智慧（数字和信息）服务区建设大框架，描绘了智慧（数字和信息）服务区大蓝图，全力将服务区打造成为集“商超、停车、加油、修理、餐饮、娱乐、住宿、物流”等一站式服务的“温馨旅岛”。

1. 服务区的智慧化

随着经济社会的迅速发展，人们生活水平的提高，人均车辆保有量快速增长，大众自驾出行旅游需求旺盛，这对于服务区的承载能力和服务水平等提出了更高要求和巨大挑战。传统手工收集、整理、传送和分析数据的工作量大、效率低、实时性差，缺少对宏观数据的统计和分析，无法为科学决策提供数据支持，限制了服务区运营管理水平。同时，随着服务区信息化、智能化向智慧化演进的加速，特别是国家“互联网+”行动计划以及交通运输部“四个交通”的提出，为服务区指明了方向，提供了新的思路。

畅行公司将先进的信息技术、控制技术、传感器技术等有效地集成并应用于服务区的运营管理中，使其具有逻辑推理、视觉模拟或替代人肢体运动的能力，实现高速公路服务区规范化、科学化、精细化、数字化的管理。这一框架，坚持突出了“集约、智能、实用、绿色”理念。将“集约”贯穿于强化服务区管理资源的集约利用和提高管理效率之中；将“智能”用于加强服务区智慧化与精细化建设之中；将“绿色”体现在循环利用资源，善待生态环境之中。

2. 引入智慧服务区技术

畅行公司在日常管理中引入了视频监控、分析系统，群智管理模式、停靠引导系统等智慧系统、模式和手段，突出智慧化、专业化、人性化、现代化的同步发展。

（1）打造服务区管控平台。在这个平台中，建立了八个模块单元，包括车辆监控、人流量监控、网络视频监控、广播呼叫系统等。具体来说，车辆监控可以更好地管理停靠车辆，疏导车辆，并对危化品车辆进行重点监控。人流量监控可以监控人流量的激增现象，及时关注服务区中的卫生间、餐厅、超市等不同区域的人流情况。网络视频监控和广播呼叫系统是通过监控室工作台关注服务区内外场情况的，当遇到突发事件时，可对特定区域进行喊话。此外还将重点打造服务区物联网数据的监控系统，包括公共卫生间监控、智能照明、供电系统监控、供水监控、污水监控和异常告警。

（2）引入群智管理模式。通过互联网+的模式，开放掌上APP应用，开辟用户爆料、用户评价窗口，让驾乘参与到服务区管理中来，通过收集用户满意度调查和用户体验爆料，筛选整理驾乘人员对服务区的体验数据，并与服务区管理维度形成综合对比，如服务种类、服务设施、价格区间、卫生状况等多个对比项目，便于后期对满意度进行分析，充分了解服务区在管理上和用户满意度之间的差异，无形中为服务区提供了免费、高效、直观的监督支持，从而大大提升运营管理质量，提高服务区实时化的、人性化的、精细化的管理水平。

（3）应用车辆监控引导系统。将停车场划分不同区域，如停放小轿车的区域、停放大客车的区域、停放危险品车辆的区域。在服务区安装激光卡口系统、视频监控系统和两客一危车辆告警系统，通过服务区的平面图可以看到不同区域的实时视频、车辆的驶入/驶出统计和车辆的牌照、品牌、颜色、长/宽/高的数据。同时，车辆引导系统将实时车位信息发布到信息屏上，引导驾驶员停放车辆，对车主而言，可以简便而快速地寻找到空车位，从而节省大量的寻找空车位的时间；对服务区管理而言，在提供了一种舒适的服务给驾驶员的同时，又提高了运营和管理的效率，有效降低在寻找车位过程中出现的车辆剐蹭以及争抢车位的概率，营造了安全、舒适、便捷和开放的环境。

（4）开启 O2O 模式。积极探索“互联网+”服务区经营模式。一方面，开通了微信公众号、开启了 O2O 商业模式下的合作、自营与体验模式，于新余、南城服务区开展合作试点，引进了进口商品自助免税终端。并通过开设线下展示体验区吸引、招揽客户，打造线下宣传，线上销售、线下消费的循环链条，形成资源整合、强强联合的多元化经营、市场化运作、效益化考评的合作激励运营模式，推动电商项目的快速发展。另一方面，在赣通宝 APP 中设立了服务区商超模块，设置了“移动商超”、“特色餐饮”和“精品特产”这三个栏目。驾乘人员通过移动终端打开赣通宝 APP 就可浏览到服务区超市售卖的商品、服务区提供的餐饮和服务区精选的特产商品，也可在线订购商品和订餐，并支持服务区取货和物流配送的消费方式。此外为驾乘人员提供更加便捷的 O2O 商业运营和咨询服务，服务区还提供了线上支付功能。驾乘人员购买服务区商超、餐饮、广告、汽修、客房等服务均可通过支付宝、微信线上支付方式来结算付款。

（5）改进商业系统。B/S 构架下的新系统通过云服务器与决策分析、畅行卡以及财务系统实现无缝对接，能够提供完备的业务操作审计功能，实现操作过程的全程跟踪和回溯，形成了智慧化的三级架构管理形式。同时畅行公司还推出了可在移动平台上实现业务查询与处理的手机 APP 客户端管理，方便业务人员的工作。目前，该系统覆盖了商超、餐饮、广告、汽修、客房等经营业务，并与“畅行卡”系统、视频分析系统以及财务分析系统实现无缝对接，公司基本建立起了覆盖服务区的统一经营业务视图，满足了服务区管理高效、分析精确、降低成本的要求。

（6）积累大数据。服务区大数据具有丰富的多样性。在为驾乘人员提供免费 WIFI 服务的同时，进行多媒体信息推送，通过各子系统获取消费者属性、消费倾向等数据，建立客户动态模型及数据库，通过大数据分析，可以了解驾乘人员进入服务区的动机，停留的时间、出行的目的、消费意愿以及搭乘的交通工具等信息。重点收集营销、智能设备、满意度调查、商业信息等数据，进行多维度交叉分析。从而形成商业、人流量、车流量、服务区运行状态等不同类型的报表供服务区管理者使用。同时，能够提供收营对比表，为服务区发掘新的经营业态提供数据支持。

➢思考题与习题

1. 试述精益生产的概念与特征。
2. 试述实现准时制生产方式的基本手段。
3. 试述敏捷制造理念的内涵。
4. 试述虚拟制造的概念及分类。
5. 虚拟制造有哪些关键技术？
6. 简述虚拟企业的生命周期过程。
7. 试述大规模定制的概念与分类。
8. 什么是智能制造，它的特征是什么？
9. 智能制造的关键技术有哪些？
10. 简述“互联网+”的概念与特征。

➢拓展学习材料

12-1 案例分析

12-2 精益生产

参考文献

奥拓·布劳克曼. 2015. 智能制造：未来工业模式和业态的颠覆与重构[M]. 张潇，郁汲，译. 北京：机械工业出版社.

鲍尔索克斯，等. 2014. 供应链物流管理[M]. 4 版. 马士华，等，译. 北京：机械工业出版社.

蔡启明，张庆，庄品. 2009. 基础工业工程[M]. 2 版. 北京：科学出版社.

陈荣秋，马士华. 2013. 生产运作管理[M]. 北京：机械工业出版社.

陈志祥. 2014. 生产与运作管理[M]. 2 版. 北京：机械工业出版社.

但斌，经有国. 2016. 大规模定制下客户需求识别与产品智能配置[M]. 北京：科学出版社.

傅莉萍，姜斌远. 2015. 采购管理[M]. 北京：北京大学出版社.

黄卫伟. 2015. 生产与运营管理[M]. 2 版. 北京：中国人民大学出版社.

戢守峰. 2013. 现代设施规划与物流分析[M]. 北京：机械工业出版社.

季建华，等. 2010. 运营管理[M]. 2 版. 上海：格致出版社.

卡洛斯梅纳，罗姆科范霍克，马丁克里斯托弗. 2016. 战略采购和供应链管理：实践者的管理笔记[M]. 张凤，樊丽娟，译. 北京：人民邮电出版社.

卡桑，等. 2013. 运营管理：供需匹配的视角[M]. 2 版. 任建标，译. 北京：中国人民大学出版社.

克里斯托弗. 2012. 物流与供应链管理[M]. 何明珂，等，译. 北京：电子工业出版社.

刘丽文. 2016. 生产与运作管理[M]. 5 版. 北京：清华大学出版社.

刘树华，鲁建厦. 2010. 精益生产[M]. 北京：机械工业出版社.

诺德，等. 2006. 运营管理——满足全球顾客需求[M]. 7 版. 何桢，等，译. 北京：中国人民大学出版社.

潘尔顺. 2015. 生产计划与控制[M]. 2 版. 上海：上海交通大学出版社.

祁国宁，顾新建，谭建荣. 2003. 大批量定制技术及其应用[M]. 北京：机械工业出版社.

乔普拉，迈因德尔. 2013. 供应链管理[M]. 5 版. 陈荣秋，等，译. 北京：中国人民大学出版社.

任建标. 2015. 生产与运作管理[M]. 3 版. 北京：电子工业出版社.

史蒂文森，张群，张杰，等. 2012. 运营管理（原书第 11 版）[M]. 北京. 机械工业出版社.

水藏玺. 2015. 互联网时代业务流程再造[M]. 北京：中国经济出版社.

王玉荣，葛新红. 2016. 流程管理[M]. 5 版. 北京：北京大学出版社.

吴爱华. 2013. 生产计划与控制[M]. 北京：机械工业出版社.

雅各布斯，蔡斯. 2015. 运营管理（原书第 14 版）[M]. 任建标，译. 北京：机械工业出版社.

郁君平. 2015. 设备管理[M]. 北京：机械工业出版社.

张群. 2014. 生产与运作管理[M]. 3 版. 北京：机械工业出版社.

张雪萍. 2004. 敏捷制造[M]. 北京：机械工业出版社.

周宏明. 2013. 设施规划[M]. 北京：机械工业出版社.

R. 比克·莱瑟（R. Bick Lesser）. 2016. 智能制造 全球工业大趋势、管理变革与精益流程再造[M]. 霍春辉，袁少锋，译. 北京：人民邮电出版社.